노인복지공학

김정자 · 권대규 · 유 미 共著

21세기사

머리말

우리나라는 2018년이 되면 65세 이상 인구가 14%로 UN이 정한 고령화 사회로의 진입이 예상되고, 2030년에는 평균수명이 81.5세, 2050년에 가면 평균수명이 83세가 되어 본격적인 장수시대를 살아가게 될 전망이다. 이러한 급속한 고령화는 노인의 만성질환 유병률 및 합병증 증가로 인한 장애로 이어져 특히 노인의 건강과 기능을 증진하기 위한 건강기술, 의료기술, 가정간호기술 등에 관한 공학적인 연구의 중요성을 부각 시키게 될 것이다.

현재 노년공학을 연구하고 있는 사람들은 어떻게 하면 노인들이 건강한 생활습관을 유지하여 기능장애나 질병을 예방하게 하고, 심신이 허약한 노인들이 병원이나 요양원에 입소하지 않고 가정에 머물러 있으면서도 고도의 전문서비스(high-tech service)나 가사지원 프로그램(home help service)을 활용할 수 있겠는가에 대한 연구를 지속하고 있다. 그러나 이러한 사회 현상과 비교하여 국내에서는 아직 "노인복지공학"에 관한 깊은 연구가 이루어지지 못하고 있는 상황이며, 노인보건복지와 관련 있는 학문분야 즉 인간공학, 산업공학, 의학, 정신의학, 재활의학, 스포츠의학, 인공장기 등의 분야에서 노인복지공학에 연관된 주제들을 부분적으로 연구하고 있는 실정이다. 이에 우리는 노인 복지의 문제를 과학기술 측면에서 좀 더 심도 깊게 다룰 수 있는 전문서적의 필요성을 느끼게 되었고 다년간 이와 관련된 프로젝트를 수행한 경험을 바탕으로 본 저서를 기획하게 되었다.

본 저서의 전반적인 내용은 노인 복지의 주제를 다루었던 기존의 인문 사회학 관점의 다른 책과는 상이한 관점에서 접근하고 있다. 기존 논의들이 인구고령화가 야기할 사회적 부담을 중시하여 경종 울리기에 치중한 것과는 달리 우리는 특별히 인구고령화가 창출하는 노인복지를 위한 기회 부여에 주목할 필요가 있다는 관점에서 시작 하였다. 이러한 관점에서 본 저서는 노인복지에 대한 개념을 정의하고, 그 의미와 적용대상의 변화에 대한 해석을 통해 고령화가 창출하는 노인복지의 기회로 무엇이 중요한지를 가늠하고자 하였다. 그리고 주요 선진국의 고령화 대응 과학기술정책에 대한 사례연구 결과를 토대로 한국이 고령사회에 대비하는 노인복지공학기술의 방향을 제시하였다. 이와 같은 개념의 정립과 분석은 고령화에 대응하는 노인복지공학의 기회를 포착하는 시야를 열어 준다는 점에서 매우 중요하다고 생각한다. 이러한 점들은 향후 급속하게 진전될 고령화에 대응하기 위한 노인복지공학의 잠재력과 가능성을 새로운 시각에서 접근할 수 있도록 해 준다. 또한 본 저서에서는 인구 고령화가 창출할 또 다른 중요한 기회로서 산업적 측면도 언급하고 있다. 현재 실버시장 혹은 실버산업은 이미 성장세를 보이고 있고 향후 가속적으로 성장할 것으로 전망되기 때문이다. 고령화의 진전과 인구구조의 변화는 시장 수요의 구성과 판도에 커다란 변화를 몰고 올 것이다. 고령화 시대에 산업계가 수요 패턴의 변화에 어떻게 적응하고 대응하느냐 여부는 한국경제의 미래 활력에 적지 않는 변수로 작용할 것이다. 이는 실버시장에서 한국 산업이 국제경쟁력을 증강하기 위한 과학기술의 연구개발과 활용이 중요함을 시사하는 것 이다.

본 "노인복지공학" 저서는 기본적으로 다음의 4가지 관점을 가지고 접근, 기술하였다.

첫째, 각종 노인문제(가난, 질병, 사고, 범죄, 고독 등)의 예방을 위한 테크놀로지 활용
둘째, 이러한 문제들을 극복하기 노인들의 심신기능을 증진시키는 방법 연구
셋째, 이미 상실된 기능을 보상하기 위한 테크놀로지 개발
넷째, 노화와 노인문제에 접근하는 공학적인 연구방법 개발 등이다.

참고로 본 저서에서 저자가 고령사회에 대비하는 과학기술의 잠재력과 중요성을 강조한다고 해서 마치 기술이 미래 사회를 구축하는 가장 중요한 요인이나 모든 문제를 해결해 주는 만능 만병통치약으로 간주해서는 안 된다. 하지만 급속하게 도래할 고령사회에 효과적으로 대비하고 건강한 고령화, 활기찬 고령화, 성공적 고령화를 기대하기 위해서는 현재 정부가 구상하고 있는 고령사회대책의 입안, 결정 과정에 과학기술정책이 중요한 차원으로 설정되어야 함을 강조하는 것이다.

마지막으로 본 저서가 건강하고 활기차고 성공적인 고령화를 위한 과학기술 잠재력을 살리는 연구와 교육의 기회에 널리 활용될 수 있기를 기대하며, 본 저서의 집필에 참여한 권대규 교수님, 유 미 박사, 편집을 도왔던 엄주환 학생의 노고에 심심한 감사의 말씀을 드립니다. 앞으로 본 저서가 더욱 발전적이고 알찬 내용으로 거듭 날 수 있도록 독자 여러분들의 많은 격려와 조언을 부탁드립니다.

2011년 10월

대표저자 김 정자

"이 저서는 2010년도 전북대학교 저술장려연구비 지원에 의하여 연구되었음"

목 차

그림 목차

표 목차

제 1장 노인복지공학의 개요

1. 서론

'2010년 고령자통계'에 따르면 2010년 전체 인구 중 65세 이상 인구가 차지하는 비중은 11.0%이며, 한국의 고령화는 매우 빠른 속도로 진전되고 있어, 2018년에는 노인인구 비율이 14.3%로 고령사회에 진입할 예정이라고 전망하고 있다(그림 1-1). 반면 2010년 노년부양비에 대해서는 2010년 생산가능인구(15~64세) 6.6명이 노인1명을 부양하고, 저출산이 지속될 경우 30년 후에는 생산가능인구 2명이 노인 1명을 부양해야 할 것으로 전망하고 있다(통계청, 2010). 최근 "100세 쇼크"라는 개념까지 대두되면서 오래 사는 것이 재앙인가 축복인가에 대한 논의가 이슈 되고 있다.

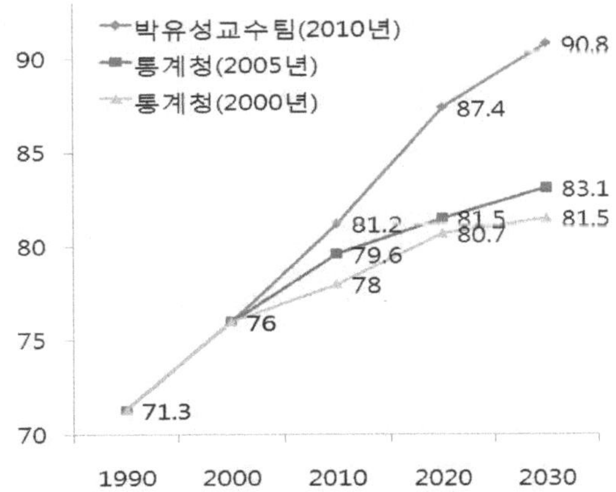

그림 1-1 한국인 기대수명 예측 변화

*기대수명 : 그 해 태어난 0세아가 평균적으로 생존할 것으로 예상되는 기간. 병이나 사고로 일찍 요절하는 사람까지 포함한 평균값이기 때문에 무사히 어른이 되는 사람의 기대수명은 이보다 훨씬 길다.

그러나 평균수명이 연장되어 노인이 오래 살게 되면 만성질환에 걸리기 쉽고 심신기능이 저하되면서 거동이 불편해져 자립생활이 어렵게 된다. 이런 때 우리노인들은 전통적으로 가정에서 자녀들의 부양을 받으며 살아왔다. 그러나 현대사회가 급속하게 산업화, 도시화, 핵가족화 하는 과정에서 가족의 형태가 변화하고 노부모 부양할 능력이 없으면 그 노인은 양로원이나 요양원의 시설보호를 받지 않으면 생계유지가 어렵게 되었다. 그러나 시설보호는 우선 자녀와 떨어져 살아야 하고, 경비가 많이 들며, 수용생활에서 오는 규율과 제약이 많아 우리나라 노인들은 아직 시설입소를 주저하고 있다.

서구 여러 나라에서도 노인의 장기 요양 문제를 처음에는 시설보호를 통하여 해결하려고 노력하였으나 시설 운영비가 많이 들고 또한 노인의 특성과 욕구에 맞는 개별적인 서비스(personal care service)를 제공하기 어렵다는 비평과 함께 1970년부터 노인부양의 탈시설화를 모색하여 왔다(Atchley, 2000). 시설보호는 국가재정에 커다란 부담이 되므로 이에 대한 대안으로 재가노인서비스를 확대하고, 경비가 많이 드는 시설운영을 민영화해서 노인복지재정을 다양화해야 한다는 복지다원주의 이론도 나오고 있다(Mishra, 1992). 지역사회로부터 격리되어 소외감속에 살아가는 시설노인이나 장애노인들의 생활을 정상화(normalization), 재활(rehabilitation), 보호(care)하기 위해서는 지역사회서비스나 가정보호 프로그램을 적극 개발하여 노인들로 하여금 친숙한 주거환경에서 계속 살아갈 수 있도록 필요한 장비, 도구, 서비스 등을 제공해야 한다는 주장이 높아지고 있다(고양곤, 2000; 김범수, 1992).

지금 한국에서는 인구의 고령화와 함께 노인의 생활환경이 급격하게 변화하고 있다. 통신, 무역, 관광 등의 산업 발전을 비롯하여 디자인(design), 디지털(digital), 디엔에이(DNA) 등의 과학기술이 급속하게 발전하고 있다(이성희, 1998). 이에 정부는 국가 경쟁력을 높이기 위하여 앞으로 2006년까지 5년 동안 정부예산 35조원을 투입하여 정보공학(IT), 생물공학(BT), 세밀공학(NT), 환경공학(ET), 우주공학(ST), 문화컨텐츠(CT) 등 6대 분야 과학기술을 전략적으로 개발하겠다는 계획을 발표하였다(국정홍보처, 2002). 이와 같은 과학기술의 발달은 국민의 생활양식과 의식구조를 변화시키고 있으며 결과적으로 노인들의 사회적응과 생활대책을 어렵게 만들고 있다.

정보는 최근 산업발전은 늦게 시작되었으나 정보기술 분야에서는 세계 최첨단을 가겠다는 계획으로 정보교육과 기술발전 분야를 적극 지원하고 있어 초등, 중등, 대학생들은 물론 직장인들도 정보공학에 관한 지식과 기술을 열심히 배우고 있다. 반면 오래 전에 학교 교육을 마치고 직장에서도 이미 퇴직한 노인의 경우에는 정보교육의 기회나 시술 습득 능력이 뒤떨어지고 있어 세대간의 정보격차(digita devide)가 심화되고 있다(옥양련·박금식, 2001). 예를 들어 유전자 연구만 보더라도 요즘 새롭게 부상하고 있는 생명공학이나 재활공학 분야에서 유전자 치료나 대체의학이 소개되고 있어 병들고 장애가 있는 노인들을 귀한 유전자치료나 약품 개발보다는 젊고 돈 있는 환자들을 위한 유전자 치료방법이 먼저 개발되고 활용될 것이 예상되고 있다.

최근 노인인구가 급속하게 증가하고 노인복지에 관한 관심이 고조되면서 노인관련사업 즉 노인취업, 보건의료, 재활, 주택, 교통, 정보통신 분야의 테크놀로지 활용에 관한 연구들이 소개되고 있다. 이미 고령사회에 들어간 유럽 노인들의 경우 현대사회의 테크놀로지가 노인들의 서비스 욕구에 별로 활용되지 못하고 있다는 점이 지적되고 있으며 미국이나 유럽 국가에서도 세대간의 정보격차가 심한 것으로 알려졌다.

현대인의 일상생활이 기계화, 자동화, 정보화되어 가면서 우리가 매일 사용하는 시설, 장비, 기계들이 과연 얼마나 안전하고 편리하게 사용될 수 있으며 또한 경제성이나 접근성이 있는가에 대한 관심이 높아지고 있다. 이러한 관심 속에 인간공학과 노년공학이 대두되었으며 지금은 공학, 건축, 의학, 심리학, 물리, 화학, 경영, 노무, 재활 그리고 노년학 등 여러 학문분야에서 노인복지공학 연구에 관심을 보이고 있다.

이러한 의미에서 이 책은 현대사회에서 발전하고 있는 새로운 기술 즉 노인복지에 관련된 노인공학이 노인문제 해결에 얼마나 공헌하고 있는지, 특별히 질병이나 심신건강의 쇠약으로 기능장애가 있는 노인들의 자립생활을 위하여 얼마나 이용되고 있는 가에 대하여 알아보고 앞으로 노인을 위한 복지공학의 활용방안을 모색하여 보겠다.

2. 노인복지공학의 필요성

1) 노인 인구의 증가

평균수명의 증가로 인해서 세계의 노인인구는 지속적으로 증가하고 있다. 2000년 전 로마제국의 평균수명은 25년에 지나지 않았지만, 현재 영국에서 태어난 아동의 평균수명은 80세로 전망하고 있다. 1960년 세계의 65세 이상 노인인구 비중은 5.3%에 불과했지만, 이미 6.9%로 증가하여 "고령화 사회"로 진입하였다. 2025년에는 전 세계의 노인인구는 10%(8억 1천 7백만 명)가 넘을 것으로 전망되고 있다. 선진국은 전체인구 중 노인인구가 차지하는 비율이 높은 반면 노인인구 증가율면 에서는 개발도상국 특히 극동아시아 지역의 고령화 속도가 급격하다.

세계 노인인구를 지역별로 살펴보면, 노인인구 비율이 높은 곳은 유럽지역으로 전체 유럽인구의 14.7%가 65세 이상 노인인구인 반면, 아프리카는 3.2%에 그치고 있다. 동아시아지역을 살펴보면, 65세 이상의 노인은 1980년 5.5%에서 6.6%로 증가하였다. 노인인구의 증가와 더불어 유의할 사항은 2012년 이후 80세 이상의 고령후기의 노인인구의 증가가 전 세계적으로 심각하게 증가할 것이란 점이다. 스웨덴, 프랑스, 독일은 2012년에는 고령후기 노인인구가 전체인구의 25%까지 증가하고 일본은 1990년의 19.8%에서 2025년에 34.6%에 이를 것으로 추정하고 있다(그림 1-2).

우리나라의 노인인구도 급속하게 증가하고 있다. 1920년대 후반의 우리나라의 평균수명은 남자 32.4세, 여자 35.1세였으나, 우리나라의 평균수명은 남자가 71세, 여자가 79세에 이르고 있다. 65세 이상 노인인구는 모두 3백37만 명으로 전체인구의 7%를 넘어서 고령화 사회에 진입하였다. 2022년에는 노인인구가 전체인구의 14%(7백 53만 명)로, 우리나라도 초고령 사회(Aged society)로 진입할 것으로 예상되고 있다. 1980년 65세 이상 인구 1백45만 명과 비교하면 65세 이상 인구 규모는 약 2.3배 증가하였다. 인구의 증감을 살펴보면 총인구가 3.2% 증가하는 동안

65세 인구는 27.7%(732천명) 증가하여 급격한 고령인구 증가추세를 보여주고 있다. 65세 노인인구의 비중이 7%에서 14%로 증가하는데 걸리는 기간이 프랑스 1백15년, 스웨덴 85년, 미국이 71년이 걸렸다. 우리나라는 불과 22년 만에 도달한 것으로 예상되어 고령화가 완만하게 진행된 선진국에 비해 더 많은 국가적 준비가 요청되고 있다.

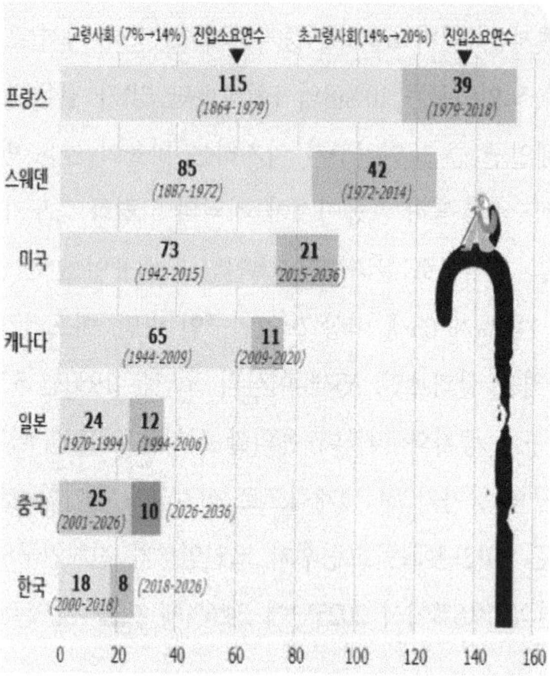

그림 1-2 국가별 인구 고령화 속도

노령인구의 증가는 생산 가능한 인구가 부양해야 될 노인 인구의 상승을 의미한다. 노인부양지수는 15세에서 64세의 생산인구가 부양해야하는 65세 이상의 인구를 수치화한 것이다(표 1-1). 1970년의 노인부양비는 5.6%에 지나지 않았으나, 1990년에는 7.4%로 상승하였고, 2020년에는 18.9%에 이를 것으로 예상되고 있다. 이러한 노인부양비의 상승은 한 사람의 노동자가 부양해야할 노인들의 숫자가 증가하는 것을 의미하다. 또한 아동의 출산율이 감소되어서 1970년의 14세 이하의 연소인구는 천3백 7십만 명에서 2020년의 연소인구는 9백만 명으로 감소할 예정이다. 이러한 연소인구의 감소는 미래의 생산가능인구의 감소를 의미하며 노인부양에 따른 노동자들의 사회적 부담(Social Burden)은 날로 증가할 것이다. 고령화와 노인인구수의 증가는 성별 인구수의 불균형, 혼인상태의 차이, 동거가족 형태의 다양화 등과 결부되어 노인문제를 유발시키는 요인들로 작용하고 있다.

표 1-1 1960~2050까지의 장래인구 추이

(단위: 천명, ( )속은 구성비)

연도	총인구	0~14세(%)	15~64(%)	65+(%)	노인 부양지수	노령화 지수
1960	25,012	10,588 (42.3)	14,258 (57.0)	726 (2.9)	5.1	6.9
2000	47,008	9,911 (21.1)	33,702 (71.7)	3,395 (7.2)	10.1	34.3
2010	49,594	8,552 (17.2)	35,741 (72.1)	5,302 (10.7)	14.8	62.0
2019	50,619	7,147 (14.1)	36,158 (71.4)	7,667 (14.4)	20.2	102.3
2026	50,610	6,487 (12.8)	34,010 (67.2)	10,113 (20.0)	29.7	155.9
2050	44,337	4,650 (10.5)	24,417 (55.1)	15,271 (34.4)	62.5	328.4

주) 노인부양지수: (65세이상 노인인구) / (15~64세 인구) × 100
노령화 지수: (65세이상 노인인구) / (0~14세 인구) × 100
자료: 통계청(2011), 「장래인구추계」, 대전: 통계청.

2) 기능장애 노인 증가

우리나라 65세 이상 노인의 대부분(86.7%)은 관절염, 만성요통, 고혈압 등 적어도 3개월 이상 지속되는 퇴행성 만성질환을 가지고 있으며, 나이가 많을수록 만성질환 유병률도 높아지고 있다(정경회 외, 1998). 노인성 만성질환과 심신기능의 쇠약으로 신체활동능력(Activities of Daily Living: ADL)이나 가사활동능력

(Instrumental Activities of Daily Living: IADL)의 제한을 가진 기능장애 노인들이 증가 하고 있다.

2000년 현재 65세 이상 339만 명의 노인 중에서 기능장애를 갖고 있는 노인은 144만명(전체 오인의 42.5%)이 넘고, 그중에서 ADL이나 IADL의 기능제한으로 재가노인 서비스 대상이 되는 노인 수는 139만 명(41.2%)이 넘는다. ADL 기능 모두 제한을 가지고 있어 수발자의 도움 없이는 혼자서 자립적으로 살아갈 수 없는 노인이 2000년 현재 44천명(전체노인의 13%)에 이르고 있다.

앞으로 2019년에 가서는 기능장애를 가진 재가서비스 대상과 시설서비스 대상 노인이 각각 315만 명과 99천 명이 넘고, 2026년에 가서는 416만 명과 13만 명이 넘을 것으로 예측하고 있다(표 1-2). 이들을 위한 가정봉사 파견사업, 주간보호, 단기보호, 방문간호, 의료서비스, 간병대책, 장기요양 시설 등이 절실히 요구될 것이다.

표 1-2 기능장애 노인 추계(2000-2003)

구 분	비 율	2000	2010	2019	2026
총 계 (65+)	100.0	3,394,896	5,302,095	7,667,408	10,113,719
기능장애노인	42.5	1,442,831	2,253,390	3,258,648	4,298,331
IADL만 제한	30.8	1,045,628	1,633,045	2,361,562	3,115,026
ADL일부 제한	10.5	356,464	556,720	805,078	1,061,941
ADL모두 제한	1.3	44,134	68,927	99,676	131,478
재가서비스대상	41.2	1,398,697	2,184,463	3,158,972	4,166,852
시설서비스대상	1.3	44,134	68,927	99,676	131,478

주: 1) 한국보건사회연구원(2001), 노인장기요양보호 욕구조사에서 나타난 비율.

자료: 통계청, 「장래인구추계 결과」, 2001. 12.

3) 가족의 부양기능 약화

최근 우리나라가 산업화, 도시화, 핵가족화가 계속되면서 노인들이 자녀들과 별거하는 현상이 증가하고 있다. 1990년의 노인주거형태를 보면 노인 혼자서 혹은 노부부만 따로 사는 경우는 전체노인의 25.5%였다가, 2000년에는 44.9%로 증가하였다(통계청, 2001). 이와 같은 세대간의 별거 현상은 노인들이 만성질환이나 기능장애로 가족이나 간병인으로부터 도움이 필요할 때 누가, 어디서, 어떻게 수발할 것인가에 대한 커다란 사회문제로 제기되고 있다. 이외에도 핵가족화와 더불어 소자화(小子化) 현상으로 평균가족원수가 줄어들고 있다. 예를 들어 1975년 우리나라 평균가족원 수가 5.2명이었는데, 2000년에는 3.1명으로 줄어들었다(통계청, 2001).

우리나라에서는 전통적으로 노인 간병을 주로 며느리나 딸들이 담당해 왔다. 그러나 지금은 많은 여성들이 취업활동에 참여하고 있어 가정의 노인부양능력이 점점 약화되고 있다. 핵가족화로 인한 가족원 감소와 여성의 취업활동으로 약화되고 있는 가정의 노인부양기능을 보완하고 강화할 수 있는 가정복지정책의 개발이 필요하다.

4) 경로효친 의식의 약화

우리나라 노인부양은 전통적으로 가족에 의해서 제공되었다. 그러나 국제화, 산업화, 도시화, 핵가족화 등의 급격한 사회 환경 변화 속에서 개인주의, 물질주의, 현실주의 등의 가치관이 강화되면서 국민들의 경로효친 의식이나 자녀들의 효도관이 달라지고 있다. 효의 실천에 있어서 과거의 무조건 복종이나 전통적인 부모봉양은 약화되고 지금은 보다 실용적이고 합리적인 방법으로 변화하고 있다. 자녀들은 과거 부자(父子)중심의 전통적인 대가족주의 가치관에서 부부(夫婦)와 자녀만을 중심으로 하는 핵가족 단위의 생활체계로 변화하고 있으며, 더 나아가 과거 가문과 가족을 중요시 하던 경향에서 개인을 더 중시하는 경향으로 바뀌고 있다(최성재·장인협, 2002).

5) 시설보호의 취약성

우리나라에는 2001년 12월 말 현재 252개소의 노인 복지 수용시설이 있으며 2002년도 신축 39개소 요양시설(요양시설 8개소, 전문요양시설 31개소)을 포함하면 총 296개소에 22,518명(전체노인의 0.6%)의 노인들이 입소되어 있다. 이는 서방국가의 시설노인 비율(전체노인의 4~7%)에 비교하면 아주 낮은 편이다. 우리나라 시설 노인수가 이처럼 적은 이유는 시설보호에 대한 욕구가 낮아서라기보다는 심신기능이 허약한 노인들이 입소하여 무료 또는 저렴한 비용으로 서비스를 받을 수 있는 요양시설이 부족하고, 기존의 양로원이나 요양원에 대한 국민들의 인식이 부족하여 아직 부정적인 시각으로 남아있기 때문이라고 볼 수 있다(고양곤, 1997).

2001년 말 현재 노인수용시설로는 119개소의 양로시설(40%), 20개소의 요양시설(41%), 그리고 57개소의 전문요양시설(19%)을 모두 합쳐 총 296개소가 있다(표 1-3). 이들은 전국에 있는 기능장애 노인들을 수용하기에는 부족한 숫자이다. 서구 노인들의 수용시설 입소비율은 4%~7%이다. 이에 비하면 우리 노인들의 입소비율은 서구의 1/10 정도에 지나 시설보호의 취약성을 드러내고 있다.

표 1-3 노인복지 수용시설(2001. 12.31 현재)

구분	계				무료시설*			실비시설		유료시설	
	합계	양로	요양	전문요양	양로	요양	전문요양	양로	요양	양로	요양/전문요양
시설수	296	119	120	57	91	91	54	4	13	24	11/3
입소인원	22,518	7,241	11,210	4,067	4,872	6,210	4,067	174	939	2,195	4,061/284

* 무료시설은 2002년도 개원예정시설 포함.

자료: 한국노인문제연구소, 2002년도 노인 보건 복지 관련 사업 안내

6) 시니어세대의 변화

급격한 고령 인구의 증가를 보인 2000년부터 기업들은 고령자 대상의 실버 비즈니스에 관심을 가져왔다. 우리나라보다 고령화 사회로 일찍 진입한 일본은 요양, 의료서비스 등을 중심으로 한 이른바 실버산업이 발달했다. 일본의 실버산업은 과거 시니어층에 대해 단순히 신체적으로 약해지는 시기에 있는 노약자라는 인식이 강하게 깔려 있어 요양 등에 국한된 것이 사실이다.

그러나 60대 이상 고령자들을 대상으로 한 설문조사 결과를 보면 고령 계층에 진입하는 나이를 평균 73.4세라고 응답했다. 65세를 고령자 계층 진입 나이로 생각하는 사회적 통념과는 무려 8년 이상의 격차를 보였다. 또한 자신의 신체적 건강에 대해서 보호를 받아야할 대상이 아니라 스스로 건강한 생활을 영위하는데 문제가 없다고 응답한 비율이 80%를 넘어섰다. 이러한 결과는 많은 수의 노인들이 실제 자신의 나이보다 젊다고 생각하고 있으며 본인을 고령자 범주에 포함하는 것을 원치 않는다는 것을 의미한다.

이처럼 제도적인 관점에서는 고령자에 해당하지만 장년층 못지않은 건강과 적극적인 사고를 가진 50대 이상의 고령자 계층에 대한 통일된 명칭은 없다. 시니어, 액티브시니어, 스트롱시니어 등 실버세대란 말보다 한층 새로운 느낌의 명칭들로 불러지고 있다. 이러한 명칭 변화는 수동적이고 병약한 고령자 위주의 실버 비즈니스를 전개하던 과거의 관행에서 벗어나 현재의 시니어 세대의 요구에 부응하는 새로운 비즈니스 모델을 요구하고 있다. 기존의 수동적 고령자 계층과 현재 고령자층의 차이점은 심리적 자신감에 의한 적극적 생활태도, 건강과 경제적 능력, 그리고 자신을 중시하는 가치관으로 압축할 수 있다. 특히 우리나라의 경우 현재 50대 이상 가계소비 규모는 94조원을 웃도는 수준이며 2010년에는 117조원을 넘을 것으로 전망된다. 특히 810만명의 베이비붐 세대가 시니어시장에 진입하는 시점인 2010년 이후부터 시니어마켓이 황금시장으로 부상할 것이라는 게 업계의 공통된 전망이다. 이들 베이비붐 세대가 지금의 시니어층보다 인구 구성비는 물론 경제적인 측면에서도 사회를 주도하고 있기 때문이다. 이들은 현재 전체 토지 시장의 42%, 건물 시장의 58%를 보유하고 있어 향후 막강한 잠재력을 가진 소비 주도세력으로 성장할 것으로 보인다.

따라서 과거 복지 관련 서비스에 국한된 시니어 비즈니스로는 이들에게 어필할 수 없을 것이다. 과거 고령자층이 생리적 욕구와 안전에의 욕구에 집중되어 있다면 현재 그리고 미래 고령자 세대는 소속의 욕구나 자아실현의 욕구 등 좀 더 상위 단계의 욕구를 추구하기 때문이다.

3. 노인복지공학의 정의

현대사회의 기술발달은 산업화, 도시화, 핵가족화 등의 사회적 변화를 가져오면서 인구의 고령화와 요보호대상노인을 증가시켜 노인문제를 발생시키는 원인이 되었으나 동시에 노인문제를 해결하는데 없어서는 안 될 주요한 기술과 자원을 제공하기도 안다. 테크놀로지는 노인의 취업기술, 보건의료서비스 그리고 노후생활에 필요한 시설, 장비, 도구 등을 제공하여 노인들로 하여금 기능적이고 자립적인 생활을 계속할 수 있도록 도와줄 수 있기 때문이다.

구체적으로 공학은 심신기능이 상실되었거나 감소된 노인들의 신체동작이나 가사활동을 대행 또는 보완해 줄 수 있을 뿐만 아니라 노인을 돌보고 있는 부양자(caregiver)들에게도 도움을 줄 수 있다. 최근 노인수가 급속하게 증가하면서 특히 심신기능이 허약한 후기고령노인들의 부양문제가 심화되면서 어떻게 하면 현대사회의 테크놀로지를 활용하여 병약한 노인과 노인의 부양자들을 적절하게 도와줄 수 있는가에 대한 것에 대한 관심이 높아지기 시작하였다(Vercruyssen, et al., 1996). 이러한 취지를 목적으로 네덜란드 아인트호벤 공과대학에서는 1980년대 후반부터 노인복지공학 과정을 개설하고 노인문제를 공학적으로 연구하기 시작하였다. 노인복지공학은 현대사회의 테크놀로지를 활용하여 심신기능이 약화된 노인들의 신체활동이나 일상생활 능력을 증진한다는 목적으로 노후생활에 적합한 주거환경, 시설 및 장비, 생활용품 등을 설계 · 제작 · 판매하는 과정을 포괄적으로 연구하는 학문을 말한다(Graffmans & Taipale, 1998).

1) 노인복지공학의 정의

노인복지공학이란 노인학과 공학을 접목시킨 학문이다. 노인학은 노화와 노인에 대한 과학적인 연구를 말하고 공학은 인간생활에 필요한 각종 기술 및 제품에 관한 연구 조사를 말한다. 본래 노인학이란 영어로 'gerontology'인데 그 어원은 그리스어에서 노인이란 뜻을 가진 'geras'(노년) 또는 'geron'(노인)에서 유래되었고,

공학이라는 'technology'의 어원도 그리스어인 'techne'(기술, 예술, 조각)에서 나왔다(최순남, 1999; Volti, 1992). 따라서 노인복지공학은 노인의 일상생활에서 일어나는 여러 신체적, 정신적 기능적 적응 문제를 공학적으로 활용하여 해결하므로 노인과 노인부양자의 최적생활(optimum living)을 추구하는 연구이다(Graffmans & Taipale, 1998). 다시 말하면 노인복지공학이란 현대사회의 전문기술, 시설, 장비, 도구, 일상용품 등을 노인들이 사용하기에 편리하고 안전하게 설계 · 제작 · 활용하여 노화과정에서 상실되었거나 감소된 신체적, 정신적, 환경적 기능을 보완, 유지, 강화하므로 장애노인의 질병이나 장애기간을 줄이고 심신기능의 증진과 자립생활을 도모하는 총체적 노력을 말한다고 할 수 있다. 일반적으로 노인복지공학은 다음 5가지 기능을 가지고 있다(Vercruyssen, et al., 1996).

① 노화과정을 연구하는데 필요한 기술을 제공해 준다.
② 노화과정에서 나타나는 심신기능의 저하를 예방하는데 도움을 준다.
③ 노인들의 퇴직 후 새로운 역할을 개발하고 수행하는데 도움을 준다.
④ 노화에 따른 신체능력, 감각기능, 인지기능의 약화를 보상하여 준다.
⑤ 노인부양자의 부양활동을 도와준다.

2) 노인복지공학의 개념

과학기술은 물리세계에 관한 여러 학문 분과 및 그 공학적 원리의 응용에 체계화되어 있는 지식을 가리킨다. 노인복지공학이란 그러한 지식의 체계가 복지를 증진하기 위하여 적용되었을 경우에 해당된다.

복지를 증진하기 위한 과학기술은 그 외연이 대단히 넓다. 거의 모든 과학기술 지식은 복지를 위해 활용될 수 있고 복지 또한 시각에 따라서 대단히 다양한 대상과 과정을 포괄하여 사용될 수 있다. 이 책에서 관심 갖는 노인복지공학 이란 말은 사실 그동안 많이 사용되어 어떤 정립된 의미를 갖고 있는 용어가 아니다. 따라서 향후 우리의 논의 전개를 위해서 그 개념을 정의해 두는 것이 필요하다.

이미 우리나라보다 앞서 인구고령화를 경험한 주요 선진국에서의 논의를 살펴보면 비록 노인복지공학이라는 개념을 바로 사용하지는 않고 있지만 이와 유사한 의미의 다양한 개념들이 사용되고 있어 이로부터 도움을 받을 수 있다. 이를테면 노인의 복지를 증진하기 위한 과학기술을 가리켜 최근 구미에서는 제론테크놀로지(Gerontechnology, GT) 또는 ElderTech라는 신조어가 사용되고 있다. 이러한 용어에 대해서는 뒤에서 다시 언급하게 될 것이다. 여기서는 일단 우리가 사용하는 복지 과학기술이란 말이 다음과 같은 여러 의미를 갖고 있음을 밝힌다. 즉, 복지 과학기술은 장애(문제) 발생을 예방하는 기술, 저하되거나 손상된 신체기능을 대체 보상하는 보조기술(assistive technology), 발생한 문제를 극복하기 위해 건재하고 있는 기능의 향상을 돕는 지원 기술(supportive technology), 개호를 돕는 기술 등 개인적 수준의 간단한 도구, 장비, 기기 시스템뿐만 아니라 통신, 교통, 건축 환경과 같은 공공 기술(public technology) 시스템을 포함하고 하드웨어 제품만이 아니라 서비스에 적용된 지식의 체계를 두루 포괄한다.

이와 같은 노인복지공학의 개념은 우리나라에서 1999년 개정된 장애인복지법(제55조)에 도입된 재활보조기구가 함축하고 있는 복지 과학 기술의 개념과 비교하면 훨씬 더 넓은 의미를 지니고 있다. 장애인복지법에서 재활보조기구 라 함은 장애인이 장애의 예방과 보완 및 기능의 향상을 위하여 사용하는 의지·보조기 기타 보장구와 일상생활의 편의 증진을 위하여 사용하는 생활용품을 말하는 것으로 정의되고 있다. 이처럼 우리가 말하는 노인복지공학은 신체기능의 저하나 손상에 대한 예방, 보조, 지원을 통해 삶의 질을 향상하는 기술을 포괄적으로 일컫되 개인적 수준뿐만 아니라 사회적 물리적 환경 수준에서 예방, 보조, 지원 기술을 함께 포함하고 있다는 점이 중요하다. 이러한 개념의 정립은 고령화에 대응하는 노인복지공학의 기회를 포착하는 개념적 기초를 확보하게 한다는 점에서 중요한 의미를 갖는다.

이 책에서 노인복지공학은 일차적으로 노인의 복지를 증진하는 과학기술에 관심을 갖고 있다. 그러나 한 가지 강조해야 할 점은 고령화에 대응하는 과학기술이 노인만을 위한 과학기술을 의미하지는 않는다는 점이다.

3) 장애 개념의 패러다임 전환과 노인복지공학의 접근 변화

노인의 복지를 위한 과학기술은 장애인의 복지를 위한 과학기술과 중첩되는 부분이 크다. 이 때문에 오늘날 주요 선진국의 과학기술정책 프로그램은 양자를 구별하기보다 함께 하나의 프로그램으로 묶어서 운영하는 경우가 많다. 여기에는 역사적 배경이 있다. 노인복지공학은 사회와 시기에 따라, 복지의식과 과학지식의 발전에 따라 변화하기 마련이나 장애인을 위한 노인복지공학이 노인을 위한 노인복지공학에 앞서 발전하였고, 노인을 위한 노인복지공학은 장애인을 위한 노인복지공학을 토대로 발전한 것이 공통된 양상이라고 할 수 있다. 장애인을 위한 복지과학기술은 제2차 대전 이후 상이군인들을 위한 의지 보조기에 대한 연구를 계기로 발전하기 시작하여 장애인의 시민권운동이 고양되면서 우리나라에서는 흔히 보장구(assistive devices)라고 알려지고 구미 다수의 나라들에서는 보조기술(assistive technology, AT) 혹은 재활공학(rehabilitation engineering)이라고 일컬어지는 분야에서 먼저 활발하게 연구가 이루어져 왔다. 이처럼 노인복지공학은 장애인을 위한 과학기술에서 출발하였다.

장애인을 위한 과학기술로서 보조기술 혹은 재활공학과 노인을 위한 과학기술로서 제론테크놀로지(GT)는 대상의 차이에 따라 내용 면에서 차이가 없는 것은 아니라 공통점이 크다고 할 수 있다. 그것은 장애인을 위해 개발된 보조기술을 실제 이용하는 사람들 중 다수가 노인들이라는 점에서 찾아볼 수 있다. 인구고령화의 진전은 보조기술을 필요로 하는 노인들을 증가시키고 있는데 ① 노화에 따라 새롭게 장애를 갖게 되는 사람들(ageing into disabilities)뿐만 아니라 ② 이미 장애를 가진 채 노령화하고 있는 사람들(ageing with disabilities)도 늘고 있다(Campbell1996; 2001). 그러나 노인을 위한 과학기술은 장애를 갖지 않은 건강한 노인들을 적용 대상으로 설정하는 부문을 포함하고 있다는 점에서 장애인을 위한 과학기술과 동일시될 수는 없다. 전후에 태어난 이른바 베이비붐 세대 등 향후 새로이 노령인구에 진입하는 사람들은 기존의 노인층에 비해 보다 더 노익장을 과시하는 비율이 높아지고 있다. 이에 따라 건강한 노인의 복지를 증진하는 과학기술정책이 점점 더 강조되는 경향이 있다.

노인복지공학을 정의함에 있어 최근에 대두된 장애 개념의 패러다임 전환은 지극히 중요하다. 얼마 전까지 지배적인 관점은 한 개인이 장애를 가졌느냐 여부 판단이 중요한 활동의 수행 능력에 제약을 주는 심리적 혹은 신체적 결함(impairments)에 기초를 두었다. 이에 따라 과거 보조기술은 손상되거나 저하된 개인적 능력의 보충 혹은 대체에 초점을 맞추었다. 전통적 장애 개념에서는 한 사회 또는 환경의 장벽(barriers)으로 인해 제약이 생길 수 있다는 가능성은 조금도 고려되지 않았다. 그러나 새로운 패러다임에서 장애는 더 이상 개인이 지닌 속성의 산물로 파악되지 않고 개인의 특성과 그 개인이 처한 자연, 건축, 문화 및 사회 환경의 특성들이 상호작용한 산물로 이해된다. 예를 들어 보자. 한 사람의 시력이 근시 혹은 원시로 되었더라도 적절한 안경을 사용할 경우 그 사람은 정상적인 사회생활을 하는 데 커다란 장애를 경험하지 않을 수 있다. 노화와 더불어 신체기능이 저하하여 이를테면 걸어서 기동을 하는 데 불편을 가진 사람들이더라도 휠체어 등을 이용하면 사회생활이 가능할 수도 있지만 건축물의 턱이나 계단이 있어 휠체어를 이용하는 것이 불가능하다면 장애를 경험하게 된다.

새로운 장애 개념은 장애에 대한 접근을 개인에 내재한 조건의 문제가 아니라 개인과 환경간의 상호작용 관계에서 파악하도록 한다는 점에서 대단히 중요한 시각의 전환을 함축하고 있으며 이러한 개념은 고령화에 대응하는 노인복지공학의 접근에도 반향을 불러일으켰다. 그림 1-3은 그러한 변화를 예시한 것이다.

전통적인 노인복지공학의 접근은 장애인 및 노인의 손상되거나 저하된 기능에 주목하여 이를 대체, 보완, 보상하는 것을 지향하고 있다. 이러한 접근의 밑바탕에 있는 생각은 일반 건강인의 활동수행능력을 사회생활에 필요한 능력수준으로 간주하고 여기에 이르지 못하는 장애인 또는 노인의 능력을 노인복지공학으로 보충한다는 것이다. 그림 1-3 (a)에서 보듯이, 일반건강인의 기능수준을 기준으로 장애인 혹은 노인의 기능수준이 이르지 못하는 격차가 장애(핸디캡)로 간주된다. 보조기술 혹은 재활기술을 통해 이러한 장애를 경감하고자 하는 것이 전통적 노인복지공학의 접근방식이다(그림 1-3 (b)). 이에 반해, (그림 1-3 (c))는 새로운 접근 방식을 나타내고 있다. 새로운 접근의 핵심은 사회적 기술적 인프라의 정비를 통해 사회생활에 필요한 기능수준을 끌어내리는 데 있다. 예컨대, 도로나 건축물의 턱과 같은 단차를 제거한다, 두 손으로 조작해야 할 기기를 한손으로도 조작할 수 있도록 한다, 손잡이를 돌리는 데 필요한 완력을 경감 한다 등이다.

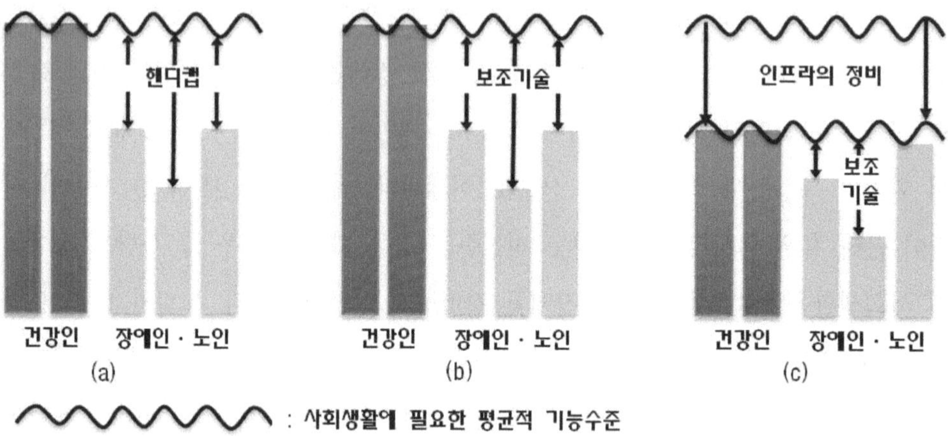

그림 1-3 사회생활에 필요한 평균적 기능과 노인복지공학기술

4. 노인복지공학의 역사

노인공학(gerontology)이라는 개념이 소개되고 조직적으로 연구되기 시작한 것은 불과 10여년 밖에 되지 않았다. 노인공학이라는 용어는 1989년 네덜란드 아인드호벤 공과대학의 그라프만그 교수에 의해 공식적으로 소개되었다(Graffmans, et al., 1998). 아인드호벤 대학에서는 1991년에 제1차 국제노년공학회를 개최하고 노인에 관련된 교통, 주택, 의료기술, 정보통신 분야의 테크놀로지 활용에 관한 논문들을 발표하였다. 이 회의에서는 이미 고령사회에 들어간 유럽 노인들의 미래 삶에 대한 대책을 논의 하면서 현대사회의 테크놀로지가 날로 증가하는 노인들의 서비스 욕구에, 특히 허약한 노인들의 건강유지나 기능보강에 별로 활용되지 못하고 있다는 점이 지적되었다. 회의를 마친 이후 수많은 건축공학자, 산업공학자, 노인상품 회사, 정부기관 그리고 노인소비자들이 노인복지공학의 필요성과 연구 사업에 큰 관심을 보였다. 1996년 핀랜드 헬싱키에서 개최된 제2차 국제노년공학회 학술회의에서는 세계 각국에서 400명 이상의 전문가들이 참석하여 노년공학의 사례연구, 통신기술, 교통, 건강 및 가정간호 기술, 주택, 노년공학 교육 및 훈련, 안전시스템, 제품도안, 문화와 태도 등에 관한 광범위한 주제를 다루었다.

노인공학의 발달은 인간공학(human factors, human engineering, ergonomics)에서 그 유래를 찾아볼 수 있다. 인간공학이란 인간의 생리학적, 해부학적, 또는 심리학적 기능 상태를 파악하여 인간이 사용하기에 가장 적합한 시설, 장비, 도구 등을 재작하고, 손쉽고 안정하게 사용할 수 있도록 배열하여 생활환경의 체계를 최적화(system matching)하기 위한 실천과학 또는 응용과학이라고 볼 수 있다(안병준, 2000; 박근상&김홍재, 1997; 권영국, 1996). 즉 인간공학은 인간-기계-환경체계간의 최적화를 추구하는 학문이라고 볼 수 있다.

인간은 예로부터 인간이 가지고 있는 신체적 기능적 약점을 보완하고 그 능력을 확대하여 보다 풍요롭고 만족스러운 생활을 추구하기 위하여 각종 도구, 장비, 기계 등을 만들어 사용하였다. 구석기시대에는 돌칼이나 돌창을 만들어 썼고, 농경기 시대에는 삽이나 호미 등의 경농기구를 사용하였으며, 산업시태에 와서는 소비자들의 욕구에 따른 다양한 상품을 개발하였다. 그러나 이러한 제품들은 소비자들에게 반드시 편의나 이익만을 준 것은 아니다.

최근에 와서 우리 인간생활이 기계화, 자동화, 정보화 속에 살게 되면서 우리가 일상적으로 사용하는 기술이나 시설, 장비, 기계, 물품들이 과연 얼마나 안전하고 편하게 사용할 수 있으며 또한 경제성, 적절성, 접근성 등이 있는가에 대한 관심이 고조되기 시작하였다. 이러한 관심 속에 인간공학과 노년공학이 대두되었으며 지금은 공학, 건축 의학, 심리학, 물리, 화학, 경영, 노무, 재활 그리고 노인학 등 많은 학문 분야에서 노인복지공학 연구에 많은 관심을 보이고 있다.

5. 노인복지공학의 기술 방향

1) 고령화에 따른 개인-환경 관계 변화와 노인복지공학의 역할

앞에서 우리는 노인복지공학의 새로운 접근이 사회적 기술적 환경의 정비와 개선을 통해 삶의 질 향상을 강조하고 있음을 살펴보았다. 다음에서 우리는 고령화라는 동태적 변화에 보다 초점을 맞추어 고령화에 대응하는 복지과학기술의 역할을 살펴보기로 한다. 이러한 논의를 돕기 위해 먼저 개인-환경 관계 변화를 역동적으로 파악하는 새로운 시각을 도입할 것이다.

(1) 고령화에 따른 개인-환경 관계 변화

시간의 경과와 더불어 모든 것이 바뀔 수 있다. 사람 개인도 변하고 사람을 둘러싼 환경도 바뀔 수 있다. 시간이 지남에 따라 개인의 욕구와 능력이 변화하고 환경이 개인에게 제공하고 요구하는 것도 변화하는데 문제는 양자가 얼마나 조화를 이루느냐이다. Riley(1999)는 시간의 경과에 따라 변하는 개인과 환경 사이의 관계를 역동적으로 파악하는 데 유용한 개념적 틀을 제시하고 있다. 핵심적 개념은 개인적 지체 와 구조적 지체라는 개념이다.

만일 시간의 경과와 더불어 개인과 환경이 서로 어느 정도 보조를 맞추어 조화롭게 변화할 경우 양자 사이에는 커다란 지체가 발생하지 않을 수 있다. 즉, 개인의 욕구가 변화하더라도 그러한 욕구를 충족하는 환경의 역량이 아울러 변화하여 잘 어울릴 경우 그리고 반대로 환경의 요구 변화에 대하여 개인의 능력 변화가 따라잡는 경우 개인과 환경은 조화로운 관계를 이루게 된다(그림 1-4). 그러나 개인과 환경이 각각 변화하되 서로 따라잡을 수 없는 속도로 변동할 경우 지체가 발생한다. 이론적으로 두 가지 종류의 지체를 상상할 수 있다. 한편으로, 환경과 그리고 환경을 규정하는 사회구조의 변화가 개인의 능력보다 더 빠르게 발생할 경우 개인적 지체가 발생 한다(그림 1-5). 다른 한편으로 개인의 욕구 변화의 속도가 이를 충족시켜 주는 환경의 능력보다 더 빠를 경우 사회적 구조적 지체가 나타난다(그림 1-6). 이상 두 가지 지체 개념은 고령화의 맥락에서 예견되는 두 가지 상이한 사태의 전개를 포착하는 데 유용하다. 두 가지 지체 각각을 나누어 좀 더 구체적으로 살펴보기로 하자.

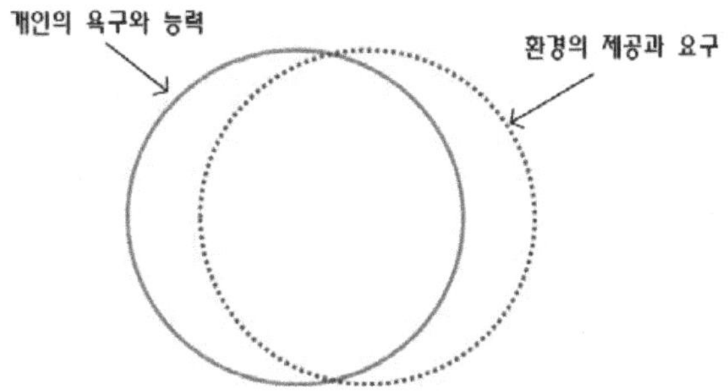

그림 1-4 개인-환경 공조 :지체 없음
(출처 : Lawton 1998)

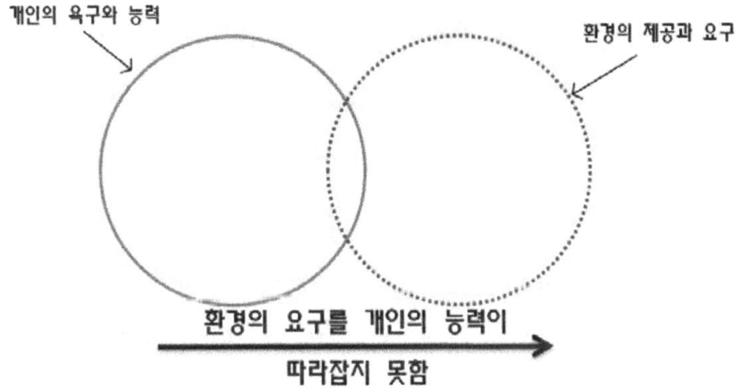

그림 1-5 개인적 지체
(출처 : Lawton 1998)

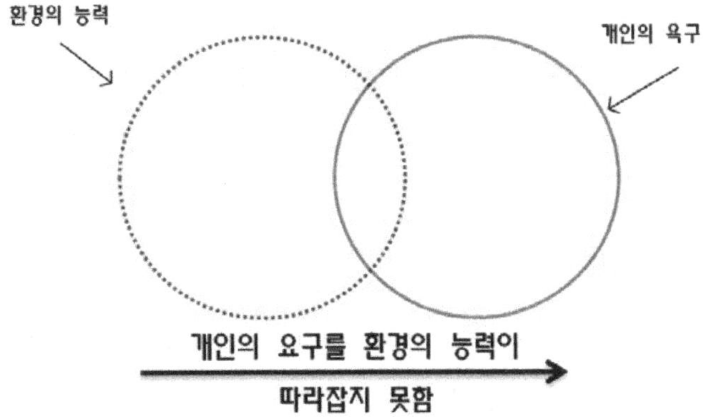

그림 1-6 구조적 지체
(출처 : Lawton 1998)

가. 고령화와 개인적 지체

많은 사람들에게 고령화는, 시기와 정도의 차이가 있지만, 시각, 청각 등 감각기능의 쇠퇴, 인지 및 정보처리능력의 감소, 팔다리 근력의 감소, 신체적 인지적 반응의 민첩성 저하, 신체 균형 유지가 어렵고 넘어지기 쉬움 등의 노화 현상과 기타 노인 특유의 질환들과 관련된 변화를 야기한다. 고령화와 더불어 개인의 숙련이나 능력이 정체되거나 쇠퇴 혹은 손실된다면 환경이 변하지 않는다고 하더라고 개인적 지체가 발생하게 된다. 이러한 성격의 개인-환경 변화는 환경의 변화가 그다지 크지 않은 전통사회에서 고령화에 따른 개인적 지체라고 할 수 있다.

그러나 기술변동 등 급속한 사회변화로 특징지어지는 현대사회는 노인들에게 전통사회에 비해 훨씬 더 많은 것을 요구함으로써 개인적 지체의 가능성을 더 크게 한다. 이를테면, 인터넷이나 신형 핸드폰 등 새로운 기술 기기들은 생활환경을 하루가 다르게 바꾸어 놓고 있다. 급속한 기술 변화는 노인들이 습득한 기존의 숙련과 지식을 매우 빠르게 낡게 할 수 있다. 그렇다고 해서 모든 기술변화가 예외없이 노인들에게 개인적 지체를 가져오는 것은 아니다. 새로운 기기의 사용방법이 복잡하여 노인이 쉽게 이용할 수 없는 경우 개인적 지체를 야기할 수 있지만 같은 용도의 기기라고 하더라도 노인들의 제한된 능력을 감안하여 노인들이 쉽게 사용할 수 있도록 설계된 노인 친화적 기기라면 노인들의 생활을 편리하게 하고 노인들의 개인적 지체를 방지하는 데 기여할 수 있다. 말하자면 노인의 개인적 능력 변화에 비해 기술 등 새로운 환경이 노인에 대해 너무 많은 것을 요구할 때 고령화는 개인적 지체로 귀결하게 된다.

나. 고령화와 구조적 지체

다른 한편 인구고령화에 따른 인간-환경 관계의 변화를 고려할 때 간과해서는 안 되는 점은 전체 인구에서 노령인구의 비중뿐만 아니라 노령 인구의 특성 또한 급속하게 변화하고 있다는 사실이다. 향후 노령인구에 진입할 사람들은 기존의 노령인구에 비해 보다 높은 소득, 교육수준과 성취동기를 지니고 있으며 보다 다양한 문화와 생활양식을 추구하고 있다. 더욱더 중요한 것은 이들 중 대다수는 건강하다는 점이다. 요컨대, 새로운 노인세대는 이전의 어느 세대보다 더 높은 기대와 더 커다란 능력을 소유할 것이다. 과연 향후의 노인세대를 둘러싼 사회적 기술적 환경이 새로운 노인세대의 욕구에 걸맞게 변화할 것인가?

오늘날의 사회구조는 인구고령화가 본격화되기 이전의 인구구조와 노인에 대한 전통적 고정관념을 반영하고 있다. 인구구조의 변화가 진행되는 동안 사회구조 또한 변하겠지만 급속한 인구고령화의 속도를 사회구조의 변화가 따라잡지 못할 가능성이 높다. 노령인구를 둘러싼 물리적 하부구조와 환경은 이러한 사회구조와 노인에 대한 통념적 기대를 반영할 것이다(Lawton 1998). 그동안 노인들은 기술에 의한 기기나 시스템을 개발하는 사람, 제조하는 기업체들의 안중에 거의 중요한 대상이 못되어 왔다. 만일 사회적, 물리적 인프라가 현재의 추세를 유지한다면 급속하게 변모하는 노령인구의 기대에 못 미치는 사회적, 물리적 구조의 지체가 발생하게 된다(Kohli and Rein 1991). 이러한 구조적 지체는 노인들이 보다 적극적으로 사회적 역할과 기여를 하지 못하게 하고 노인들이 스스로의 능력을 계발하고 활용하는 기회를 가로막을 것이다.

이상에서 우리는 고령화에 따른 개인과 환경 관계 변화와 관련하여 개인적 지체와 구조적 지체 두 가지 개념을 구별하여 살펴보았다. 이 같은 우리의 논의는 종래 간과되어 온 구조적 지체의 문제를 인식하게 해 준다는 점에서 중요하다. 향후 급속하게 전개될 인구고령화는 이 두 가지 지체 중 어느 하나만이 아니라 두 가지 지체를 동시에 야기할 가능성이 짙다. 따라서 개인과 환경 간의 관계에서 발생하는 개인적 지체와 사회적 구조적 지체 어느 하나만을 문제를 삼는다면 고령화에 대한 대비로 부족할 수 있다. 고령화가 불가피한 것이라면 성공적 고령화(successful ageing)는 개인적 지체와 구조적 지체를 예방하거나 최소화하는 데서 찾아질 수 있다. 과학기술은 성공적 고령화를 위해 상당한 역할을 할 잠재력을 갖고 있다. 과학기술이 성공적 고령화에 기여하고자 한다면 과학기술의 적용은 개인적 지체만이 아니라 사회적 구조적 지체 또한 그 과녁에 포함해야 한다.

고령화에 대비하는 기술의 발전과정을 역사적으로 살펴보면 초기 관심의 주된 초점은 개인적 지체에 맞추어져 왔다. 개인적 지체를 예방하고, 경감하기 위한 과학기술적 노력은 향후에도 요청됨이 물론이다. 그러나 향후 급속하게 진전될 인구 고령화의 추세에 대응하는 과학기술은 변화하는 노인 세대의 욕구와 필요를 고려하여 구조적 지체의 예방과 경감도 중요하게 요청된다. 바꿔 말하자면 고령화에 대응하는 과학기술의 역할은 단지 개인 수준에서뿐만 아니라 보다 넓은 사회적 물리적 환경 수준에서도 추구되어야한다.

(2) 성공적 고령화와 노인복지공학

성공적 고령화를 위한 과학기술의 역할을 고찰할 때 최근 구미에서 학문적 연구와 실천적 토론이 활발하게 진전되고 있는 제론테크놀로지(gerontechnology, Gerontechnik, GT)가 주목할 만하다. 제론테크놀로지 라는 용어는 gerontology와 technology의 합성어로 1989년 네덜란드 아인트호벤 공과대학의 Graafmans에 의해서 처음으로 사용되었고 이후 이 대학을 비롯하여 네덜란드, 핀란드 등 북유럽에서 학문적으로 괄목할만한 발전이 이루어졌다. 제론테크놀로지(GT)는 고령화하고 있는 그리고 고령화된 인구의 욕구, 이해관계, 보건에 부응하도록 제품, 서비스 및 환경을 적응하고 개발하는 과학기술지식의 적용을 가리킨다. 여기서 과학기술지식의 적용은 노인을 위한 일상용품뿐만 아니라 서비스, 시설 및 장비, 건축구조물, 교통 등 환경 시스템의 연구 개발, 제조 및 시장화를 포괄하는 매우 폭넓은 의미를 지닌다. Grafmans and T aipale(1998)에 따르면, 노인복지공학 의 제1차적 출발점은 노인의 욕구(needs)를 규명하는 데 있다.

가. 노인의 욕구

노인들은 동질적인 집단을 형성하고 있지 않다. 노인들 사이에는 건강 상태, 소득, 교육수준, 과거의 직업경험 등 다양한 차이가 존재한다는 점을 인식하는 것이 대단히 중요하다. 그러나 다음과 같은 몇 가지 일반적 진술이 가능하다.

① 안전

노인 역시 다른 사람들과 마찬가지로 충족시켜야 할 기본적 필요들을 갖고 있다. 사고, 기아, 동물 및 다른 범죄로부터 안전을 유지할 필요가 있다. 안전감의 확보는 인간의 근본적 필요에 속하며 정상적 생활을 영위하기 위해서 사회생활에 참여하고 그 일부로서 통합되기 위해서 핵심적 중요성을 갖는다.

② 건강

노인들 중 보다 많은 수는 건강을 양호하게 유지하는 등 개인차가 크지만 일반적으로 고령화에 따라 신체 기능이 저하되고 질병에 대한 대응 능력이 떨어져 많은 수의 노인들은 질병으로 인해 고통을 받는다. 관절염, 심장혈관질환, 요실금, 소화기 질환 등이 노인들에게 흔한 질환이다. 따라서 치료 재활의 필요, 건강상태를 점검하고 평가할 필요, 정보 및 서비스의 필요가 대단히 크다. 특히 질병과 기능손상의 영향을 극복하기 위한 재활 필요는 핵심적이다.

③ 일상생활활동

질병이나 장애의 실제 존재 여부보다 더 중요한 것은 일상생활활동능력 수준이다. 이에 따라 노인들이 일상생활활동을 수행하는 데 요구되는 개호의 필요 유형이 규정된다. 영양섭취와 같이 일상적 필요를 충족시키기 위한 일차적 활동과 이러한 활동을 지탱하기 위한 쇼핑과 같은 도구적인 이차적 활동들이 있다.

④ 사회생활활동

이론적 시각에 따라 약간의 차이가 있으나 연령의 고하를 막론하고 모든 사람들은 다른 사람들과의 관계를 통해 사회적 정서적 지원을 받을 필요뿐만 아니라 사회생활에 참여할 필요를 갖고 있다고 할 수 있다. 뿐만 아니라 노인들 역시 무엇인가 일을 하고 문제를 해결하고, 사물을 창조하고 목표를 성취하기 위해 자신의 인간적 능력을 행사할 수 있기를 바란다.

⑤ 기타 연령관련 필요

고령화와 함께 노인들은 기능적 능력이 저하되기도 하지만 은퇴, 대인접촉의 상실, 다른 사람들에 대한 의존의 증대 등 다양한 역할 변화를 경험하는 경향이 있다. 이러한 역할 변화가 원만하게 이루어질 필요가 있다.

나. 노인복지공학의 잠재적 기여

성공적 고령화는 이러한 욕구들의 충족을 포함한다. 이상적으로 말하자면 기술은 노인의 독립성과 선택을 위한 지원을 제공해야 한다. 노인들에게 저하되거나 손상된 기능을 보상하는 필요와 개인의 적극적 잠재 능력을 발휘할 필요 모두가 중요하다. 노인의 필요와 기술적 가능성이 상호 궁합을 잘 맞추어야 한다. 과학기술의 활용을 통해 삶의 질이 향상되어야 하고, 노인의 독립성을 증진하여야 하고 노인들이 스스로를 더 잘 돌볼 능력을 증대해야 하고 다른 사람들로부터의 개호에 대한 접근을 향상해야 한다.

① 기회

앞에서 우리는 고령화가 노인복지공학의 기회를 제공하고 있다고 언급하였지만, 노인들의 필요에 부응하기 위해 노인복지공학은 무엇을 할 수 있는가? Martin(1998)에 따르면, 다음과 같은 가능성들이 복지 과학기술의 기회로 존재한다.

- 노인들이 갖고 있는 지혜와 능력 등 적극적인 자원을 퇴장시키는 것이 아니라 사회적으로 활용되도록 할 수 있다.
- 노인들이 독립적으로 살아갈 가능성을 증대할 수 있다.
- 가족과 사회에 대하여 개호의 부담을 완화할 수 있다.

- 노인들의 사회참여와 통합을 자극하고 촉진할 수 있다.
- 개호 비용을 경감할 수 있다.
- 노인들에게 남아 있는 능력을 제고한다.
- 저하되거나 손상된 기능을 보상할 수 있다.

② 위험

고령화 대응을 위한 노인복지공학의 적용은 동시에 다음과 같은 위험을 수반하고 있는 것으로 지적된다(Martin 1998). 개호의 비인간화, 익명의 개호, 신체적 필요에 지나치게 관심이 집중되고 사회적 정서적 필요는 소홀히 될 우려가 있다. 그리고 실재하지 않는 필요를 대상으로 기술을 개발하고 적용할 위험도 있고, 프라이버시 침해나 선택권의 문제 등 윤리적 측면의 위험성도 존재한다.

다. 노인복지공학의 기능

고령화에 대응하는 노인복지공학의 기능은 Graafmans and Taipale(1998)가 언급하고 있는 제론테크놀로지(GT)의 기능을 통해 이해할 수 있다(그림 1-7).

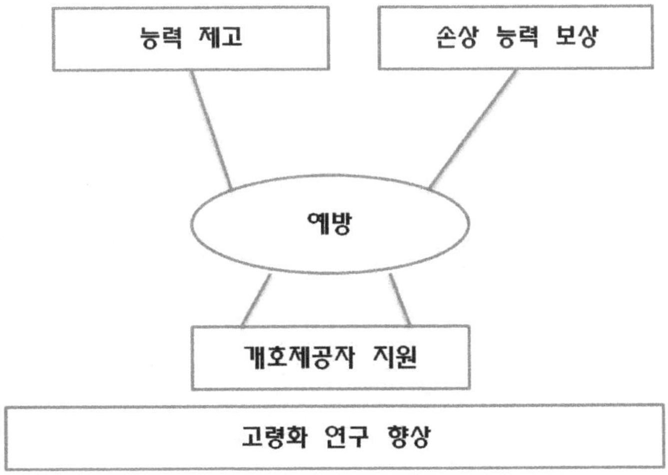

그림 1-7 노인복지공학의 기능

첫째, 고령화와 더불어 나타나는 문제의 발생을 아예 예방하는 기술을 개발하는 것이다. 문제발생의 예방을 위하여 노인복지공학은 당초 길어진 기대수명에서 질환이나 심신기능의 저하 혹은 상실(장애)을 더 늦은 시기로 늦추고 그 기간을 더 짧게 단축할 수 있느냐 여부와, 만일 단축할 수 있다면 그 방법이 무엇인지를 개발하는 데 초점을 맞추었다. 그러나 노인복지공학은 생명과학기술의 적용을 통해 개인적 수준에서 문제발생을 예방하는 데 그치지 않고 기술적 사회적 환경의 변경을 통해 문제 발생을 예방하는 것 또한 중요하다는 데로 관심을 확대하고 있다. 우리는 앞에서 기술적 사회적 환경이 노인 친화적이라면 노인이 그다지 커다란 개인적 지체 없이 환경에 적응하며 살아 갈 수 있음을 지적한 바 있다.

둘째, 발생한 문제를 극복하기 위한 개인적 능력을 제고하는 방법이다. 개인적 능력의 제고를 위한 기술 적용 또한 개인적 능력들을 변화시키거나 혹은 환경을 변화시키는 것을 통해 성취될 수 있다.

셋째, 고령화는 앞서 언급한 능력의 제고만으로써는 복원이 되지 않는 능력의 손실을 포함할 수 있다. 장애나 노화로 인하여 상실된 능력에 대한 보상(compensation)을 기술적으로 도모하는 것은 노인복지공학 의 중요한 영역 가운데 하나로 되고 있다. 장애나 노화로 인한 능력상실을 보상하는 기술을 일컬어 흔히 보조 기술(Assistive Technology, AT)라고 한다. 한편 노화나 장애에도 불구하고 아직 손실되지 않고 살아있는 나머지 능력을 제고하는 기술을 지원 기술(Supportive Technology, ST)라고 이름을 지어 보조기술로부터 구별하기도 한다.

넷째, 고령화는 고노령층을 비롯하여 불가불 개호(care)를 필요로 하는 노인들을 증가시키는데 개호제공자(수발자)를 도와 개호를 제고하기 위한 기술을 개발하는 것이다.

다섯째, 고령화에 대한 연구를 향상시키는 것이다. 제론테크놀로지는 다른 학문 분과로 하여금 노인들이 직면하게 될 문제를 해결하는 데 노력하도록 자극을 주고 있고, 연구 설계 과정에 노인들의 참여를 촉진하고 있다.

라. 노인복지공학의 적용 영역

노인복지를 위한 노인복지공학의 적용분야는 아주 다양하다. 노인학(gerontology)과 공학(technology)이 다중학문(multidisciplinary studies)인 것처럼 노인복지공학도 노인복지 전 분야에 걸쳐 연구되고 있다. 현재 미국, 일본, 유럽 국가들의 노인복지공학 연구 분야를 살펴보면 다음과 같다.

① 노인건강과 노인복지공학

노인의 건강보호와 질병관리는 노인복지에서 가장 중요한 영역의 하나이다. 건강이 없이는 자립생활이 어렵고 성공적인 노후생활을 영위하기 힘들기 때문이다. 현재 노인복지공학을 연구하고 있는 사람들은 노인의 심신건강 유지와 질병관리(예: 치매, 중풍, 당뇨 등)에 많은 관심을 가지고 있다. 어떻게 하면 노인들이 건강한 생활습관을 유지하여 기능장애나 질병을 예방하고, 심신이 허약한 노인들이 병원이나 요양원에 입소하지 않고 가정에 머물러 있으면서 고도의 전문서비스(high-tech service)나 가사지원 프로그램(home help service)을 활용할 수 있는가에 대한 연구가 계속되고 있다. 앞으로 고령인구가 더욱 증가함에 따라 노인의 건강과 기능을 증진하기 위하여 건강기술, 의료기술, 가정간호기술 등에 관한 연구가 활성화 될 전망이다.

② 노인 취업활동과 노인복지공학

성공적인 노후를 갖는 비결의 하나는 보람 있는 일을 찾아 생산적인 활동을 계속 하는 방법이다. 생산적인 일은 노인들에게 일정한 소득, 건강, 역할, 그리고 삶의 의미와 정체감 등을 다각적으로 줄 수 있기 때문이다. 이런 의미에서 노인복지공학은 고령자들의 체력, 인기기능, 감각기능, 적성 등을 참작하여 고령자에 적합한 직종을 개발하고 또한 고령자들이 작업을 수행하는 과정에서 야기되는 생체부담이나 위험(사고)을 감고시켜 안전하고 조화로운 작업환경과 작업방법 등을 개발해 낼 수 있을 것이다.

③ 노인교통과 노인복지공학

인간은 움직이는 동물이다. 움직여야 신체적인 건강을 유지하고 경제적, 사회적 활동에도 참여할 수 있다. 옛날에는 주로 걷거나 마차 또는 자전거를 교통수단으로 하였다. 오늘날은 자동차, 기차, 버스, 배, 비행기 등 다양한 교통수단이 개발되어 육상, 해상, 공중에서 보다 빠르게 그리고 편하게 이동할 수 있다. 이러한 교통수단은 대부분 젊고 건강한 일반 대중들의 신체적 능력과 편의를 참고하여 설계, 제작, 작동되고 있다.

그러나 노인의 경우에는 신체능력과 감각이능이 저하되어 기존의 교통수단을 이용하기 불편하고 위험스럽기도 하다. 이러한 의미에서 노인복지공학은 노인들이 편안하고 안전하게 교통수단을 이용할 수 있도록 각종 교통 시설, 차량, 장비, 도구, 사용절차 등을 노인들의 행동능력(운동능력과 인지능력)과 방위능력, 감성 등에 맞게 설계, 제작 운영하는 방법 등을 관심 있게 연구하고 있다. 특히 노인들이 대중교통을 이용할 때에는 교통 차량의 접근성, 안전성, 친밀성, 경제성 등이 고려되어야 하고, 만일 대중교통을 이용할 수 없는 장애노인의 경우에는 특수 장비와 도구를 갖춘 차량이 설계, 제작, 운영되어야 할 것이다.

④ 정보통신과 노인복지공학

지금은 정보화 시대이다. 우리나라에도 최근 정보통신 기술이 급속도로 발전하고 있다. 케이블 및 위성 텔레비전을 포함하여 비디오, 디스크, 컴퓨터, 인터넷, e-메일, e-상거래, 휴대 전화, 전자 상거래 등 정보통신에 관련된 제품들이 쏟아져 나오고 있다. 이러한 제품들은 노인생활에 다양한 도움을 줄 수 있다. 노인들은 집안에서 컴퓨터를 통하여 쇼핑이나 은행 업무를 볼 수도 있고, 해외에 살고 있는 가족이나 친구들과 편지나 대화를 나누며 각종 사이버 교육이나 여가 프로그램 등에 참여하여 삶의 질을 높일 수 있다. 이런 의미에서 노인복지공학은 노인들이 배우기 쉽고 편하게 이용할 수 있는 사용자에게 친절한 컴퓨터(user-friendly computer) 프로그램 개발에 연구가 있어야 하겠고, 더 나아가 기능장애로 장기요양보호가 필요한 노인들에게 정보통신 시스템을 통하여 원격치료, 원격교육 및 훈련 등 각종 정보와 서비스를 제공할 수 있는 프로그램 개발의 연구가 기대되고 있다.

⑤ 노인의 주거환경과 노인복지공학

퇴직 후 노인들은 집안에서 보내는 시간이 많다. 그러므로 노인의 주거환경은 살기에 편하고 안전해야 한다. 노인들에게는 가정 내에서의 사고로 사망하는 경우가 교통사고로 사망하는 숫자보다 많은 것으로 알려졌다(이남식, 1999). 거동이 불편한 노인들에게는 집안과 밖에서의 계단, 현관, 마루, 그리고 미끄러운 화장실과 목욕탕 등에 낙상의 위험요소가 많기 때문이다. 노인복지공학은 이와 같은 주거환경내의 위험요소를 제거하여 노인들이 식사, 취침, 세면, 입욕, 배설, 조리, 청소, 세탁 등의 신체동작과 가사활동을 자유롭게 수행할 수 있도록 주거환경을 설계, 건축, 운영하는데 관심을 가지고 있다. 집에 들어가는 대문이나 현관문의 비상벨을 비롯하여 집안에 설치되어 있는 경보장치, 가전제품 등의 작동은 원격 조정기(remote control)나 이동 전화기(mobile telephone)를 사용하여 노인들의 안전(safety)과 보안(security)을 유지할 수 있다. 이런 의미에서 노인복지공학은 노인과 주거환경과의 최적관계를 유지할 수 있도록 인간공학적 주거 설계, 실내디자인, 가구배치, 생활용품 관리, 가전제품들의 원격조정 장치(remote control system) 등을 갖춘 주거시설 개발이 요구되고 있다. 요즘 소개되고 있는 의료주택, 간호주택, 재활주택, 노인주택, 생애주택, 유니버설 주택, 가변형 주택, 미래주택, 그리고 핀란드에서 소개하고 있는 스마트 하우스(smart house) 등이 그 좋은 예가 될 수 있다(이연숙, 2002; Virta, 2000).

⑥ 생활용품과 노인복지공학

가정에서 사용하는 가구나 생활용품은 사용자의 신체적 특성이나 기능에 맞게 설계되고 또한 이용하기 쉽고 조작하기 쉽게 제작되어야 한다. 현재 대부분의 가정에서 사용되고 있는 가구, 주방기구, 일상용품 등은 주로 20-50대의 건강한 고객을 대상으로 설계 · 제작되었다. 이런 제품들은 체력이 줄어들고 감각기능이 둔해진, 특히 손가락의 민첩성(dexterity)이 떨어진 노인들에게는 사용이 어렵다. 따라서 노인들이 간편하게 그리고 안전하게 사용할 수 있는 가구와 생활용품의 디자인이 중요하다. 스웨덴의 RFSU 회사는 '국제손잡이(Universal Grip)'라는 제품을 만들어 노인들이 작은 열쇠나 물건들을 쉽게 쥐고 사용할 수 있도록 하고, OXO 국제회사는 '좋은 손잡이(Good Grip)'를 만들어 관절염이 있는 노인들도 주방용품들을 손쉽게 쥐고 사용할 수 있게 하여 세계적인 기업으로 성장하였다. 노인복지공학은 이와 같이 가정에서 사용하는 가구나 생활용품들을 노인의 신체적 특성과 기능에 맞게 설계하고 제작하여 보급함으로서 노인의 일상생활을 도와주고 삶의 질을 높이는데 공헌할 수 있다고 본다.

6. 노인복지공학의 연구과제

노인복지공학의 연구는 대체적으로 다음의 5가지 과제를 가지고 접근할 수 있다. 첫째는 각종 노인문제(가난, 질병, 사고, 범죄, 고독 등)의 예방을 위한 테크놀로지의 활용이고, 둘째는 이러한 문제들을 극복하기 위하여 노인들의 심신기능을 증진시키는 방법의 연구이며, 셋째는 이미 상실된 기능을 보상하기 위한 테크놀로지 개발이고, 넷째는 노인과 부양자에게 필요한 보호와 원조를 제공하는 일이며, 그리고 다섯째는 노화와 노인문제를 조사하는 과학적인 연구방법의 개발이다(Fozard et al. 1996).

1) 질병 및 장애 예방

인간의 노화과정에서 테크놀로지 활용의 가장 효율적인 방법은 노인의 심신기능이나 능력의 상실을 예방하는데 있다. 테크놀로지의 제1차 예방은 장애노인의 기능상실을 지연시키는 데 있고, 제2차 예방은 기능상실에서 오는 나쁜 결과를 피하는 일이다. 노년학에 관련된 연구조사에 의하면 심신기능의 상실이나 건강상실의 결과로 나타나는 노인문제들은 평소의 식사습관, 신체운동, 근육훈련, 행동수정, 생활형태의 조정 등으로 해결될 수 있을 것이다. 테크놀로지의 예방적 역할로는 신체운동이나 근육훈련을 위한 운동장비의 설계, 신체기능의 측정, 위험장비 사용 시 위험을 알리는 경보기 등을 만들어 제공할 수 있다.

2) 노후건강 및 활동 증진

노인복지공학은 퇴직 후 노인들에게 재취업, 여가활동, 사회활동 등의 새로운 역할과 기회를 제공하여 자아를 실현할 수 있도록 도와줄 수 있을 것이다. 예를 들어 노인들의 특성과 욕구에 맞는 노인적합 주택(adaptable housing)을 만들거나 노인들이 손쉽게 활용할 수 있는 정보통신 체제를 개발하여 다른 가족이나 친구들과 대화를 나누도록 하며, 각종 운동기구와 프로그램을 제공하여 건강증진에 힘쓰며, 또한 지역사회 봉사활동이나 교육 · 문화사업에 적극 참여하게 하여 활기찬 노후를 보낼 수 있도록 필요한 시설, 장비, 서비스 프로그램을 개발하도록 한다.

3) 보상으로서의 테크놀로지

노인복지공학은 노화과정에서 일어나는 심신기능의 상실이나 기능저하를 회복 또는 지연시키기 위하여 활동 보조 장비나 기구들을 개발하여 보급할 수 있다. 노인복지공학의 궁극적인 목적은 바로 여기에 있는 것이다. 즉 테크놀로지를 활용하여 상실된 심신기능을 회복시켜 주거나 혹은 상실되어가는 노화과정을 지연시키는 일이다. 예를 들어 노인들의 시각이나 청각기능이 저하되었을 때 약화되는 감각기능을 보완할 수 있는 확대경이나 보청기 등 각종 보조기기(assistive device)를 사용하게 하고, 거동이 불편하여 걷기 힘들 때 워커나 휠체어를 이용할 수 있게 하는 등 노인복지공학은 노후생활에 적합한 생활환경의 조성과 일상생활 활동에 도움이 될 수 있는 각종 시설, 장비, 도구, 물품 등을 개발하는 일이다.

4) 노인부양자 지원

노인복지공학은 허약한 노인들을 돌보고 있는 부양자들을 위하여 가정용 의료기기 및 각종 보조기구들을 제공할 수 있다. 예를 들면 신부전증 환자를 위한 가정용 투석장치, 가정용 호흡장비, 정맥혈관투입기(intravenous injection devices) 등과 같은 하이텍(high-tech) 장비는 물론 체온기, 혈압계, 당뇨측정기, 그리고 조정침대나 전동이동의자 등 가정간호나 간병에 필요한 장비, 기구 등을 제공하여 부양자들의 환자보호를 도와줄 수 있을 것이다.

5) 장애노인의 의료와 재활 연구

노인복지공학은 인간의 노화과정을 연구하는데 필요한 지식, 기술, 그리고 장비를 제공해 준다. 예를 들어 노인복지공학은 체내 기관이나 세포조직을 컴퓨터 이미지로 연구할 수 있게 하고 또한 뇌전파나 혈액순환을 검사할 수 있도록 하여 노인의 생리적 변화를 과학적으로 연구할 수 있게 한다. 특히 최근에는 생명공학 차원에서 DNA를 연구하여 질병의 원인과 치료방안을 찾아내는 연구가 활발하게 진행되고 있어 앞으로 노인건강유지와 질병치료에 크게 도움이 되리라 생각한다. 이처럼 노인복지공학은 장애노인의 의료와 재활은 위항 기술개발은 물론 노화와 노인문제를 연구하는 데 필요한 테크놀로지를 제공함으로 노인복지 발전에 크게 공헌하리라고 기대된다.

참고문헌

고양곤 (2000) "고령화 사회와 노년공학", 「노년학의 이해」, 대영문화사

고양곤 (1997) "노인주간보호의 이론과 실제", 데이케어의 이론과 실제. 홍익재

권영국 (1996) 「산업인간공학」, 형설출판사

국정홍보처 (2002) 「국민과 함께 세계 일류국가를 열다」, 국정홍보처

김범수 (1992) 「재가복지론」, 홍익재

김영화 외 (2001) 정치경제학적 사회문제론」, 서울: 대학출판사

김태현 (1994) 노년학, 교문사

옥양련 · 박금식 (2001) 오늘의 사회문제, 유풍 출판사

이남식 (1999) 노인과 테크놀로지, 미래사회와 노후생활, 동권 제15호, 99-3. 한국노인문제연구소

이성희 (1998) 미래목회 대예언, 여운학

이연숙 (2002) 건강주택의 개발', 연세대학교 주거환경연구소 내부자료.

박근상 · 김홍재 (1997) 인간공학, 청문각.

안병준 (2000) 인간공학, 한올출판.

정경희 외 (1998) 1998년도 전국 노인생활실태 및 복지욕구조사, 보건사외연구원.

최성재 · 장인협 (2002) 노인복지공학, 서울대학교 출판부.

최순남 (1999) 현대노인복지론, 한신대학교출판부.

통계청 (2001) 장래인구 추계 통계청.

한국보건사회연구원 (2001) 노인장기요양보호 욕구조사, 한국보건사회연구원

한국보건사회연구원 (1998) 1998년도 전국 노인생활실태 및 복지욕구조사, 한국보건사회연구원

Atchley, R.C.(2000) Social Forces and Aging, 9th Edition. Belmont, CA: Wadsworth. Thompson Learning.

Fozard. J., Graamans, J., Rietsema, J., Bowman, H., & Berio, A.(1996) The Challenges of indivisual differences and environmental charge. In Proceedings of the European Chapter of the HFFS Tenth Anniversary Meeting, Soesterberg, K.A. Brookhuis et al.(Eds.).

Graffmans, J., Taipale, V. & Charness N.(1998) Amsterdam, Netherland: IOS press.

Mishra, J.A.(1992). The British Welfare State: Restrospect and Prospect. Unternational Conference on Social Welfare, Korean Academy of Social Welfare and

Joong Ang Daily News.

Riley, M.W., Foner, A. and Riley, J.W. (1999) The Aging Society Paradigm, in V. L. Bengston and K. W. Schaie (eds.), Handbook of Theories of Aging, New York : Springer Publishing, 327-343.

Vercruyssen, M., Graffmans, J., Forzard, J., Bouman, H. & Riestsema, J.(1996). Gerontechnology. In Encyclopedia of Gerontology. Vol. 1. pp.593-603.

Virta, K. (2000) Iwell. Oulu, Finland: TEKES.

Volti, R. (1992) Society and Technological Change. 2nd Edition. New York: St. Martin's Press.

제 2장 고령친화산업

1. 고령친화산업의 정의

인구의 고령화로 노인인구가 증가하게 됨에 따라 노인들의 복지수요에 대비하고, 삶의 질 개선을 위한 제품이나 서비스를 제공할 필요성이 증가하자 미국, 일본, 유럽 등 노인보건복지 선진국들은 시장원리에 입각하여 고령자들이 주로 사용하고 있는 제품이나 서비스를 제공하는 산업이 등장하게 되었다. 일본의 경우에는 실버서비스(Silver Service), 실버비지니스(Silver Business)라는 용어를 사용하며, 영어권 국가에서는 노인시장(Elderly Market) 또는 성인시장(Mature Market)이 가장 빈번하게 사용되고 있다. 우리나라의 경우에도 1980년대부터 일본에서 사용되던 실버산업이라는 용어를 사용하였으나, 구체적인 정의나 개념은 2006년 고령친화산업 진흥법의 제정과 함께 '고령친화산업'으로 통용되어 사용되고 있다.

일본 후생성에서는 고령친화산업을 "60세 이상의 노인을 대상으로 민간 기업이 시장원리에 입각하여 제품이나 서비스의 공급을 행하는 산업"이라고 규정하고 있다. 황의록(1992)은 "민간 기업이 경제력 있는 노인인구 계층 및 노후의 대책을 준비하는 예비 노인층을 대상으로 하여 그들의 욕구에 적합한 제품과 서비스를 자유시장경제의 원리에 의하여 공급하는 산업"이라 규정하고 있다. 김현주와 박재룡(1992)은 "고령층의 정신적, 육체적 기능을 향상시키거나 유지시키고 고령자의 완전한 사회활동을 위하여 민간이 시장경제에 입각해서 제품이나 서비스 공급을 행하는 산업"이라 규정하였다. 한국보건사회연구원(1996)에서는 "중산층 이상의 노인을 대상으로 수입자부담에 의하여 노후생활에 적합한 제품과 서비스를 공급하는 산업"이라 규정하고 있다. 그리고 최성재(1995b, 2000)는 "노인을 대상으로 한 상품과 서비스 또는 노년기에 그 효력을 발생하게 되는 상품과 서비스를 시장경제의 원칙에 입각하여 생산하고 공급하는 활동"이라 규정하고 있다. 고령친화산업진흥법에서는 "노인요양서비스 등과 같은 고령친화제품 등을 연구, 개발, 제조, 건축, 제공, 유통 또는 판매하는 산업" 이라 규정하고 있다.

이상의 고령친화산업에 대한 개념 정의에서 발견되는 공통적인 특성을 정리해 보면, 고령친화산업의 대상은 노인이나 혹은 노후를 대비하는 고령자이며, 공급주체는 민간 기업이다. 한편 서비스의 원칙은 시장경제원리를 따르며, 분야는 노인의 욕구나 노년기의 문제를 해결하는 데 필요한 상품이나 서비스라고 할 수 있다(현외성 외, 2000).

하지만 고령친화산업에 단순히 시장경제의 원리만 적용되는 것은 아니다. 물론 경제력 있는 개인과 가족은 경제시장에서 필요한 재화와 서비스를 구입하므로, 시장공급체계는 가장 일상적이고 보편적인 공급체계다. 그러나 경제력이 제한된 개인과 가족은 경제시장의 구조적 모순으로 불평등을 경험하게 되고 필요한 재화나 서비스를 공급받지 못하게 된다. 그러므로 국가나 정부가 경제능력, 자유경제, 이윤추구를 중시하는 경제시장의 원칙이 아닌 생활욕구, 충족, 결과의 평등성, 이타성 등과 같은 사회시장의 원칙에 의거하여 재화나 서비스가 배분될 수 있도록 관여하여야 한다. 이러한 점을 인식하여 서구복지국가에서는 복지국가위기론의 등장에 따른 서비스의 민영화(privatization)과정에서 복지의 주된 공급체계를 정부, 비영리 자원조직, 영리조직, 비공식조직으로 확대되는 복지다원주의를 채택하여 사회복지 분야도 사회시장과 경제시장이 혼재하는 혼합경제(mixed economy)의 원리를 적용하게 되었다.

고령친화산업에 의해 생산된 제품이나 서비스는 이윤을 중시하는 경제시장원리의 지배를 받는 순수 민간재도, 공익을 중시하는 사회시장 원리의 지배를 받는 순수 공공재도 아닌 혼합재(mixed goods)의 성격을 지니고 있다. 이러한 고령친화산업의 특성을 근거로 볼 때, 고령친화산업이란 '현재 노인계층과 50세 이상의 중・장년층을 대상으로 하여 그들이 필요로 하는 제품이나 서비스를 시장경제의 원칙에 입각하여 생산・공급하되 공익 증진에도 기여하는 산업'이라고 정의할 수 있다.

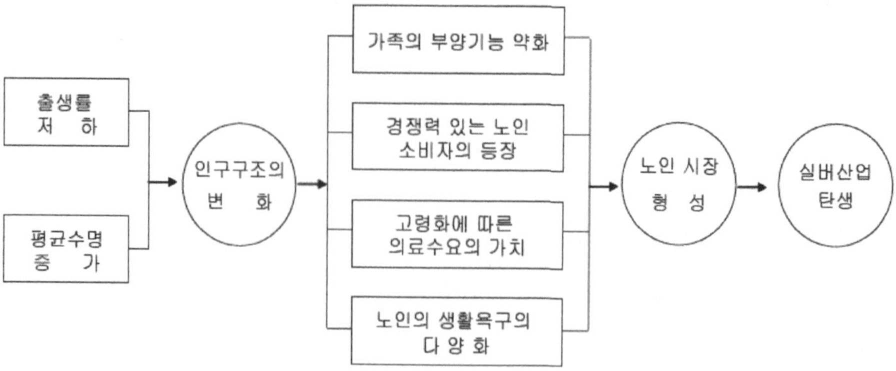

그림 2-1 고령친화산업의 등장배경(이민표, 2000)

1) 고령 소비자의 특성

소비자는 타인이 공급하는 제품과 서비스를 자신의 욕구와 소비생활을 위해 평가, 획득, 사용, 처분하는 어떤 활동에 참여하는 사람을 말한다(박명희와 이민표, 1992). 고령자에 대한 연령기준이 모호하여 기존 관련 문헌들에서는 고령소비자에 대한 명확한 개념을 정의하지 않고 있으나 생애 주기 상 노년기에 있으면서 실제 구매력을 가지고 있거나, 스스로 구매의사결정 과정에 참여하는 고령자로서 일반 소비자들과 구별되는 소비패턴을 보여주는 사람으로 정의할 수 있다.

고령 소비자는 노년기에 접어들면서 신체적 변화와 함께 사회변화를 경험한다. 신체기능의 감퇴로 인한 활동능력의 저하, 사회활동 은퇴로 인한 역할상실, 경제력 변화 및 가정에서의 역할 축소 그리고 이러한 복합적인 변화들로 인해 심리적으로는 의존 경향이 높아진다.

고령자들의 신체·사회·심리적 변화는 행동과 인식의 변화로 이어져 젊은 소비자층과는 다른 소비 욕구·태도·가치·구매행동을 가져온다(김상현, 1997). 고령 소비자들의 구별되는 특성으로 첫째, 다른 연령층과 달리 소극적이며 수동적인 구매행동 경향을 보인 다는 것이다. 많은 연구들에 의하면 고령 소비자들은 오랜 경험과 구매해오던 제품에 대한 풍부한 지식을 가지고 있어, 새로운 정보에 대한 탐색정도가 낮을 뿐 아니라 새로운 제품을 구매할 때 신중하다. 김판준(2002)은 일반소비자와 다른 고령소비자의 소비 특성으로 구매지연 행동을 들고 있다.

둘째, 고령 소비자의 구매력 상승이다. 노인 인구의 증가로 인한 고령소비자층의 전체 구매력이 증가함으로써 고령자시장의 규모가 커졌을 뿐 아니라, 노후생활에 대비한 자산 축적(연금 등)이 보편화되고 다른 연령층에 비해 자산 대비 부양자녀가 없다는 점에서 가처분소득은 높아지고 있다. 이로 인해 고령소비자들은 가족들의 부양을 받기 보다는 독립적으로 생활하는 경향이 늘고 있고, 노후자산의 대비에 더불어 구매력이 증가하고 있다.

셋째, 고령소비자의 소비욕구가 다양하다. 구매력에는 개인차가 존재하지만, 고령자들은 소득수준, 생활환경, 교육수준 등에서 젊은 층보다 더 다양한 분포를 보이고 있다(김상현, 1997; 김영근, 2009). 또한 같은 연령대라고 하더라도 개인의 상황에 따라 신체적·사회적·심리적 변화속도도 다양하기 때문에 개인차가 크다. 이러한 차이로 고령사들의 소비욕구는 다양화 될 수밖에 없다. 따라서 고령소비자의 소비특성은 다음과 같이 요약할 수 있다.

첫째, 제품 선택 시 가격의존도가 낮다. 고령 소비자는 젊은 소비층에 비해 가격에 덜 민감하며, 가격보다는 기능과 서비스를 강조하는 경향이 높은 것으로 보고된다(박영근과 김판준, 2002; 박종원과 박경란, 1995; 김동기, 1994). 고령 소비자의 구매결정요인 관한 김영근(2009)의 연구에서는 고령 소비자들은 제품 선택 기준에서 가격이나 편리성보다는 기능성을 중요하게 생각하는 경향이 있음을 확인시켰다.

둘째, 인적자원을 통한 정보를 획득하는 경향이 높다. 소비자들은 소비행동을 위한 정보를 TV, 라디오, 잡지와 같은 대중매체, 가족 및 지인 등의 대인원천, 쇼핑 판매 등과 같은 상점원천, 그리고 소비자 정보지와 같은 전문지의 중성적 원천을 통해 획득할 수 있다. 젊은 소비층이 대중매체를 통해 다양하며 급변하는 제품에 대한 정보를 획득하는 반면, 다른 연령층에 비해 대인원천을 통한 정보 획득이 많으며 고령일수록 이러한 경향은 더욱 높게 나타난다(박종원과 박경란, 1995). 이렇게 주변의 인적자원에 치우친 정보획득은 고령소비자들이 새로운 제품에 대한 정보탐색 정도가 낮은 것과 무관하지 않다.

셋째, 건강에 관련된 제품 및 서비스에 높은 관심을 가지고 있다. 고령자들에게 건강문제는 가장 큰 어려움으로 나타난다(통계청, 2007). 급격한 신체기능의 저하를 수반하는 고령층에게 건강관리는 가장 중요한 이슈이며, 이러한 맥락에서 고령소비자의 건강 제품 및 서비스에 대한 높은 욕구는 당연한 것으로 보여 진다. 고령자 소비행태 특성에 관한 김영근(2009)의 연구는 고령친화용품 중 건강용품 및 건강식품에 대한 선호가 가장 높은 것으로 나타났는데, 특히 경제 상황이 열악한 고령자들의 경우에도 건강관련 용품에 대한 선호는 가장 높게 나타나 이러한 경향을 뒷받침 하고 있다.

2) 고령친화용품의 정의

고령친화용품이라는 용어는 고령화 및 미래사회위원회에서 고령친화산업을 정의한 이래로, 2005년 9월 산업자원부에서 발표한 고령친화산업 활성화방안에서 처음 사용되었다. 고령친화용품의 정의에 앞서, '고령친화'와 '용품'에 대한 각각의 개념정의가 선행 되어야 한다.

우선 '고령친화'라는 용어는 고령화 및 미래사회위원회가 수립한 '고령친화산업 활성화 전략'에 관한 연구에서 사용한 이래로 보편화되었다. 여기서 말하는 고령친화라는 용어는 '노인이 편리하면 모든 사람도 편리하다'는 취지하에 편리성과 안전성에 입각한 노인의 선호를 우선적으로 고려함을 의미한다(고령화 및 미래사회위원회, 2005). 그리고 고령친화와 산업이라는 용어를 합성하여 기존의 '실버산업'을 대체하는 용어로서 '고령친화산업'을 사용하게 되었다. 이는 실버산업이라는 표현 자체가 일본식 영문으로 국제적으로 낯설며 실버(silver)라는 이미지, 즉 '골드(gold)'가 아니라는 이미지가 황혼을 연상시키는 등 다소 부정적이어서 그 대신에 고령친화산업이라고 표현하게 된 것이다.

또한 현재 용품(用品), 기기(機器, 器機), 용구(用具)등의 용어가 혼용되고 있어 이들에 대한 정의가 반드시 필요하다고 볼 수 있다. 용품, 기기, 용구에 대한 영어 표기를 살펴보면, 용품이란 'supplies or an article'로, 인간이 필요로 하는 식품(food), 기구(equipment), 기타 필수품(necessities)이다. 기기란 'machinery and tools' 혹은 'an instrument'로 과학적인 일을 할 때 사용하는 도구(tool)나 장치(device)이다. 용구란 공구(a tool), 기구(an instrument), 연장(implements), 물품(goods), 장치(an appliance) 등 폭 넓은 의미를 가지고 있다.

ISO에서는 장애인용품 관련 기술위원회(technical committee, TC)인 ISO/TC 173에서 용어정의 및 품목을 분류하여 ISO 9999 규격으로 제시하였다. 1998년도에 배포된 ISO 9999:1998에서는 장애인 관련 용품을 technology aids(공학적 지원 기기)라고 정의하였으나, ISO 9999:2002에서는 assistive technology(보조공학), assistive devices(보조 장치)로 소프트웨어와 하드웨어적인 개념으로 분리하여 사용하였다. 또한 최근 발표된 ISO 9999:2006에서는 하드웨어와 소프트웨어의 개념이 통합된 assistive products라는 통일된 용어를 정의하였다. 이를 번역하면 '보조용품'에 가깝다고 할 수 있다. 참고로 우리나라는 장애인 복지법(2002)에서 장애인 관련 용품을 재활보조기구(rehabilitation aids)라고 정의하였다.

용품에 대한 한자의 의미를 살펴보면, 용품이란 쓰는 물품(物品), 필요(必要)한 물품으로 사용의 주체가 사람이며, 여러 가지 물품을 의미할 수 있다. 반면에 기기는 기구(器具), 기계(機械)의 총칭으로 고정된 실체를 의미하며, 의미적으로 주체는 사람이 아닌 기계이다. 따라서 기기는 흔히 의료 전문가들이 질병을 진단하는데 사용하는 제품 혹은 물건을 의미한다. 용구는 무엇을 하거나 만드는데 쓰이는 기구로, 일본에서는 재활보조기구와 관련해서 주로 사용하고 있다(박수천, 2006).

한편 현행 의료기기법에는 의료기기에 대한 정의를 내리고 있으나, 의료용품, 한방용품, 건강용품에 대한 정의는 전혀 이루어지지 않고 있다. 의료기기법 제1장 제2조(정의) 1항에서는 '의료기기라 함은 사람 또는 동물에게 단독 또는 조합하여 사용되는 기구, 기계, 장치, 재료 또는 이와 유사한 제품으로서 다음 각 호의 1에 해당하는 제품을 말한다. 다만, 약사법에 의한 의약품과 의약 외 품 및 장애인 복지법 제 55조의 규정에 의한 재활보조 기구 중 의지, 보조기를 제외한다.'라고 규정하고 있다. 그리고 의료기기 품목 및 품목별 등급에 관한 규정에서 의료용품이 제시되어 있으나 그 정의에 대한 언급은 전혀 없다. 이 규정에서 살펴보면, 의료용품은 의료재료로 의료인이 사용하는 용품이다. 이와 같이 의료기기의 대상은 사람 또는 동물로서 그 주체는 의료기기가 된다. 물론 사용자는 일반인이 아닌 전문가이다. 따라서 고령친화용품에서 사용하는 용품이란 용어는 전문가보다 일반인이 주체가 되어 이들이 개인 용도로 사용하는 물품을 뜻하며, 전문가용 기기가 아닌 일반인용 기기가 자신의 생활 편리나 건강 목적으로 사용이 될 경우 한편 2006년 12월 제정된 고령친화산업진흥법에서 정한 고령친화제품의 정의는 다음과 같다.

"고령친화제품 등"이라 함은 노인을 주요 수요자로 하는 제품 또는 서비스로서 다음 각 목의 어느 하나에 해당하는 것을 말한다.

가. 노인이 주로 사용하거나 착용하는 용구·용품 또는 의료기기
나. 노인이 주로 거주 또는 이용하는 주택 그 밖의 시설
다. 노인요양 서비스
라. 노인을 위한 금융·자산관리 서비스
마. 노인을 위한 정보기기 및 서비스
바. 노인을 위한 여가·관광·문화 또는 건강지원서비스
사. 노인에게 적합한 농업용품 또는 영농지원서비스
아. 그 밖에 노인을 대상으로 개발되는 제품 또는 서비스로서 대통령령이 정하는 것

① 노인을 위한 의약품 · 화장품
② 노인의 이동에 적합한 교통수단 · 교통시설 및 그 서비스
③ 노인을 위한 건강기능식품 및 급식 서비스

이 책에서는 고령자와 수발자를 위한 고령친화용품과 장애인을 위한 재활보조기구는 구분하기로 한다. 다만, 재활보조기구 중 일부(의지보조기, 치료훈련기 및 기능훈련기기의 일부 등)를 제외할 경우에는 재활보조기구의 많은 제품이 고령친화용품으로 분류될 수 있다. 예를 들어 휠체어와 같이 장애인을 위한 제품일지라도 거동이 불편한 고령자의 편의를 위해 사용될 경우에는 고령친화용품으로 구분할 수 있다. 따라서 이 책의 고령친화용품의 범위는 고령자를 대상으로 건강관리, 수발, 일상생활, 여가・문화생활의 편의를 도모하기 위하여 고령자의 정신적, 신체적 특성을 배려한 제품을 의미하며, 고령친화용품의 설치에 사용되는 용품이나 의약품 또는 의료관련 전문직 사람만이 사용하는 용품은 제외된다. 이를 구체적으로 보면 표 2-1에서와 같이 개인건강・의료용품, 기능 저하예방용품, 이동기기, 목욕용품, 배변용품, 침구용품, 가사용품, 주거설비 용품, 정보통신기기, 여가용품 등으로 분류할 수 있다.

표 2-1 고령친화용품 분류

	구분	주요 품목
01	침구용품	침대, 욕창방지 매트리스, 개호용 시트, 체위변환기 등
02	목욕용품	자동목욕장치, 자동샤워장치, 욕조리프트, 입욕용 도움장치, 미끄럼방지용품, 욕조 등
03	배변용품	배뇨배변기, 휴대용 화장실, 기저귀, 세면대, 집뇨기 등
04	가사용품	식기, 주방용품, 의류, 신발, 승강의자, 높낮이테이블, 가구, 기능성 화장품 등
05	주거설비용품	슬로프, 손잡이, 단차해소기, 계단승강기, 높낮이 세면대, 미끄럼 방지제품(타일 등) 건물에 부착하는 제품
06	수발예방용품	헬스기구, 신체기능 증진기기, 보행훈련기 등 노인신체기능을 강화, 유지, 회복하기 위해 사용되는 제품
07	정보통신기기	보청기, 전화기, 컴퓨터, 키보드, 확대독서기, 긴급통보시스템, u-healthcare 기기, 원격진단시스템, 치매노인배회방지시스템 등
08	이동기기	워커(실버카, rollrator), 노인용 휠체어, 전동 휠체어, 전동 스쿠터, 저상버스, 노인배려자동차 등
09	여가용품	스포츠용품, 완구, 게임, 악기, 레크레이션기기, 노인용 컨텐츠 등 노인의 여가 및 문화활동에 사용되는 용품
10	개인건강·의료용품	안마기, 족탕기, 훈증기, 황토팩, 혈압계, 체온계, 혈당계, 체성분석기, 온열치료기, 전자기파치료기, 적외선치료기, 물리치료기, 침, 부항기, 쑥뜸기 등

2. 국외 고령친화산업 현황

1) 일본 고령친화산업

일본의 고령화는 서구 다른 나라들에 비해 대단히 빠른 속도로 진행되고 있다. 일본은 당초 고령자의 사회복지대책으로부터 시작하여 범정부차원의 종합적인 대책을 마련하여 적극적으로 고령화에 대응하고 있으며 이러한 종합대책 가운데 과학기술의 연구개발과 활용은 중요한 구성 요소로 되고 있다. 여기서는 먼저 일본의 고령화 추이, 고령화대응 정책의 전개 과정을 배경으로 살펴 본 뒤에 고령화대응 과학기술 정책의 특징을 알아보고자 한다.

일본은 90년 초반부터 복지와 산업육성 정책을 동시에 추진하였는데, 후생성을 중심으로 복지정책인 "골드플랜"과 "공적개호보험" 등의 실시로 노인복지를 강화하고, 경제 산업성을 중심으로 "복지용구 실용화 개발비용 조성제도"를 수립하여 제품 상용화를 지원하였다. 즉, 초기에 정부는 법률제정 등 관련제도를 마련하고, 개화기에 지자체는 입지혜택 등으로 민간의 참여를 촉진하였으며, 현재는 재단법인 중심의 민간 기업이 사업을 주도하고 있는 상황이다.

이를 구체적으로 살펴보면 다음과 같다.

○ '90년대 초반 노인 복지정책인 골드플랜과 「복지용구연구개발에 관한 법」을 마련, 노인복지와 실버산업 육성 정책을 동시에 추진
- 후생성은 노인복지 로드맵('90 골드플랜→'95 신 골드 플랜→'00 골드플랜 21)을 마련하여 요양서비스 기반을 확충
- 경산성은 '93년 연구개발에 관한 법·제도를 정비하여 복지용구실용화 기술개발을 지원

○ '92년부터 후생성은 48개 지자체에 개호실습 보급 센터를 설치하여 용구·용

품 전시 및 상담서비스 실시

- 초기에 정부가 법·제도를 마련한 후 지자체를 중심으로 사업을 활성화하고 현재는 재단법인인 민간 중심으로 운영

○ '00.4. 공적개호(介護)보험제도 실시 이후 고령친화 산업 급성장

- 시장규모는 '01년 39조 엔에서 '25년 155조 엔으로 성장 전망

표 2-2 일본 실버산업분야

분 야	품 목	특 징
식 사	- 기능보완형 : 의료식, 노인식 등 - 건강유지형 : 저염간장/된장, 저지방우유, 저칼로리주스, 소백배아유, 약초주 등 - 기호대응형 : 치즈, 드레싱 - 전통중시형 : 명과, 절임야채 등 - 고급지향형 : 생선회간장, 일류레스토랑, 호텔 반찬류	고령화로 인한 신체적인 약화를 보완, 건강의 유지와 노인의 기호에 맞추어 개발
의 복	- 작업복, 원터치 내의, 고령자용 내의, 사이즈별 의류, 특수건강내의 등	착용이 간편하며 고급 소재를 사용하여 노년층 소비자의 욕구에 맞춤
주 거	- 노인홈, 실버용 맨션, 실버용 커뮤니티, 실버용 호텔, 실버용 스테레오 보청기, 건강침구, 병약자용 욕조 등	종신입금제 또는 분양 방식, 병원과 인접, 건물 내의 의료시설, 보통 경치 좋은 지역에 건설
여 가	- 고령자에게 혜택을 주는 각종 여행상품, 문화센터, 분재강좌, 게이트볼, 여행 등	여행코스가 여유 있으며 고급호텔, 고급식사, 세심한 배려 제공

(1) 고령화 대응 과학기술정책

앞에서 언급하였듯이 일본은 고령화의 진전에 따라 시기별로 차이가 있기는 하나 고령화에 대응하기 위하여 보건 의료, 고용을 비롯하여 경제 사회 생활의 광범한 영역에 걸쳐 각종 시책을 강구하여 추진하고 있거니와 과학기술분야에서도 다

양한 대책을 마련하여 추진하여 오고 있다. 여기서는 1986년 장수사회대책대강에 따른 연구 개발 정책, 1993년 통산산업성이 추진한 복지기기기술종합정책, 그리고 보다 최근 고령사회대책대강에 따른 조사연구개발 시책 등의 추진에 관하여 살펴 보기로 한다.

가. 장수사회대책대강과 연구 개발 정책

1986년 일본 내각의 결정으로 채택된 장수사회대책대강 은 급속하게 도래하고 있는 장수사회에 대응하기 위해 과학기술의 역할을 극히 중요하다고 판단하고

① 고령자의 건강을 확보하기 위한 연구개발,

② 고령자의 생활과 활동을 지원하기 위한 연구개발 등 장수사회를 풍요롭고 활력 있는 사회로 만들기 위한 연구개발을 추진한다고 규정하고 있다.

이를 위해 필요한 체제의 정비로 다음 두 가지를 중요하게 제시하고 있다.

첫째, 연구추진체제 등의 정비

관련된 시험연구기관, 각종연구개발제도 등의 연구추진체제를 충실 강화함과 함께 장수사회에 대응하는 과학기술을 추진하는 데 중심석 역할을 담당할 연구체제의 확립을 도모한다. 또한 연구개발을 원활하게 추진하기 위해 각종 데이터베이스의 정비 확충 등에 의한 정보유통의 추진 강화 등 연구지원체제의 충실 강화를 도모한다.

둘째, 인재의 육성 등

전문적 연구자의 양성을 도모함과 함께 연구교류를 활성화하고 인재의 유동화를 촉진한다. 또한 국제공동연구의 추진, 연구정보의 교환, 연구자의 교류의 촉진 등 국제적 연구협력을 추진한다(エイジング總合硏究センタ- 1988).

장수사회대응 과학기술의 연구개발 목표와 관련하여 1986년 일본 과학기술회의

는 장수사회대응과학기술추진의 기본방책에 관한 의견을 통해 다음과 같은 분야의 연구개발이 필요한 것으로 제안하고 있다.

○ 고령자의 건강을 확보하는 연구
① 생리적인 노화기구에 관한 연구
② 노년병의 成因및 예방·진단·치료에 관한 연구
③ 간호·재활 등에 관한 연구
④ 건강의 유지·증진에 관한 연구

○ 고령자의 생활과 활동을 지원하는 종합적 연구
① 개호기기에 관한 연구개발
② 자립기기에 관한 연구개발
③ 생활환경 및 생활안전기기에 관한 연구개발
④ 노동환경 및 생산기기에 관한 연구개발

나. 고령화 사회와 복지기기기술종합정책의 전개

일본에서 고령화대응 과학기술정책은 1990년대 들어 단지 고령화대응만이 아니라 장애인을 포함하여 모든 사람의 복지를 증진하는 복지기술기기에 초점을 맞추기 시작하였다.

일본에서는 제2차 세계대전 이후 상이군인에 대한 의지보조기 등 보장구의 제작, 교부와 수리 서비스를 통해 복지산업이 시작되었으나, 국가적인 규모로 복지기술의 연구개발이 이루어지기 시작한 것은 1960년대 살리도마이드약(thalidomide, 수면제의 일종)의 부작용으로 손발의 일부가 결손이 되어 탄생한 아이들의 학령기를 맞아, 그들을 지원하기 위해 후생성이 연구팀을 조직, 전동의지를 개발한 것이 처음이다. 이 연구에는 당시 전동의지를 연구개발하고 있었던 대부분의 대학과 기업이 참가하였다.

이와 같이 전쟁, 질병, 산업재해로 인한 장애의 결과, 의학적, 사회적 대응책으로 장애인 보장구를 개발하기 시작하다가 인구의 고령화 문제가 대두하기 시작하자 보장구 이외에 노인의 자립적 생활을 위한 복지기기에 대한 개발을 시작하기 시작했고, 뒤 이어서 공용품 등 생활용품을 개발하기 시작했다.

복지용구개발을 위한 사업은 당초 후생성에서 주관하였다. 후생성은 1988년부터 복지기기 개발·개량 사업 을, 1991년에는 재택 간호 기기 개발 연구사업을 실시하여 노인의 특성에 맞는 복지기기의 개발을 추진하였다. 한편 통상 산업성은 1976년 발족한 의료복지기기기술 연구개발제도에 의거해, 그리고 1993년부터 대형공업기술연구개발제도와 차세대산업 기반기술 연구개발제도를 재편하여 발족한 산업과학기술 연구개발제도를 토대로 최첨단 산업기술을 구사한 의료복지기기기술의 연구개발을 추진하여 왔다(그림 2-2).

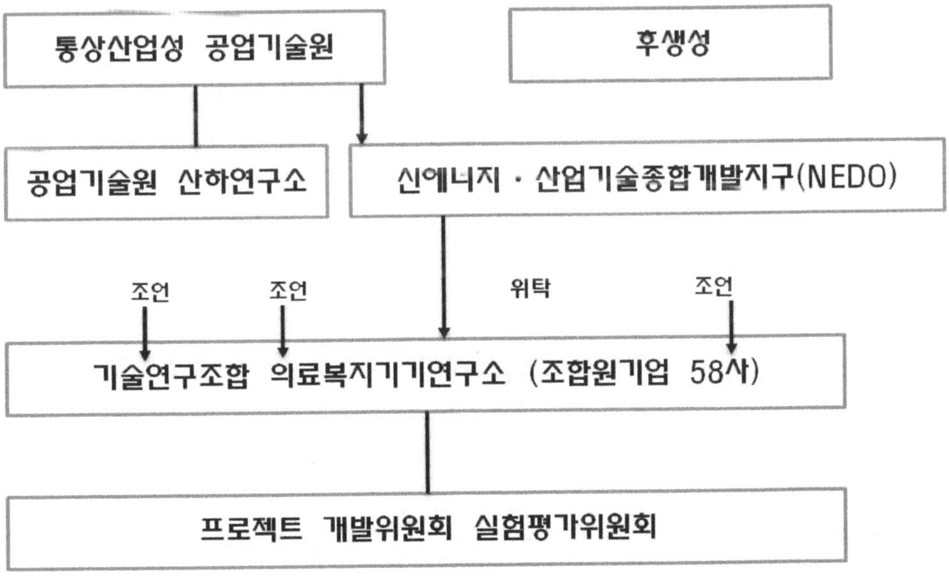

그림 2-2 일본 산업과학기술연구개발제도에 기초한 의료복지기기기술연구개발의 개요도

일본 통산성은 복지기기연구개발체제의 발본적 확충, 우수한 복지기기의 보급을

도모할 필요가 있다는 취지에서 1992년 산업기술심의회총합부회에 복지기기기술정책소위원회를 설치하였다. 이 소위원회는 1992년 10월부터 1993년 1월까지 복지기기기술의 동향을 살펴보고, 복지기기기술정책의 향후 방향에 관하여 심의를 거듭하여 정책보고서를 제출하였다.

이 보고서는 일본 복지기기기술의 현황과 문제점, 복지기기연구개발 및 보급에 관한 기본 관점을 서술하고, 복기기기에 관한 구체적 시책의 종합적 전개를 제시하고 있다. 이 보고서가 지적하고 있는 개요를 요약하면 다음과 같다.

먼저, 복지기기의 연구개발과 관련된 내용을 살펴보면 다음과 같다.

- ① 첨단 고도기술을 구사한 현행 프로젝트 연구개발을 핵으로 하고, ② 우수한 복지기기의 개발을 휘한 조사, ③ 국립연구소를 활용하여 다분야에 걸친 복지기기의 횡단적 기반기술의 연구 등 기초연구에서 프로젝트에 이르는 연구개발의 종합적 추진을 도모한다.
- 첨단기술 포텐셜을 보유하고 있는 민간 기업에 대하여 우수한 복지 기기의 실용화 개발 지원을 행하여, 이들 기업의 관심을 복지기기 분야로 향하도록 한다.
- 고령화 복지 관련 분야에 있어 표준화의 기초를 정비함과 함께 표준기반연구의 신전개를 도모하는 종합적 다면적 접근이 필요하다.
- 연구개발을 종합적, 계획적, 그리고 효율적으로 추진하기 위한 지침의 책정이 중요하다.

둘째, 복지기기의 보급에 관해서는 향후에도 공적 급부제도가 중요한 위치를 차지할 것으로 보는 한편으로 기기에 따라서는 시장메커니즘에 의해 민간주도로 공급될 것도 있다. 어느 경우에도 복지기기의 제조, 판매, 리스 또는 대여를 하는 사업자가 공급 측으로서 중요한 역할을 하게 될 것이다. 따라서 관계 사업자에 대하여 공적 지원을 행하는 것과 함께 보급 대책, 정보수집 대책의 연계 등에 의해 소비자의 필요와 공급 측의 연계를 촉진하고 많은 기업의 참여를 촉진하는 것이 필요하다. 이와 더불어 사용자에의 적합성을 확보하기 위한 시책, 일본산업표준(JIS)의 적극적 제정 등 종합적 시책의 전개가 필요하고 이를 위한 복지기기의 보급을 촉진하기 위한 지침의 책정도 중요하다. 또한 복지기기에 관해서는 공급자와 사용자에 대한 시책이 상호연계성을 갖도록 함으로써 그 유효성을 제고하도록 하고, 관계성청(省廳)과 지방공공단체의 통합적 틀을 도모하는 것도 중요하다.

이 보고서는 복지기기의 연구개발 및 보급의 촉진에 관한 시책을 종합적으로 전개하기 위해 필요한 법적 조치를 강구하는 것에 의해 범정부적으로 체계적 시책의 전개를 도모하는 것이 필요하다고 지적하고 있다.

이 보고서의 제안을 수용하여 통산산업성은 후생성과 함께 1993년 복지용구의 연구개발 및 보급의 촉진에 관한 법률(이하 복지용구법)을 의회의 심의를 거쳐 제정하여 연구개발기반의 정비 등 복지기기기기술종합정책을 전개하여 오고 있다.

복지용구법은 노인 및 심신장애인의 자립 촉진 및 이들 개호자의 부담 경감을 위해 복지용구의 연구개발 및 보급을 촉진하고 이들의 복지의 증진에 기여하고, 산업기술의 향상에 이바지하는 것을 목적으로 하고 있다. 이 법에서 복지용구 란 심신의 기능이 저하하여 일상생활을 영위하기에 지장이 있는 노인 또는 심신장애인의 일상생활상의 편의를 도모하기 위한 용구, 기능훈련을 위한 용구 및 보장구를 말한다.

이 법은 후생대신과 통상 산업 대신이 복지용구의 연구개발 및 보급을 촉진하기 위한 조치에 관하여 기본 방침을 정하도록 하고 있다. 그 기본방침의 내용으로는

① 복지용구의 연구개발 및 보급의 동향에 관한 사항,

② 복지용구의 연구개발 및 보급의 목표에 관한 사항,

③ 복지용구의 연구개발 및 보급을 촉진하기 위해 강구하고자 하는 시책의 기본이 될 사항,

④ 복지용구의 연구개발 및 보급을 촉진하기 위해 사업자 및 시설 개설자가 취해야 할 조치에 관한 사항,

⑤ 기타 복지용구의 연구개발 및 보급에 관한 중요사항을 포함해야 한다.

그밖에 국가 및 지방공공단체의 책무, 사업자 등의 책무, 국유시설의 사용, 지정법인, 신에너지산업기술총합개발기구(NEDO)의 업무, 지방공공단체가 강구해야 할 조치 등이 규정되고 있다. 복지 용구법에 기초하여 통상산업성 공업기술원은 고령화 사회의 진전에 대응하여 첨단고도기술을 응용한 복지기기의 연구개발을 촉진하기 위해 1993년부터 연구개발 기반을 정비하고 복지기기의 연구개발을 추진하였다. 그 중요 내용을 보면 다음과 같다.

▶ 복지기기 정보수집 분석 제공 사업(1992년 0엔, 1993년 5200만엔)

- 복지기기 관련 산업기술의 상황을 파악하여 사용자 요구를 구현하는 기술 씨앗(seeds)의 발굴과 사용자에의 이미지 제시를 하는 기술 구현을 위한 조사연구를 행하고 고령자·장애인의 요구에 적합한 복지기기의 연구개발을 행하기 위한 데이터베이스를 구축한다.

▶ 복지기기기반기술연구(1992년 0엔, 1993년 6000만엔)

- 다분야에 걸쳐 복지기기기술개발의 횡단적인 기반기술의 연구를 강화하고, 기기기술개발의 분야를 확장하기 위해 공업기술원 산하의 국립연구소를 중심으로 하여 민간의 활력을 동원한 집중적 연구방식에 의한 연구를 행한다.

▶ 프로젝트 연구개발(1992년 6억8200만엔, 1993년 8억2700만엔)

- 최첨단 과학기술을 구사하여 안전성, 편리성이 우수하고 저가격의 의료복지기기의 연구개발을 행한다. 1993년에 시행된 연구개발 프로젝트는

표 2-3에 제시된 바와 같다.

▶ 복지기기 실용화 개발 추진 사업(1992년 0원, 1993년 1억6백만엔)

- 연구개발이 끝난 프로젝트의 후속 연구개발의 지원, 다양한 복지 요구에 대응하여 민간에 의한 단기간 동안 개발 가능한 복지기기의 개발을 지원한다.

표 2-3 일본 산업과학기술연구개발제도에 기초한 의료복지기기기술연구개발 프로젝트 목록

의료기기	신체기능보조 대행기기
무투습 연속 혈당 측정 시스 템	**디지털 보청기**
광단층 이미징 시스템	**하중 제어식 보행보조 장치**
정위적 암 치료장치	**차세대 오럴 디바이스 엔지니어링 시스템**
다항목 자동 생화학 분석 장치	신체장애인용 기능회복 훈련장치
혈액상 자동 분석 장치	인공중이(초소형 보청기)
임상용 인공 심장 장치	맹인용 보행보조기
휴대형 인공 신장 장치	동력 의족
레이저 메스	의지소켓 제작 장치
양전자 방출 핵종 횡단단층 장치	**일상생활지원기기**
간 기능 보조 장치	**이배큐에션 케어 시스템**
신경장애 진단 치료 지원 시스템	**요실금 방지 훈련 장치**
면역 질환용 혈액처리 장치	**배설자립지원 시스템**
광화학반응 암 진단 치료 장치	중도 신체장애인용 다기능 베드
면역학적 암 진단장치	신제장애인용 개조(介助) 이동 장치
암 치료용 장치	욕창 방지용 미캐니컬 매트
백혈구형 자동 분류장치	고령자 체조(調) 감시 시스템
동맥 내 레이저 수술 장치	**사회활동지원기기**
의료 진단용 입체 시(視) 시스템	**맹인용 삼차원 정보표시 장치**
레이저 골 수술 장치	**차의자 종합지원 시스템**
	모듈형 전동차의자
	점자 복제 장치
	언어장애인용 발성발어 훈련장치
	작업용 3차원 차의자
	맹인용 독서기
	체온 자동조절기

자료 : 橋本(1993 : 30)

주 : 굵은 글자는 1993년도 시행된 연구개발프로젝트이고 나머지는 1992년까지 개발 종료된 프로젝트임

다. 고령사회대책대강과 과학기술정책

① 고령사회대책대강에서 과학기술정책 관련 방침

1996년 일본정부가 채택한 고령사회대책대강은 과학기술의 연구개발과 그 활용이 고령화에 따른 과제의 해결에 크게 기여한다고 보고, 고령사회대책의 기본적 시책 가운데 중요한 한 분야로서 고령사회를 풍요하고 활력 있는 사회로 만드는 조사연구 등을 추진함과 함께 그를 위해 필요한 기반의 정비를 도모하기 위한 방침을 다음과 같이 규정하고 있다.

▶ 조사연구 등의 추진

○ 고령자 특유의 질병에 관한 조사연구 등

치매, 골다공증 등 고령자 특유의 질병에 관한 조사연구, 뇌졸중 등 성인병에 관한 연구를 추진함과 함께 고령자에 적합한 예방, 치료, 개호 등의 방법에 관한 연구, 노화에 관한 기조연구 등을 추진한다.

○ 복지용구 등의 연구개발

고령자의 자립 및 사회참가를 지원함과 함께 개호부담을 경감한다는 관점에서 고령자의 특성 등을 감안한 복지용구 및 의료기기의 연구개발을 추진한다.

○ 고령자가 안전하게 사용하기 쉬운 생활용품 등의 연구개발

고령자가 안전하게 사용하기 쉬운 생활용품, 생활기반 시스템 등의 연구개발을 추진한다.

○ 정보통신의 활용 등에 관한 연구개발

정보통신 등의 새로운 기술을 고령자의 취업, 보건 의료 복지, 학습, 사회참가, 생활환경 등에 활용하는 것과 관련하여 하드 및 소프트의 양면에서 연구개발을 추진한다.

▸ 조사연구 등의 기반의 정비

○ 연구추진체제 등의 정비

장수의료과학연구의 거점을 비롯해 관련 시험연구기관, 각종 연구개발 제도 등의 연구추진체제의 충실 강화를 도모한다. 또 연구개발 등을 효율적으로 추진하기 위해 고령자의 신체특성 등에 관한 데이터베이스의 정비, 복지용구 등의 평가 기법을 확립하고, 고령화에 대응한 표준화의 추진한다. 그리고 연구정보 네트워크의 정비 등의 연구지원체제의 충실을 강화한다.

○ 인재의 육성 등

전문적 연구자의 양성을 기하면서 연구교류를 활성화하고 인재의 유동화를 촉진한다. 또한 국제공동연구의 추진, 연구정보의 교환, 연구자의 교류 촉진 등 국제적인 연구협력을 추진한다.

② 최근 고령사회대책 중 과학기술관련 시책의 실시 현황

최근 일본이 추구하고 있는 고령사회대책 가운데 과학기술관련 시책의 실시 현황을 살펴보면 다음과 같다.

▸ 각종 조사연구 등의 추진

○ 고령자 특유의 질병에 관한 조사연구 등

치매, 골다공증 등 고령자에게 특유한 질병에 대해서 장수과학종합연구사업 등에서 조사연구가 행해지고 있다. 2000년도까지 면역부전증의 치료법 개발의 진전, 알츠하이머의 조기확정진단법의 개발, 골다공증 치료의 가이드라인 작성 등에 관한 연구가 추진되고 있다. 또 장수의료의 전문가로 연구반을 조직해 노년병의 성인, 진단, 치료, 예방 등에 관한 기초적 임상적 연구를 추진하고 있다.

고령자의 사망원인은 악성신생물(암), 뇌혈관질환, 심질환이 상위를 점하고 있고, 고령기의 건강상태와 생활습관병이나 만성질환의 예방 치료는 깊이 관계하고 있다는 점에서 이들에 대한 조사연구가 중요하다.

암에 대해서는 1994년부터 암 극복 10개년 전략을 추진하여 암의 본태 규명, 암 극복에 주안점을 둔 임상 및 예방 연구가 추진되고 있다. 생활습관병이나 만성질환에 대해서는 획기적 독창적 신약의 개발을 목표로 휴먼 사이언스 종합연구사업을 행하고 있다. 또한 인간 게놈 해석에 의한 5대 질환(치매, 암, 당뇨병, 고혈압, 기관지천식)의 극복 및 자기회복능력을 이용한 재생의료의 실현을 위한 연구를 행하고 있다)

○ 복지용구 등의 연구개발

일본의 복지과학기술정책은 고령자의 자립과 사회참가의 촉진 및 개호자의 부담 경감을 도모하기 위해서 고령자의 특성을 고려한 복지기기 및 의료기기 등의 연구개발을 지원하되, 기초연구와 첨단기술의 개발뿐만 아니라 실용화 개발과 보급 촉진 또한 중시하고 있다.

후생노동성과 경제 산업성이 주요 소관 정부부처로 서로 긴밀하게 연계 협조하여 정책을 입안 시행하고 있으나, 연구개발 혹은 실용화 개발은 경제 산업성에서 그리고 보급 촉진은 후생노동성에서 주로 다루고 있는 것으로 생각된다.

경제 산업성 의료복지기기 산업실은 복지기기 등 개발동향과 기반조사를 실시하여 시장동향, 기술동향, 유통구조 등에 관한 현상을 조사 분석 하고 있다. 복지용구산업기반 등 조사, 복지용구기술동향조사, 의료기기 산업기반조사, 공용품평가기반조사가 그 구체적인 사업이다. 이러한 기반조사를 통해 사용자 필요(needs)에 대응하는 새로운 기술의 가능성(seeds), 제품의 다양화 고도화를 촉진하기 위한 산학관의 연계, 공급체제, 제도의 실태 등에 대하여 조사 검토를 행하고 있다.

또한 복지 용구법(1993)과 복지용구의 연구개발 및 보급을 촉진하기 위한 조치에 관한 기본적인 방침(1993년 후생성 통상 산업성 고시 제4호)에 따라 민간에 의한 복지기기의 실용화를 위한 연구개발을 촉진하기 위해 복지기기에 관한 산업기술에 관계된 정보의 수집 분석 제공 사업을 실시하고 있다.

그림 2-3 일본의 최근 주요 연구 개발 지원 복지용구의 사례

○ 취로지원분야(취로 직업훈련 등)
- 신체장애인용 자동차운전 선회용 그립
- 발성발어 훈련시스템의 보급판 장치

○ 자립지원분야(배설, 입욕, 취침, 기상, 이승, 이동 등)
- 재택고령자 배설보조용 이승기기
- 환경통제 장치

○ 개호지원분야(배설, 입욕, 예방, 이동, 감시 등)
- 케어 체어 시스템
- 고령자용 구강 케어 장치
- 스로우프 욕조용 좌고 가변식 입욕차

○ 생체기능 대행(보조) 분야(인공장기, 의수, 의족 등)
- 부분 마비자를 위한 등굽히기 보조 기능이 있는 짧은 하지 장구

○ 기타
- 적외선 보청기 시스템
- 발성 필담이 곤란한 사람의 의사 전달 장치
- 차량 의자용 전동 유닛
- 점자 리더 장치
- 고령자 장애인용 그라운드 골프 용구

자료 : 내각부(2001)

건강수명연장을 위한 의료복지기기고도화 프로그램은 최첨단 산업기술을 구사하여 안전성, 편리성이 우수하면서 저비용의 의료복지기기의 연구개발을 산학관의 연계 하에 추진하고 있다. 2002년 현재 진행 중인 연구개발 프로젝트는 조기진단 단기회복을 위한 고도진단 치료 시스템의 개발, 신체기능 대체 수복 시스템의 개

발, 고령자 등 사회참가 지원 시스템의 개발, 건강수명 연장을 돕는 의료복지기기 개발을 위한 기초연구, 건강수명 연장을 돕는 의료기기 생활지원기기 등의 실용화 개발, 에너지사용 합리화 재택복지기기 시스템 개발 등이 포함된다.

복지용구실용화개발추진사업은 복지 용구법에 기초하여 고령자 장애인 및 개호자의 삶의 질 향상을 목적으로 NEDO를 통하여 우수한 기술 내지 창의성이 있는 복지용구의 실용화를 행하는 민간 기업에 대하여 광범하게 공모를 하여 개발비를 보조하고 있다. 이 사업의 대상은 생활지원, 사회활동 지원 분야를 중심으로 한 복지용구의 개발이며, 3년 이내 개발기간 동안 개발 건당 3000만 엔 이내 개발비의 최대 2/3까지 복지용구실용화개발조성금에서 지원이 된다.

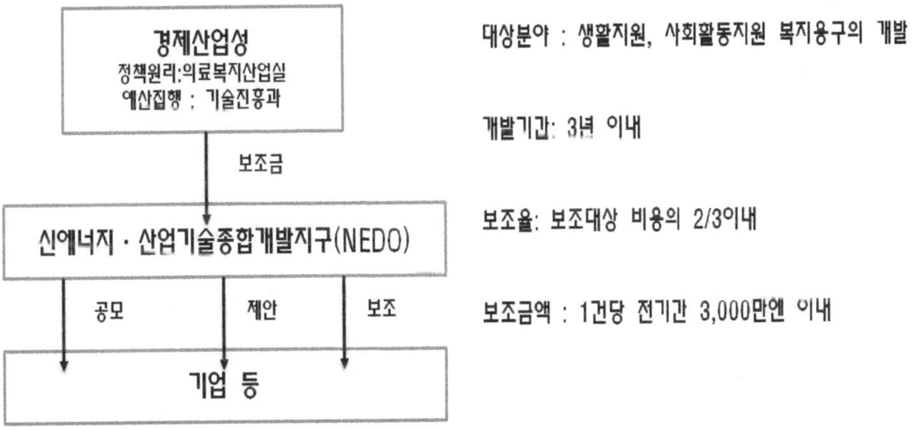

그림 2-4 복지용구 실용화개발 추진사업

자료 : 경제산업성 의료 복지산업실, 2002.06.

또한 일본정책투자은행을 통해 복지 관련 기기의 개발, 생산, 유통 등 공급체제의 정비를 촉진하기 위해 필요한 자금의 융자가 이루어지고 있다.

○ 고령자가 안전하게 용이하게 사용할 수 있는 생활용품의 연구개발

고령화에 의한 신체기능의 저하 등에 의해 생활용품을 사용하기 힘들어지는 경

향이 있다는 점에서 고령자에게 편리함, 조작 식별이 쉽고, 부담 피로 등의 경감, 위험의 방지 등을 배려한 생활용품, 생활기반 시스템 등의 연구개발이 행해질 필요가 있다. 고령자의 관점을 중시한 생활용품 등이 원활하게 제공되는 환경을 정비하기 위한 조사연구를 진행하고 있다. 또한 과학기술진흥조성을 통해 고령자도 쓰기 쉬운 제품, 살기 쉬운 생활환경에 대한 조사연구를 행하고 있다.

고령에 의한 신체 기능 저하에도 불구하고 누구라도 정보통신의 편리성을 향상할 수 있는 제품의 연구개발을 하는 것과 함께 정보처리기기의 사용편의성을 향상하기 위한 장애인 고령자 등 정보처리기기 접근성 지침(2000년 통상산업성 고시 제362호)을 공표하여 보급 개발하고 있다. 그밖에 고령자의 관점에 입각하여 창의성이 있고, 안심하고 사용가능한 제품 등의 개발을 촉진하기 위해 신체기능의 저하에 초점을 맞춘 고령자 신체 기능 특성 데이터의 정비, 기억 처리 기능 저하에 초점을 둔 IT 특성 데이터베이스의 구축을 추진하고 있다.

○ 정보통신의 활용 등에 관한 연구개발

정보통신 등 신기술의 활용은 고령자의 생활에 편리를 가져온다고 고려되는 점에서 하드와 소프트 양면에서 연구 개발이 추진되고 있다. 정보시스템을 활용하는 것에 의해 고령자의 적극적인 사회참가, 지혜의 활용 등을 도모하는 정보화 사회에의 대응도 포함하여 활력 있는 사회를 만들기 위해 필요한 조사연구 등을 추진하고 있다.

케이블 TV, 데이터 통신 등의 미디어를 활용하여 지역의 정보화를 촉진하고 지역사회의 활성화를 도모하는 것을 목적으로 하는 텔레토피아 구상의 일환으로 긴급통보 시스템, 의료관계 시설과 고령자 집 등을 케이블 TV 등으로 연결하는 주택건강관리지원 시스템을 위한 정보통신시설의 정비에 대한 지원을 행하고 있다.

또한 고령자 등이 정보통신의 편익을 누릴 수 있도록 정보 배리어 프리 환경의 정비를 도모하기 위해 고령자 등의 다양한 장애에 대응한 통신 방송 시스템의 연구개발을 행하고 있고, 더불어 고령자 등을 지향한 통신 방송 서비스에 관한 기술의 연구개발을 행하는 자에 대한 지원을 하고 있다.

정보통신기술을 활용하여 고령자의 일상생활지원 내지 사회참가촉진을 목표로 하는 커뮤니케이션 케어 기술의 연구개발, 효율적인 복지 서비스의 제공과 고령자 등의 자립 사회참가를 가능하게 하는 복지지원 정보통신 시스템의 연구개발을 행하고 있다.

고령자·장애인의 이용자 단체, 메이커·사업자의 제공자 단체 및 학식 경험자로 구성된 전기통신 접근 협의회가 전기통신설비 서비스의 가이드라인으로서 장애인 등 전기통신설비 접근성 가이드라인을 자주적으로 제정하였다.

그밖에 최첨단 정보통신기술 등을 활용하여 운전자의 위험 경고, 운전 보조 등을 가능하게 하고, 고령자 등의 안전 쾌적한 이동을 돕는 ITS(도로교통시스템)의 연구개발을 추진하고 있다.

(2) 복지용구 지원제도와 시장

일본에서 고령화의 급속한 진전과 장애인의 노멀라이제이션 이념 보급에 따라 고령자와 장애인의 삶의 질을 높이고, 자립 사회참가를 지원하는 복지용구, 신체적 장애와 기능 저하가 있거나 없는 사람도 함께 사용할 수 있는 세품인 공용품에 대한 관심이 높아지고 있다. 2000년 4월부터 개호보험제도의 실시 등 최근 일본에서 복지와 복지서비스 개념이 확대되고 복지기기의 범위와 용도가 확대되고 있다(그림 2-5). 이에 따라 복지용구 공급 사업자가 증가하고 있고 특히 다른 업종에서의 참가가 본격화되고 있다.

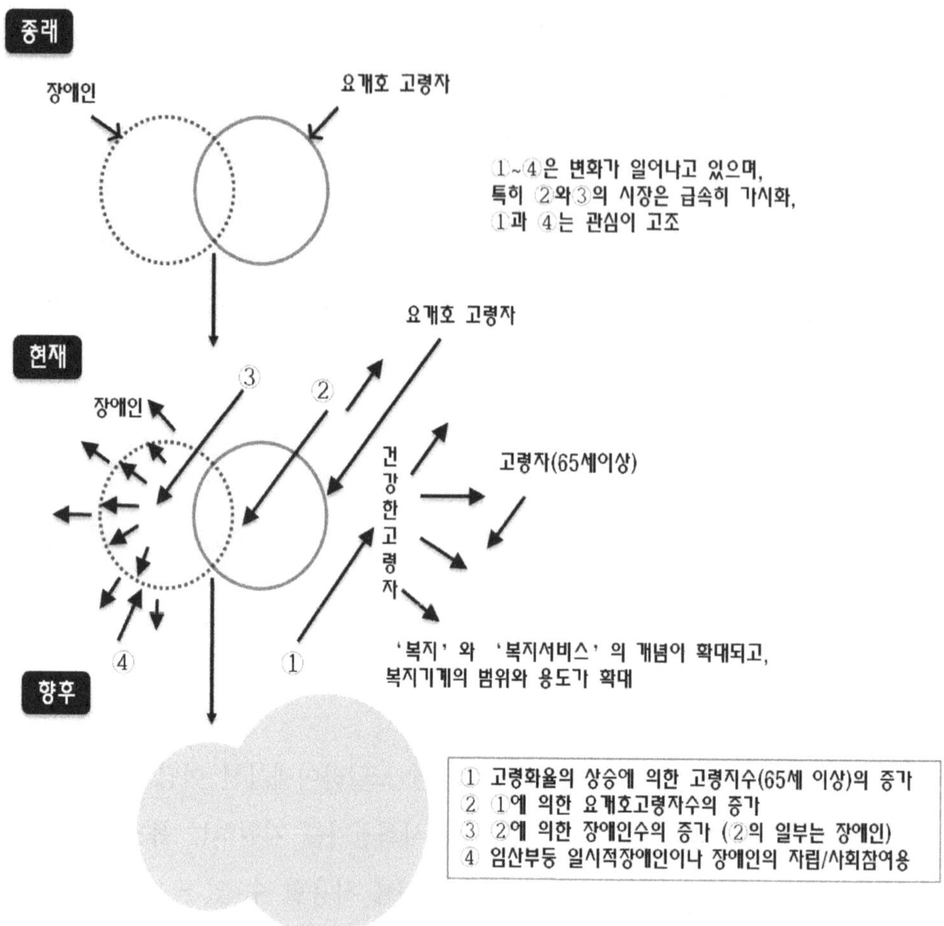

그림 2-5 복지용구 이용자 범위의 확대

가. 복지용구 지원제도

일본의 복지용구 공적 지원제도는 주로 신체장애인복지법과 노인복지법에 의해 실시되고 있다. 건강보험 등에 의한 급부제도도 있지만 보험 재정상의 문제 및 낮은 국민인지도 등으로 인해 많이 이용되지 않고 있다.

장애인을 대상으로 한 제도로는 보장구 교부 수리사업 과 중증신체장애인 일상생활용구 급부 사업이 있으며, 노인을 대상으로 한 제도로는 노인일상생활용구급부 사업이 있다. 어느 경우에는 교부받은 복지용구를 반납할 필요가 없는 현물급

여가 원칙이나 특수침대나 리프트 등은 대여 방식이 채택되고 있다. 보장구 교부 수리사업은 장애인의 신체기능을 대체 보완하기 위한 용구로 장애의 내용 정도에 따라 맞춤식 용구를 지원하며, 중증신체장애인 또는 노인의 일상생활용구 급부 사업에서는 일상생활의 편리성을 도모하기 위한 기성제품을 지원한다. 이처럼 일본에서는 1950년부터 공공기금에서 보장구 교부사업을 실시하고 있으며, 1973년부터는 보장구뿐만 아니라 일상생활 용구까지 확대하여 약 50여 종류의 용구를 정부재정으로 급여하고 있다. 이 제도를 통해 노인들은 복지용구를 무료 또는 저렴한 가격으로 구입할 수 있으며, 국가의 재정원조 및 수요창출로 복지용구 산업의 발전에도 기여하고 있다. 이러한 지원사업의 실시 주체는 일본 전국의 기초지압자치단체(시정촌)이다. 각 기초지자체의 재정 사정에 따라 급부대상 품목과 가격이 다르며 급부대상자의 납세액에 따라 자기부담과 급부소득 상한액도 각기 다르다.

개호보험법에 의해 2000년 실시된 개호보험제도는 각 기초지자체가 운영 주체(보험자)가 되고 40세 이상 국민이 소득에 따라 보험료를 지불하며 인정기간 계속해서 개호가 필요하다고 인정되는 피보험자(제1호 피보험자 65세 이상; 제2호 피보험자 40세 이상 65세 미만)에게 개호서비스가 제공된다. 개호서비스는 크게 재택서비스와 시설서비스로 구분할 수 있으며, 재택서비스에는 복지용구 대여서비스가 포함된다. 대여가 적합하지 않은 특정 복지용구의 경우에는 구입비가 지급된다. 대여서비스 이용자는 대여사업자로부터 복지용구를 직접 임차하되 임대요금의 10%를 부담하고, 나머지 요금의 90%는 대여사업자가 보험자로부터 지불받게 된다.

개호보험제도의 시행에 따라 개호보험의 급부액만도 2000년 4조 엔이 2010년에는 6조 엔으로 그리고 관련시장까지 합하면 전체적으로 8조 엔에서 11조 엔으로 급격히 성장할 거대시장의 탄생이 기대되고 있다. 이에 따라 각 방면의 업체들이 속속 신규 진입을 준비하고 시도하고 있다. 예컨대, 1999년 현재 미쓰비시 상사는 복지용구의 재고관리, 세정 살균 등 전국 개호 숍의 복지용구 임대 사업에 필요한 업무를 하는 도매회사로 일본 케어 서플라이사를 설립하였고, 일본 최대 침대메이

커인 파라마운트베드는 재택개호용 침대의 생산라인을 크게 확대할 계획을 추진 중인 것으로 알려졌다(대한무역투자진흥공사 1999).

나. 복지용구에 대한 공적 규제

일본의 복지 용구법(1993, 제2조)에서는 복지용구를 심신기능이 저하되어 일상 생활을 영위하는 데 지장이 있는 노인 또는 심신장애인의 일상 생활상의 편의를 도모하기 위한 용구 및 이들의 기능훈련을 위한 용구 및 보장구를 말한다고 정의하고 있으나 구체적으로 품목을 지정하고 있지는 않다. 2000년 실시된 개호보험에서 급부 대상으로 하고 있는 복지 용구는 총 17개 품목으로 휠체어, 특수침대, 욕창예방용구 등 대여방식 품목이 12종, 입욕보조용구, 간이욕조 등 구입비 상환 방식 해당 품목이 5종이다.

일본은 복지용구에 대해 약사법 적용을 받는 5개 품목을 제외하고는 제조, 수입, 국내 판매에서 별도의 법적 규제가 없다. 약사법 적용을 받지 않는 기타 품목들 가운데 보행 보조차, 수동휠체어, 간이변기 요강, 봉 형태의 지팡이 등에 대해서는 JIS 규격에 따라 제품안전협회가 SG 마크를 부여하고 있다. SG 마크는 소비생활 제품안전법에 의해 설립된 제품안전협회가 안전하다고 인정한 제품에 붙이는 마크이다. 제품의 구조, 재질, 사용상황 등을 감안할 때 생명 또는 신체에 대해 위해를 줄 우려가 있다고 생각되는 경우, 안전의 인정 기준을 작성하고 제조업자로부터 마크를 표시하기 위한 신청이 있는 경우 엄격한 검사를 해 기준에 합격한 제품에 SG 마크의 부착을 허용한다. SG 마크 부착 제품의 결함이 원인이 되어 소비자의 생명 또는 신체에 손해가 발생한 경우, 제품안전협회가 사고원인 및 사고의 정도에 따라 배상금을 지불한다.

경제산업성 산업기술 환경국 표준과는 복지용구에 대한 JIS 규격의 제정과 개정을 추진하고 있으며 일본 건강복지용구공업회에 의한 자주규격 작성이 검토되고 있다.

후생성에서는 이용자의 요구에 맞는 복지용구 선택과 적정한 사용 그리고 복지용구의 개발 개량을 도모하기 위해 테크노에이드협회를 통해 복지용구의 기능성, 안전성, 유용성 표시항목과 기준, 금기사항을 포함하는 취급설명서 등에 관한 가이드라인을 작성하였다.

다. 복지용구 시장 규모

일본의 경제 산업성은 1993년부터 복지용구와 공용품에 대한 시장동향을 파악하여 정부가 적절한 시책을 전개하기 위해 매년 시장규모조사를 실시하고 있다. 경제 산업성은 광의의 복지용구를 협의의 복지용구와 공용품을 합한 것으로 정의하고 있다. 단 온수세정좌변기, 승용차(좌석시프트), 홈 엘리베이터의 3 품목은 협의의 복지용구와 공용품의 두 범주에 동시에 포함되고 있다.

2002년 3월 경제 산업성이 발표한 복지용구·공용품 시장규모조사결과에 따르면, 2000년 협의의 복지용구 시장규모는 1조1,389억 엔, 그리고 공용품을 포함한 광의의 복지용구 시장규모는 3조2,421억 엔으로 추계되고 있다. 하지만 복지용구(협의) 시장은 1993년 7,731억 엔에서 해마다 꾸준히 확대되어 왔으나 2000년도에 처음으로 전년대비 0.3%의 감소를 기록하였다. 이는 개호보험제도의 주력제품인 침대, 수동휠체어 등 복지용구 대여 사업자들이 99년도에 개호보험 실시에 대비하여 상품재고를 늘린 점 그리고 복지차량 등 일반 제품에 가까운 제품들의 경우 불경기의 영향을 받은 것으로 풀이되고 있다. 이런 가운데 전동 3(4)륜차(72억 엔, 전년대비 33.3%)는 금액으로는 커다란 비중을 차지하고 있는 것은 아니나 요개호자만이 아니라 비교적 건강한 노인들에게도 이용 가능한 제품의 시장이 확대되고 있다. 또 계단승강기(53억 엔, 전년대비 23.3% 증가)도 교통배리어프리법의 시행 등에 의해 역사 등의 공공시설 단차해소가 진전되어 시장이 커지고 있다.

광의의 복지용구 시장 규모 확대는 공용품 시장의 확대에 의한 것이다. 공용품 시장규모는 2000년도 2조2,549억 엔으로 공용품조사개시 이래 처음으로 2조 엔대를 돌파한 것이다. 공용품시장의 성장률은 전년대비 22% 증가한 것으로 연평균 20%대의 고성장을 유지하고 있다.

협의의 복지용구는 개인생활자립지원관련기기, 복지시설기기시스템, 사회참가지원기기 등의 세 영역으로 구성되는데 2000년도 개인생활자립 지원관련 제품이 1조1,268억 엔으로 복지용구(협의) 시장의 거의 대부분을 차지하고 있다.

라. 복지용구 산업 육성 정책

일본 정부는 복지용구 산업이 장기적인 발전을 위해서는 산업이 자립화하는 것이 중요하다는 전제하에 복지용구 산업을 육성하기 위해서 여러 가지 법적인 제도를 마련하고 있고, 다양한 학회나 협회, 기구 등을 조직하여 복지기기에 대한 연구개발과 보급 촉진에 주력하고 있다. 연구 개발과 보급 촉진에 관한 시책에 대해서는 앞에서 이미 언급한 바 있거니와 통산성에서는 1996년에 의료기기·복지기기 산업실을 설치하여 의료기기 및 복지기기를 산업적으로 부흥시키기 위한 전담부서를 설치하였다. 같은 해에 통산성 내에 복지용구 산업 간담회를 발족하여 복지 용구 산업의 기본적 방향을 연구하고, 아울러 일본 건강 복지용구 공업회를 발족하여 복지용구의 안전기준을 책정했고, 표준화작업, 타 업종과의 교류, 정책건의 등을 도모하고 있다.

복지용구와 관련하여 최근 설립된 학회로는 일본생활지원공학회를 들 수 있다. 이 학회는 고령화 고도기술화 등 급격하게 변모하고 있는 사회 환경에서 개인의 존엄, 인간관계, 삶의 질 등의 관점에서 의학, 공학, 사회복지, 심리학 등 관련 학술 사회활동에 대한 지식과 견해를 결집하고, 연대·총합화에 의해 학술의 진전과 사회에의 공헌을 도모하는 것을 목적으로 2000년 9월 설립되었다. 이 학회는 행정, 산업계, 학술계 등 사회에 대한 학회의 대표창구가 되고, 상이한 전문 학술 분야 간의 연계, 복지용구 분야 학술체계의 확립과 교육, 자격 등의 제도 정비를 주요 활동 내용으로 하고 있다.

(3) 복지용구 전시·체험 기회 활성화를 위한 종합체험관 설립

일본의 경우 종합체험관은 복지용구의 성능을 직접 체험할 수 있어 일반 광고

매체인 TV, 신문, 홈쇼핑 등 보다 효과적인 홍보 수단으로 이용한다. '92년부터 48개 지자체에 고령친화체험보급센터를 설치하여 현재 120여개 곳에서 제품의 전시·체험 및 상담 서비스 실시하였다. 일본은 ATC Ageless Center 등 전국에 116개 종합 전시·체험관을 운영하여 복지용구 수요를 촉발하는 계기로 활용하고, 일본 후생노동성은 '92년부터 48개 지자체에 개호실습보급센터를 설치하여 복지용구 전시 및 상담서비스를 실시하였다.

그림 2-6 일본 고령친화 체험관 분포도

체험관 건립시 정부가 50%이상 재정을 지원하고 나머지는 지자체가 부담하였고, 오사카에 있는 ATC Ageless Center는 약 1,500평 면적에 2,600 품목을 상설 전시하고 체험할 수 있는 시설 뿐 아니라 고령자를 위한 세미나, 여가활동 등 관련 이벤트를 개최하는 문화 공간 기능도 수행한다.

[illegible]	ATC Ageless Center
설립	1996년 4월
설립자	오사카市 아시아태평양 트레이드센터㈜
주최	ATC Ageless Center 실행위원회 - 오사카市 - 아사히 신문사 - 아시아태평양 트레이드센터㈜
회장면적	약 5,000㎡
개관시간	평일 10:00~17:00
휴관일	토·일·공휴일 10:30~17:30 매주 월요일, 연말연시
견학자수	약 168만명 (' 96년 -현재)
특징	건강, 복지·개호사업시장 진출 기업의 영업활동 지원 - 유니버설 사회의 종합생활제안관 (체험형 전시관)

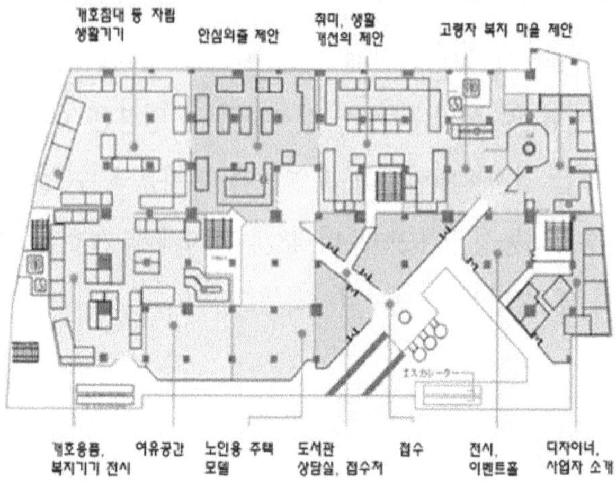

그림 2-7 ATC Ageless Center의 9개의 테마 zone

(각 zone마다 최신정보 제공, 용품 전시, 체험장 마련)

A zone: 접수처, 도서관, 상담실 / C zone: 취미, 생활개선 제안관 / D zone: 정애인 복지마을 제안/ F zone: 안심외출 제안 / G zone: 개호침대 등 자립생활기기 / H zone: 개호용품 복지기기 전시 / J zone: 장애인 주택모델 / K zone: 전시 이벤트홀 / L zone: 디자이너, 사업가 소개

도서관, 상담실, 접수실

- ATC Ageless Center 내의 종합 접수를 받는 곳
- 단체 견학과 관련된 신청 등도 이곳에서 받음
- 이 곳은 Barrier Free나 복지에 관한 서적 ·자료는 라이브러리에서 열람할 수 있음.

개호침대 등 자립생활기기

- 개호 침대 등, 고령자나 장애를 가지는 분의 자립을 도와주는 최신 상품 및 기구를 전시하고 있음.

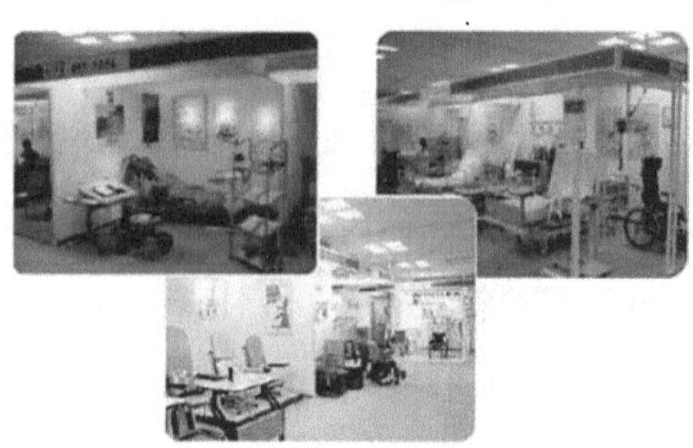

개호침대 등 자립생활기기

- 휠체어를 수납할 수 있는 자동차나, 개호·경비 등의 편리한 기능이 붙은 전화, 전동·휠체어 전시를 제안하는 존
- 연령이나 장애를 신경 쓰지 않고 안심하고 외출할 수 있도록 도움이 되는 기계나 용구전시·체험하는 존

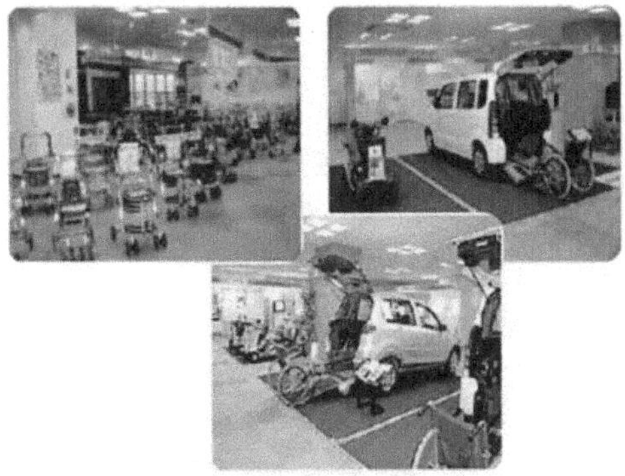

취미, 생활 개선의 제안

- 취미나 사는 보람 등, 연령에 관련되지 않고 즐겁게 생활할 수 있도록 도와주는 기기들을 제안하는 존
- 당구나 고리던지기 등, 아이로부터 어른까지 폭넓게 즐길 수 있는 도구도 많이 준비되어 있음

고령자 복지 마을 제안 존

- 가정내, 길거리나 공원 등에서, 연령이나 장애를 의식하지 않고 생활할 수 있는 제안이 많이 포함된 시설이나 기구들의 편리함이나 쾌적함을 체험해 주는 존

개호제품, 복지기기 전시 존

- 세련되고 쓰기 쉬운 지팡이, 사용하기 편리한 의료품 및 최신의 보청기 등과 같이 개호하는 사람도 개호받는 사람도 모두 편안하게 즐겁게 살 수 있도록 배려된 복지 기기나 개호 제품의 최신 상품을 전시·체험하는 존

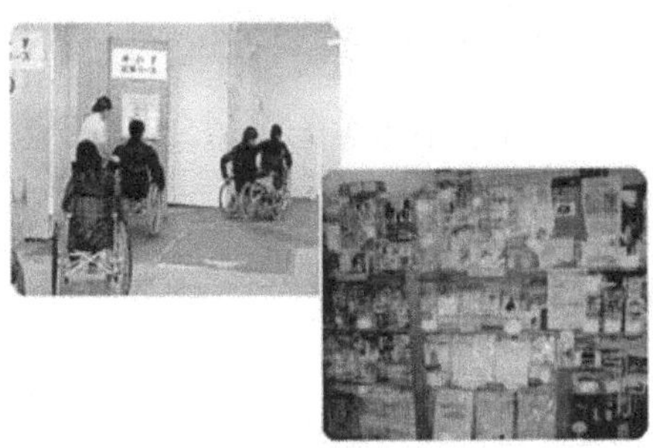

그림 2-8 ATC Ageless Center의 9개의 테마 zone 소개

‘92년부터 고령친화체험보급센터 설치와 ’00년 개호보험 실시로 고령친화산업 급성장의 기폭제 역할을 하였고, 시장규모는 ‘90년 약10조엔 규모에서 ‘00년 38조엔으로 3배 이상 급성장을 하였으며 ’25년 155조 엔까지 성장 전망된다.

표 2-4 일본 노인복지 및 고령친화산업 준비 과정, 단위: 달러

내 용	65세 이상 인구비중	국민소득
1970년대 :고령화사회진입	7.1%	
- 1970년 사회복지시설 긴급정비 5개년 계획		1,948
- 1973년 '복지원년' 선포, 노인의료비 무료화		3,836
1980년대: 노인보건제도 창설	9.1%	
- 1986년 노인보건법 개정(노인보건시설 창설)		16,744
- 1989년 골드플랜(고령자 복지추진 10개년 전략)수립 발표		24,224
1990년대 : 21세기 준비	12.0%	
- 1990년 노인복지를 위한 골드플랜 착수		24,966
- 1992년 고령친화체험보급센터 설치 착수		30,801
- 1993년 복지용구연구개발법 제정, 실용화 개발비 지원		25,306
- 1995년 고령사회대책 기본법 제정 및 대책회의 설치		38,698
- 1999년 노인복지 골드플랜 21발표		35,777
2000년대 : 새로운 개호제도 시작	17.3%	
- 2000년 공적개호보험 시행		37,879
- 2000년 3월 연금개정안 공포		

2) 미국 고령친화산업

이미 고령사회에 접어든 유럽의 여러 나라들에 비하면, 미국은 아직 젊은 나라라고 할 수 있으나 미국 또한 빠른 속도로 고령화가 진행되고 있다. 특별히 베이비붐 세대가 곧 노령인구에 진입하기 시작하는 2011년부터 고령화는 더욱 가속화되었다. 이러한 인구구조의 변화는 종래 개인적인 문제로 간주되던 고령화의 문제를 미국에서 중요한 사회적 정치적 문제로 부상시켰다. 적어도 1990년대 중반 이후에는 미연방정부의 여러 부처들에서 고령화에 대한 대책 준비와 계획이 적극화되었으며 여기에는 고령화에 대응하는 과학기술의 역할에 대한 관심이 중요하게 포함되어 있다. 이러한 변화에는 노인 부양과 보호를 위한 경제적 부담의 증대, 신기술의 급속한 발전에 의한 기술적 가능성, 노인에 대한 사회적 인식과 태도 변화, UN의 국제노인의 해 등 주관적·객관적 요인이 함께 작용하고 있다.

그렇다면 미국은 고령화에 대응하기 위하여 과학기술 정책면에서 어떠한 노력을 기울이고 있는가. 여기서는 연방정부 차원의 정책적 대응에 한정하여 세 가지 측면에 초점을 맞추고자 한다.

첫째, 국립고령화연구원(NIA)을 중심으로 한 생명의료과학기술분야의 대응,
둘째, 국립장애재활연구원(NIDRR)을 중심으로 한 재활보조 기술 분야의 대응,
셋째, 최근 백악관의 OSTP가 주도한 ElderTech Initiative이다.

이 세 가지 내용을 들여다보기에 앞서 그 배경이 되는 미국의 인구구조와 과학기술정책의 변화를 개관하기로 한다.

표 2-5 미국 실버산업분야

분 야	품 목	특 징
주 거	- 공동생활형주거시설 - 에코하우징(Eco-housing) - 독립형 주거시설 - 은퇴노인용 주거시설 - 요양원(너싱 홈) - 동거 주택 - 모빌홈 - 임대주택 - 호텔 등	- 양로원 : 연령증가에 따른 전반적인 체력 약화로 독립적인 주거생활과 주택관리가 힘든 사람들의 숙식을 목적으로 하는 체류시설
재택간호	- 치료개호 - 간호/의료기구, 용품 공급 - 쇼핑대행 - 가정봉사파견 - 건강상담 - 산책 서비스 등	- 영리단체가 전체 운영의 약 50% 차지
여 가	- 레저 및 여행 프로그램 - 교양 - 사교 프로그램 - 고령자 클럽 - 레크리에이션	- 노인을 위한 200여 종류의 여행 프로그램 - 숙박업계, 백화점 등의 고령자 클럽 조직을 통한 고정고객 확보 전략
금 융	- 금융상품, 금융 서비스 : 당좌예금, 대여금고, 유언관리 - 세무대책 : 자산운용, 절세 - 재산운용대책 : 소유재산운용, 상속세부담 계획	- 종합 패키지 서비스 - 수수료 면제, 무료 서비스 활용

표 2-6 미국사례(프랜차이즈 회사)

컨 셉	- 독거노인을 위해 말벗 등 정서적 서비스 - 가사 부담을 덜어주기 위한 방문 서비스
사 업	- 1995년 시작, 38개 주에 200여개 사업소, 해외 확장 중 - 가맹비, 설립비, 로열티 지불해야 함 - 본사에서 교육, 훈련 사업 지도
전 망	- 미국노인연구소 통계 : 아이를 키우는 시간보다 부모님이나 혈연 노인을 모시는 시간이 더 늘어나게 됨 - 필요성에 비해 서비스 산업은 여전히 걸음마 단계이며 발전가능성이 큰 분야임
서비스분야	- 동반서비스 - 홈헬퍼 - 개인지원

(1) 국립보건연구원/ 국립고령화연구원의 고령화연구전략

NIA는 1974년 고령화연구법에 의해 설립되었으며 현재 NIH 산하 25개 연구소와 연구센터 중의 하나로서 고령화의 성격을 이해하고 건강하고 활기찬 생활을 연장하기 위한 과학적 연구 활동을 이끌고 있다. NIA는 연구를 통하여 노인의 건강과 복지를 증진하는 것을 지향하고 있는데 특별히 고령화연구법은 다음 네 가지 임무를 부여하고 있다.

첫째, 고령화 과정, 연령과 관련된 질병, 노인의 특수한 문제와 요구에 관한 연구를 지원하고 수행하며 둘째, 고도로 숙련된 연구자들을 훈련 개발하고 셋째, 연구진보를 가속화하기 위한 첨단 자원을 개발 유지하며 넷째, 건강과 연구진전 및 연구의 새로운 방향에 대하여 일반인과 관심가진 집단들에게 정보를 전파하고 의사소통하는 것이다.

이러한 네 가지 임무 중 핵심적인 것은 고령화연구이다. NIA는 자체 프로그램(intramural programs)을 통해 고령화에 관한 기초 및 임상 연구를 수행하고 있을 뿐만 아니라 공모에 의한 외부프로그램(extramural programs)을 통해 전국의 대학, 병원, 의료기관, 그리고 기타 공·사 조직의 연구와 훈련 자금을 지원하고 있다. 이러한 연구프로그램은 고령화의 생물학(BAP), 고령화의 신경과학 및 신경심리학(NNAP), 노인병 및 임상노인학(GP) 등 생명과학과 의학에 중점을 두고 있으나, 행동사회과학연구(BSR) 프로그램도 포함하고 있다.

NIA는 5개년 전략계획을 통해 중장기 목표를 설정하고 매년 연구 사업을 수행하고 있는데 2001- 2005년의 고령화연구 전략(NIA 2001)은 다음과 같은 4가지를 주요 목표로 삼고 있다.

A. 노인의 건강과 삶의 질 향상
- A.1. 연령관련 질병, 부정합 및 장애의 예방 또는 경감
- A.2. 건강과 기능의 유지
- A.3. 노인의 사회적 역할과 대인적 지원 제고 및 사회적 고립 감소.

B. 건강한 고령화 과정의 이해
- B.1. 고령화, 건강, 장수의 비밀 해명
- B.2. 뇌 기능, 인지 및 다른 행동의 유지 제고

C. 노인인구 내부의 건강 격차 감소
- C.1. 소수인종 노인의 기대수명과 건강상태 제고
- C.2. 인종, 민족, 성, 환경, 사회경제적 지위, 지리 및 문화와 결부된 건강 차이의 이해
- C.3. 노인의 건강, 경제적 지위 및 삶의 질 조사 및 정책 자료 제공

D. 양질의 연구 지원을 위한 자료 제고
- D.1. 고령화 연구에 필요한 신규, 중견 및 선임 연구자의 다양한 인력 양성
- D.2. NIA 내 다양한 인력과 탁월성을 지원 장려하는 전문적 환경 개발 유지

D.3. 일반인, 과학자 공동체 및 건강 개호 전문가들에게 정확하고 설득력 있는 정보 전파

D.4. 연구 자원의 개발과 배분

NIA 연구비에 대한 미연방정부의 지원은 최근 들어 크게 증가하고 있다. NIA의 예산 증가는 NIH 전체 예산 증가와 맞물려있으나 NIA예산이 NIH 전체예산에서 차지하는 비중은 1990년 2.8%에서 2000년대 중반 이후에는 3.9%로 나타나 NIA예산이 NIH 전체 예산보다 더 빠르게 증가했음을 알 수 있다(표 2-7). 미국은 NIH의 연구비 예산을 1998년 수준에서 2003년까지 배로 증가하는 계획을 추진하고 있다. NIH 예산 증가는 미국과학기술정책의 우선순위 변화를 반영하고 있다.

표 2-7 NIH와 NIA 1988-2002 예산 추이

연도	NIA (천 달러)	NIH (천 달러)	NIA/NIH (%)
1988	194,548	7,186,959	2.7
1989	222,545	7,893,586	2.8
1990	238,927	8,505,256	2.8
1991	323,791	9,217,940	3.5
1992	382,882	10,010,368	3.8
1993	399,924	10,326,604	3.9
1994	420,303	10,937,653	3.8
1995	431,991	11,299,522	3.8
1996	453,520	11,927,562	3.8
1997	484,326	12,740,843	3.8
1998	519,279	13,647,843	3.8
1999	596,126	15,602,156	3.8
2000	686,479	17,793,587	3.9
2001	785,590	20,298,269	3.9
2002	893,130	23,175,843	3.9

앞에서 기술했듯이, NIA의 고령화연구는 주로 고령화나 노인질병에 관한 생명

의료연구에 치중하고 있고 부분적으로 사회과학적 연구를 다루고 있으나 종래 인구학적 연구에 치우친 경향이 있었다. 이것은 NIA의 고령화연구가 고령화하는 개인의 특성에 초점을 맞추어 접근하여 왔음을 보여준다. 이러한 전통적 접근이 고령화의 도전에 대응하기 위해서 필요하지만 노인들의 삶의 질 향상과 독립적인 생활을 누리도록 하기에는 충분하지 않다는 시각이 최근 들어 점차 강력하게 대두되고 있다. 노인들의 독립성과 사회적 통합을 증진하기 위해서는 환경과 기술하부구조의 개선을 강조하는 접근이 보완되어야 할 필요가 있다는 시각이다. 이러한 시각은 뒤에서 살펴보겠지만 OSTP의 ElderTech 노력이나 성공적 고령화를 위한 기술 정책 포럼 논의의 핵심을 이루고 있다. NIA는 비록 예산 규모는 적으나 최근 고령화에 대응하는 기술정책의 방향을 수립하기 위하여 각계의 의견을 수렴하는 연구를 수행하였다. 미국에서 이러한 접근은 장애 연구 분야에서 발전되어 왔고 국립장애재활연구원(NIDRR)은 장애 연구 분야의 중심에 있다.

(2) 국립장애재활연구원(NIDRR)의 장애와 고령화 대응 연구

NIDRR은 미 교육부의 특수교육 재활 서비스청 산하에 1978년 설립된 연구기관으로 장애인에게 가용한 선택을 향상하기 위한 지식을 창출하고 확산하고 증진하는 임무를 갖고 있다. 특별히 재활 관련 시스템, 제품, 관행의 향상에 의해 장애를 가진 모든 연령의 사람들의 독립성과 사회참여를 극대화하는 데 주된 목표를 두고 있다. 이를 위해 NIDRR은 연구, 시범프로젝트, 훈련 기타 관련 활동들에 대한 자금을 지원하고 있다.

NIDRR이 채택한 사업 장기 계획(1999- 2003)은 5가지 주요 연구영역과 3가지 부수 영역에 우선순위를 두고 있다. 주요 연구영역은 고용, 건강과 기능, 접근과 기능을 위한 기술, 독립적 생활과 지역사회 통합, 그리고 기타 연관 장애연구이다. 부수 영역은 지식확산과 활용, 재활연구역량 구축 그리고 연구 관리이다(NIDRR 1999).

NIDRR의 연구 자금 지원은 전국에 우수연구센터와 개별 연구 프로젝트를 선정하여 수행하고 있다. 재활연구훈련센터(RRTCs)와 재활공학연구센터(RERCs)의 두 종류의 센터 지원이 연구자금 지원의 63% 이상을 차지한다. 센터로 지정되면 5년간 지원이 주어져 장기적 연구를 가능하게 한다. 장애와 관련된 다양한 주제들을 지원하고 있는데 고령화와 관련된 RRTC 및 RERC도 포함되어 있다. 예컨대 플로리다대학교에 성공적 고령화를 위한 기술에 관한 RERC Tech-Aging, 뉴욕 버펄로 대학교에 고령화와 보조기술에 관한 RERC가 지정되어 있다. 플로리다대학교의 성공적 고령화를 위한 기술 RERC는 통신, 홈 모니터링 및 스마트 기술 등과 관련하여 4개의 연구 프로젝트, 3개의 개발프로젝트, 2개의 교육 프로젝트 및 12개의 정보 전파 이니셔티브를 포함하고 있다. 이 프로그램에는 5개 대학교, 5개 기업, 5개 노인단체가 참여하고 있다.

NIDRR의 가장 중요한 특성 중 하나는 장애 현상을 해석하고 파악하기 위한 새로운 개념적 기초를 도입하는 연구를 이끌어 온 점이다. NIDRR은 장애를 가진 사람을 단순히 육체적 혹은 심리적 손상을 가진 사람으로 간주하기보다 개입 또는 수용(편의도모, accommodation)의 필요를 가진 사람으로 보는 적극적 시각을 옹호해 왔다. 이를 일컬어 흔히 장애의 새로운 패러다임이라고 한다. 이 패러다임은 장애를 가진 사람들이 자신의 목적을 성취하고 자신의 관심을 추구하는 것을 도울 수 있도록 하는 과학적 연구 적용의 길을 열고 있다. 새로운 패러다임의 도입은 장애를 정의하고 개념화하는 방식을 변경시키고 따라서 장애를 측정하고 접근하는 방식 외에도 연구의제와 연구초점의 설정과 수행에 중대한 함의를 지니고 있다.

(3) OSTP의 고령화대응

가. ElderTech Initiative

1976년 설립된 백악관 과학기술 정책처(OSTP)는 미국의 과학기술정책에서 핵심적인 역할을 하는 기구이다. 1999년 OSTP는 번영, 안전, 환경, 건강 및 삶의 질을 미국 국가이익의 5대 핵심 요소(core element of the National Interest)로서 규정하고 이들 각각을 뒷받침하기 위한 기술 전략을 구상하였는데 삶의 질 향상을 지원하는 글로벌 기술(supporting global technologies) 가운데 하나로 ElderTech Initiative(ETI)를 설정하였다.

ElderTech란 노인들의 건강, 독립성 및 지역사회 통합을 증진하기 위하여 노인들과 그들의 개호 제공자들이 사용하는 보조기술 및 정보기술을 가리킨다(Campbell 2001). 유럽에서 보다 많이 사용되기 시작한 제론테크놀로지(gerontechnology)에 상응하는 이 말은 1999년 클린턴 행정부가 노인 친화적 기술과 환경을 증진하기 위한 연구개발에 대한 지속적이고 장기적인 연방정부의 투자계획을 수립하고자 하는 정책 개발 노력에서 유래하였다. "미국 인구의 고령화에 대비하여 미국이 고령인구를 사회에 통합하기 위한 하부구조를 어떻게 준비하고 있는가?" ElderTech에 관한 미국정부의 정책 개발 노력은 바로 이 질문과 직결되어 있다. 이러한 하부구조의 준비에 있어서 연방정부가 적극적인 역할을 할 수 있고, 노인들의 핵심적인 요구를 부응하는 데 과학기술 하부구조의 제공이 필수적이라는 인식이 ElderTech 정책개발 노력의 한복판에 자리 잡고 있다. 당초 OSTP는 정보기술이나 나노기술과 같은 규모의 주요 기술정책 이니셔티브를 ElderTech를 중심으로 모색한 것으로 보인다.

나. 성공적 고령화를 위한 기술 정책 포럼

이러한 노력은 2000년 10월 OSTP가 성공적 고령화를 위한 기술(Technologies for Successful Aging)을 주제로 개최한 포럼에서 찾아볼 수 있다. 당시 OSTP의 기술정책 책임자인 던컨 모어(Moore 2001)는 고령화하고 있는 미국인들(그리고 그들의 가족 및 친구들)의 독립성, 기동성, 안전 및 건강을 증진하는 데 도움이 되도록 정부, 산업 및 학계의 협력을 통한 기술 이전, 기술 개발 및 활용의 기회를 알아내는 데 이 포럼의 주된 목적이 있다고 기술하고 있다. 그러나 이 포럼을 통해서 토의하고자 한 내용은 단기적인 처방이 아니라 오히려 향후 10년을 내다보는 장기적인 목표를 설정하는 것 이었다(Moore 2001). 이 포럼은 보건 복지부, 노인청, 원호처, 국립보건연구원, 국립노인연구원, 국립장애재활연구원, 상무부, 법무부, 고용부, 교통부, 주택부 등 유관 정부부처 및 기관의 정책담당자, 연구자뿐만 아니라 산업계, 노인옹호그룹 및 소비자단체 대표자들이 분임토의를 통해 잠재적 기회에 대한 장애 요인, 현재적 잠재적 지원 메커니즘, 그리고 추가적 기술의 연구 개발 전시 또는 적용이 필요한 영역을 규명하는 데 초점을 맞추었다. 이 포럼의 토의에 주어진 구체적인 질문은 다음과 같다.

- 미국에서 고령화의 도전에 대응하는 기술 적용의 목표는 무엇인가? 이런 도전에 대한 기술 적용의 범위는 무엇인가?
- 미국에서 기술과 고령화에 관련하여 현재 잘 작동하고 있는 메커니즘은 무엇인가? 잘 작동하지 않고 있는 메커니즘은 무엇인가?
- 고령화와 관련하여 급속하게 증대하고 있는 인구학적 도전에 대처하는 국가정책을 보다 잘 수립하기 위해서 어떠한 연구가 필요한가?
- 현재 간과되고 있는 (연구기관간, 공·사 기업간 등) 기술 이전의 기회들이 있는가?
- 현재 간과되고 있는 (연구기관간, 공·사 기업간 등) 기술 협력의 기회들이 있는가?
- 이상의 사항들을 고려할 때 연방정부 정책 결정자들에 대한 권고는 무엇인가?
- 이러한 권고를 구현하기 위해 당장 해야 할 것은 무엇이고, 10년 정도에 걸쳐 장기적으로 추구해야 할 목적은 무엇인가?

이 포럼의 토의는 건강 개호와 보조 기술; 규제 정책과 기술 이전; 정보 기술; 기동성, 주택 및 근로 환경; 소비자, 보호 안전 및 프라이버시의 5개 분과로 나뉘어 진행되었다. 다음에서는 이 포럼의 토의 결과 가운데 소비자 보호, 안전 및 프라이버시를 제외한 네 분과의 내용을 요약하였다.

① 건강 개호와 보조 기술(AT)(Cooper and Steinberg 2001)

건강개호와 보조기술과 관련된 주요 목표로 ① 건강 개호의 효과성과 AT의 구입가능성, 신뢰성, 접근성 증대; ②성공적 고령화와 세계에 대한 접근을 위한 기술을 향상하고 지원 서비스(업그레이드, 보전 및 수리), 자체해결 교육 제고; ③소비재, 정보시스템, 건축 환경, 서비스 및 교통의 보편적 디자인이 지적되었다. 특별히 AT의 개발, 지원, 전달, 및 지속적 이용가능성(업그레이드, 보전, 기능향상)을 위한 지역사회기반 하부구조를 창출하고 건강개호와 AT에 대한 다양한 연방정부기구 지원의 조정, 통합이 과제로 제시되고 있다.

측정 가능한 장기(10년) 목표로는 다음과 같은 사항들이 제시되고 있다. 기술개입을 통해 만성 질환, 상해, 기능 손상의 발생률 50% 절감과 기능 손상을 가진 사람들의 지원을 위한 기술과 개호제공자 개입의 적절한 균형을 도모하되 개호제공자의 임금노동시간과 부담 50% 절감하는 방안이 제시되었다. 그리고 개인 기능향상과 관련해 AT의 활용을 통해 일상생활활동(ADL)과 도구적 일상생활활동(IADL)이 곤란한 사람의 수를 50% 절감하는 것도 제안되었다.

건강개호 및 건강 정보에 대한 보편적 접근에 대해 어느 때 어느 곳에서라도 적절한 AT에 대한 접근 가능성이 강조되었다. 또한 개호제공인력 기반과 관련하여 취약 지역에 대한 유자격 전문가와 서비스제공자의 풀을 증대하고 기술 적용을 통해 건강개호 전문가의 근로조건을 향상하는 것도 중요하게 지적되었다.

② 규제 정책과 기술 이전(Wagner and Bremer 2001)

2010년까지 노인들이 가능한 오래도록 독립적 생활을 하도록 하는 목표를 설정해야 하고, 양로원 및 간호 생활 센터의 침상 수의 감소를 측정 지표로 사용할 수 있다. 노인 및 그 가족의 삶의 질을 유지 또는 향상한다. 노인 삶의 질뿐만 아니라 그 가족의 삶의 질에 관한 지표를 개발할 필요가 있다.

5년 이내에 노인의 50%가 인터넷에 접속하여 정보, 서비스, 재활치료를 제공받을 수 있도록 한다. 이것은 기술이 노인 사용자에게 보다 친화적으로 되도록 기술

인터페이스의 변화를 포함한다. 인터넷에 접근하는 노인의 수 및 기술의 사용자 친화성 증가도를 측정한다. 보다 많은 노인이 교육과 행동 변화를 통해 안정적이고 건강한 생활 스타일을 갖도록 한다. 질병이환율 및 사망률이 측정지표가 된다.

노인이 그들이 사는 지역에서 다른 사람들과 동일한 기동성을 갖도록 한다. 이것은 인텔리전트 운송, 노인 친화적 교통수단 그리고 개인의 기동성을 돕는 특정 기술의 활용을 포함할 것이다. 지역사회에 보다 적극적으로 참여하는 노인의 수를 측정한다. 우주공간이나 바다 속에서 사람이 살 수 있도록 하는 것을 목표로 NASA 또는 NOAA의 지원으로 행해지는 고도 생명지원기술연구를 노인을 위해 활용한다.

연방정부의 기술이전과 규제정책과 관련해서 잘 작동하고 있는 메커니즘과 변화를 필요로 하는 메커니즘을 나누어 볼 수 있다. 먼저 베이돌 법(BabyDole Act)과 소기업기술이전연구(STTR) 프로그램을 비롯한 기술이전 프로그램은 정부 기술의 민간 이전을 위해 비교적 잘 작동하고 있는 기제로 지적된다. 한편 미국은 노인을 돕는 제품과 관련하여 그 어느 다른 나라보다 커다란 기술 잠재력을 갖고 있으나 기술의 상업화에 병목이 발생하고 있다. 기술의 상업화를 위한 규제와 금융 인센티브 제도에 대한 재검토가 이루어져야 한다. 노인을 도울 수 있는 기술이 시장에서 간과되고 있다. 틈새시장에 적합한 기술들이 있다. 정부는 "Orphan Drug Act"와 유사한 “Orphan Technology Act"의 도입을 고려할 필요가 있다. 정부 보유 기술의 효과적 이전을 위하여 기술과 시장의 상이한 유형에 따라서 다양한 기술 이전 모델을 개발할 필요가 있다. 의료 상 필요한 것으로 인정받지 않은 보조 기술(AT)은 공적 메디케어, 메디케이드 또는 사적 보험의 대상에 포함되지 않고 있다. 다른 한편, 의료개호 및 서비스에 대한 자금 지원은 기술의 상업화와 이용에 대하여 장애로 작용하거나 또는 그릇된 인센티브를 제공할 수 있다.

연방정부 연구기관이 보유하고 있는 기술은 도움이 될 수 있지만 복잡하여 이를 활용하는 방법을 알아내는 데 많은 비용이 든다. 이런 기술에 대한 정보를 쉽게 알 수 있도록 하는 기술 정보 중앙 처리 서비스가 필요하다. 노인을 위한 기술에 대한 표준이 제정된다면 이러한 기술을 이용한 제품의 시장화에 커다란 도움을 줄 수 있다.

연구자들이 연구를 시행하고 적용함에 있어서 고령화를 위한 기술을 연구 목표의 일부로 삼을 수 있도록 유도하는 인센티브를 현행 제도 내에 구축할 수 있다면 변화를 강요하는 방식보다 더 성공할 가능성이 높다.

③ 정보기술(Vanderheiden and Iacono 2001)

주요 목표로 모든 성인이 건강하고(모든 측면에서), 사회활동을 하고, 독립적인 생활을 현재 가능한 것보다 10년 더 연장하고, 고비용의 의존적 생활환경으로 전락하는 것을 예방하며, 노인 인구의 잠재력을 활용하는 데 둔다. 이러한 목표를 성취하기 위해 모든 연령이 사용가능하고, 모든 연령의 필요를 지향하고, 사용자의 필요, 능력, 선호에 따라 조정가능하고, 모든 연령에 대하여 차별이 없는 무연령 기술(ageless technologies)의 개발과 활용을 강조한다. 또한 무연령 환경/기술 부품에 관한 첨단기술 개발 전시도 중요하게 지적되었다.

④ 기동성, 주택 및 작업장

사회적 참여와 통합, 시민권 및 활력을 증진한다. 건강유지행동의 증가와 건강개호 비용 및 양로원 의탁자 수의 감소가 측정지표가 될 수 있다. 주택, 작업장 및 교통시스템의 보편적 디자인을 목표로 가이드라인과 표준을 제정하고 인센티브의 제공, 장애의 제거, 교육 등의 메커니즘을 도입한다.

교통 및 주택 환경에 고령자의 독립성을 위한 시스템 개발, 전 생애 교통시스템, 자동차를 이용하는 노인의 안전(safety)과 대중교통수단을 이용하는 노인의 안전(security) 재고, 노인과 장애인을 위한 보조 교통수단(paratransit)의 이용가능성 증대, 그리고 개호제공자 지원, 원격의료, 생필품 조달 및 서비스, 피드백 루프 등이 중요하다.

미국이 보유하고 있는 긍정적 요소들로 공공건물의 물리적 접근성 증대되고 있는 점, 노인 문제에 대한 인식이 은퇴자협회(AARP)와 같은 조직들의 활동을 통해 증대하고 있는 점, 연령과 관련된 장애 연구비가 증가하고 있는 점, 미국 노인인구의 건강 상태 개선이 메디케어(공적 의료보험)에 재정 부담을 완화하고 있는 점, 접근성을 갖춘 주택, 작업장 및 교통시스템을 만들기 위한 기술이 개발되어 온 점, 전국 주택건축자협회가 노인청(AOA)과 함께 주택 개조를 증진하기 위해 협력하고 있는 점, 그리고 교통표지판의 가시성 조례가 일부 주들(예컨대 애틀란타)에서 도입되고 있는 점 등이 지적되었다.

한편 부정적 요소들로는 노인을 위한 기술관련 정보나 서비스의 중앙 집중 이용가능성이 없는 점, 더 이상 운전할 수 없는 사람들을 위한 교통 하부구조가 미발달상태인 점, 그래서 장애를 가진 노인과 그 가족에게 경제적 부담을 가중시키고 있는 점, 노인 운전자 등을 보호하는 안전장치가 부적절한 실정, 그리고 장애인법(ADA)에 감각, 인지, 지구력관련 장애에 기초한 차별이 들어있지 않은 점 등이 있다.

기동성, 주택 및 작업장 분야에서 신기술의 비용 효과성을 보여주는 연구, 주택, 작업장, 교통시스템의 물리적 환경에서 보편적 디자인의 요소들을 밝히는 연구가 필요하다고 지적되었다. 주택, 교통, 작업장 각각에 대한 세부적 제안들은 생략하고 여기서는 공통된 제안 몇 가지만 제시하기로 한다.

주택, 교통 시스템 및 작업장의 보편적 디자인과 관련하여 인구 90%의 필요에 부응하는 보편적 디자인에 대한 등급 시스템을 만들어 소비자가 이용할 수 있도록 해야 한다. 보편적 디자인의 원칙은 기동성만이 아니라 감각, 인지 차원을 포함해야 한다. 보편적 디자인을 묘사하는 데 긍정적 언어를 사용해야 한다.

기술개발과 활용을 위한 산업공학, 전자공학, 컴퓨터 과학, 행동과학의 통합이 더 증대될 필요가 있다. 학계, 정부 및 산업계를 가로질러 협력과 통합을 증진하는 다 학문 포럼이 중요하다. 기술에 대한 접근을 가로막는 장애를 제거하는 자금지원이 필요하다. 주택과 교통수단에서의 기동성을 돕는 시스템 간 커뮤니케이션을 위한 기동성 보조 기기의 표준을 통합해야 한다. 부정적 낙인을 찍을 위험이 없는 측정 방법과 지표를 개발할 필요가 있다. 긍정적 교육 메시지를 창출해야 한다. 이를테면, 현명한 소비자가 되어야 한다, 집을 보다 안전하고 편리하고 모든 연령의 독립성을 주는 활동적 라이프스타일을 지원하도록 만들어야 한다.

기술 비용의 환급이 현재 의학적 필요성에 기초하고 있으나 독립생활과 사회활동에의 참여를 돕기 위한 기능적 필요성을 포함하도록 비용환급 기준이 개발되어야 한다. 긴급사태 및 기동성, 교통, 개호제공 및 독립생활에 필요한 기술의 유지보전을 위한 보편적 인프라를 개발해야 한다.

다. New Freedom Initiative

뉴 프리덤 이니셔티브(New Freedom Initiative)는 2001년 2월 부시 대통령이 미국사회 전 영역에서 장애인들의 참여를 증진하기 위해 도입한 시책이다. 이 시책은 보조기술 및 보편적 디자인 기술에 대한 접근을 증진하고, 교육 및 고용 기회를 확대하고, 지역사회 생활에 온전한 접근을 증진하는 것에 역점을 두고 있다.

뉴 프리덤 이니셔티브에 의해 모든 연방정부의 정보통신기술이 장애인들에게 접근 가능하도록 할 것을 규정한 재활법 508조의 완전한 시행이 약속되었다. 그리고 이 보조기술과 보편적 디자인 기술 분야에서의 연구 개발을 촉진하는 사업, 연방정부 여러 부처들의 장애관련 연구개발프로그램을 조정하는 사업(Interagency Committee on Disability Research), 중소기업의 신기술개발과 이전을 촉진하는 사업, 주정부가 저리대부 등의 방법을 통해 장애인이 보조기술 구입을 지원하는 사업 등을 위해 교육부 2002회계 연도 예산으로 6,500만 달러가 책정되었다

3) 유럽 고령친화산업

유럽연합(EU)은 인구고령화에 대응하기 위한 정책들은 그 대상을 노인에 국한하지 않고 장애인을 위한 정책과 함께 고려해 왔음이 중요한 특징 가운데 하나이다.

EU의 많은 활동들이 고령자의 삶의 질 향상과 관련이 되지만 크게 사회정책,

법 규제정책, 그리고 연구 및 기술 개발(RTD)정책의 세 가지 범주로 나누어 볼 수 있다. 여기서는 연구개발 활동에 대한 EU의 정책을 중심으로 연구고령화에 대응하는 유럽연합의 과학기술정책을 살펴보기로 한다.

유럽연합이 노인과 장애인의 독립적인 생활을 지원하기 위한 기술의 잠재력에 주목하기 시작한 것은 최근의 일이다. 유럽연합 회원 국가들에서 노령인구의 절대적 및 상대적 수가 증가한 것이 중요한 배경이 되었음이 물론이다. 2020년에 이르면 60세 이상 인구가 유럽인구 중 4명 중 1명이 될 것으로 예상되고 있다. 여기서 특기할 만 한 점은 노인인구 중 건강한 사람들이 증가하고 있으나 특별히 연령의 증가에 따라 각별한 사회적 개호 및 의료 서비스를 더 많이 필요로 하는 고노령자층(80세 이상)이 급격하게 증가하고 있다는 사실이다. 1990년대 초반 유럽연합은 유럽에서 고령화 또는 장애로 인하여 일상생활이나 일에 어려움을 겪고 있는 사람이 모두 약 8,000만 명에 달하는 것으로 추계하였다(Commission of the European Communities 1994). 장애인 인구의 70%는 60세 이상 인구가 차지하고 있다. 이처럼 이미 수적으로 방대하게 되었고 증가하고 있는 노인과 장애인 가운데 독립적 생활을 하고자 하는 광범위한 욕구는 이들이 일상생활 기능의 유지를 보조하고, 손상된 기능을 보상하고, 잠재능력 실현을 돕는 제품과 서비스에 대한 수요를 불러일으키고 있다. 이러한 필요에 대한 적절한 대응은 각 사회에 중요한 도전으로 인식되었다.

유럽연합의 대응과 관련하여 특기할 점은 인구고령화의 도전이 제기하고 있는 기회를 주목한 점이다. 유럽연합은 이러한 기회를 제대로 포착하여 활용할 수 있다면 유럽에 사회경제적 혜택이 될 수 있다고 인식하였다. 유럽연합(Commission of the European Communities 1994)에 따르면, 다음 몇 가지 기회가 중요하다.

우선, 노인은 중요한 사회적 문화적 자원이나 그 동안 사회가 과소평가하여 왔고 과소이용 하여 왔다. 다음으로 노인인구의 증가는, 이들 중 많은 수는 상당한 지불능력을 보유하고 있어 이들의 필요에 부응하는 제품과 서비스를 위한 의미 있는 시장 기회를 불러일으킬 것이다. 이와 유사하게 장애인의 필요에 부응하는 제품과 서비스의 잠재력에 대한 인식이 장애인 집단 가운데 증대하고 있고 장애인을 대변하고 옹호하는 운동이 성장함에 따라 그러한 제품과 서비스의 시장 기회도 향상되고 있다.

유럽연합은 과학기술의 발전이 노인과 장애인의 필요(needs)가 반영되는 데 중요한 역할을 할 수 있다고 보았다. 뿐만 아니라 이러한 부문에서 기술의 조기 개발과 효율적 배치가 유럽 산업의 국제 경쟁력 강화를 도울 수 있다는 전략적 판단이 유럽연합의 접근에 중요하게 자리 잡고 있다. 다른 한편, 유럽연합의 과학기술정책에는 바야흐로 성장하고 있는 새로운 시장 기회를 미국과 일본의 앞선 기술에 의해 위협을 받고 있다는 위기감이 작용하고 있다(Commission of the European Communities 1993; EC 1994). 유럽연합의 관점에서 미국과 일본은 과학기술기반이 튼튼할 뿐만 아니라 일본의 경우에는 국가의 강력한 정책적 개입과 미국의 경우 장애인법(ADA) 등 진보적 법 제정을 통해 노인과 장애인을 돕는 제품과 서비스 시장이 이미 상당히 성장하였고 우월한 경쟁력을 지닌 것으로 비쳐졌다.

1990년대 초 영국 내 텔레매틱 하드웨어 제조업체와 제품의 출신국가에 대한 한 분석 결과는 미국이 241개 제조업체 중 110개, 1091개 제품 중 509개로 이미 약 절반에 육박하고 있음을 보여 준다(Carruthers, Humphreys and Sandhu 1993). 제품 가격별로 원산지를 살펴보면, 비교적 저가 제품의 경우 영국산이 보다 많이 차지하고 있는 데 반하여 보다 고가 제품일수록 주로 미국산이 지배하였다(ibid : 191). 그 결과 가격을 알 수 있는 제품의 총 가격에서 영국산은 28%를 점유하는 데 불과하고 미국산이 72%를 차지하였다.

노인과 장애인을 돕는 강력한 보조 기술 산업의 성장은 커다란 고용창출 잠재력을 가지고 있고 이러한 고용창출의 기회가 대부분 중소기업부문에서 열릴 것이라는 판단 또한 중요한 점이다. 그러나 이러한 시장잠재력의 개척에 적지 않은 장애가 존재하고 있다. 유럽의 보조 기술 산업은 여러 작은 국가에 다수의 중소기업으로 파편화되어 있는 것이 특징이었다. 연구개발기구와 중소기업들 사이에 조정이 잘 이루어지지 않는 점, 그리고 이용 가능한 기술 또는 제품과 서비스에 관한 정보가 적절하게 제공되지 않는 점도 문제였다.

이상과 같은 배경에서 유럽연합은 노인과 장애인을 돕는 과학기술 정책을 추구하되 일국 수준에서의 한계를 극복하고 산업, 연구기관, 이용자 등 관련 당사자들 사이의 협력과 조정을 증진하는 노력을 발전시켜 왔다.

다음에서 유럽연합이 인구고령화에 대응하여 추진한 과학기술정책들을 살펴보되 몇 가지 대표적인 연구개발 프로그램의 특징을 알아보기로 한다. 그런 뒤에 연구개발이외의 과학기술정책들을 고찰할 것이다. 연구개발 프로그램으로는 TIDE가 단연 돋보인다.

(1) 장애인과 노인을 위한 기술 이니셔티브(TIDE)

TIDE(Technology Initiative for Disabled and Elderly people)는 EC가 장애인과 노인을 위한 연구 및 기술개발 지원 정책의 일환으로 1990년대에 도입한 프로그램이다. TIDE에 참여한 전문가들은 기업계, 대학, 그리고 장애연구소 및 장애인과 노인을 대변하는 조직들에서 왔다. 이 프로그램은 1991년부터 1997년까지 몇 단계에 걸쳐 운영되었고, 1998년 이후에는 EU의 과학기술관련 기본프로그램(Framework Programme)의 한 부문으로 편입되었다.

가. TIDE의 목적과 전략

TIDE 프로그램은 장애인과 노인의 사회경제적 통합을 용이하게 하는 재활기술의 유럽 시장 창출을 목표로 하였다(Council Decision 93/ 512/ EEC, 21.09.1993). 단계별로 약간의 차이를 보이기는 하지만 사회적 및 산업적 목적에서 연구 및 기술개발(RTD)을 촉진한다는 기본취지는 여러 단계의 TIDE를 관통하고 있다고 할 수 있다. 즉, EC는 TIDE를 통해 사회적 목적뿐만 아니라 산업적 목적을 추구하였음을 공식적으로 언명하고 있다(Commission of the European Communities 1994). 사회적 측면에서 TIDE는 노인과 장애인을 위한 새로운 기술기기와 적용을 개발하여 이들이 독립적으로 생활하고 사회경제 생활에 보다 온전하게 참여하는 것을 가능하게 하는 것을 추구하였다. 이와 함께 산업적 측면에서 TIDE는 노인과 장애인의 필요에 부응하는 제품과 서비스 부문의 유럽산업과 시장을 향상한다는 목적을 동시에 추구하였다.

이와 같은 사회적 산업적 목적에서 TIDE는 ① 이용자 집단인 장애인과 노인의 필요를 규명하고, ② 노인을 위한 지능주택과 진전된 보청기기와 같은 재활기술을 위한 새로운 적용을 개발하고, ③ 재활기술의 혁신과 기술이전을 장려하며, ④ 기술관련 규범과 표준의 개발을 가속화하는 데 역점을 두었다.

TIDE가 주안점을 둔 기술은 초기에는 재활기술(Rehabilitation Technology, RT)이라는 용어로 묘사되었으나 중반 이후에는 보조기술(Assistive Technology, AT)로 개념화되었다. 이 두 개념에 대한 EC의 정의에 따르면, "재활기술(RT)은 노인과 장애인들로 하여금 독립적으로 생활하고 지역사회의 사회경제적 생활에 보다 더 통합되도록 노인과 장애인의 용도로 제공되는 기술"로 정의되고, 보조기술(AT)은 "기능적 제약을 보상하고 독립적 생활을 용이하게 하는 것을 도와주며, 장애인과 노인이 그들의 잠재력 실현을 가능하게 하는 기술" 로 정의된다(Commission of the European Communities 1994). 양자는 대체로 중첩되는 내용을 갖고 있으나, 보조기술이 이용자의 잠재력을 강조하고 낙인효과를 방지하며, 독립적 일상생활이 가능하게 도와주는 편의용품 등을 포함하는 보다 더 광의의 의미를 지닌 것으로 지적된다. TIDE에서 기술은 단지 기기(devices)만이 아니라 서비스를 포함한다. 보조기술 적용을 뒷받침하는 광범위한 기초기술들이 TIDE의 중요한 지원대상이 되었음이 물론이다. TIDE의 후기단계에서 노인과 장애인의 독립적 생활을 위한 정보통신서비스를 지원하는 정보통신기술(ICT)을 포함하도록 범위가 확대되었다.

연구개발 프로젝트에 대하여 EU의 지원은 연구개발비의 50%에 한정하고 나머지 50%는 프로젝트 참가자의 매칭 펀드로 제공되도록 하는 전략이 채택되었다. 이미 언급한대로 연구개발 이외에 TIDE는 유럽차원의 성공적인 보조기술(AT)산업을 위한 하부구조와 시장 조건을 개발하는 것을 돕는 데 중점을 두고 있다. 이러한 취지에서 과학기술연구개발 자체는 아니나 유럽의 보조기술 시장분석, 표준화, 규제, 합리화를 위한 지원들도 TIDE의 수평적 혹은 지원 프로그램의 중요한 일부를 이루고 있다. 수평적 프로젝트는 TIDE에서 연구비 100%를 지원받았다.

나. TIDE의 기본 원칙

TIDE가 추구하는 목적을 성취하기 위해 개별 연구개발 프로젝트의 지원과 관련하여 설정한 다음과 같은 다섯 가지 원칙은 시사 하는바가 크다.

① 이용자 초점 원칙(User-focused) : TIDE의 연구개발지원에서 일차적으로 강조한 원칙은 기술의 이용자에 초점을 두어야 한다는 점이다. 프로젝트 제안서는 최종 이용자들의 필요에 대하여 언명해야 하고, 최종 이용자들에 대한 기술적 해결의 예상되는 혜택에 대하여 진술해야 한다.

② 시장 지향 원칙(Market orientation) : 연구개발 프로젝트는 연구보고서의 생산보다 오히려 시장화를 겨냥하여 산업적 잠재력을 가진 프로토타입 제품과 서비스의 개발을 지향해야 한다. 유럽시장통합이 제공하는 기회를 활용하고, 기술기반 제품 및 서비스의 경쟁이전 단계(프로토타입) 개발로 이끌어져야 한다.

③ 기술 적응 및 혁신 원칙(Technology adaptation and innovation) : 혁신, 신기술의 적응, 선진적 적용 및 적절한 국제표준과의 통합에 역점을 둔다.

④ 다학문 접근 원칙(Multi-disciplinary approach) : 기술적 전문성뿐만 아니라 사회적, 경제적, 교육적, 임상적 전문성을 요구하는 분야에서 과학적, 기술적, 상업적 희소자원을 동원한다.

⑤ 기술 검증 원칙(Technology verification) : 개발된 기술은 현장 시험 또는 시나리오 이용을 통해 실제 이용자 또는 잠재 소비자들에 의한 평가가 필수화되고 있다.

다. 프로그램의 영역과 내용

TIDE(Bridge Phase)는 두 가지 주요 영역에서 제안서를 공모하였다.

첫째 영역은 노인과 장애인의 자율성을 지원하고 삶의 질 향상을 도와줄 수 있는 광범한 종류의 제품과 서비스의 개발과 접근을 장려하는 것이었다. 둘째 영역은 장애인과 노인의 기능적 제약을 보상하여 사회에 보다 온전하게 통합하는 것을 돕는 특수 기기와 서비스를 개발하는 것을 지향하였다.

TIDE는 네 가지 분과로 구성되었다. 각 분과의 중점 노선은 다음과 같다.

① 정보통신기술에 대한 접근과 대인(interpersonal) 커뮤니케이션의 지원
- 멀티미디어 환경에 대한 접근과 상호작용
- 대인 커뮤니케이션을 용이하게 하는 기술
- 접근 가능한 서비스와 어플리케이션

② 일상생활을 위한 환경통제 기술
- 이용자와 시스템 인터페이스
- 로봇 시스템
- 기동성과 교통

③ 운동 및 인지 기능의 복원과 향상
- 지역사회 안에서 평가, 재활, 보전을 위한 개별화된 계획을 위한 정보기술
- 운동기능의 재활과 보전을 위한 기술
- 운동기능의 대체 장구

④ 통합 시스템 기술
- 스마트 환경과 시스템
- 기동 조향 및 내비게이션 시스템

- 장애인과 노인을 위한 작업 환경

이러한 기술 분야별 기술개발에 대한 지원에 덧붙여 TIDE는 기술채택 및 이용에 관한 연구와 같이 노인과 장애인의 삶의 질에 대한 기술의 영향을 제고하는 연구 그리고 시장 연구, 비용편익/효과성분석, 표준화 등과 같이 산업과 시장에 대한 기술의 영향을 제고하기 위한 수평적 연구들에 대한 지원도 포함하였다(Commission of the European Communities 1994).

TIDE(Bridge Phase)는 제안서 공모를 통해 프로젝트를 선정·지원하였다. 응모한 제안서는 총 293건이었고 이 가운데 55건이 선정되었다. 표 2-8은 선정된 프로젝트의 내용 구성을 요약한 것이다.

표 2-8 TIDE(Bridge Phase) 프로젝트의 구성

	건수	노인	서비스
기술 및 관련 서비스에 대한 접근	16	10	6
가정생활과 원격 개호	8	1	6
기동성 및 교통	6	5	1
제어 및 조작	3	2	
기능의 복원 및 향상	18	8	2
이용자 및 시장 문제	4	4	3
합계	55	30	18

출처 : Commission of the European Communities(1994 : 16)에 의거하여 작성

TIDE의 지원을 받은 프로젝트 중 33%는 재활기술의 전통적 영역인 기능의 복원과 향상 범주에 속하였다. 두 번째로 커다란 비중(29%)을 차지하는 범주는 기술 및 관련 서비스에 대한 접근에 해당하였다. 총 55건 중 30건이 노인을 위한 기술과 보다 직접적인 관련을 가진 프로젝트였다. 또한 선정된 프로젝트 가운데 18건을 서비스와 관련된 연구개발 프로젝트였음 또한 특기할 만하다.

아울러 TIDE는 모두를 위한 디자인(design for all) 원칙을 권장하였고 그것의

보다 폭넓은 적용을 위한 연구를 지원하였다. 모두를 위한 디자인 원칙은 제품과 서비스가 장애인과 노인을 포함하여 가능한 많은 이용자들에게 접근 가능하고 이용 가능하도록 제품과 서비스를 디자인하는 것을 장려한다.

1991년 파일럿 프로그램으로 시작된 TIDE는 21개 기술개발 프로젝트(예산 1800만 ECU)를 지원하였고, 후속 교량(Bridge)단계에서 모두 55개 프로젝트(예산 4200만 ECU)를 지원하였다. 교량 단계 프로그램이 종료한 뒤 TIDE의 연구주제들은 EU의 제4차 연구개발 기본프로그램(4th Framework Programme, FP4)의 한 부문으로 통합되었다.

(2) FP4-TIDE : 장애인과 노인의 통합을 위한 텔레매틱스 응용 프로그램

FP4-TIDE는 1994년에서 1998년까지 시행된 유럽연합의 제4차 연구 개발 기본프로그램 중 장애인과 노인의 통합을 위한 텔레매틱스 응용프로그램(Telematics for the Integration of Disabled and Elderly People)을 가리킨다. 이 프로그램은 장애인과 노인의 사회적 통합을 증진하기 위해 당시 대두한 전화와 컴퓨터를 결합한 정보 통신 응용 기술(telematics)의 연구개발을 대상으로 하고 있고 그 기본기술로는 멀티미디어, 고품위(HD) TV, 종합통신 TV, 가상현실(virtual reality) 등에 대한 지원에 초점을 맞추고 있다.

이 프로그램은 다음과 같은 두 가지 방향의 연구개발에 대한 지원에 목표를 두었다.

첫째, 장애인과 노인의 자율성을 지원하고 삶의 질을 향상할 수 있는 제품과 서비스의 개발과 접근을 장려하였고,

둘째, 기능적 제약을 보상하는 기술에 초점을 두었다.

통신시설, 컴퓨터, 가정 공간, 직장 및 학교, 환경통제, 이동성 및 교통 설비 등 환경을 접근가능하게 바꾸는 것은 첫째 방향의 연구개발에 속한다. 보조기술기기

뿐만 아니라 정보통신기술의 적용을 통해 서비스 전달 및 개호 서비스의 질을 향상시키는 것도 포함된다. 모든 사람을 위한 디자인, 포함적 디자인 혹은 보편적 디자인의 원칙이 핵심적 요소가 된다. 둘째 방향의 지원은 장애인과 노인을 위한 특별한 기기와 서비스를 개발하는 데 초점을 맞추고 있다.

모든 사람의 필요에 봉사하는 기술의 요건과 관련하여 다음과 같은 사항들이 특별히 강조되고 있다.

- ○ 접근성(accessibility) : 포함적 기술은 노인과 장애인의 접근성 요건에 특별한 주의를 기울여 디자인되어야 한다.
- ○ 이용 가능성(availability) : 서비스 제공자들은 사용을 원하는 노인과 장애인에게 쉽게 사용할 수 있는 기기와 필요한 접속을 제공하도록 장려되어야 한다.
- ○ 구입 가능성(affordability) : 기술은 구입 가능해야 한다. 그렇지 않으면 저소득 노인들은 그러한 기술의 혜택을 누릴 수 없게 된다.
- ○ 인지(awareness) : 이용 가능한 제품과 서비스 그리고 노인들의 필요에 대하여 보다 광범한 홍보가 이루어져야 한다.
- ○ 적합성(appropriateness) : 기술 적용의 적합성을 확보하기 위해서는 최종 사용자가 기술의 연구 개발 과정에 참여해야 한다.

이 프로그램에는 정보통신 서비스 제공 업체들이 참여한 것이 한 가지 특징이다. FP4-TIDE는 모두 5천만 ECU의 예산을 투입하여 53개 연구 개발 프로젝트 및 수평적 협력 사업을 지원했다.

이와 같은 정보통신 분야 이외에 유럽연합은 FP4의 생명의학 분야 프로그램인 BIOMED-2 프로그램을 통해 고령화와 장애 및 고령화관련 문제들에 연구개발 프로그램을 아울러 지원하였다.

(3) FP5의 고령화와 장애 대응 연구개발 프로그램

유럽연합은 제5차 연구기술개발 기본 프로그램(FP5, 1998- 2002)에서도 노인과 장애인에 관한 연구개발을 중요한 요소로 포함하고 있다. FP5은 유럽 산업의 경쟁력 향상을 위한 과학기술기반 강화와 유럽 시민의 삶의 질 향상을 일반목표로 설정하고 있다. FP5는 주제별 및 수평적 프로그램으로 구성되는데 4대 주제별 프로그램 중 삶의 질과 생활자원 관리 프로그램(QOL) 및 이용자 친화적 정보사회(IST)의 두 주제가 노인과 장애인을 위한 과학기술보다 더 크게 관련된다. 이 두 가지를 각각 나누어 살펴보기로 한다.

가. 삶의 질 프로그램의 인구고령화와 장애(KA 6)

FP5의 삶의 질과 생활자원 관리 프로그램은 ① 음식, 영양 및 보건, ② 전염병의 통제, ③ 세포공장 ④ 환경과 건강 ⑤ 지속가능한 농업, 어업, 수산업, 농촌지역의 통합적 발전 과 더불어 ⑥ 인구고령화와 장애를 중점 지원(Kcy Action) 영역으로 설정하고 있다. 인구고령화와 장애에 관한 내용을 살펴보면 다음과 같다.

가. 목적과 기대성과

유럽연합은 인구고령화가 21세기 유럽 사회로 하여금 세 가지 핵심적 쟁점에 직면하게 할 것으로 인식하고 있다(Commission of the European Communities 2001).

첫째, 활동적 노인인구의 수가 증가하고 있으며 이들이 새로운 사회구조와 기회를 요구할 것이다.

둘째, 장애를 가진 노인인구의 수가 증가하고 있으며 이들은 새로운 정책 개입, 향상된 의료 및 사회적 개호를 필요로 할 것이고 이는 상당한 사회경제적 부담으로 작용할 수 있다.

셋째, 인구고령화에 따라 복잡한 경제적, 기술적, 조직적 및 사회적 도전이 야기될 것이다. 이러한 변화에 대처하고 이러한 변화를 기회로 살리고자 한다면, 혁신적인 사회적 조직적 기술적 대응이 필요하다.

인구고령화와 장애 중점 지원 영역의 전반적 목표는 인구고령화의 쟁점을 유럽 전체의 산업횡단·다학문 연구의 우선순위 주제로 끌어올리고 생물학, 생명의학, 심리학, 경제학 및 사회과학 분야에서의 노력을 결합하고 통합하는 데 있다. 보다 구체적인 목표와 기대성과는 다음과 같다.

첫째, 건강한 고령화의 촉진 : 건강한 고령화를 촉진하고 장애의 시발을 지연하고, 노약화를 예방하기 위한 방도를 알기 위해 고령화과정을 지배하는 주요요인을 규명하는 것이 주요 성과로 기대하고 있다.

둘째, 연령 연관 질병의 관리 및 장애에 대한 대처 개선 : 주요 성과로는 노인의 주요 질병과 장애 조건들의 발생을 예방·지연하고, 진단·처치하기 위한 방법의 개선 그리고 장애에 대처하고 노인의 삶의 질, 자율성 및 사회적 통합을 증진하기 위한 기술 제품과 서비스의 경쟁력과 적응력 향상을 기대하고 있다.

셋째, 사회복지 시스템에 관한 정책과 계획의 향상 : 인구고령화가 사회복지시스템의 지속가능성에 갖는 함의를 분석하기 위한 수단을 향상하고 노인에 대한 의료 및 사회 개호 전달 방식의 개선과 경제적 지속가능성의 향상을 기대하고 있다.

나. 지원의 우선순위

중점 영역 프로그램은 매년 제안서를 공모하여 과제를 선정하여 지원하고 있는데 2002년도 현재 다음과 같은 5가지 분야에 우선순위를 두고 지원하고 있다.

- ○ 연령 관련 질병과 건강 문제
- ○ 생리적 고령화의 기초 과정
- ○ 인구고령화의 인구학적 및 사회정책 측면들

○ 노령기 기능적 제약에 대한 대처
○ 노인에 대한 의료 및 건강개호 서비스

이처럼 FP5의 삶의 질 프로그램은 단순한 수명의 연장이 아니라 건강한 고령화를 추구하는 데 초점을 두고 있다. 따라서 이 프로그램은 노인의 이환율을 감소시키고 장애에 대처하며, 노인의 질병을 예방하고 삶의 질을 연장하고, 기능적 독립성을 제고하기 위한 치료법, 기술 및 시스템의 개발에 보다 역점을 두고 있다. 이렇게 볼 때 FP5 삶의 질 프로그램은 TIDE 이니셔티브의 주제를 이어받은 후계자라고 할 수 있다. 이 프로그램의 다른 중요한 특징 가운데 하나는 세부 분야별로 약간의 차이가 있기는 하나 대체적으로 연구기술개발(RTD) 프로젝트 이외에 시범 프로젝트, 공동행동, 주제 네트워크, 협동 연구를 지원하고 있는 점이다. 프로젝트는 문제해결 혹은 응용지향성에 초점을 맞추도록 하고 있다.

다. 이용자 친화적 정보사회

유럽연합은 FP5의 두 번째 주제별 프로그램으로 이용자 친화적인 정보사회의 창출을 설정하고 있다. 정보, 통신, 매스미디어 기술 분야의 융합에 주목한 이 프로그램은 4대 중점영역 가운데 하나로 시민의 욕구와 기대에 부응하는 것을 목표로 설정하고, 노인과 장애인과 같이 특별한 욕구를 가진 사람들의 기동성과 교통부문에 대한 연구개발을 지원하고 있다.

그밖에도 EU의 다른 프로그램들이 고령화에 대응하는 과학기술과 관련이 있는 것으로 보인다. 이를테면 COST(과학기술 연구 분야에서의 유럽협력) 프로그램 중 몇 가지를 들 수 있다. 먼저 1986년에서 1996년까지 지속된 COST 219은 장애인과 노인을 위한 미래 통신 및 정보통신설비에 관한 협력연구프로젝트를 지원하였고, 그 후속 COST 219bis는 통신이용자공동체에 대한 장애인과 고령자의 통합과 관련된 문제들을 다루었다. 또한 COST A5 프로그램의 고령화 기술은 노인의 기동성을 위한 기술 연구 등의 연구 프로젝트를 지원하였다. COST 219bis 프로그램의 중요한 점 가운데 하나는 유럽의 다수 통신서비스 사업자들이 이 연구에 참여하여 연구결과 이외의 관련된 정보의 이전을 촉진한 사실이 지적된다.

(4) 고령화에 대응하는 기타 과학기술정책

유럽연합은 연구개발 이외의 다른 과학기술정책들을 통해 인구고령화에 대한 대응을 추구해 왔다. 다음 몇 가지가 중요하다.

첫째, 보조기술 제품과 서비스에 관한 데이터베이스를 유럽연합 회원국들이 각각 구축하고 이를 네트워크(HANDYNET)로 연결하여 필요한 정보를 용이하게 검색하고 입수할 수 있도록 하였다. 이에 따라 1980년대 초 이래 RT 제품과 서비스에 대한 데이터베이스가 유럽 대부분의 나라에서 만들어져 관리되어 왔다. 이때 영국에서는 HANDYNET Consortium이 구성되었다. 이와 같은 DB와 네트워크는 제품과 서비스에 대한 정보의 결여가 유럽 차원의 RT/AT 시장 창출에 장애가 되고 있다는 분석에 따른 것이다. 최근 EU는 RTD 프로그램에 대한 종합 정보를 제공하고 있는데 특별히 CORDIS가 특기할 만하다. CORDIS는 EU의 모든 연구기술개발 활동에 관한 중앙정보서비스로서 인터넷을 통해 누구나 쉽게 CORDIS 웹서버(www.cordis.eu)를 접근할 수 있다.

둘째, 유럽연합은 노인과 장애인을 위한 제품의 안전성과 편의성에 관한 표준화 정책을 주도함으로써 이러한 제품이 유럽 단일 시장에서 유통되는 것을 촉진하였다. EC는 노인과 장애인이 정보통신기술 제품과 서비스에 대한 접근을 용이하게 할 수 있도록 모두를 위한 디자인 과 보조기술 등에 관한 표준을 제정하도록 특별명령을 관련 유럽표준기구들(CEN/CENELEC/ETSI)에 지시하였다(Commission of the European Communities 1998, Mandate). ISO의 표준이 자율적 규격인 데 반하여 CEN은 법적 강제력을 갖는다. EC에 따르면 모두를 위한 디자인은 일반 물품/서비스의 표준으로 그리고 보조기술은 장애인과 노인을 위한 물품/서비스의 표준으로 상호 보완적이다. 이와 같은 표준 제정의 필요성과 방향에 관한 제안은 TIDE의 여러 프로젝트에서 유래하였으며, EC는 이와 관련하여 정책워크숍을 개최하는 등 세부적인 검토를 하였다.

표 2-9 국가별 장기요양서비스 비교

	한국	일본	독일	네덜란드	영국	스웨덴
시행시기	2006.07	2000.04	1993.01	1963	1948	1993.04
제도명	노인장기 요양보험	공적개호 보험	수발보험	특별의료 보험제도	별도제도 없음(국가보건 서비스의 일부)	별도제도 없음(국가보건 서비스의 일부)
관리체계/관리운영 주체	건강보험 관리공단	사회보험 방식, 시정촌	사회보험 방식, 수발 보험금고 (질병보험 조합과 차별)	질병보험 보험자	일반조세방식, 시군구	일반조세방식, 시군구
급여대상	65세 이상 노인 또는 노인성질환자 중 장기요양 둥급 판정자	63세 이상 노인, 40~64세는 13개 노인성질환에 한정	6개월 이상 요양이 필요한 전국민	모든 거주자	남성 65세 이상, 여성 60세 이상	65세이상 저소득, 거동 불편자
재원조달	보험료 (40~50%) +국고지원 (30~40%) +본인부담 (15~20%)	보험료 (45%) +국고지원금(45%)+ 본인부담금(10%)	보험료+본인부담(숙박비, 식비 전액 본인부담)/보험료(100%)	보험료+본인부담(숙박비, 식비 전액 본인부담)/보험료(100%)/원칙적 무료	국가보건서비스 재원에서 부담(본인부담금 2%)/별도 보험료 없음	정부보조금 (지방세 등) 및 본인 부담금(대부분 정부보조)/별도 보험료 없음
서비스 종류	각종재가서비스/시설서비스 (요양시설, 전문요양시설, 요양병원)	각종 재가서비스/시설보호(특별양로 노인홈, 노인보건시설, 요양병동 등)	각종 재가서비스/시설서비스 (노인집합주택, 요양홈, 노인종합시설)/현물 및 현금 방식/비공식 요양제공자에 대한 사회보장	각종 재가서비스/시설서비스	각종 재가서비스/시설보호(노인홈, 노인보호 주택, 요양원 등)	각종 재가서비스/시설보호(양로원, 그룹홈, 요양원, 노인병원 등)

3. 국내 고령친화산업 현황

한국 고령친화산업의 단계별 추진 계획을 살펴보면 다음과 같다. 2005년 대통령 자문기구인 '고령화 및 미래사회위원회'를 발족하여 고령친화산업 활성화의 전략을 수립하기 시작하였다.

첫 번째 활성화 전략은 '분배와 성장의 선순환 구조 정착'의 실천적 방안을 제공하게 되며 '지역균형 발전계획', '중소기업 활성화' 및 '서비스 산업 육성'의 구체적 내용을 제공하고자 하며(보건복지부, 2006), 이를 바탕으로 1차로 8대 산업부문(요양, 의료복지기기, 정보, 여가, 금융, 주택, 한방, 농업)의 19개 전략 품목을 선정하였고, 2차 6대 산업(교통, 식품, 의약품, 장묘, 의류, 교육)을 고령친화산업으로 선정하여 집중 육성한다.

두 번째 활성화 전략은 고령친화산업의 단계별 추진을 위해 2005년 고령친화산업정책에 대한 비전을 제시하고, 행동계획을 마련하였다. 2006~2007년은 제도 정비·표준·안전·인력 양성의 단계이다. 2008~2009년에 초기 생산기를 거쳐 2010년부터는 고령친화산업을 집중 양산하도록 한다(정옥분 외 2008).

세 번째 활성화 전략은 중소기업 등 민간참여 활성화를 위하여 '고령친화산업법'을 2006년에 제정하여 고령친화용품 산업화 지원센터를 설립하고, 고령친화제품 개발종합지원 산업 클러스터 구축, 고령친화제품 종합 체험관 설립, 고령친화 우수제품, 고령친화 우수사업자 지정과 표시제도의 도입, 고령친화제품 및 서비스 표준화사업 추진 대행기관 지정, 'UD(Universal Design)' 개념 도입(보편성, 편익성 증진), 세계 수준의 Star Company 육성(벤치마킹 모범사례 제시) 등 고령친화산업의 표준화를 위하여 노력을 증진하였다.

그림 2-9 국내 고령친화산업 영역

최근 국가기술지도기획단(2002)이 재활 의료복지시스템 분야의 기술수준을 선진국과 비교한 결과에 따르면 재택 진료 기술은 선진국대비 60%, 건강모니터링 기술 60%, 의료용 보장구 기술 40%, 지능형 보조 기기 기술 60%, 지능형 지원로봇 기술 40%, 재택 자동화 기술 60% 수준으로 평가되고 있다.

한국보건산업진흥원(2001b)의 미래 보건산업 기술예측 및 기술개발 투자효율화 방안연구에 의하면 우리나라 의료공학 분야 기술 수준은 최고 선진국 기술수준을 100으로 하였을 때 평균 52.7%에 불과한 것으로 조사되었다. 부문별로 나눠 보면, 의료정보부문이 60.6%로 가장 높고, 생체계측 54.7%, 재활복지 52.9%, 의료영상 52.9%, 수술 및 치료 51.0%, 의료용 재료 49.0%, 장기대체 47.5%의 순으로 나타났다(한국보건산업진흥원 2001a).

한국보건산업진흥원의 2000년 보건산업백서에서 특히 재활기기 개발 기술 수준을 기술하였는데, 장애인 재활에 대한 사회적인 의식과 제도적인 미비의 결과로 대부분 기술력이 뒤쳐져 있었고, 인지재활 시스템, Biofeedback 기술이나 장애인용 교통 환경 개발 기술의 수준은 선진국을 100으로 할 때 한국은 30에 불과한 것으로 나타나고 있다(표 2-10).

표 2-10 재활기기 개발 기술 수준

세 부 기 술		기술수준(%)	
		선진국	한 국
체외고정기구 개발기술	-골형성 분석기술 -다기능 설계기술 -소재의 경량화, 가공기술	90 80 100	70 70 60
인지재활 시스템 개발기술	- S/W 기술 -주변기기 설계기술 - Biofeedback 기술	90 90 90	50 60 30
보행분석 시스템 개발기술	-운동양식 표준화 기술 -3차원 가시화 기술 -운동 측정기술	100 100 100	50 60 70
장애인용 거주환경 개발기술	-장애인 행동양식 분석기술 -거주환경 설계기술	100 100	50 60
장애인용 교통환경 개발기술	-장애인 행동양식 분석기술 -교통환경 설계기술	100 100	50 30

이와 유사한 평가를 보여주는 견해는 다른 자료에서도 발견할 수 있다. 한국재활공학연구센터의 문무성 소장(2002)은 재활복지기술 가운데 핵심기술의 국내외 개발수준을 표 2-11과 같이 제시하고 있다. 그에 따르면 재활복지기술은 장애인과 고령자들을 위한 장애의 예방과 보완 및 기능회복 향상을 도모하고 독립적인 일상생활 활동 권을 확보케 함으로써 삶의 질과 생산성을 향상시킬 수 있는 상품이나 서비스를 공급하는 기술을 말한다. 국내 재활복지 핵심기술의 개발 수준은 선진국에 크게 미달하고 있다.

표 2-11 재활복지 핵심기술의 국내외 개발 비교

목 적	국외(선진국)	국내
운동기능회복	인공지능의족 EMG 전자의수 골융합 임플랜트 임상시험 뇌신호 제어 동물시험 보조기용 동력관절 시험	인공지능의족 반자동 전자의수 보조기용 동력관절 시험
이동 및 일상생활지원	DSP제어 전동 휠체어 실내이동 주행시스템 자이로 위치제어 이동기기 시험 고효율 구동장치기술확보	16Bit DSP제어 휠체어 시험중 소형 고효율 구동장치 기술확보
재활훈련 및 운동치료	3차원 운동측정/분석시스템 가상현실 재활 치료/훈련 시스템 등속성 운동측정/치료기 다채널 FES 상용화 다채널 FES 시험단계(일부상용화)	2채널 FES 시험용
감각기능회복	귀속형 디지텔 보청기 무선마이크로폰 디지털보청기시험 반이식형 중이 제품화 전이식형 중이 개발중 5X5 EPI 인공사각기술성공 전자허용 미각 반도체칩 개발중	귀속형 디지털 보청기 개발중 반 이식형 중이 개발중

자료 : 문무성, 재활 보조기구의 국내외 기술현황과 산업발전 방안, 재활공학센터, 2002. 07.

1) 고령친화용품 산업체 현황

(사)한국고령친화용품산업협회에서는 2007년도부터 매년 고령친화용품산업 실태조사를 실시하고 있는데, 조사결과에 따르면 2008년 기업체수는 총 866업체로 2006년 376개, 2007년 415개에서 지속적인 증가추이를 보이고 있는 것으로 나타났다. 전체 업체 중 국내기업은 864개소로 나타났으며, 용품별 기업체구성을 보면 여가용품 관련 기업이 315개로 전체의 36.4%를 차지하고 있으며, 다음으로는 개인건강 · 의료용품 관련 기업이 259개로 29.9%를 차지하고 있는 것으로 조사되었다. 또한 침구용품 61개(7.0%), 이동기기 59개(6.8%), 정보통신기기 49개(5.7%) 기업 순이었으며, 국외기업으로는 기능저하예방용품과 여가용품기업이 각각 1개로 나타났다(표 2-12).

표 2-12 고령친화용품 용품별 업체 현황

(단위: 개, %)

	국내기업	국외기업	전체	구성비
개인건강·의료용품	259	0	259	(29.9)
기능저하예방용품	35	1	36	(4.2)
이동기기	59	0	59	(6.8)
목욕용품	30	0	30	(3.5)
배변용품	36	0	36	(4.2)
침구용품	61	0	61	(7.0)
가사용품	9	0	9	(1.0)
주거설비용품	12	0	12	(1.4)
정보통신기기	49	0	49	(5.7)
여가용품	314	1	315	(36.4)
전체	864	2	866	(100.0)

자료: (사)한국고령사회용품산업협회, 고령친화산업지원센터, 「고령친화용품실태조사」, 2009

한편 기업체의 자본금 규모를 보면, 2008년 말 기준 866개 업체의 자본금 총합계는 895억 원으로 업체당 평균 자본금은 1.03억 원이었다. 자본금규모별 기업체수를 보면 1억원 미만 기업이 전체의 33.1%인 287개로 가장 많았으며, 그 다음으로는 1억~3억 미만 기업이 26개(30.0%)를 차지하고 있었으며 10억 이상의 기업은 45개로 5.2%를 차지하고 있다(표 2-13).

품목별로 보면 개인건강·의료용품 산업체의 자본금 합계액이 335억 원으로 전체의 37.4%로 가장 많은 비중을 차지하고 있었으며, 다음은 이동기기 210억 원 23.4%로 조사되었다. 한편 기업체당 평균 자본금은 이동기기 3.56억 원, 가사용품 3.44억 원으로 비교적 높은 수준인 반면, 여가용품 2백만 원, 기능저하예방용품 3천6백만, 목욕용품 9천7백만 원 등으로 상대적으로 낮은 자본금을 나타내고 있다.

표 2-13 자본금(2008)

(단위 : 억원, %)

	자본금총액 (억원, %)		기업체 수(전체기업대비 %)											평균자본금(억원)
			1억 미만		1-3억		3-5억		5-10억		10억이상		전체	
개인건강·의료용품	335	37.4	67	7.7	92	10.6	50	5.8	25	2.9	25	2.9	259	1.29
기능저하예방용품	13	1.5	27	3.1	4	0.5	0	0.0	5	0.6	0	0.0	36	0.36
이동기기	210	23.4	25	2.9	10	1.2	12	1.4	6	0.7	6	0.7	59	3.56
목욕용품	29	3.2	13	1.5	8	0.9	6	0.7	3	0.3	0	0.0	30	0.97
배변용품	87	9.7	8	0.9	14	1.6	4	0.5	8	0.9	2	0.2	36	2.42
침구용품	92	10.3	20	2.3	13	1.5	14	1.6	7	0.8	7	0.8	61	1.51
가사용품	31	3.5	6	0.7	1	0.1	0	0.0	1	0.1	1	0.1	9	3.44
주거설비용품	24	2.7	0	0.0	5	0.6	2	0.2	5	0.6	0	0.0	12	2.00
정보통신기기	67	7.5	16	1.8	8	0.9	4	0.5	17	2.0	4	0.5	49	1.37
여가용품	7	0.8	105	12.1	105	12.1	105	12.1	0	0.0	0	0.0	315	0.02
전체	895	100.0	287	33.1	260	30.0	197	22.7	77	8.9	45	5.2	866	1.03

자료: (사)한국고령사회용품산업협회, 고령친화산업지원센터, 「고령친화용품실태조사」, 2009

고령친화용품 산업체 종사자 수는 2008년 12,424명으로 나타났으며, 2007년 6,403명 대비 94.0% 증가하였으며, 2006~2008년 기간 동안의 연평균 증가율도

48.9%를 기록하면서 고령친화용품산업 종사자 수가 크게 증가하고 있는 것으로 나타났다. 이와 같이 고령친화용품 산업체 수의 증가와 인력의 증가는 우리나라 고령친화용품산업의 시장이 확대되고, 수요가 증가하는 것으로 해석할 수 있으며, 앞으로 고령친화용품산업이 발전 가능성이 클 것으로 예상된다(표 2-14).

한편 2008년 말 현재 기업체당 평균종사자 수를 보면 전체 평균 약 14.3명으로 나타났으며, 업체별로는 배변용품 44.1명, 목욕용품 28.0명 등으로 상대적으로 높았다. 반면 여가용품, 주거시설비용품은 각각 7.1명, 8.3명으로 상대적으로 소규모로 운영되는 것으로 나타났다.

표 2-14 고령친화용품산업 인력현황

	2006		2007		2008		
	종사자	구성비	종사자	구성비	종사자	구성비	평균종사자
개인건강·의료용품	2,931	(47.5)	3,047	(47.6)	4,220	(34.0)	16.3
기능저하예방용품	118	(1.9)	178	(2.8)	409	(3.3)	11.4
이동기기	770	(12.5)	791	(12.4)	1,102	(8.9)	18.7
목욕용품	734	(11.9)	326	(5.1)	841	(6.8)	28.0
배변용품	232	(3.8)	562	(8.8)	1,586	(12.8)	44.1
침구용품	434	(7.0)	443	(6.9)	843	(6.8)	13.8
가사용품	2	(0.0)	75	(1.2)	178	(1.4)	19.8
주거시설비용품	123	(2.0)	85	(1.3)	100	(0.8)	8.3
정보통신기기	801	(13.0)	886	(13.8)	918	(7.4)	18.7
여가용품	20	(0.3)	10	(0.2)	2,227	(17.9)	7.1
총계	6,165	(100.0)	6,403	(100.0)	12,424	(100.0)	14.3

2) 고령친화용품산업 시장 현황

우리나라의 2008년 고령친화용품산업의 시장규모는 약 1조 3477억 원으로 생산시장은 전체의 74.4%인 1조 29억 원이었으며, 그 중 내수시장은 6,719억 원(49.9%), 수출시장은 3,310억 원(24.6%)에 이르고 있다. 한편 최근 들어 수입시장의 증가폭이 큰 것으로 나타나 시장 전체의 25.6%인 3,448억 원에 이르고 있는 것으로 조사되었는데, 이는 장기요양제도의 실시와 고령인구의 증가 등으로 고령친화용품의 수요가 증가함에 따라 다양한 종류의 제품들이 수입되고 있기 때문이다.

표 2-15 고령친화용품산업의 시장 현황

(단위: 억원, %)

구 분		2006		2007		2008	
		시장규모	구성비	시장규모	구성비	시장규모	구성비
생산	내수	5,159	(75.6)	7,605	(65.5)	6,719	(49.9)
	수출	1,132	(16.6)	3,286	(28.3)	3,310	(24.6)
	소계	6,291	(92.2)	10,891	(93.8)	10,029	(74.4)
수입		534	(7.8)	722	(6.2)	3,448	(25.6)
전체		6,825	(100.0)	11,613	(100.0)	13,477	(100.0)

자료: (사)한국고령사회용품산업협회, 고령친화산업지원센터, 「고령친화용품실태조사」, 2009.

고령친화용품의 시장규모를 용품별로 보면, 전체 규모로는 개인건강·의료용품이 5,677억 원으로 전체의 42.1%를 점유하고 있으며, 다음으로는 여가용품으로 20.0%를 차지하고 있다. 한편 6,719억 원 규모의 내수시장 점유율은 개인건강·의료용품 산업 45.4%, 배변용품 산업 21.9%를 보이고 있다. 수출시장의 경우에는 약 3,312억 원 규모로 개인건강·의료용품 68.4%, 기능 저하예방용품 27.7%로 높게 나타났다. 반면 약 3,447억 원 규모의 수입시장은 대부분 여가용품 산업의 점유율이 77.8%인 2,683억 원으로 나타났으며, 개인건강·의료용품은 10.5%를 차지하고 있다.

표 2-16 고령친화용품 품목별 수・출입 현황(2008)

(단위: 억원, %)

구분	내수	구성비	수출	구성비	수입	구성비	전체	구성비
개인건강・의료용품	3,050	45.4	2,264	68.4	363	10.5	5,677	42.1
기능저하 예방용품	219	3.3	916	27.7	31	0.9	1,166	8.7
이동기기	516	7.7	24	0.7	148	4.3	688	5.1
목욕용품	116	1.7	6	0.2	43	1.2	165	1.2
배변용품	1,471	21.9	48	1.4	95	2.8	1,614	12.0
침구용품	430	6.4	45	1.4	4	0.1	479	3.6
가사용품	286	4.3	0	0.0	4	0.1	290	2.2
주거시설비용품	42	0.6	0	0.0	6	0.2	48	0.4
정보통신기기	587	8.7	0	0.0	70	2.0	657	4.9
여가용품	2	0.0	9	0.3	2,683	77.8	2,694	20.0
전체	6,719	100.0	3,312	100.0	3,447	100.0	13,478	100.0

자료: (사)한국고령사회용품산업협회, 고령친화산업지원센터, 「고령친화용품실태조사」, 2009

3) 고령친화 종합체험관

한국생산기술연구원은 지식경제부의 지원 아래, 고령친화제품을 '보고, 만지고, 체험'할 수 있는 고령친화종합체험관을 설립하기로 하고 '대구市'와 '성남市'를 사업자로 선정하였다.

종합체험관은 온 국민이 고령자와 관련된 다양한 전시 제품을 보고, 체험도 할 수 있으며, 제품과 관련된 정보서비스를 제공받고, 간단한 의료진료 및 고령자 커뮤니티 형성 등을 통한 프로그램 운영 등 복합적 기능을 한 장소에서 모두 체험할 수 있도록 하고 있다.

표 2-17 주요기능과 보조기능

○ 주요기능

① 전　　시	• 거주공간별 : 현관, 침실, 거실, 욕실, 주방 등 • 품목분류별 : 치료훈련용구, 의지·보장구, 퍼스널케어, 이동기기, 가사용구, 가구건축설비, 커뮤니케이션용구, 레크리에이션용구 • 테크노하우스 : 고령친화 모델하우스 구축하여 사용환경 체험 및 평가 • 기획전시 : 테마별 기획전시 등
② 체　　험	• 생애체험 : 고령자의 신체 감각 및 근력 등 특성 간접체험 • Barrier free 체험 : 휠체어 체험, 유니버셜 디자인 제품 체험
③ 정　　보	• 고령친화산업정보, 제품사용법, 금융, 자산 및 수발보험과 같은 QOL 정보, 기업교류 등 각종 정보 제공
④ 교육훈련	• 전문종사자와 일반인 들을 위한 다양한 교육 기능 • 전문종사자교육은 교육의 효율성과 현장감을 위하여 전시체험기능과 연계
⑤ 기업지원	• 고령친화산업육성을 위하여 각종 전문 세미나, 심포지움, 워크샵 및 행사 개최 • 제품에 대한 사용성평가, 마케팅 지원, 기업입주 등

○ 보조기능

① 지역연계	• 재미와 유익이 추가된 강좌, 기본진료(고혈압, 당뇨, 혈당, 치매 등), 커뮤니티 형성
② 보급확산	• 제품현장 판매, 판매알선 및 상담지원

그림 2-10 성남고령친화체험관

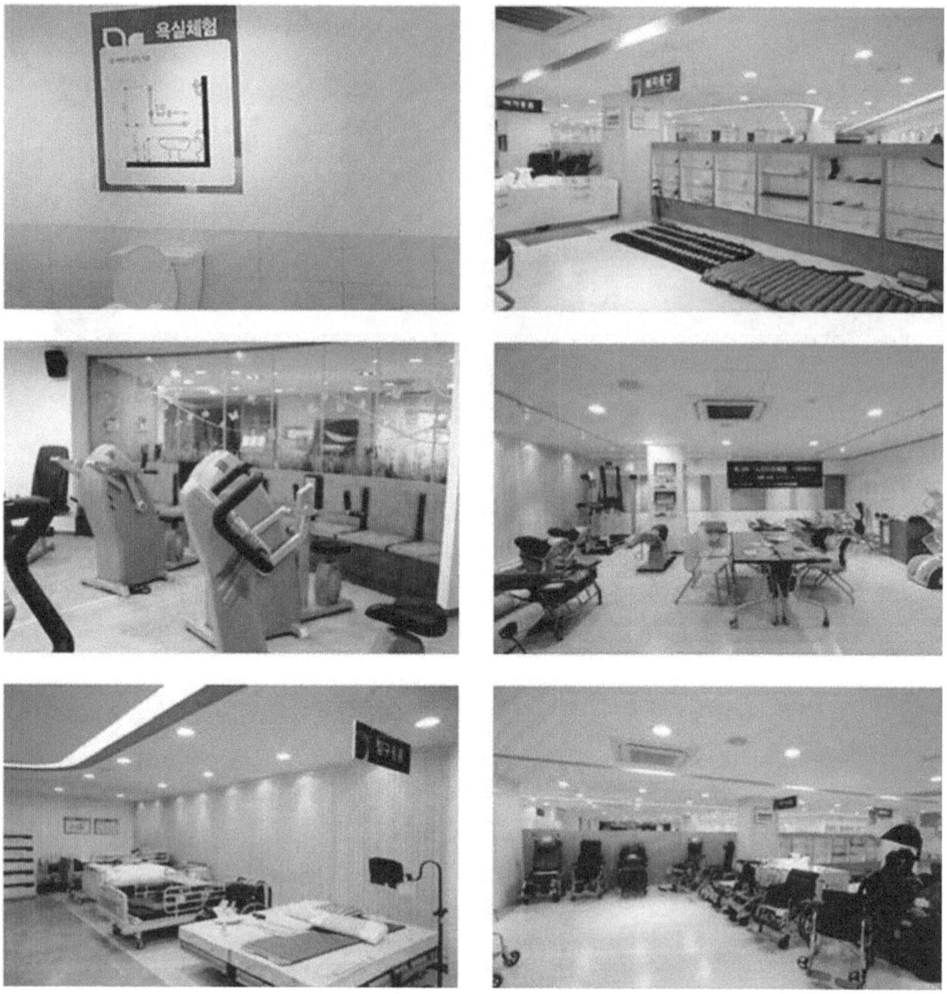

그림 2-11 대구 시니어 체험관

4. 고령친화용품 표준화

1) 국내 고령친화용품 표준화 현황

고령자 및 장애인 복지의 표준화 추진을 위해여 2004년 3월 기술 표준원 내에 문화서비스 표준팀을 신설한 이후 고령친화용품에 대한 표준화 사업을 추진하여 고령친화용품에 대한 국내표준인 한국산업표준(KS)을 제정 및 운영하였다.

ISO 등 국제표준에 대한 부합화를 추진하여 2001년부터 ISO/TC168 20건 및 ISO/TC173 36건 등 총 56건을 부합하였다. 또한 추후 잔여 및 신규 ISO 표준에 대해서도 국제표준 부합화를 꾸준히 계획하고 있다.

노인장기요양보험 대상 복지용구로 지정되어있는 표준을 살펴보면 2007년 기준으로 한국산업표준(KS) 관련 품목은 욕창예방 매트리스, 욕창예방 방석, 전동침대, 수동침대, 수동 휠체어의 5건, 자율안전확인(KPS) 관련 품목은 보행차, 보행 보조차, 지팡이의 3건, 고령친화용품 단체표준(GSP) 관련 품목은 간이변기, 목욕의자, 이동변기, 안전손잡이, 이동형 욕조, 자세변환용구, 목욕리프트의 7건이 제정되어 있다.

복지 분야와 관련한 KS 표준은 90년대 초반까지 대부분의 표준이 일본의 JIS 표준을 도입하여 제정되었으며 90년대 이후로는 ISO 표준의 부합화로 표준화가 진행되었다. 국제표준부합화시 우리나라 실정에 맞지 않는 표준이 있기 때문에 표준화 활동이 필요하다.

(1) 국내 표준화 동향

2002년 12월 전 세계적으로 공통 운용 되고 있는 고령자와 장애인을 위한 ISO 표준인 ISO/IEC Guideline 71을 부합화하였다. 또한 KS A ISO IEC Guide 71(고령자와 장애인의 요구를 반영하기 위한 규격 개발자 지침)을 제정하였다.

2004년 12월에는 기본 표준의 그룹 표준으로 실제 고령자와 장애인의 소비 생활제품에 대한 표준에 대하여 KS 표준으로 부합화하였다.

2005년 12월에는 휠체어와 의지보조기 등에 대한 ISO 표준을 KS 표준으로 부합화 하였으며 2006년에는 '한국인 인체치수 조사사업'을 통하여 확보된 우리나라 고령자의 실제 인체치수를 반영한 '고령자 배려 주거시설치수 설정 가이드라인'을 국내 최초로 KS로 제정하였다.

향후 고령친화용품산업이 정착되면 관련되는 고령친화용품에 대한 표준화 대상은 점점 늘어날 것으로 예상된다.

표 2-18 복지 분야 KS/ISO 표준관리 및 부합화 현황

ISO구분	KS규격 (건)	ISO (건)	부합화 대상	부합화실적			부합화율 (%)
				IDT	MOD	NEQ	
TC168	34	21	20	19	1	–	100
TC173	47	63	36	33	3	–	100
계	81	84	56	52	4	–	100

자료: 산업자원부, 기술표준백서, 2006

표 2-19 우리나라의 고령자 및 장애인 배려지침(총 10종) - 2009년 8월 기준

규격번호	규격명
KS A ISO/IEC Guide 71	고령자와 장애인의 요구를 반영하기 위한 규격 개발자 지침(Guideline for standards developers to address the needs ofolder persons and persons with disabilities)
KS P 1501	고령자 및 장애인 배려 설계지침 - 소비생활 제품의 촉지점 표시 (Guideline for the elderly and the disabled - Marking tactile dots on consumer products)
KS P 1502	고령자 및 장애인 배려 설계지침 - 소비생활 제품의 조작성 (Guideline for the elderly and the disabled - Controllability of consumer products)
KS P 1503	고령자 및 장애인 배려 설계지침 - 소비생활 제품의 알림 신호음 (Guideline for the elderly and the disabled - Auditory signals on consumer products)
KS P 1504	고령자 및 장애인 배려 설계지침 - 소비생활 제품의 알림 신호음 -소음 상태에서의 고령자를 위한 음압 레벨(Guideline for the elderly and the disabled - Auditory signals on consumer products - Sound pressure levels of signals for the elderly in noisy conditions)
KS P 1505	고령자 및 장애인 배려 설계지침 - 포장 및 용기 (Guideline for the elderly and the disabled - Packing and receptacles)
KS P 1506	고령자 및 장애인 배려 설계지침 - 포장 및 용기 - 개봉성 시험 방법 (Guideline for the elderly and the disabled - Packing and receptacles - Test methods for opening)
KS P 1507	고령자 및 장애인 배려 설계지침 - 포장 및 용기 - 연령별 상대휘도의 계산 방법 및 평가 방법(Guideline for the elderly and the disabled - Visual signs and displays - Specification of age-relatedrelative luminance and its use in assessment of light)
KS P 1508	고령자 및 장애인 배려 설계지침 - 의류(Guideline for designing of clothes on consideration of the elderly people)
KS P 1509	고령자 배려 주거 시설 설계 치수 원칙 및 기준(Principle and recommendation for designing dimension on dwelling on consideration of the elderly)

(2) 고령친화용품 단체표준

단체표준이란 업계, 단체, 학회 등의 특정 단체에서 제정하여 사용하는 표준으로 미국의 ASTM, ASME, IEEE, UL 표준 등이 있다.

한국산업표준(KS)이 없는 경우와 한국산업표준이 있는 경우라도 단체표준이 한

국 산업표준을 상회하는 경우에 단체표준을 제정할 수 있다.

단체표준은 잠재되어 있는 업계의 민간표준 수요를 적극 발굴하여 지원하고 이해 관계자의 공동이익을 도모한다.

'산업표준화법'의 개정에 따라 새롭게 도입되는 단체표준등록제 등 제도적 기반을 마련하여 단체표준 활성화 및 보급을 촉진하고 있다.

(사)한국고령친화용품산업협회에서는 산업표준화법 제28조에 의거하여 고령친화용품 단체표준을 개정, 보급하여 고령친화용품의 품질과 생산효율 향상, 생산기술의 혁신을 기하며 거래의 단순, 공정화 및 소비의 합리화를 통하여 산업경쟁력 향상을 도모하고 있다.

현재 10개 품목에 대한 단체표준 및 인증심사기준이 제정되어 인증을 진행하고 있다. 또한 제정된 품목에 한하여 인증을 신청하여 인증 절차를 합격한 업체에게 고령친화용품 단체표준 인증마크 GSP(Good Senior Products)를 부여하고 있다. 특히, 이 중 7개 품목은 노인장기요양보험 대상 복지용구 품목으로 지정되어 고령자에게 안전한 제품으로 보험혜택을 제공하고 있다.

한국고령친화용품산업협회에서 제정된 단체표준 10개 품목은 해외에는 없는 표준으로 국가표준 및 국제표준으로 점차적으로 표준을 확대할 계획을 가지고 있다.

현재 노인장기요양보험이 시작되면서 고령친화용품산업이 초기 단계인 우리나라에 해외 제품이 상당량 수입되고 있다. 고령친화용품 소비자는 고령자 이므로 안전성이 우선적으로 확보되어야 한다.

현재 민간 주도에 의한 상향식 표준화 체계가 국제적 추세이다. 표준 선진국은 민간부문(단체 등)을 중심으로 표준화 대응체제를 구축하여 기술혁신 속도의 가속화에 대응하고 있다. 미국 및 유럽 등은 민간(단체)부문의 표준화 리더십 강화로 기술진보와 표준의 연계가 가능한 상향식 표준화시스템으로 발전하고 있다.

표 2-20 한국고령친화용품산업협회 단체표준 목록(10개) - 2009년 8월 기준

규격번호	규격명	비고
KSPA 3001 : 2007	간이변기(Handy bedpan)	노인장기요양보험 대상 복지용구 품목
KSPA 2001 : 2008	목욕리프트(Bath lift)	
KSPA 2003 : 2008	목욕의자(Bath chair)	
KSPA 5001 : 2009	안전손잡이(Safety handle)	
KSPA 3002 : 2009	이동변기(Portable toilet)	
KSPA 2002 : 2007	이동형 욕조(Portable bathtub)	
KSPA 3003 : 2008	자세변환용구(Posture converter)	
KSPA 1001 : 2009	안마의자[진동방식] (Massage chair[Vibrating method])	-
KSPA 1002 : 2008	고령자용 신발(Senior shoes)	
KSPA 1003 : 2008	족욕기(Foot bathtubs)	

단체표준은 소비자의 다양화되는 요구에 신속하게 대응할 수 있다. 특히 지능형 로봇, 홈 네트워크, DMB 등의 IT, BT, NT 산업은 소비자의 다양한 요구와 표준화 수요에 대해 신속한 대응이 절대적으로 요구된다.

단체표준은 국가표준에서 규정되지 않은 부분을 보완한다. 방대한 표준의 관리를 국가 주도로 이끌어가는 것은 관리 인력과 자금 투입에 대비하여 생산성의 관점에서 한계가 있다. 각종 산업별, 제품별 표준의 전문성이라는 차원에서 해당 전문단체를 중심으로 표준화 활동을 추진하는 것이 효율적이다.

(3) 고령친화용품 IT분야 표준화 현황

국내의 고령친화용품 IT분야의 표준화 기관은 기술표준원과 한국정보통신 기술협회(TTA) 두 곳이 있다. 기술표준원은 고령친화용품 IT분야의 국내 ISO 담당기관으로 주로 기술표준에 대한 표준을 관리한다. 한국정보통신기술협회(TTA)에서 고령친화용품 IT분야로는 TTA TC2 산하의 PG214(디지털 홈), TTA TC3 산하의

PG311(RFID/USN), TTA TC4 산하의 PG419(U-Health), TTA TC4 산하의 PG415(차세대 PC), TTA TC7 산하의 PG 703(모바일 플랫폼 및 서비스)이 있다. 한국정보통신기술협회(TTA)의 고령친화용품 IT분야 기술표준은 총 8 가지로 표 2-21 과 같다.

표 2-21 한국정보통신기술협회 기술표준(총8종)(2009년 8월 기준)

표준 번호	표준 제목
TTAS.KO-06.0152	휴대전화기 키패드 접근성 지침 1.0
TTAS.KO-09.0040	금융자동화기기 접근성 지침 1.0
TTAR-10.0003	개인화 라이프로그 서비스 기술보고서
TTAS.KO-10.0267	지능형 로봇을 위한 얼굴 인식 컴포넌트 API
TTAS.KO-10.0228 URC	사용자 인식을 위한 화자 인식 서비스 API
TTAS.OT-09.0001	디지털 음성 도서 지침 1.0
TTAS.KO-06.0046/R3	시각장애인용 음성유도기 무선규격
TTAS.KO-10.0211	한국형 UDDI 분류체계

한국고령친화용품산업협회는 고령친화형 IT 표준화 포럼을 통하여 IT분야의 고령친화용품에 대한 표준을 3가지를 개발하였는데, 그 내용은 다음과 같다.

- 표준 1 : IEEE 1451 기반 시스템을 위한 독립적인 물리계층에서 스마트 트렌스듀서가 갖는 기능에 관한 명세서(Smart transducer functional specification in independent physical layer for system of IEEE 1451.X)
- 표준 2 : NCAP 변환기 모듈 인터페이스를 위한 메시지 구조와 명령어 집합과 TEDS(Message structures, Commnads and TEDSs for NCAP transducer module interface)
- 표준 3 : NCAP와 TIM으로 구성된 IEEE 1451 기반 시스템을 위한 API 요소(API elements for system of IEEE 1451.X to be comprised of NCAP and TIM)

고령친화형 IT 기술들에 대한 표준화 현황을 살펴보면 생체 계측 센서 기술인

센서 및 SOC 기술, 각종 데이터를 근거로 상황인식 및 판단하는 기술인 인지기술, 기기의 기능 및 성능 확인과 인증 마크를 부여하는 시험인증기술은 한국정보통신기술협회(TTA)에서 담당하며 국내외 표준화를 하고 제정하여 국내외에서 상용화 되었다. 고객 중심의 보건의료정보 관리 서비스 제공 기술로 등록저장소, 전자지불기술을 포함한 응용서비스 기술(개인 보건의료 정보 관리기술)은 기술표준원에서 담당을 하고 있으며 국내외 표준화 및 기술개발은 표준기획 단계이다. 또한 네트워크상에서 정보보호 기술인 유무선 네트워크기술, 시스템 및 네트워크상에서의 암호, 인증, 접근 제어, 스마트카드 기술인 정보보호 기술은 한국정보통신기술협회(TTA) 와 기술표준원 두 곳에서 담당하고 있으며 국내외 표준화수준은 표준 제정 단계이고 기술개발수준은 국내외에서 상용화 되어있다(표 2-22).

표 2-22 고령친화형 IT 기술들에 대한 표준화 현황

연관기술	내용	표준화기구/단체		표준화수준		기술개발수준	
		국내	국외	국내	국외	국내	국외
센서및 SoC기술	생체 계측 센서 기술	TTA	ITU-T ISO/IEC	표준 기획	표준화	기술 개발중	상용화
인지기술	각종 데이터를 근거루 상황인식 및 판단기술	TTA	-	-	-	-	-
유무선 네트워크 기술	네트워크상에서의 정보보호 기술	TTA 기표원	ITU-T ISO/IEC	표준 제정	표준 제정	상용화	상용화
정보보호 기술	시스템 및 네트워크상에서의 암호, 인증, 접근제어, 스마트 카드 기술	TTA 기표원	ITU-T ISO/IEC	표준 제정	표준 제정	상용화	상용화
응용기술 서비스기술 (개인보건의료 정보 관리기술)	고객 중심의 보건의료정보 관리 서비스 제공 기술로 등록 저장소, 전자지불기술 포함	기표원	ISO	표준 기획	표준 기획	기술 기획	기술 기획
DB기술	관계형 DB	-	de facto	표준 기획	표준 제정	기술 개발중	상용화
시험인증 기술	기기의 기능 및 성능 확인과 인증마크 부여	TTA	ITU-T ISO/IEC	표준 제정	표준 제정	상용화	상용화

(4) 고령친화용품 관련 KS 표준현황

국내 고령친화용품 표준은 ISO와 JIS에서 채택한 표준이 다수를 차지하였다. 90년대 초까지는 JIS를 채택하였으며 90년대 중반 이후로는 ISO를 부합화하였다.

재활보조기구를 중심으로 2001년부터 국제표준 ISO/TC168 20 건, ISO/TC 173 36건 등 총 56건을 국내 표준으로 부합화하였다(표 2-23).

우리나라 표준화의 기본원칙은 국제표준인 ISO 부합화에 의한 국제 협약을 따르고 있다.

노인·장애인 보조기구 KS 표준현황을 살펴보면 일반사항은 5건, 치료 훈련용구는 19건, 의지·보조기는 36건, 개인위생·보조용구는 10건, 이동기기는 32건, 가사용구는 2건, 가구·건축물용 부대시설은 3건, 정보통신 신호기기는 21건, 레크리에이션용구는 1건으로 총 129건이 제정되었다. 이에 비교하여 노인·장애인 보조기구 표준현황으로 ISO/IEC 표준이 총 153건, JIS가 106건이 제정되었다.

표 2-23 노인·장애인 보조기구 표준현황(2009년 8월 기준)

대분류	KS	ISO/IEC	JIS
일반사항	5	4(1)	2
치료훈련용구	19	25	35(2)
의지·보조기	36	23(4)	23
개인위생·보조용구	10	26	9
이동기기	32	47(8)	8(1)
가사용구	2		5
가구·건축물용부대시설	3	6(4)	7(5)
정보통신신호기기	21	21(2)	16
조작/환경개선기기		1	
레크리에이션용구	1		1
Total	129	153	106

자료: 재활공학연구소, 고령자·장애인 보조기구 산업과 표준화 국제 워크샵 자료, 2008

2) 해외 고령친화용품 표준화 사례

(1) ISO(국제표준화기구) 현황

ISO(국제표준화기구)에서는 2001년에 고령친화용품에 대하여 공통적인 개념, 인식, 기초내용을 정리하였다. ISO/IEC Guideline 71 및 Guideline for standards developers to address the needs of older persons and persons with disabilities가 있으며 국제표준화기구·국제전기표준회의(ISO/IEC)에서 발행하였다.

ISO/IEC Guide 71은 고령자와 장애인을 고려하여 상품을 만들거나 서비스를 제공할 때의 표준을 작성하는 방법을 나타낸 가이드라인이다. 이 표준의 특징은 고령자와 장애인에 대한 배려사항을 제품, 서비스, 시설 등에 분야별로 제시한 점이다. 또한 정보표시, 포장용기, 소재, 설치, 사용자 조작성, 정비보관폐기, 구축환경으로 구분되어 있다(표 2-24).

표 2-24 고령친화용품 고려사항

구분	감각능력	신체능력	인지능력	알러지
정보표시	색, 문자의 크기, 대비, 모양 등	위치, 배치	그림기호 등	
포장용기	색, 문자의 크기, 대비, 모양 등	취급의 용이성, 표면 재질 등	도면기호, 그림기호 등	성분표시, 표면재질, 소재등
소재	색, 대비, 모양, 표면, 재질, 음향 등	취급의 용이성, 표면 재질 등	색, 대비, 이치에 맞는 순서 등	성분표시, 표면재질, 소재등
설치	조명, 취급의 용이성, 이치에 맞는 순서	위치, 배치, 표면의 재질 등	색, 모양, 이치에 맞는 순서	성분표시, 표면재질, 소재등
사용자 조작성	색, 문자의 크기, 배치, 취급의 용이성	위치, 배치, 용이성 등	도면기호, 그림기호, 용이성등	알러지나 독성이 없는 재질
정비보관폐기	취급의 용이성, 이치에 맞는 순서	취급의 용이성	도면기호, 그림기호, 이치에 맞는 순서	알러지나 독성이 없는 재질
구축환경	조명, 접근경로, 음량 등	위치, 배치, 표면 재질	도면기호, 그림기호, 용이성 등	알러지나 독성이 없는 재질

현재 ISO에서는 재활보조기구를 표 2-25와 같이 분류하고 있다. ISO9999에 따르면 이러한 대분류 번호 하에 중분류, 소분류로 더욱 세분화되어 총 722개 품목으로 분류하고 있다.

표 2-25 재활보조기구 분류체계

대분류번호	항목
04	Aids for personal medical treatment(치료훈련기기)
05	Aids for training in skills(기능훈련기기)
06	orthosis and prostheses(의지보조기)
09	Aids for personal care and protection(개인위생 보호용구)
12	Aids for personal mobility(이동기기)
15	Aids for housekeeping(가정용품)
18	Furnichings and adaptations to homes and other premises(가구, 건축용품)
21	Aid for communication, information and signalling(커뮤니케이션 기기)
24	Aids for heandling products and goods(물품취급 보조기구)
27	Aids and equipment for environmental improvement tools and machines(환경개선 도구 및 기계 보조기구)
30	Aids for recreation(오락기구)

현재 국제표준화기구 ISO/IEC의 TC173에서 개발한 표준은 총 71개로 표 2-26과 같다. 이는 고령친화용품 722개 품목 중 71개 제품에 대해서만 표준화되어 있는 것으로 국제표준이 없는 651개의 고령친화용품에 대해서는 적용할 수 있는 표준이 없는 실정이다.

표 2-26 국제표준화기구(ISO/IEC)의 TC173 규격(71개)

(2009년 8월 기준)

규격번호	규격명	TC
ISO 7176-1:1999	Wheelchairs – Part 1: Determination of static stability	TC 173/SC 1
ISO 7176-2:2001	Wheelchairs – Part 2: Determination of dynamic stability of electric wheelchairs	TC 173/SC 1
ISO 7176-3:2003	Wheelchairs – Part 3: Determination of effectiveness of brakes	TC 173/SC 1
ISO 7176-4:2008	Wheelchairs – Part 4: Energy consumption of electric wheelchairs and scooters for determination of theoretical distance range	TC 173/SC 1
ISO 7176-5:2008	Wheelchairs – Part 5: Determination of dimensions, mass and manoeuvring space	TC 173/SC 1
ISO 7176-6:2001	Wheelchairs – Part 6: Determination of maximum speed, acceleration and deceleration of electric wheelchairs	TC 173/SC 1
ISO 7176-7:1998	Wheelchairs – Part 7: Measurement of seating and wheel dimensions	TC 173/SC 1
ISO 7176-8:1998	Wheelchairs – Part 8: Requirements and test methods for static, impact and fatigue strengths	TC 173/SC 1
ISO 7176-9:2001	Wheelchairs – Part 9: Climatic tests for electric wheelchairs	TC 173/SC 1
ISO 7176-10:2008	Wheelchairs – Part 10: Determination of obstacle-climbing ability of electrically powered wheelchairs	TC 173/SC 1
ISO 7176-11:1992	Wheelchairs – Part 11: Test dummies TC	173/SC 1
ISO 7176-13:1989	Wheelchairs – Part 13: Determination of coefficient of friction of test surfaces 90.2011.180.10	TC 173/SC 1
ISO 7176-14:2008	Wheelchairs – Part 14: Power and control systems for electrically powered wheelchairs and scooters – Requirements and test methods	TC 173/SC 1

규격번호	규격명	TC
ISO 7176-15:1996	Wheelchairs - Part 15: Requirements for information disclosure, documentation and labelling	TC 173/SC 1
ISO 7176-16:1997	Wheelchairs - Part 16: Resistance to ignition of upholstered parts - Requirements and test methods	TC 173/SC 1
ISO 7176-19:2008	Wheelchairs - Part 19: Wheeled mobility devices for use as seats in motor vehicles	TC 173/SC 1
ISO 7176-21:2009	Wheelchairs - Part 21: Requirements and test methods for electromagnetic compatibility of electrically powered wheelchairs and scooters, and battery chargers	TC 173/SC 1
ISO 7176-22:2000	Wheelchairs - Part 22: Set-up procedures	TC 173/SC 1
ISO 7176-23:2002	Wheelchairs - Part 23: Requirements and test methods for attendant-operated stair-climbing devices	TC 173/SC 1
ISO 7176-24:2004	Wheelchairs - Part 24: Requirements and test methods for user-operated stair-climbing devices	TC 173/SC 1
ISO 7176-26:2007	Wheelchairs - Part 26: Vocabulary	TC 173/SC 1
ISO 7193:1985	Wheelchairs - Maximum overall dimensions	TC 173/SC 1
ISO 8669-1:1988	Urine collection bags - Part 1: Vocabulary	TC 173/SC 3
ISO 8669-2:1996	Urine collection bags - Part 2: Requirements and test methods	TC 173/SC 3
ISO 8670-1:1988	Ostomy collection bags - Part 1: Vocabulary	TC 173/SC 3
ISO 8670-2:1996	Ostomy collection bags - Part 2: Requirements and test methods 90.60 11.180.20	TC 173/SC 3
ISO 8670-3:2000	Ostomy collection bags - Part 3: Determination of odour transmission of colostomy and ileostomy bags	TC 173/SC 3
ISO 9949-1:1993	Urine absorbing aids - Vocabulary - Part 1: Conditions of urinary incontinence	TC 173/SC 3
ISO 9949-2:1993	Urine absorbing aids - Vocabulary - Part 2: Products	TC 173/SC 3
ISO 9949-3:1993	Urine absorbing aids - Vocabulary - Part 3: Identification of product types	TC 173/SC 3
ISO 9999:2007	Assistive products for persons with disability - Classification and terminology	TC 173/SC 2
ISO 9999:2007/Cor 1:2007	Assistive products for persons with disability - Classification and terminology	TC 173/SC 2

규격번호	규격명	TC
ISO 10535:2006	Hoists for the transfer of disabled persons – Requirements and test methods	TC 173/SC 6
ISO 10542-1:2001	Technical systems and aids for disabled or handicapped persons – Wheelchair tiedown and occupant-restraint systems – Part 1: Requirements and test methods for all systems	TC 173/SC 1
ISO 10542-2:2001	Technical systems and aids for disabled or handicapped persons – Wheelchair tiedown and occupant-restraint systems – Part 2: Four-point strap-type tiedown systems	TC 173/SC 1
ISO 10542-3:2005	Technical systems and aids for disabled or handicapped persons – Wheelchair tiedown and occupant-restraint systems – Part 3: Docking-type tiedown systems 90.92 11.180.10	TC 173/SC 1
ISO 10542-4:2004	Technical systems and aids for disabled or handicapped persons – Wheelchair tie down and occupant-restraint systems – Part 4: Clamp-type tie down systems	TC 173/SC 1
ISO 10542-5:2004	Technical systems and aids for disabled or handicapped persons – Wheelchair tiedown and occupant-restraint systems – Part 5: Systems for specific wheelchairs	TC 173/SC 1
ISO 11199-1:1999	Walking aids manipulated by both arms – Requirements and test methods – Part 1: Walking frames 90.93 11.180.10	TC 173
ISO 11199-2:2005	Walking aids manipulated by both arms – Requirements and test methods – Part 2: Rollators	TC 173
ISO 11199-3:2005	Walking aids manipulated by both arms – Requirements and test methods – Part 3: Walking tables	TC 173
ISO 11334-1:2007	Assistive products for walking manipulated by one arm – Requirements and test methods – Part 1: Elbow crutches	TC 173
ISO 11334-4:1999	Walking aids manipulated by one arm – Requirements and test methods – Part 4: Walking sticks with three or more legs	TC 173
ISO/TR 11548-1:2001	Communication aids for blind persons – Identifiers, names and assignation to coded character sets for 8-dot Braille characters – Part 1: General guidelines for Braille identifiers and shift marks	TC 173

규격번호	규격명	TC
ISO/TR 11548-2:2001	Communication aids for blind persons - Identifiers, names and assignation to coded character sets for 8-dot Braille characters - Part 2: Latin alphabet based character sets	TC 173
ISO 11948-1:1996	Urine-absorbing aids - Part 1: Whole-product testing	TC 173/SC 3
ISO/TR 13570-1:2005	Wheelchairs - Part 1: Guidelines for the application of the ISO 7176 series on wheelchairs	TC 173/SC 1
ISO 15621:1999	Urine-absorbing aids - General guidance on evaluation	TC 173/SC 3
ISO 16021:2000	Urine-absorbing aids - Basic principles for evaluation of single-use adult-incontinence-absorbing aids from the perspective of users and caregivers	TC 173/SC 3
ISO 16201:2006	Technical aids for persons with disability - Environmental control systems for daily living	TC 173
ISO 16391:2002	Aids for ostomy and incontinence - Irrigation sets - Requirements and test methods	TC 173/SC 3
ISO 16840-1:2006	Wheelchair seating - Part 1: Vocabulary, reference axis convention and measures for body segments, posture and postural support surfaces	TC 173/SC 1
ISO 16840-2:2007	Wheelchair seating - Part 2: Determination of physical and mechanical characteristics of devices intended to manage tissue integrity - Seat cushions	TC 173/SC 1
ISO 16840-3:2006	Wheelchair seating - Part 3: Determination of static, impact and repetitive load strengths for postural support devices	TC 173/SC 1
ISO 16840-4:2009	Wheelchair seating - Part 4: Seating systems for use in motor vehicles	TC 173/SC 1
ISO 17190-1:2001	Urine-absorbing aids for incontinence - Test methods for characterizing polymer-based absorbent materials - Part 1: Determination of pH	TC 173/SC 3
ISO 17190-2:2001	Urine-absorbing aids for incontinence - Test methods for characterizing polymer-based absorbent materials - Part 2: Determination of amount of residual monomers	TC 173/SC 3

규격번호	규격명	TC
ISO 17190-3:2001	Urine-absorbing aids for incontinence - Test methods for characterizing polymer-based absorbent materials - Part 3: Determination of particle size distribution by sieve fractionation	TC 173/SC 3
ISO 17190-4:2001	Urine-absorbing aids for incontinence - Test methods for characterizing polymer-based absorbent materials - Part 4: Determination of moisture content by mass loss upon heating	TC 173/SC 3
ISO 17190-5:2001	Urine-absorbing aids for incontinence - Test methods for characterizing polymer-based absorbent materials - Part 5: Gravimetric determination of free swell capacity in saline solution	TC 173/SC 3
ISO 17190-6:2001	Urine-absorbing aids for incontinence - Test methods for characterizing polymer-based absorbent materials - Part 6: Gravimetric determination of fluid retention capacity in saline solution after centrifugation	TC 173/SC 3
ISO 17190-7:2001	Urine-absorbing aids for incontinence - Test methods for characterizing polymer-based absorbent materials - Part 7: Gravimetric determination of absorption under pressure	TC 173/SC 3
ISO 17190-8:2001	Urine-absorbing aids for incontinence - Test methods for characterizing polymer-based absorbent materials - Part 8: Gravimetric determination of flowrate	TC 173/SC 3
ISO 17190-9:2001	Urine-absorbing aids for incontinence - Test methods for characterizing polymer-based absorbent materials - Part 9: Gravimetric determination of density	TC 173/SC 3
ISO 17190-9:2001/Cor 1:2002	Urine-absorbing aids for incontinence - Test methods for characterizing polymer-based absorbent materials - Part 9: Gravimetric determination of density	TC 173/SC 3
ISO 17190-10:2001	Urine-absorbing aids for incontinence - Test methods for characterizing polymer-based absorbent materials - Part 10: Determination of extractable polymer content by potentiometric titration	TC 173/SC 3
ISO 17190-11:2001	Urine-absorbing aids for incontinence - Test methods for characterizing polymer-based absorbent materials - Part 11: Determination of content of respirable particles	TC 173/SC 3

규격번호	규격명	TC
ISO 17191:2004	Urine-absorbing aids for incontinence - Measurement of airborne respirable polyacrylate superabsorbent materials - Determination of dust in collection cassettes by sodium atomic absorption spectrometry	TC 173/SC 3
ISO 23600:2007	Assistive products for persons with vision impairments and persons with vision and hearing impairments - Acoustic and tactile signals for pedestrian traffic lights	TC 173
ISO 24214:2006	Skin barrier for ostomy aids - Vocabulary	TC 173/SC 3
ISO 24415-1:2009	Tips for assistive products for walking -Requirements and test methods - Part 1: Friction of tips	TC 173

출처: TC 173 - Assistive products for persons with disability, www.iso.org

국제표준화기구(ISO)의 표준 중에서 고령자 및 장애인 배려지침은 표 2-27과 같이 총 4개가 있다.

표 2-27 국제표준화기구(ISO)의 고령자 및 장애인 배려지침(4개)

(2009년 7월 기준)

규격번호	규격명
ISO/IEC Guide 71 : 2001	Guidelines for standards developers to address the needs of older persons and with disabilities
ISO/TR 9527 : 1994(Ed.1)	Building construction - Needs of disabled people in buildings - Design guidelines
ISO 11683 : 1997	Packaging - Tactile warnings of danger - Requirements
ISO 16201 : 2006(Ed.1)	Technical aids for persons with disability - Environmental control systems for daily living

(2) 일본의 표준화 현황

복지 용품의 일본공업표준(JIS)은 개호보험에 있어서의 복지용구, 신체장애인복지법 등에 의한 의지 등을 비롯하여 보장구 등에 관해 이용자로부터 요구가 많은 용품을 우선하여 일본 복지용구생활지원용구협회(JASPA) 혹은 (사)일본재활의학회를 중심으로 표준화를 실시하고 있다. JASPA를 원안 작성단체로 하여 제정되거나 제정중인 JIS는 개호보험법에서의 복지 용품 대여, 구입 시의 지침서로 활용하고 있다. JASPA를 원안 작성단체로 하여 제정된 고령친화용품 관련 JIS표준은 수동휠체어, 전동 휠체어, 이동 · 이승 지원용 리프트, 유도용 블록의 모양, 단차해소기, 주택용 전동 개호용 침대의 6건이 제정되어 있으며 표 2-28과 같다

표 2-28 JASPA를 원안 작성단체로 하여 제정된 고령친화용품 관련 JIS(6건)
(2007년 7월 기준)

규격번호	규격명
JIS T 9201 : 2006	수동 휠체어
JIS T 9203 : 2006	전동 휠체어
JIS T 9240 : 2001	이동·이승(移乘)지원용 리프트
JIS T 9251 : 2001	유도용 블록의 모양
JIS T 9252 : 2004	단차해소기
JIS T 9254 : 2005	주택용 전동 개호용 침대

자료: 저출산고령사회위원회, 고령친화용품 표준화 실태조사 및 품목선정 연구. 2007

(사)일본재활의학회, 일본의장구학회를 원안 작성 단체로 하여 제정된 JIS는 주로 신체장애인복지법에서의 후생노동성 장관이 정한 보장구에 대한 시험 방법의 기준 등에 사용되고 있으며, 또한 장애인자립지원법에서의 보장구에 대한 시험 방법의 기준으로도 활용하고 있다. (사)일본재활의학회를 원안 작성 단체로 하여 제정된 고령친화용품 관련 JSI 표준은 복지관련기기용어(의자 · 장구 부문), 복지관련기기용어(재활기기부문), 수뇨기, 스토마(stoma)용품에 관한 용어, 스토마 용품의

시험방법의 5건이 제정되어 있으며 표 2-29와 같다.

표 2-29 (사)일본재활의학회를 원안 작성 단체로 하여 제정된 고령친화용품 관련 JIS (5건)

(2007년 7월 기준)

규격번호	규격명
JIS T 0101 : 1997	복지관련기기용어[의지(義肢)·장구(裝具) 부문]
JIS T 0102 : 1997	복지관련기기용어[재활기기부문]
JIS T 9231 : 1995	수뇨기
JIS T 9232 : 1997	스토마(Stoma)용품에 관한 용어
JIS T 9233 : 1997	스토마 용품의 시험방법

자료: 저출산고령사회위원회, 고령친화용품 표준화 실태조사 및 품목선정 연구. 2007

그 외로는 (재)일본규격협회를 중심으로 제정된 복지용구 관련 JIS 표준 1건(전동 휠체어 전자 양립성 요건 및 시험방법) 이 있다(표 2-30).

표 2-30 (재)일본규격협회를 중심으로 제정된 고령친화용품 관련 JIS (1건)

(2007년 7월 기준)

규격번호	규격명
T9206 : 2001	전동 휠체어 전자양립성 요건 및 시험방법

자료: 저출산고령사회위원회, 고령친화용품 표준화 실태조사 및 품목선정 연구. 2007

일본의 기타 ISO/TC173 과 관련한 JIS 규격은 총 3건으로 표 2-31과 같다.

표 2-31 일본의 기타 ISO/TC173 관련 JIS 규격(3건)

(2007년 7월 기준)

규격번호	규격명
JIS T 9204:1994	Wooden axilla crutches
TR T 0004:1998	Walking sticks with four legs
TR T 0006:1999	Methods for estimating probability and easiness of the visually impaired's recognition of tumps in tactile tiles through their soles of shoes

자료: 저출산고령사회위원회, 고령친화용품 표준화 실태조사 및 품목선정 연구. 2007

(재)일본제품안전협회에서는 소비자의 일상생활제품의 안전성을 확보하고 안심하여 사용할 수 있도록 제품의 안전성과 품질에 관한 인증 기준을 정하고 이 기준에 적합한 제품에 대해 SG(safety goods)마크를 표시하고 있다. 2007년 7월 기준으로 129종이 관리되고 있으며 이 중에서 복지용구는 지팡이, 보행차(롤레이터 및 워킹테이블), 수동휠체어, 간이허리걸침변좌, 이동식변좌, 목욕의자, 전동개호침대, 전동기립보조의자의 9종이 있다(표 2-32).

표 2-32 일본의 복지용구(SG마크 인증규격) (9종)

(2007년 7월 기준)

CPSA 번호	품목명	기준제정 또는 최신개정년월
0073	지팡이	2007년 1월
0075	보행보조차	2000년 7월
0120	보행차(롤레이터 및 워킹테이블)	2000년 7월
0078	수동휠체어	1998년 9월
0074	간이허리걸침변좌	2002년 8월
0127	이동식변기	2002년 8월
0129	목욕의자	2003년 8월
0121	전동개호침대	2000년 12월
0131	전동기립보조의자	2007년 1월

자료: 저출산고령사회위원회, 고령친화용품 표준화 실태조사 및 품목선정 연구. 2007

일본의 고령자 및 장애인 배려지침 TC159(인간공학) 위원회에서 제정한 25건과 기술문서 1건을 합하여 총 26건이 제정되어 있다(표 2-33).

표 2-33 일본(JIS)의 고령자 및 장애인 배려지침(26건)

(2007년 7월 기준)

규격번호	규격명
JIS Z 8071 : 2003	Guidelines for standards developers to address the needs older persons and persons with disabilities
JIS S 0011 : 2000	Guidelines for all people including elderly and people with disabilities – Marking tactile dots on consumer products
JIS S 0012 : 2000	Guidelines for all people including elderly and people with disabilities – Usability of consumer products
JIS S 0013 : 2002	Guidelines for the elderly and people with disabilities – Auditory signals on consumer products
JIS S 0014 : 2003	Guidelines for the elderly and people with disabilities – Auditory signals on consumers products – Sound pressure levels of signals for the elderly and in noisy conditions
JIS S 0021 : 2000	Guidelines for all people including elderly and people with disabilities – Packaging and receptacles
JIS S 0022 : 2001	Guidelines for all people including elderly and people with disabilities – Packing and receptacles – Test methods for opening
JIS S 0031 : 2004	Guidelines for the elderly and people with disabilities – Visual signs and displays – Specification of age-related relative luminance and its use in assessment of light
JIS S 0023 : 2002	Guidelines for designing of clothes in consideration of the elderly people
JIS S 0024 : 2004	Guidelines for older persons and persons with disables – Housing equipments
JIS S 0022-3 : 2007	Guidelines for older persons and persons with disabilities – Packing and receptacles – Tactile indication for identification
JIS S 0022-4 : 2007	Guidelines for older persons and persons with disabilities – Packing and receptacles – Evaluation method by user
JIS S 0023-2 : 2007	Guidelines for older persons – Designing of clothes – Shape and use of buttons
JIS S 0025 : 2004	Guidelines for all people including elderly and people with disabilities – Packing and receptacles – tactile warning of danger – Requirements

규격번호	규격명
JIS S 0026 : 2007	Guidelines older persons and persons with disabilities − Shape, colour, and arrangement of toilet operation equipment and appliance in public rest room
JIS S 0032 : 2003	Guidelines for the elderly and people with disabilities − Visual signs and displays − Estimation of minimum legible size for a Japanese single character
JIS S 0033 : 2006	Guidelines for the elderly and people with disabilities − Visual signs and displays − A method for colour combination based on categories of fundamental colours as a function of age
JIS T 0921 : 2006	Guidelines for all people including older persons and persons with disabilities − Methods of displaying braille sign − Public facility
JIS T 0922 : 2007	Guidelines for older persons and persons with disabilities − Information content, shapes and display methods of tactile guide maps
JIS X 8341-1 : 2004	Guidelines for older persons and persons with disabilities − Information and communications equipment, software and services − Part 1 : Common Guidelines
JIS X 8341-2 : 2004	Guidelines for older persons and persons with disabilities − Information and communications equipment, software and services − Part 2 : Information processing equipment
JIS X 8341-3 : 2004	Guidelines for older persons and persons with disabilities − Information and communications equipment, software and services − Part 3 : Web content
JIS X 8341-4 : 2004	Guidelines for older persons and persons with disabilities − Information and communications equipment, software and services − Part 3 : Telecommunications equipment
JIS X 8341-5 : 2006	Guidelines for older persons and persons with disabilities − Information and communications equipment, software and services − Part 5 : Office equipment
JIS X 6310 : 1996	Prepaid cards − General specifications
TR S 0002 : 2006	Thermal sensations of young and old persons in moderate thermal environments

위의 내용들을 정리하면 고령친화용품 관련 하여 일본의 JIS 표준 현황을 살펴보면 고령친화용품 관련하여 원안 작성 단체가 JASPA인 경우 6건, (사)일본재활의학회는 5건, (재)일본규격협회가 1건, 기타 ISO/TC173 표준이 3건, SG 마크 인

중 기준 규격은 9건, 고령자 및 장애인 배려지침은 26건으로 총 50건이 제정되어 있다(표 2-34).

표 2-34 일본(JIS)의 규격 현황(총 50개)

(2007년 7월 기준)

구분	원안 작성 단체	규격개수
고령친화용품 관련	JASPA	6
	(사)일본재활의학회	5
	(재)일본규격협회	1
기타 ISO/TC173		3
SG마크 인증기준규격	(재)일본제품안전협회	9
고령자 및 장애인 배려지침		26
계		50

5. 고령친화용품 IT분야 표준화 현황

1) 유럽

ISO/IEC 의 연구그룹에서는 2002년부터 고령자 · 장애인을 위한 인터페이스 표준을 개발하였다. ISO/TC 215(건강정보)는 의료장비 간 데이터의 상호 연계성 및 호환성 확보, 의료기록의 디지털화에 필요한 표준을 개발하였다. 유럽의 표준화 기구 CEN(European Committee for Standardization)의 의료정보 및 통신기술 표준인 CEN/TC 251은 ISO/TC 215와 유사한 WG를 보유하고 있다.

2) 미국

미국은 다양한 의료정보 시스템 간 정보의 교환을 위하여 1994년 미국 국립표준연구소(ANSI)가 인증한 의료정보 교환 표준규약인 HL7을 만들었다. 이 표준은 분산된 의료정보의 대용량 정보처리를 위하여 시스템간의 자료 전송을 효율적으로 수행하고, 전송 중 발생하는 오류를 최소화 할 수 있는 표준이다.

3) 일본

일본은 총무성 산하기구로서 ITU(International Telecommunication Union) 대응기구로 '정보통신심의회'를 만들어 통신, 방송, 전파 등 전기통신 분야에서 민간단체 및 이해집단과의 상호협조 업무를 수행하면서 국가 차원의 표준화를 수행하고 있다.

경제산업성 산하기구로 ISO/IEC 대응기구인 '일본공업표준조사회(JISC, Japanese Industrial Standards Committee)'를 만들어 정보기술을 포함한 광공업분야에 있어서 통일된 국가표준인 JIS(Japan Industrial Standards)를 제정하였다. 2003년에는 통신 산업성(METI)의 주도로 ISO/IEC Guide 71과 관련된 고령자, 장애인 등을 배려한 정보처리기 전기통신 설비, 사무 기계, 소프트웨어, 인터넷 등의 접근성에 대한 지침을 마련하였다.

6. 고령친화용품 표준화 미래 방안

1) 고령친화용품 표준화 발전전략

고령화 현상의 지구화로 고령친화용품 산업은 빠른 속도로 발전하고 있으며, 이에 따라 고령친화용품의 품질 보증과 안정성 확보를 위한 표준화 작업이 중요한 이슈로 등장하고 있다. 특히, 고령자의 일상생활을 지원하기 위한 기본적인 용품에 대한 표준화는 시급한 과제이다. 그러나 우리나라의 경우에는 아직 고령친화용품에 대한 관심 부족과 필요성에 대한 인식 부재 등으로 단지 극소수 이용 노인들만을 위한 것으로 생각하는 경향이 있다.

사실 제품이나 서비스 등에 대한 표준화는 노인만을 대상으로 하는 것이 아니라 모든 국민들을 대상으로 하는 것이다. 따라서 고령친화용품에 대한 표준화 전략을 위해서는 다음과 같은 방법으로 진행되어야 한다.

우선 고령친화용품에 대한 정보를 확대하여야 한다. 고령친화용품에 대한 제품 표준으로 즉시 표준화가 어려운 제품에 대해서는 제품 설계의 참고가 되는 시험 데이터를 기술 문서로서 공표하여 시장에 유통되고 있는 고령친화용품에 대한 체계적인 정보제공과 고령친화용품 생산업체에 대한 제조지침 등을 제공하여야 한다.

둘째, 고령친화용품산업의 발전을 위한 인프라를 구축하여야 한다. 고령친화용품 표준 개발 및 고령친화용품산업의 발전을 위한 인프라의 구축으로 국내 고령친화용품산업체의 고른 성장과 경쟁력 향상에 따른 고령친화용품산업의 발전 인프라를 구축하여 안정적인 성장을 할 수 있는 기반 조성을 해야 한다.

셋째, 고령친화용품산업의 시장규모 증가에 대한 대비하여야 한다. 국내의 고령자 수는 세계 최대의 속도로 빠르게 늘어나고 있다. 이에 따라 고령친화용품산업의 시장규모도 빠른 속도로 증가할 것으로 예상하고 있다. 고령친화용품 표준화를 통하여 잠재적 수요가 높은 고령친화용품산업의 시장성장에 대비하여야 한다.

넷째, 고령친화용품산업의 기반을 구축하여야 한다. 국내 고령친화용품산업은 아직 초기 단계이므로 선진국의 사례를 토대로 초기단계에서 인프라 구축을 철저하게 하여 고령친화용품 산업이 제대로 발전할 수 있도록 하여야 할 것이다. 고령친화용품산업의 기반구축 및 올바른 방향설정을 위하여 고령친화용품에 대한 표준 및 지침을 개발하여야 할 것이다.

다섯째, 고령친화용품의 국내 표준개발을 활발히 해야 할 것이다. 전술한 바와 같이 고령친화용품은 고령자들이 일상생활을 지원하기 위한 기본적인 용품으로 안전성이 우선시 되어야 한다. 하지만 현재 소수의 표준밖에 제정되어 있지 않은 실정이므로 고령친화용품을 품목별로 연차적인 표준개발을 통하여 효율적인 고령친화용품 표준개발을 하여야 한다.

끝으로 고령친화용품 국제표준을 개발해야 할 것이다. 고령친화용품의 국제표준 품목분류는 총 722개 품목으로 나누어져 있지만, 이 중 국제표준으로 71개 품목에 대해서만 표준화가 되어 있는 실정으로 651개의 고령친화용품에 대해서는 적용할 수 있는 표준이 없다. 따라서 급속한 인구고령화에 대응하기 위해서 현재 표준화가 되어있지 않은 품목에 대한 표준화 작업이 국내외에서 활발하게 진행될 것으로 보인다.

2) 고령친화용품 표준화 발전방안

고령친화용품 표준화를 위한 발전 방안으로는 고령친화용품 단체표준과 국가표준을 확대하여 점차적으로 국가표준으로 제정하여 확대해야 할 것이다. 우선 고령친화용품 단체표준을 확대하여야 한다. 고령친화용품의 단체표준으로는 한국고령친화용품산업협회에서 운영하고 있는 10개의 단체표준품목(GSP : Good Senior Products)에 대하여 연차별로 확대하여 운영해야 한다. 특히 단체표준은 국가표준에 비하여 상대적으로 짧은 기간에 표준화가 가능한 장점을 이용하여 고령친화용품 표준의 확산 및 보급을 극대화할 수 있다. 또한 고령친화형 IT 표준화 포럼에서 수행하고 있는 고령친화형 IT 표준의 연차별 확대 및 인증 제도를 지원하여 고령친화용품의 안전성을 보장해야 한다. 국내의 IT 시장은 세계 최고의 수준으로 급격하게 변화하고 있기 때문에 급격한 변화에 발맞추어 고령친화형 IT 표준을 활발히 개발하여 국내 및 국제 변화에 신속하게 대응할 수 있다. 그리고 고령친화산업진흥법에 따른 고령친화 우수사업자 지정을 위한 사업자 지정요건에 대한 표준개발을 지원하여야 할 것이다.

고령친화용품 국가표준을 확대하여야 한다. 기술표준원 문화서비스 표준과에서 담당하고 있는 고령자, 장애인 복지표준화에 대하여 연차별로 국가 표준을 확대해야 한다. 또한 한국표준협회의 '고령자, 장애인 보조기기 표준화 포럼' 과 '고령친화형 IT 표준화 포럼'의 연계 운영하여 고령친화용품 표준화 포럼을 강화 시켜 더욱 활성화 될 것이다. 또한 산업표준화법(KS), 품질경영 및 공산품 안전관리법(KPS), 고령친화산업진흥법(S)에 따른 분리된 고령친화용품의 표준인증마크제도를 통합하는 방안을 마련하여 효율성을 높여야 할 것이다.

고령친화용품 국제표준을 확대하여야 한다. 고령자, 장애인 보조기구 국제표준화기구(ISO/TC 173) 활동을 지원 하고 국제표준 개발 시 참여를 확대하여 한국인의 치수 및 실정에도 적용할 수 있는 국제표준을 제정할 수 있도록 해야 할 것이다. 그리고 동북아 표준협력 포럼(S-Dialog)에 대하여 고령친화용품의 표준화를 확대 하여 국제 활동을 적극 지원하여야 한다. 동 북아 표준협력 포럼에서는 한·중·일 3개국의 고령친화용품에 대하여 활발히 활동하고 있는 포럼으로 아시아의 공통된 표준을 제정하여 국제표준으로 확대할 수 있도록 하여야 할 것이다. 또한 IEEE 11073, IEEE 1451 등 고령친화형 IT 기술에 대한 국제표준 개발 및 참여를 확대하여 급격하게 변화하고 있는 고령친화형 IT 기술 및 시장에 대하여 신속하게 대응하여 국가 경쟁력을 향상시켜야 할 것이다.

3) 고령친화용품 표준화의 파급효과

고령친화용품 표준화에 따른 파급효과는 기술적인 면에서의 파급효과와 경제적인 면에서의 파급효과가 올 수 있다. 우선 기술적 파급효과는 고령친화용품에 대한 사용자의 접근성을 강화하여 고령친화용품에 대한 판단기준을 제공하고, 고령친화용품 이용 및 구매에 대한 정보를 제공할 수 있다.

다른 한편으로는 고령친화용품 생산자에 대한 제품기준을 마련하여 고령친화용품 생산 및 유통에 대한 지침을 제공하고, 고령친화용품의 제조 방법 및 규격에 대한 정보를 제공 할 수 있다. 또한 고령친화용품산업의 인식 보급 및 확대를 기대할 수 있다. 고령친화용품 표준화를 통하여 고령친화용품산업에 대한 전문가 및 일반인의 인식이 확대될 수 있으며 고령친화용품산업의 시장 창출 효과를 기대할 수 있다. 이에 따라 고령친화용품산업의 산업체가 증가할 수 있으며 고령친화용품산업의 활성화 및 경쟁력이 강화될 수 있다.

경제적 파급효과는 고령친화용품의 품질이 향상되어 좋은 품질의 고령친화용품을 수요자에게 공급할 수 있으며 고령친화용품의 경쟁력이 국내외적으로 강화될 것이다. 이에 따라 고령친화용품업체의 투자 효율성도 향상될 것이다. 또한 고령친화용품 발전을 위한 인프라를 조성하여 고령친화용품에 대한 인식을 확산시킬 수 있고 고령친화용품산업 분야의 표준 개발을 확산·제공할 수 있을 것이다. 그리고 고령친화용품 규제 및 관리를 위한 분류기준을 고령친화용품산업체 및 관련 분야의 혼란을 방지할 수 있다.

참고문헌

고령화 및 미래사회 위원회(2005). 고령친화산업 활성화 전략.

고양곤 (2000). 고령화 사회와 노년 공학 , 한국노년학회 편 노년학의 이해, 서울 : 대영문화사. 421-437.

국가기술지도기획단 (2002). 국가기술지도 1단계 (안) 핵심기술 도출.

김현주, 박재룡 (1992). 실버산업의 현황과 전망, 삼성경제, 10, 30-46.

문무성 (2002). 재활보조기구의 국내외 기술현황과 산업발전방안. 재활공학센터.

최성재 (2002). 한국의 노인주거 서비스 정책의 과거, 현재 그리고 미래, 「고령화사회의 주택과 서비스 개발 방향」, 한국노년학회 연세대학교 밀레니엄 환경디자인연구소 공동주최 국제학술대회집, 30-53.

(사)한국고령친화용품산업협회 · 고령친화산업지원센터(2009).

한국보건사회연구원 (1995). 「한국인의 건강과 의료이용실태」, 서울.

한국보건사회연구원 (1997). 보장구업체 실태조사.

한국보건사회연구원 (1997). 「장애인 보장구 산업의 육성방안」.

한국보건사회연구원 (1998). 1998년도 전국노인생활실태 및 복지욕구조사.

한국보건사회연구원 (2001). 2001년도 전국노인장기요양보호서비스 욕구조사.

한국보건산업진흥원 (2000). 재가와상 노인에 대한 서비스 제공인력 및 프로그램 개발연구.

한국보건산업진흥원 (2001a). 보건산업백서.

한국보건산업진흥원. (2001b). 미래 보건산업 기술예측 및 기술개발 투자효율화 방안 연구.

經濟産業省(2002) 2000年度における福祉用具市場規模推計値について(2000年度 福祉用具共用品市場規模調査結果概要). 商務情報政策局서비스産業課, 療福祉機器産業室.

橋本虎之助(1993). 高齢化社會と福祉機器技術總合政策の展開(<特集> 高齢化 社會と機械工學), 日本機械學會誌, 96, 898, 780-783.

內閣府(2001), 「高齢社會白書,」 財務省印刷局

時事通信社(1997), 「福祉機器用品最新情報」, 日本東京 : 時事通新社

澤村誠志外(2000), 「介護福祉士のための福祉用具活用論」, 中央法規

通商産業省機械情報産業局編, (1997). 「福祉用具産業政策の基本的方向」. 厚生省障碍保健福祉部「身體障碍者(兒)に對する補裝具の給付品目一覽」.

エイジング總合研究センタ-. (1988). 「長壽社會施策要覽」. 東京 : ぎょうせい.

エイジング總合研究センタ-. (2002). 「21世紀高齢社會の基礎知識」, 東京：中央 法規出版.

Carruthers, S., Humphreys, A. and Sandhu, J. (1993). 'The Market for Rehabilitation Technology in Europe : a Demographic Study of Need' , Ballabio, E., Placencia-Porrero, I. and de la Bellacasa, R. Puig. (eds.). Rehabilitation Technology : Strategies for the European Union. Amsterdam Oxford Washington Tokyo : IOS Press.

Commission of the European Communities (1993). Technology Initiative for Disabled and Elderly People- Pilot Action Synopses. Brussels.

Commission of the European Communities. (1994). Technology Initiative for Disabled and Elderly People- Bridge phase synopses. December, Brussels.

Commission of the European Communities. (1999). Survey on the current status of research into "Ageing " in the Europe. the Ad Hoc Advisory Committee on Coordination of RTD policies. Biomedical and Health Research Programme. DG Science and Development, Quality of Life and Management of Living Resources.

Commission of the European Communities (2000). An Evaluation of the Bridge Phase of TIDE (Technology Initiative for Disabled and Elderly People). Brussels : Commission of the European Communities. Com, 727, 17.

Commission of the European Communities (2001). 'Quality of Life and anagement of Living Resources Work Programmes 2002', The Fifth Framework Programme, QoL/PC 526-4, 17.09.01., http : //ftp.cordis.lu/pub/life/docs/a_wp_en_200201.pdf

Federal Interagency Forum on Aging-Related Statistics. (2000). Older Americans: Key Indicators of Well-Being. Hyattsville, MD.

National Institute on Disability and Rehabilitation Research. (1999). NIDDR' s Long Range Plan - Technology for Access and Function Research.

National Institute of Health. (2002). History of Congressional Appropriations 1993-2002. http : / / www4.od.nih.gov/ officeofbudget/ approp .html

Office of Science and Technology Policy (OSTP). (1997). Science and Technology haping the Twenty First Century. A Report to the Congress. Washington, D

C : Executive Office of the President, Office of Science and Technology Policy April. http : //www.ostp .gov/ SNT/

Office of Technology Assessment. (1985). Technology and Aging in America, ashington, DC : U.S. Congress, OTA-BA-264.

제 3장 노화와 노인의 이해

1. 노화의 개념과 영역

1) 노인의 정의

노인이란 생물학적, 심리적, 사회적 측면에서 노화과정을 겪고 있는 사람으로 노인의 개념은 사회·문화·개인적 상황에 따라 다르므로 명확하게 정의하기에 어려움이 있다. 일반적으로 노인은 신체기관과 기능은 약화되어 가며, 노화로 인한 질병이나 기타 원인으로 인하여 경미 혹은 심각한 심리적·신체적인 질병을 보유하기도 한다. 또한 감각 능력이나 운동 능력을 비롯하여 중추신경계 및 말초신경 조직에도 변화가 오고, 이러한 영향으로 사회적 지위와 신념 및 태도와 성격, 행동이 변화하는 특성이 있다. 1951년 제 2회 국제노년학회에서는 그림 3-1에서처럼 노인을 환경의 변화에 적절히 적응할 수 있는 조직기능이 감퇴되고 있는 사람, 생체의 자체 통합능력이 감퇴되고 있는 사람, 인체의 기관이나 조직·기능에 쇠퇴현상이 일어나고 있는 사람, 생체의 적응이 제대로 되지 않는 사람이라고 정의하면서 그 정의를 세분화하였다.

1	자신을 통합하는 능력이 감퇴되어 가는 시기에 있는 사람
2	생활 자체의 적응이 정신적으로 결손되어 가고 있는 사람
3	신체 기관 및 조직 기능 등에 감퇴 현상이 일어나는 시기
4	인체의 조직 및 기능 저장이 소모로 적응이 감퇴되어 가는 시기
5	환경 변화에 적응할 수 있는 신체 조직에 결핍이 있는 사람

그림 3-1 학술적인 관점에서 노인의 정의

L.B. Breen(1976)은 노인을 생리적 및 생물학적인 면에서 퇴화기에 있는 사람, 심리적인 면에서 정신기능과 성격이 변화하고 있는 사람, 그리고 사회적인 면에서 지위와 역할이 상실된 사람으로 정의하고 있다. 위와 같은 정의를 검토해보면 노인은 '생리적 및 신체적 기능의 퇴화와 더불어 심리적인 변화가 일어나서 개인의 자기유지기능과 사회적 역할기능이 약화되고 있는 사람' 이라고 정의할 수 있으나, 국가나 사회의 경제적, 문화적, 사회적 배경이 고려되어야 하고 또한 개인의 신체적 심리적 즉 노화의 복합적인 측면이 고려되어야 할 것이다. 한편 노인의 개념 정의를 위해 Atchley(2000)는 역연령, 기능적 연령, 인생주기에 의한 기준을 제시하고 있다.

첫째로, 역연령은 달력상의 시간 경과에 따른 연령으로서 일반적으로 65세 이상인 사람을 노인으로 규정하고 있다. 우리나라는 60세를 노인으로 간주하는 경향이 있으나 국민기초생활보장법에서는 수급자를 65세 이상으로 규정하고 있다. 둘째로, 기능적 연령은 개인의 신체적, 심리적 기능 정도에 따라 노인으로 규정하는 것으로 개인의 어떤 특수한 직무수행 능력 정도가 관련되어 있는 나이라고 볼 수 있다. 셋째로, 인생주기에 의한 노인의 정의로 인생을 신체적, 심리적, 사회적 특성을 고려하여 사춘기, 청년기, 중년기, 장년기, 노년기로 나누며, 노년기에는 신체적 쇠약, 심리적 위축, 사회적 역할 상실 등을 경험하게 된다.

이외에도 노화는 개인차가 있으므로 주관적 종합 판단으로 노인을 정하는 '개인의 지각에 의한 연령' 을 노인의 지표로 삼기도 하나, 입법적 행정적인 면에서 편의성 때문에 역연령에 의한 정의가 가장 보편적으로 이용되고 있다. 현재 대부분의 국가에서 65세 이상을 노인으로 규정하고 있으며 우리나라의 노인복지법상에서도 65세 이상을 노인으로 규정하고 있으며, 일반적으로 노인을 분류할 때는 연령을 기준으로 10년간의 연령 세대를 적용하여 55-65세를 초로, 65-76세를 중노, 75세 이상을 노로로 나눈다(그림 3-2).

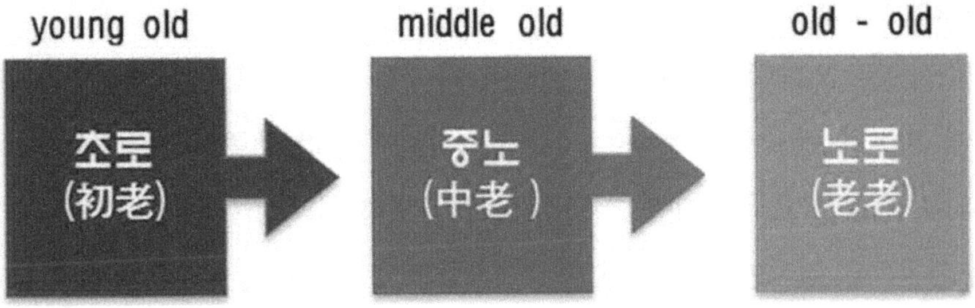

그림 3-2 노인의 분류

다양한 노인 계층은 각 활동에 서로 다른 영향을 미친다. 고령친화용품을 개발할 때는 노인을 병약하며 균일한 집단으로 보는 것이 아니라, 노화의 영향이 적은 건강한 노인과 상대적으로 노화의 영향이 큰 병약한 노인으로 나누어 살펴보아야 한다. 또한 병약한 노인의 경우에도 인지적 인간 기능과 육체적 인간 기능에 대해 각각 다른 노화 효과를 보일 수 있으므로 제품 개발을 위해서는 노인 계층의 세분화가 필요하다(그림 3-3).

그림 3-3 노인의 계층별 세분화

2) 노화의 정의

일반적으로 노화란 질병과는 관계없이 나이가 들어감에 따라 변화되는 신체의 기능을 말한다. 생물학적 노화는 시간이 지나감에 따라 생존의 가능성을 감소시키고, 외부 환경적 요구에 대한 생리적 능력이 저하되는 생물체내에서 일어나는 변화의 과정으로 정의한다. 종합적 볼 때, 생물학적 노화는 잔여수명을 의미하고, 심리적 노화는 개인의 행동 적응력을 말하며, 사회적 노화란 특정연령에서 개인이 속한 집단이나 사회 내에서 수행하는 역할을 말한다.

베버(Beaver, 1983)는 노화를 시간의 흐름에 따라 유기체의 세포, 조직, 기관조직, 또는 유기체 전체에 일어나는 점진적인 변화로서, 이는 인간의 정상적, 성장과 발달과정 중의 한 부분이라고 정의하였다. 그리고 Birren(1959)은 노화는 인간의 정상적인 성장과 발달과정 전체의 한 부분이며 적어도 생물학적 노화, 심리적 노화 및 사회적 노화 등 세 가지 측면에서의 변화과정을 포함하는 것으로 이해되어야 한다고 주장하였다.

만성질환이 아니더라도 일반적인 노화 현상은 시력 및 청력의 저하와 함께 몸이나 근육의 위축으로 신장이 줄어들어 등이 굽으며 피하 지방이 감소되고 체중이 줄고 주름이 많아진다. 또 신경계에서는 자극에 대한 반응이 느려지고 스트레스와 외상을 받기 쉽다. 내장 기관 역시 면역성이 떨어져서 감염에 약해지며 소화기능도 낮아져서 영양 섭취량이 감소한다. 그리고 고혈압, 당뇨병, 폐, 간염 등의 만성 질환이 있는 노인은 합병증이 발병하기 쉬워서 위급 상태에 빠지는 일이 흔해진다. 체력의 전반적인 저하로 일상생활에 지장을 느끼게 된다.

나이를 먹는 것 자체는 질병이나 장애가 아니다. 대부분의 65세 이상 노인은 기능 소실 없이 독립적으로 생활하고 있으나 많은 노인에게서 그림 3-4에서처럼 노화 자체보다는 노화와 관계된 다양한 만성질환들로 인해 이차적으로 후천적 장애가 발생한다.

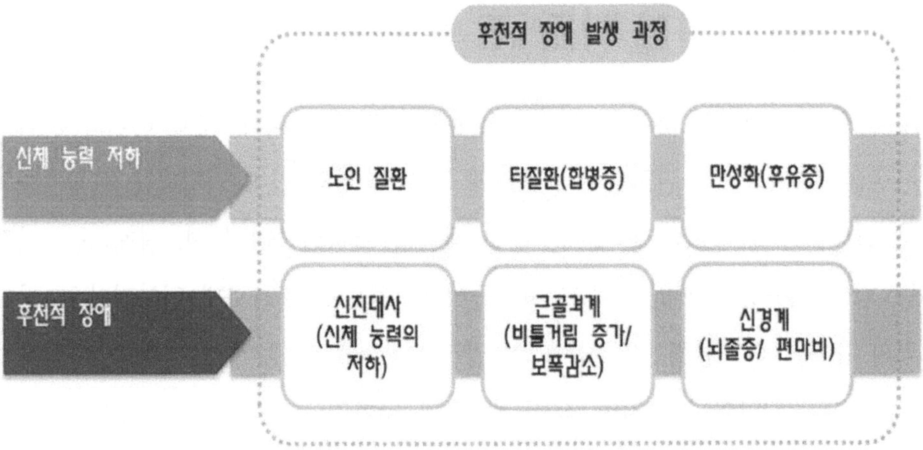

그림 3-4 노화에 따른 신체 능력 저하와 후천적 장애

2. 생물학적 노화

노화 현상은 반드시 65세 이후에만 발생하는 것이 아니다. 차차 나이가 들어가면서 이미 부분적으로 변화들이 발생하게 된다. 노화와 함께 나타나는 신체기능의 저하 현상을 구체적으로 살펴보면 우선 체력이 저하되는데 특히, 심폐기능, 신장기능, 감각기능 등이 본인과 주위 사람들이 알 정도로 현저하게 떨어진다. 그리고 조직의 유연성이나 탄력성이 저하되어 골절이나 뇌출혈 등이 생기기 쉽고 회복력도 떨어진다. 혈압이 높아지며 최고 심박수가 낮아지고, 쉽게 숨이 차고, 조금 움직이는 것도 힘들어진다. 또한 운동반응, 문제해결, 기억, 정보처리 등 전반적인 측면에서 반응속도가 감소하고 균형 감각이 떨어진다. 그러나 규칙적인 운동과 적절한 휴식을 통해 관리하면 체력저하, 유연성, 탄력성, 반응시간을 개선시킬 수 있다.

또한 노년기에 나타나는 전형적인 현상으로 시·지각, 청각, 미각, 후각, 촉각 등 전반적인 감각능력이 저하된다. 수정체의 탄력성이 감소되고 가까운 곳을 볼 수 없게 되는 노안이 오며 수정체가 혼탁해져서 백내장과 같은 안질환이 생기게 되고 깊이와 색채를 지각하는 데 어려움을 겪게 된다. 난청이 심각해지고 서로 다른 음색의 소리를 구별하지 못하게 된다. 미각이 둔화되어 양념을 강하게 사용하게 되고 냄새를 잘 감지하지 못하고 촉각의 민감성도 떨어진다. 그러므로 노인을 위한 도구를 개발할 때 이런 점을 고려하여 활자크기, 색채, 소리 등을 조정할 필요가 있다.

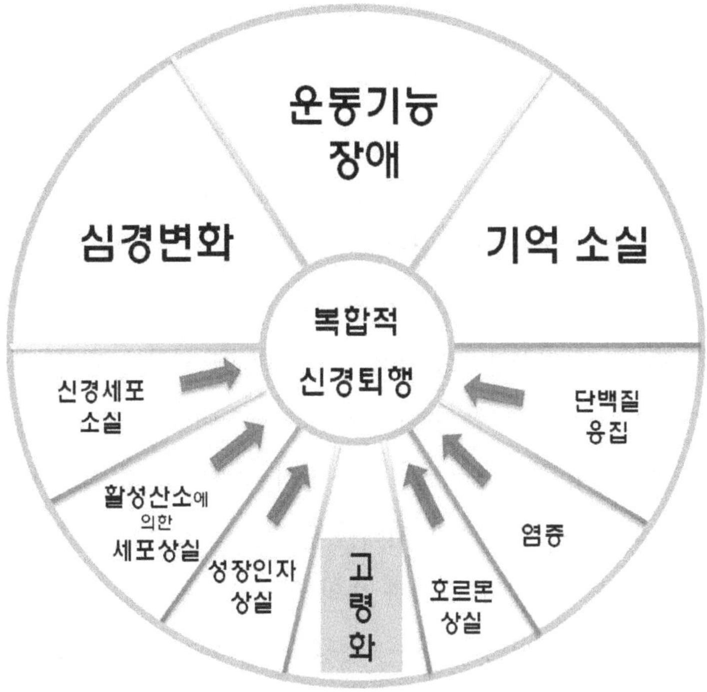

그림 3-5 생물학적 노화

1) 노인의 체조직 변화

체중은 일반적으로 20세까지 급속히 증가하고 그 후 유지되거나 증가하며, 60세의 이후에는 감소되기 시작한다. 체중 감소의 원인은 여러 조직에서 주로 세포 수 감소에 의한 조직 중량이 감소되는데, 이는 단백질 섭취량과 단백질 동화에 관련되는 성호르몬이 감소되기 때문이다.

또한 장기 중 췌장 및 흉선의 중량 감소가 현저하여 성인기에 비해 노년기에는 췌장은 약 60%까지, 흉선은 거의 관찰할 수 없을 만큼 감소한다. 이러한 흉선의 위축은 T세포의 면역기능을 저하하여 감염 질환에 대한 방어조직이 약화되어 내부 환경의 항상성 유지가 깨지고, 자기면역 현상과 각종 장기관의 장애가 발생하여 고령자 특유의 다발성 질환이 나타나게 된다.

그 외에 간장, 신장, 부신, 골격근, 생식기, 뇌 등 거의 모든 조직의 중량이 감소한다. 그러나 노인의 이러한 변화를 중량으로 나타낼 경우, 골격근의 감소가 가장 현저하며 심장, 폐, 뇌 등은 오히려 상대적으로 증가한다.

노인의 체 구성 성분 비율의 가장 큰 특징은 체 단백질 및 세포내 수분이 저하되는데 이는 골격근을 비롯한 여러 조직의 세포 수 감소에 의한 것이다. 한편, 노인에게 있어 콜라겐, 엘라스틴의 결체조직 단백질의 양이 변화한다는 것은 잘 알려져 있다. 결체조직 중 생체 내에 가장 많이 존재하는 콜라겐은 청년기에는 총 단백질의 약 25%를 차지하나 노년기에는 30~40%에 달하게 된다. 콜라겐의 이와 같은 증가는 세포 내외의 물질 수송 저하가 초래되어 영양소의 정상적인 대사가 방해받는 요인이 된다. 한편 엘라스틴은 연령의 증가와 함께 감소하고, 칼슘 침착의 증가 및 점액 다당류의 감소가 더해져 탄력성, 굴곡성이 저하된다. 이는 노인 특유의 피부 변화를 유발시키며, 혈관 벽의 형태 및 유지에 악영향을 준다. 노인의 경우 체수분량이 감소되는데, 이는 세포외 액량에는 변화가 없으나, 세포 크기의 감소에 의한 세포내액량이 감소되기 때문이다. 칼륨은 정상 성인의 경우 98%가 세포내 액에, 2%가 세포 외 액에 존재한다. 세포내 액의 칼륨은 특히, 골격근에 많이 포함되어 있기 때문에 총 칼륨량의 감소는 골격근의 감소와 관련이 있다.

노년기에는 기초 대사량에 변화를 보이게 되는데, 연령의 증가에 따라 단위 체표면적당 기초 대사량이 감소하게 되고, 신장과 체중이 감소하여 체표면적이 감소하게 된다. 결과적으로 기초 대사량의 감소가 심해지게 된다. 따라서 성인기와 같은 열량 섭취를 하게 되면 열량 초과 공급이 되므로 비만해질 수 있다. 대체적으로 체지방은 연령의 증가와 함께 증가하는 경향을 보인다.

2) 소화기계

감각기의 식별능력, 감수성은 연령의 증가에 따른 세포수의 감소 및 조직의 퇴행성 위축에 의해 일반적으로 저하한다. 먼저, 혀의 미뢰가 위축되어 미각이 둔해진다. 특히 60세 이후의 변화가 크다. 연령의 증가에 따라 맛을 식별하는 미각의 역치가 변화하는데, 노인의 경우 특히, 짠맛 및 단맛의 역치가 상승하여 이들 맛에 대한 식별 능력이 현저히 감소하기 때문에 음식을 만들 때 지나치게 짜거나 달게 만드는 경향이 있다. 단맛과 짠맛을 잘 느끼지 못하기 때문에 입맛을 잃는 경우가 많다. 이에 비하여 신맛의 식별 능력은 비교적 잘 유지한다.

구강 내에서는 치아에 의한 음식물의 기계적 소화와 타액 아밀라아제에 의한 당질의 화학적 소화가 일어난다. 타액선의 위축에 의해 타액 분비 및 타액의 프티알린 양이 감소하기 때문에 음식을 먹을 때 꼭꼭 잘 씹어 먹어야 한다.

치주질환과 치아 자체의 요인으로 인하여 치아의 탈락이 생겨난다. 치주질환은 치아 상실의 일차적인 원인이 된다. 치아는 우리 몸에서 가장 센 충격을 받고 있으므로, 연령의 증가와 함께 치아도 변하는데, 치근이 위축되어 치아가 빠지기 쉬워진다. 60세를 넘게 되면 치아를 전부 잃은 사람 많아진다. 남아 있는 치아도 마모가 심하여 충분한 교합이 곤란하게 된다. 노인의 치주질환은 주로 풍치로서, 화농을 일으키는 등 대개 30대부터 시작된다. 여자는 30대 후반, 남자는 40대 전반에 심해진다. 구강의 이상으로 씹기 힘들이지면 영양 섭취가 더욱 부족해져 치아가 더욱 부실해지는 악순환이 생기게 된다.

미각의 감퇴, 타액의 감소, 치아의 상실은 서로 관련되어 있으며, 노인의 식욕 저하 현상의 원인이 된다. 따라서 노년기에는 영양 섭취의 균형에 신경을 써야 한다.

노인에게 있어서는 타액, 위액, 췌액 및 장액 등을 분비하는 점막세포의 위축이 현저해진다. 타액 분비 감소는 구강 내 ph의 감소를 불러와 치아에 칼슘이 침착하는 것을 방해한다. 일반적으로 40세부터, 연령의 증가에 따라 소화관 점막의 활성조직이 감소되며, 이를 대신하여 지방조직 및 결체 조직이 증가하기 때문에 소화 효소의 분비량 및 활성의 저하가 나타난다. 그 결과, 소화효소, 점액, 위로부터의 염산 및 췌액으로부터의 알칼리 분비량이 감소하며, 단위 시간당 라파아제 및 트립신의 활성은 젊은이와 비교할 때 각각 70% 및 30%까지 저하된다. 한편 60대 이상 노인의 위산 분비량은 20대의 40~50%까지 감소하며, 위산 분비 감소는 철분의 흡수에 영향을 미쳐 철분 결핍을 불러오기도 한다.

위의 중량은 20세까지는 증가하나 이후 유지되며, 80세가 넘으면 감소하기 시작한다. 위의 수축력 등의 운동 기능도 연령의 증가와 함께 저하되기 시작한다. 위액 분비 감소, 유리염산, 총산도가 저하되는 경향을 보이며 무산증이 많아진다. 무산증은 위암의 원인이 될 수 있으며, 위산은 철분의 소화 흡수를 돕는 역할을 하기 때문에 철분 부족이 초래될 수도 있다. 위액 분비량은 20대에 비하여 50대는 절반밖에 안 되며, 노년기에는 더욱 저하된다. 정상적인 경우에는 위벽에서 비타민 B12의 흡수를 촉진시키는 내인자가 분비되는데, 위액의 생성 감소는 비타민 B12의 흡수를 약화시켜서 악성빈혈의 원인이 되기도 한다. 음식물의 살균 작용이 저하되고, 소장에서 소화 흡수가 방해되며, 대장균 등의 장내세균의 변화에 이어 생체 자체도 세균 감염이 쉬운 상태로 변화하게 된다.

노인의 장은 위축, 연동 운동이 약화되고, 장벽의 근육이 약화되고 음식물의 통과 시간이 길어진다. 특히 복강 내 지방의 저장량이 많을 때 장관 운동, 소화 활동이 나빠지게 된다. 이로 인하여 설사와 변비가 발생하게 된다. 연령의 증가에 의한 신경조절 기능의 식이섬유 섭취량의 감소는 소화관 운동의 기능을 저하시키고 섭취한 음식물의 소화관 내 체류 시간을 길게 하기 때문이다. 따라서 노년기에는 지방과 섬유질을 공급하여 장벽을 적절하게 자극하여 변통이 원활하게 되도록 해야 한다.

췌장에서는 당질, 단백질, 지질을 소화시키는 소화 효소가 분비되는데, 그 중 아밀라제나 라파아제의 분비가 감소하고 단백질 분해 효소인 트립신의 분비가 현저하게 감소된다. 이로 인하여 3대 영양소의 소화 흡수가 지연된다.

단위 시간당 노인의 소화 효소의 활성은 젊은이와 비교해 볼 때 현저히 저하되나, 소화 흡수 능력을 장시간 실험한 결과는 단백질, 지방, 에너지의 소화 흡수율에 있어서 노인과 젊은이 사이에 큰 차이가 없었다.

3) 간장

간 중량은 성인기에 50대에서는 체중의 약 2.5%를 차지하나, 60대 이후에는 급격히 감소하여 약 1.6~2.0%가 된다. 또한 노인의 간 혈류량은 25세 성인의 60% 정도까지 감소한다. 간은 연령의 증가에 따라 현저한 기능 변화를 보이지는 않지만, 알부민의 생산이 감소되며, 대사 작용과 약물 해독에 요구되는 효소의 감소가 있다. 그럼에도 불구하고 혈청 효소 활성(GOT, GPT), 빌리루빈 clearance test 등의 간 기능을 나타내는 실험, 즉 연령의 증가와 노인의 간 기능 저하와의 관련성은 없다는 결과이다. 혈청 단백질은 고령자의 경우 크게 감소하지는 않으나, 장기간 누워 있는 사람은 크게 감소한다. 혈청 알부민도 감소하나 개인차가 크다. 간장 기능 저하는 포도당 처리 능력에도 영향을 미치는데, 노년기에는 혈당치 증가가 높으며, 높아진 혈당이 정상치로 회복되는데 걸리는 시간 또한 길다.

4) 신장

연령이 증가함에 따라 신장의 기본적인 기능적 단위인 네프론의 수가 감소한다. 40세 이후의 변화가 특히 급격하며 70대 이상에서는 30대에 비해 중량이 약 70%, 사구체수 및 여과면적은 50~70%까지로 저하된다. 또한 사구체 여과량, 신순환 혈류량, 세뇨관 재흡수 능력도 마찬가지로 감소하며 그 결과 신장을 통해 배설되는 크레아티닌 및 이눌린의 양이 감소된다. 그러나 혈중 비단백성 질소 농도는 모든 연령에서 거의 일정하게 유지되는데 이는 단백질 섭취량의 감소와 골격근 중량의 감소에 의한 근육으로부터의 크레아티닌 방출 또한 감소되었기 때문이다. 따라서 노인의 경우 다량의 단백질 섭취가 혈청 비단백성 질소 농도의 상승을 유발시킬 수도 있다. 신장 기능의 저하는 내부 환경 항상성을 유지하는 능력의 감퇴를 의미한다.

5) 심장

심장은 연령의 증가에 따른 중량 변화가 거의 관찰되지 않는다. 일반적으로 다른 장기들은 노년기에 위축되지만 심장은 크기와 무게의 감소가 보이지 않는다. 이는 연령이 증가하면서 혈압이 상승하여 심장에 부담을 주기 때문이다.

심장은 40대에서 50대가 되면서 다소 노인성 변화를 보이기 시작하며, 60세가 지나면 현저하게 심장 박동이나 박출이 감퇴된다. 심박출량은 1분마다 심장에서 뿜어 나오는 혈액의 양을 통하여 측정된다. 연령의 증가에 따라 심근의 힘과 효율성이 감소되고, 그 결과 1회 박출량이 감소하고, 이로 인해 심박출량이 감소한다. 노인에게 있어 스트레스를 받을 때 심박출량의 감소는 중요한 의미를 가진다. 나이가 듦에 따라 스트레스에 대해 젊었을 때만큼 빠르고 효율적으로 산소 요구를 충족시키지 못하게 됨을 뜻한다. 80세 이상 고령자의 경우, 분당 심장 박출량 및 심장 박동수는 20대 젊은이의 60~70%까지 감소되므로 혈액 순환 시간은 1.5배 연장된다.

혈관 벽 내에 콜레스테롤 및 칼슘 침착 등으로 인하여 혈관의 탄력이 떨어져서 혈관 수축성의 저하가 생겨나고, 혈관 내 용적의 감소에 의해 혈액순환 저항은 상승한다. 말초 혈류 저항의 이와 같은 증대는 연령의 증가와 함께 기능이 저하되어 심장에 대해 한층 더 부담이 가중된다. 말초저항이 증가되면 협소한 동맥에서 멀리 위치한 조직의 순환 능력을 감소시키고, 혈압을 높이는 결과를 낳는다.

심장 기능의 저하는 에너지, 지방, 식염의 과잉섭취 등 부적절한 식생활로 말미암아 촉진되며, 따라서 심장 질환의 발생률도 높아지게 된다. 노인성 혈압은 최대혈압과 최소 혈압이 상승하며, 혈압의 변화가 심해진다. 또한 각 장기에 동맥경화가 생겨나게 되는데, 이는 뇌졸중, 요독증, 심부전, 폐기종과 관련된다.

6) 뇌와 신경 조절

노화된 뇌 조직에서 구조적, 생화학적 변화가 일어나고 이에 따라 기능적인 변화가 일어난다. 뇌의 수분량은 출생 시 90%, 10세 78%, 30세 77%, 50세까지는 같은 수준을 유지한다. 그리고 50세 이후부터 증가하여 70세에는 78%로 증가한다. 지질, 단백질 등의 뇌의 주요 구성 물질은 20세 이후에는 연령의 증가와 함께 감소한다. 뇌의 100g당 혈류량과 산소 소비량은 유소년기에 비하여 뇌의 발육이 완성되는 사춘기에 적어져, 연령의 증가와 더불어 감소하게 된다.

세포 손실이나 세포 능력의 감소는 이러한 화학적 전달자의 생성량을 감소시켜 그 두뇌 기능이 저하되고 결국 학습이나 기억력, 자극에 대한 반응력이 감소된다. 뇌세포는 다른 세포와 달리 분열, 재생이 안 되므로 일단 뇌세포가 죽으면 보충할 수 없다. 노화가 진행됨에 따라서 뇌세포에 있는 화학 메시지의 영향이 변화하므로 노인들에게서 정신 착란 내지 질환이 나타난다. 연령의 증가에 따라 일부 신경전달 물질 및 뇌세포 내 신경 펩타이드 함량이 감소한다고 보고되었는데, 이러한 신경 전달 물질로는 도파민, 세로토닌, 아세틸콜린을 들 수 있다.

뇌 활동은 암기, 계산, 독서 등의 자극을 계속 주면 고연령까지 향상을 지속할 수 있다. 따라서 이러한 활동으로 치매를 방지할 수 있게 된다. 노인을 지나치게 보호하는 것도 뇌의 노화를 촉진한다는 의견도 있다. 노인들이 건강한 정신을 유지하기 위해서는 일상적으로 뇌의 활동을 자극하는 것이 제일 중요하며, 많은 학자들은 살아가는 보람을 느낄 수 있는 적극적인 생활을 통하여 생활의 활력을 유지할 것을 권하고 있다.

뇌 내 신경세포에 축적된 지식 등의 양은 39세를 최고점으로 하여 점차 감소한다. 신경 자극 전달 속도는 30대 이후부터 감소하게 되는데, 30세까지는 자극에 대한 반응 시간과 각종 근육의 연합동작의 속도가 빠르지만, 그 이후에는 연령의 증가와 함께 차츰 운동능력이 감퇴된다.

7) 내분비계

뇌하수체는 노년기에는 정소, 난소 등의 성선이 크게 위축되므로 성선자극 호르몬 분비에 대한 억제 현상이 나타난다. 갑상선 호르몬의 경우 노년기에 조금씩 쇠퇴하게 되는데, 이로 인하여 무기력해지고, 동작이 활발하지 않게 되고, 기초대사가 저하되며, 저체온(냉증)을 보이게 되고, 체온조절의 변화를 보이게 된다. 갑상선은 노화에 따라 세포침윤, 섬유화와 여포변화가 발생하고 촉진될 수 있는 결절이 증가하게 된다. 노인의 갑상선 호르몬 감소는 갑상선의 노화가 아니라 대사량 감소에 따라 적응하는 현상이라고 생각되고 있다.

췌장의 경우, 노년기에는 혈당이 높아지게 되는데, 인슐린이 필요한 만큼 분비량이 늘지 않기 때문이다. 또한 연령의 증가에 따라 포도당 내성도 감소한다.

성선의 경우, 난소는 특히 폐경 후에 변화가 크게 일어난다. 여성은 폐경을 계기로 하여 혈중 에스트로겐 수치, 요중 배설량이 급속하게 감소된다. 이 하강 경향은 50~60세까지 계속되지만, 그 후로는 큰 변동이 없다. 성호르몬은 남녀 모두 노화와 동시에 감소하게 되는데, 부신에서 분비되는 성호르몬의 경우 연령에 따른 변화가 없다. 노년기에는 남성의 성호르몬 분비가 여성화되고, 여성의 성호르몬 분비는 폐경 이후 급속하게 남성호르몬으로 기울어진다. 이에 따라 남성은 여성적인 성격적 특성을, 여성은 남성적인 성격적 특성을 보이게 된다.

뇌하수체에서는 성호르몬을 제외하고는 혈중 호르몬 수치는 연령 변화에 따라서 변화가 없거나 매우 작다. 내분비선의 변화가 노화의 원인 이라기보다는 노화의 부분적인 현상의 하나로 내분비선의 노화가 일어나는 것으로 생각되고 있다.

8) 혈액

연령의 증가와 함께 골수에서의 조혈작용이 감퇴하게 된다. 혈중 콜레스테롤의 양은 남성의 경우 30대부터 급증하며 여성의 경우 50대부터 증가하게 된다. 콜레스테롤의 동맥벽 침착에 따른 관상동맥 장애는 남성은 젊은 나이부터, 여성은 고령에 많이 발생하게 된다. 이는 연령의 증가와 함께 여성 호르몬인 에스트로겐 분비가 감소하면서 콜레스테롤을 비롯한 혈중 지방이 증가하기 때문이다. 따라서 다불포화지방산 섭취 중심으로 EPA와 DHA에 의하여 동맥벽에 지방 침착을 방지하고 부정맥으로부터 보호작용에 유효한 식사를 해야 한다. 따라서 저지방, 저콜레스테롤, 생선을 위주로 섭취하고, 전통 한식을 섭취하며, 계란노른자, 게, 새우와 같이 콜레스테롤이 많은 음식을 피하고, 표준 체중을 유지하는 것이 중요하다.

9) 방광

노화에 따라 방광 용적이 감소하게 되는데, 방광의 소변을 저장할 수 있는 용적이 줄어들게 된다. 더욱이 배뇨 후 다량의 소변이 방광에 남게 된다. 방광의 근력 감소는 소변이 방광에서 불완전하게 방출되는 원인이 되며, 이로 인하여 요로 감염의 위험도가 높아지게 된다. 전체 방광 용적은 노인이 되면 500~600㎖에서 250㎖정도로 감소하는데, 이로 인하여 빈뇨, 절박뇨 등이 나타난다. 또한 야뇨증도 발생하게 되는데, 이는 정상인은 주로 낮에 소변이 생성되나 노인은 24시간 동안 똑같이 소변이 생성되므로 야뇨증이 발생하게 되는 것이다.

10) 감각기관

감각의 변화는 노인의 질적인 생활에 커다란 영향을 줄 수 있다. 시각과 청각장애는 의사소통, 사회 상호작용, 운동 등을 제한하며 이로써 사회적으로 고립되게 한다. 후각, 미각, 촉각의 장애는 영양상의 문제와 안전상의 위험을 가져온다. 노인이 가능한 한 독립적으로 적응하고 기능하도록 돕기 위해서는 감각 변화를 이해하는 것이 매우 중요하다.

(1) 시각장애

눈의 노화와 관련된 일반적인 문제에는 노안, 안검외반, 안검내반, 안검염, 녹내장, 백내장, 망막 질환, 눈의 외상, 시력장애 등이 있다. 노안은 정상적인 변화이지만 나머지 문제들은 노인에게서 두드러지는 안과적 질환이다. 시각적 문제와 실명의 유병률은 연령에 따라 증가한다.

가. 노안(Presbyopia)

40세 이상 성인의 가장 일반적인 호소는 팔 길이 정도의 가까운 거리에 있는 사물을 명확하게 초점을 맞추기가 어려워진다는 것이다. 이것을 노안이라고 하는데, 노안은 질병이 아니며 눈의 노화에 따라 나타나는 퇴행성 변화이다. 노안은 수정체가 가까운 사물에 초점을 맞추는 능력이 감소함을 말한다. 수정체가 두꺼워지고 탄력성이 약해져서 눈의 조절이 손상되고, 모양체근이 약해져 수정체를 수축시키는 능력이 손상된다. 이러한 수정체의 변화는 원시를 초래하므로 노인들은 좀 떨어져 있는 물건을 더 잘 잡는다(Kart, Metress, Metress, 1922). 치료는 독서용 안경이나 두 개의 초점이 있는 안경(원시 근시 겸용 안경)을 착용하는 것으로 시력 교정의 예후는 좋다. 간호의 목표는 대상자가 안경 착용에 익숙해지고, 2년마다 안과 의사를 방문하여 추후관리를 받도록 격려하는 것이다.

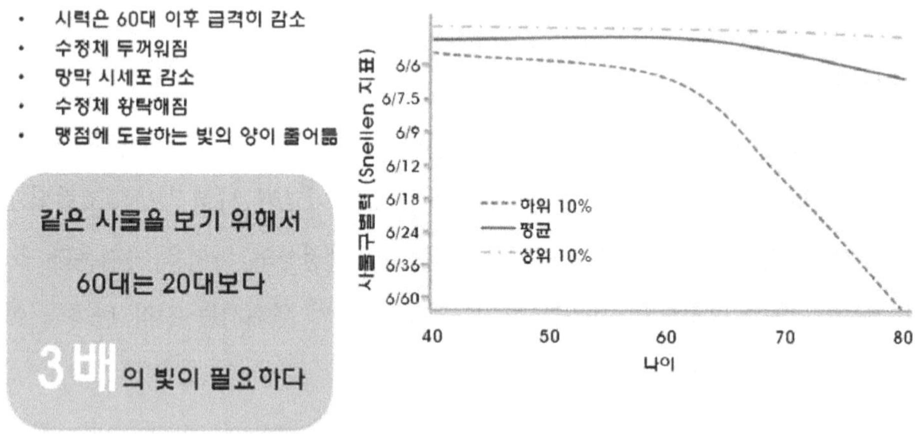

(a) 사물을 구별하는 능력

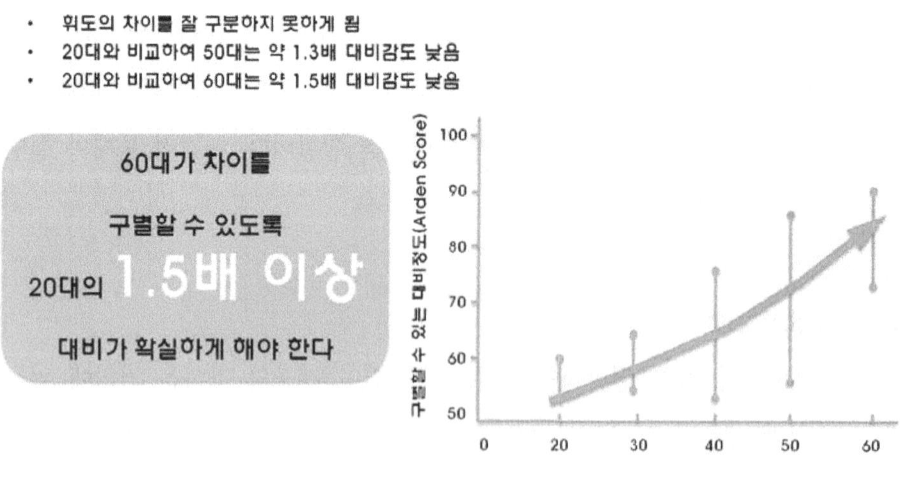

(b) 휘도 차이를 구별하는 정도

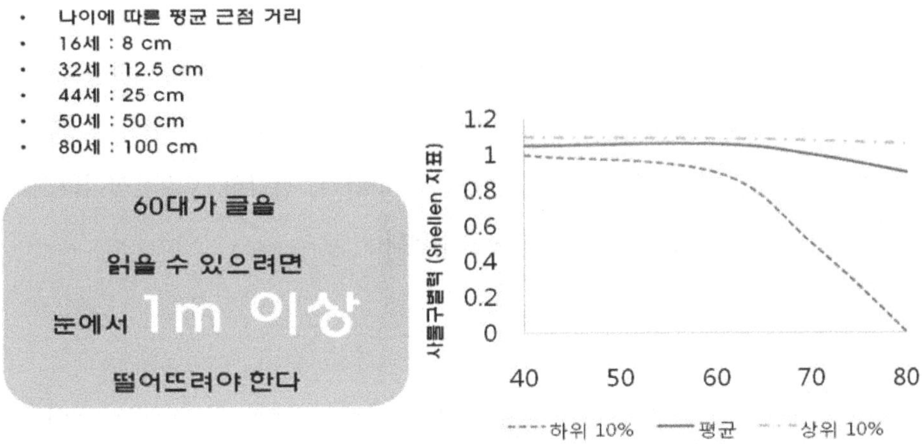

(c) 볼 수 있는 가까운 거리

그림 3-6 시력 특성에 따른 노화현상

나. 녹내장(Glaucoma)

녹내장은 실명의 주요 원인으로, 녹내장이 발견되기 전까지 어떠한 증상도 나타나지 않거나 시력을 부분적으로 상실할 수도 있다. 녹내장은 눈의 앞쪽 방에 위치한 방수(aqueous humor)의 유출이 차단된 결과로 나타난다. 만일 방수가 제거되는 것보다 더 빨리 생성된다면 안압은 증가되어 시신경에게 전달되고 실명과 같은 회복될 수 없는 손상을 줄 수 있다. 노인의 녹내장에는 세 가지 유형이 있는데 다음과 같다.

① 만성 개방각 녹내장(chronic open-angle glaucoma)

개방각 녹내장은 모든 원발성 녹내장의 90%이며 서서히 진행된다. 녹내장의 유형은 단계적으로 시력을 손상시키며, 시신경이 심하게 손상될 때까지는 문제를 인식하지 못할 정도로 통증이 없다. 시력 상실은 주변시력의 흐려짐과 함께 시작된다.

② 폐쇄각 녹내장(angle-closure glaucoma)

폐쇄각 녹내장은 완전 차단으로 인한 안압의 증가로 인해 갑자기 발생하는 급성 녹내장으로, 눈의 심한 통증, 충혈, 구름이 낀 것 같거나 흐린 시력, 오심과 구토, 동공 확장, 각막의 안개현상 등의 증상이 나타난다. 심각한 시력상실이나 실명을 피하기 위해서는 적절한 의료처치가 요구된다.

③ 속발성 녹내장(secondary glaucoma)

속발성 녹내장은 눈의 외상이나 다른 특별한 문제들, 예를 들면 외상, 스테로이드제제 사용, 종양, 감염, 비정상적 혈관 등에 의해 우각이 손상 받을 때 발생한다(Kart, Metress, Metress, 1992; 윤동호, 이상욱, 최억, 1993).

다. 백내장(Cataract)

백내장은 노안에서 나타나는 가장 일반적인 장애로 50세 이상에서는 65%, 65세 이상에서는 95%가 발생한다(Seeley, Stevens, Tate, 1992). 시력상실을 동반하는 백내장의 발생은 나이가 들어감에 따라 증가한다. 백내장은 정상적으로 깨끗하고 투명해야 할 수정체가 구름이 낀 것처럼 흐릿해지는 것이다. 수정체는 정확한 상을 만들어 내기 위해 망막 위에 초점을 맞춘다. 백내장이 생기면 수정체는 빛을 망막까지 전달하지 못할 정도로 불투명해진다. 연령과 관련된 백내장의 원인은 밝혀져 있지 않지만 수정체의 혼탁은 γ-crystalline protein의 파괴와 관련이 있다.

백내장의 유형은 다양하다. 정상적인 노화과정으로 수정체가 단단해지고 구름이 낀 것처럼 바뀌는 백내장을 노인성 백내장이라고 부르고, 빠르면 40세에도 나타날 수 있다. 타박상, 천공, 자상, 화상 등의 눈의 외상은 수정체를 손상시키고 외상성 백내장이 될 수 있다. 속발성 백내장은 염증, 약물, 당뇨와 같은 질병으로 발생할 수 있다. 백내장의 크기와 위치는 시력에 영향을 미치는데 수정체 중심 가까이에 위치한 백내장은 눈이 침침하고 흐릿해지며, 안개 낀 것 같은 시야, 독서할 때 더욱 밝은 빛 필요, 반짝임과 눈부심(수명) 같은 더 심각한 증세를 나타낼 수 있다.

라. 망막질환(Retical disorders)

노인들의 일반적인 망막질환에는 황반 변성, 당뇨성 망막 병증, 망막박리가 있다.

① 황반변성(macular degeneration)

노년 황반 변성(AMD)은 노인들에게 있어서 가장 흔한 시력 소실의 원인 중 하나이다. 황반 변성은 망막의 주요 초점 부위인 황반에 영향을 주어 중심시력이 감소해서 세밀하게 읽고 보는 능력은 점차적으로 소실하게 되나 주변 시력은 유지된다. 황반 변성의 유형은 다음과 같다.

'건성' 황반 변성 : 노화에 따라 황반 조직이 파괴되거나 얇아져서 생기는 것으로 위축성 황반 변성으로 알려져 있다. 시력상실은 서서히 일어난다.

'습성' 황반 변성 : 비정상적인 정맥혈이 형성되고 망막 위로 출혈이 있을 때 생기는 것으로, 삼출성 황반 변성으로 알려져 있다. 시력상실은 빠르며 심각하다.

② 당뇨성 망막 병증(diabetic retinopathy)

당뇨성 망막 병증은 결국 실명을 초래하는데, 최근 서구에서 실명의 가장 많은 원인이 되고 있다. 당뇨성 망막 병증은 10년 이하의 당뇨병을 앓은 사람의 7%, 15년 이상 당뇨병을 앓은 사람의 63%가 경험한다. 망막 변화의 조기 증상은 없고 망막증이 이미 발생한 후에는 그 진행을 막을 수 없으므로 조기 발견은 검안경 검사에 달려있다. 그러므로 당뇨병이 있는 대상자는 매년 안과의사에게 검사를 받아야한다.

③ 망막박리(retinal detachment)

나이가 들면 망막은 약해지는 경향이 있으며, 망막박리는 망막의 감각층이 색소 상피층으로부터 분리될 때 발생한다. 외상, 노화(퇴행), 출혈, 종양으로 망막에 열상이 발생한다(Kart, Metress, Metress, 1992 ; 윤동호, 이상욱, 최억 1993).

(2) 청각장애

좋은 청력을 갖는 것은 당연한 일이라고 생각하기 쉽다. 청력이 손상되면 대화에서 주고받는 말이 잘못 이해될 수 있고, 음정을 놓칠 수 있고, 초인종 소리를 알아채지 못할 수 있다. 청력 손상은 말을 이해하거나 어떤 소리를 듣는 데 어려움이 있는 정도에서부터 완전한 청력 상실까지를 포함한다. 대부분의 노인들은 연령 외에 소음 노출과 같은 여러 요인으로 인해 어느 정도의 청력손실을 갖고 있다. 남성에게서 청력문제의 유병률이 높은 것은 소음이 높은 직업과 관련이 있을 수 있다.

미국에서는 65세 이상의 노인 7만~100만 명이 여러 유형의 청력 손상으로 고통을 받고 있다. 만일 청력의 문제를 무시하거나 치료받지 않는다면 점점 더 나빠지고, 다른 사람과의 의사소통을 방해받으며, 사회활동에 제약을 받고 여가활동이 줄어들 수 있다. 청력 손상을 입은 사람들은 무슨 말을 하는지 이해할 수 없는 것에 대해 좌절하고 당황하지 않으려고 종종 사회로부터 위축된다. 청력 상실은 오랫동안 청력 손상을 입은 노인이 '혼돈', '무반응', '비협조' 같은 부정적인 말을 듣는 원인이 되기도 한다. 동시에 다른 사람과 의사소통을 해보려고 노인이 경험하는 무력감과 좌절감은 우울증과 위축을 초래한다.

가. 이명(Tinnitus)

이명은 전도성과 감각신경성 청력 상실이 병합되어 나타난다. 귀에서의 잡음을 따르릉, 윙윙, 쉿쉿거리는 소리로 주관적으로 지각하는 것이다. 어떤 나이에서도 이명을 경험할 수 있지만 나이가 들어감에 따라 더 증가한다. 이명이 어떤 사람들에게는 영구적인 청력상실이나 종양의 신호가 된다. 이명의 가장 흔한 원인은 소음이나 와우신경의 유모세포 수용체의 손상 그리고 청각과 평형 감각기관의 노화이다. 이명은 질병이 아니라 질병, 증상, 의료처치와 관련된 하나의 증상이며, 주관적인 것과 객관적인 것으로 구별할 수 있다. 주관적인 이명은 단지 대상자만의 청력문제이면서 고음, 만성적, 회복할 수 없는 특징이 있고, 청력 상실과 관련이 있다. 객관적인 이명은 비록 드물긴 하지만 대상자와 검사자 모두에게 들릴 수 있다. 그것은 저음인 것 같고 종종 근경련이나 혈관경련 그리고 두 개근 골격장애와 같이 확인 가능한 원인과 관련된다. 이명의 또 다른 중요한 구별은 그것이 양측성인가 또는 단측성인가 하는 점이다. 단측성 이명은 메니에르씨 질병, 종양, 혈관문제와 같은 좀 더 심각한 질병과 관련이 있으며 광범위한 검사가 요구된다(Kart, Metress, Metress, 1992).

나. 청력 상실(Hearing loss)

청력 상실은 노화의 정상적인 과정은 아니며 적절한 치료로 평가해야만 한다. 청력 손상은 전도성, 감각신경성, 복합성으로 분류할 수 있는데 전도성 청력 상실은 귀지 매복, 중이염, 이경화증(이소골의 고정) 등으로 인해 외이관과 중이를 통한 소리의 전도가 차단됨으로써 발생한다. 감각신경성 청력 상실은 청력기관, 말초신경계, 중추신경계의 손상으로 발생하며 소리를 정확하게 해석할 수 없다. 복합성 청력 상실은 감각신경성 청력 상실에 전도성 청력 상실이 첨가된 것이다.

감각신경성 청력 상실인 노인성 난청은 노인에게 가장 흔한 청력 상실 유형이다. 전형적으로 청력상실은 양측성이며 고음과 대화를 듣는데 어려움을 가지게 된다. 여성보다 남성이 더 많다. 노인성 난청의 원인으로는 중이염이나 이경화증 등의 이전의 중이 질환, 뇌일혈이나 심장병 같은 혈관질환, 소음에의 노출이 거론되고 있지만 이들 요인들 단독으로는 노년기의 청력손실을 설명할 수 없다(Hogstel, 1992).

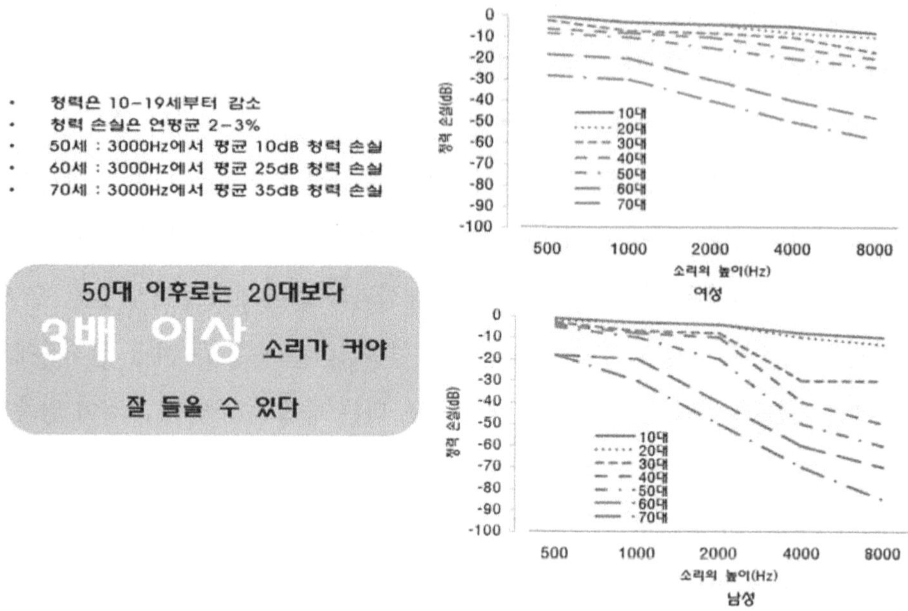

(a) 청력Hearing ability

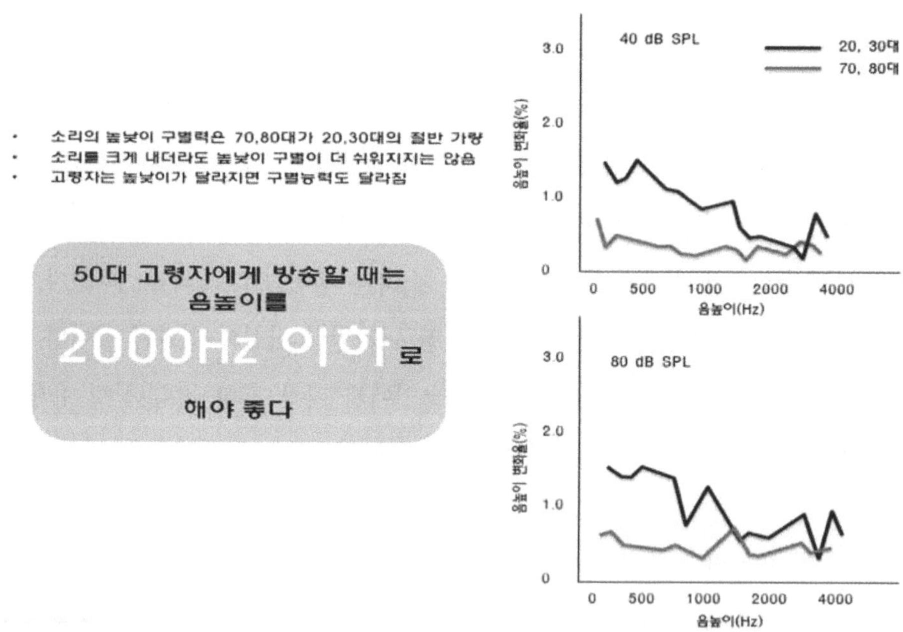

(b) 소리의 높낮이 구별Frequency discrimination threshold

그림 3-7 청력 특성에 따른 노화현상

(3) 미각과 후각의 장애

미각과 후각은 쾌감이나 불쾌감뿐 아니라 환경의 안전여부를 감지한다. 나이에 따라 후각과 미각이 다소 감소된다. 때때로 후각의 감소는 노인들에게 위험할 수 있는데, 예를 들면 노인이 연기나 가스누출을 감지하지 못하는 것이다. 후각의 변화는 뇌의 후각신경과 미각신경의 감소에 따라 발생한다.

미뢰에 의해 감지된 맛의 기본 감각은 신맛, 쓴맛, 단맛, 짠맛이다. 쓴맛의 민감도는 매우 높으며 단맛과 짠맛의 민감도는 낮다. 모든 미뢰가 4가지 기본 맛을 모두 감지할 수 있지만 보통 각각의 미뢰는 한 가지에 가장 민감하다. 미각의 감소는 미뢰와 유두(papillae)의 변화 때문이다. 후각과 미각의 상실은 노인의 식욕에 영향을 미쳐 영양문제를 초래할 수 있다.

11) 호흡계

폐는 노화 과정에 의해 영향을 받게 된다. 연령의 증가에 따라 호흡기능이 약화되고 호흡 횟수가 증가하며 폐활량이 저하된다. 탄력성의 감소로 최대 흡기 후 폐로부터 배출될 수 있는 공기의 최대량은 감소한다. 반대로 호흡 동안 폐에 남아있는 공기, 즉 잔기량은 증가하게 된다.

노년기에는 폐기종, 기관지협착, 노인성 천식이 일어나기 쉽다. 연령의 증가와 동시에 고유 폐포가 작아지고 폐포 면적이 감소하게 된다. 또한 산소와 이산화탄소의 교환 과정에도 변화가 생기게 되는데, 동맥 내 산소도가 떨어짐으로써 조직 내 적은 산소가 운반되게 된다. 이러한 동맥 내 산소도의 감소는 노인환자에게 밤 동안의 혼돈, 혼수를 불러올 수 있다.

12) 노화와 인체 근골격계 변화

(1) 근골격계(Musculoskeletal system) 변화

Buchner와 Wolfson의 미국 연구소와 북유럽의 Aniansson 연구소를 포함한 수

많은 연구자들이 많은 노인에서 근골격계의 변화에 대하여 보고해 왔다(Buchner & Wolfson, 1991; Aniansson et al, 1986; Whipple et al., 1987). 근력 혹은 근육의 발생되는 힘의 양은 나이와 비례하여 감소한다. 하지의 근력은 30세에서 80세 사이에 약 40%가량 감소한다(Aniansson et al, 1986). 이러한 상황은 낙상의 경험이 있고 양로원에서 보호받는 노인들에게서 더 심하다(Whipple et al., 1987). 이러한 대상자들에게서 무릎, 발목의 근력은 비낙상군에 비하여 각각 1/2과 1/4정도이었다.

최대하 수준(submaximall level)으로 근력의 수축을 지속적으로 유지하는 능력인 지구력(endurance) 또한 노화로 인하여 감소된다. 그러나 지구력은 근력보다는 연령이 증가해도 더 잘 유지된다. 근육은 나이가 듦에 따라 크기도 작아지지만, 상지보다는 하지에서 그 정도가 더 심하다(Medina, 1996). 근육세포가 죽고, 그들은 결합조직(connective tissue)과 지방으로 대치된다. 또한 많은 연구가 근 섬유 유형이 노화로 인하여 선별적으로 손실된다고 조사되었고, 혼합된 결과를 보였다. 노화가 진행되면서 근섬유는 Ⅰ형보다는 속근인 Ⅱ형 근섬유가 먼저 소실되는 것으로 나타났다(Timiras, 1994). 연령증가와 함께 운동단위(motor unit)의 수도 감소하는데, 굵은 수초화(myelinated) 신경섬유와 작은 수초화 신경섬유가 모두 감소한다고 하였다. 또한 신경근 접합부에서도 연령과 함께 변화가 발생한다(Medina, 1996).

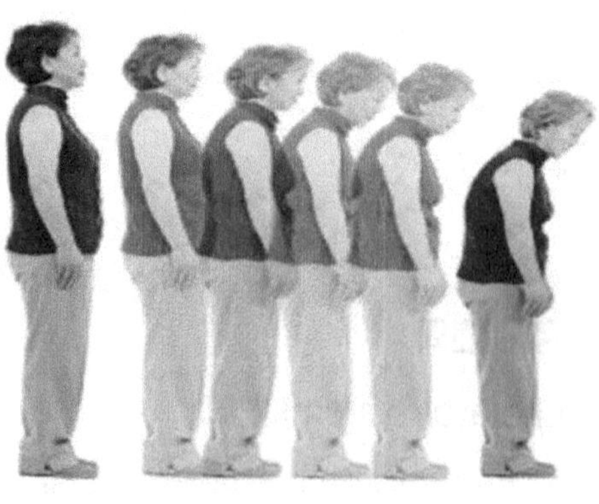

그림 3-8 청년층과 노년층의 근골격계 변화

골격근의 변화는 근육의 기능적 능력에 영향을 준다. 최대 등수축력이 감소하고, 근 피로가 빠르게 나타나며, 장력 발생률이 느려진다. 이러한 연령과 관련된 신경근육계의 변화는 원심성 수축보다는 구심성 수축에 더 큰 영향을 끼친다. 빠른 속도 수축(rapid-velocity contraction)이 느린 속도 수축에서 보다 더 영향을 받는다.

상대적 근력에 의해 설명되어질 수 있는 기능적 수준의 변화는 20% 이상의 오차가 있기는 하지만 근력과 신체적 기능 상태 간에는 큰 상관성을 가진다(Buchner & Wolfson, 1991). 그러나 신체적 기능에 필요한 근력은 과제에 따라 달라진다. 예를 들어 전형적으로 건강한 80대 할머니가 의자에서 일어나는 과제를 수행하는데 필요한 대퇴네갈래근의 근력이 역치수준(threshold value) 이상 발생되지 않을 수 있다(Young, 1986). 과제에 필요한 역치 아래로 근력이 떨어지면 기능적 불능(functional disability)이 발생한다.

나이가 들면서 많은 노인에서 척추의 운동가동범위가 줄어들고 유연성이 감소하여 노인의 자세는 굴곡되고 구부정하게 변한다(Studenski et al., 1991; Lewis & Bottomley, 1990). 자세가 변하면, 체질량 중심의 수직이동이 발꿈치 후방으로 보상적으로 이동하는 것을 포함하는 다른 자세정렬 변화와도 관련이 있다. 관절염도 신체 전반에 걸쳐 여러 관절의 가동범위를 감소시킨다. 게다가 통증은 특정 관절의 기능적인 운동가동범위를 제한할 것이다(Horak et al, 1989).

- 팔과 어깨의 복합 근력(Composite Strength)이 60대까지는 유지되나 그 이후로는 급격히 감소

60대 이상에게 무리한 힘을

요구하는 조작이나

동작은 배제해야 한다

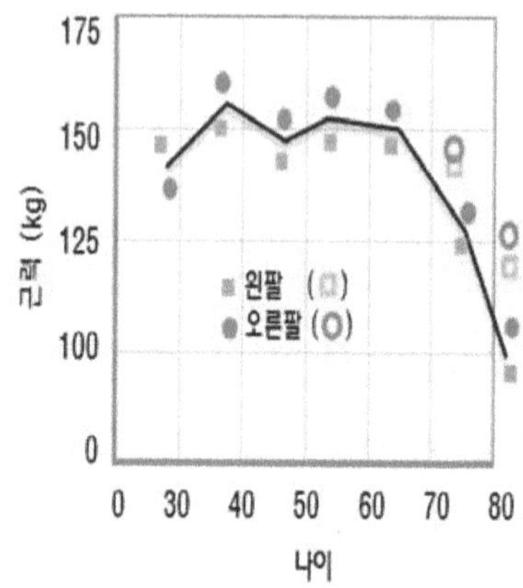

(a) 근력(Muscular strength)

- 하나의 자극에 대한 반응 속도(Simple Reaction Time)
  - 60대는 20대보다 13% 느림
  - 40세 전후로 반응 속도 저하가 뚜렷해짐
- 여러 자극에 대한 반응 속도(Choice Reaction Time)
  - 자극의 수가 증가할 수록 느려짐
  - 보여야 할 반응을 복잡한 것일 수록 느려짐

자극에 대한 고령자의 반응에는
20대에 비해
2배 이상의 시간
이 필요하다

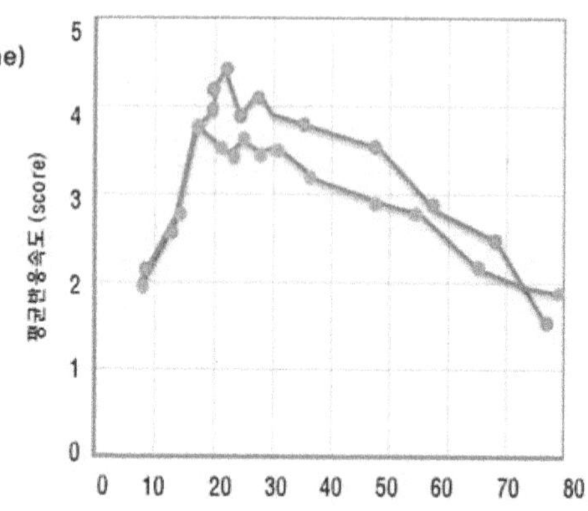

(b) 반응 속도(Reaction time)

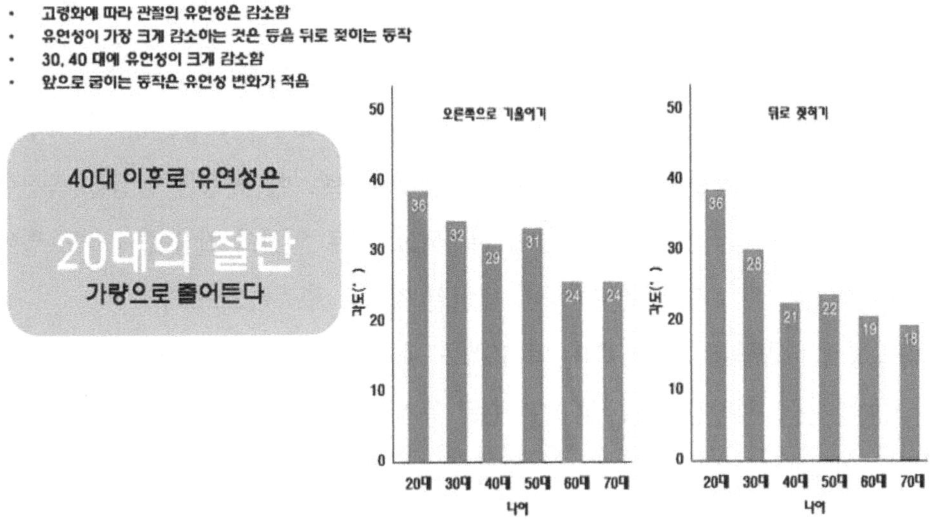

(c) 유연성(Flexibility)

그림 3-9 근골격계 특성에 따른 노화현상

(2) 골다공증(Osteoporosis)

골다공증은 노인에게 흔한 골대사장애로 서서히 골밀도가 감소하는 것이 특징이다. 미국의 경우 연간 2천만 명의 노인에게 골다공증이 발생하며, 여자 노인에게 가장 흔하다. 우리나라의 경우는 약 160만 명의 골다공증 환자가 있는 것으로 추정하고 있다.

골화 과정은 일정하다. 노후 된 골세포는 파골세포에 의해 제거되고, 골아세포에 의해 새로운 골세포가 형성된다. 조골 과정은 4~5개월에 걸쳐 완성된다. 골다공증은 이 조골 과정이 변화되어 골흡수율이 조골률을 능가하는 상태이다. 결과적으로 무기질과 단백질을 상실하여 골밀도가 저하되고 쉽게 골절된다.

골다공증은 원발성과 속발성으로 구분한다. 원발성 골다공증의 원인은 분명히 밝혀져 있지 않다. 원발성 골다공증은 다시 1형과 2형으로 분류한다. 1형 원발성 골다공증은 폐경으로 에스트로겐 호르몬 분비가 감소되는 51세에서 75세 사이의 여성에게 발생한다. 1형의 골다공증에서는 척추, 골반, 팔목 뼈의 소주골이 감소된다. 이 유형은 에스트로겐 결핍과 관련되므로 여성의 발생률이 남성의 6배가 된다.

2형의 원발성 골다공증은 75세 이상의 남·녀 노인에게서 발생한다. 이 유형은 체중을 지지하는 치밀골이 서서히 소실된다. 그러므로 이 유형은 골절을 촉진한다. 노화에 의해 비타민 C 합성기능이 저하되고, 이로 인하여 칼슘 흡수율도 떨어지는데, 이것이 이 유형의 골다공증의 원인일 것으로 추측하고 있다.

속발성 골다공증은 골다공증의 약 15%를 차지하며 갑상선 기능항진증, 부갑상선 기능항진증, 위장장애 및 알코올 중독 등의 질병에 의하여 발생한다. 여성의 경우 조기에 난관 절제술을 받으면 속발성 골다공증이 초래된다. 코티코스테로이드, methotrexate, 알루미늄이 함유된 제산제를 장기간 투여하면 속발성 골다공증이 초래된다.

골다공증은 골절상을 입기 전까지는 임상증세가 전혀 나타나지 않는 경우가 허다하므로 '침묵의 사자' 라고도 한다. 초기 징후는 피로와 척추 통증이다. 골질량이 감소하여 체중을 지탱하고 서 있기 위해서 근육이 더 많은 힘을 사용해야 하기 때문에 피로가 발생한다. 골다공증에 의한 골절은 흉추, 대퇴경부, 팔목에 흔히 발생한다. 허리를 구부리거나 물건을 들어 올리거나 기침 등 일상생활 활동에 의해서도 골절이 발생한다. 척추의 골다공증으로 신장이 2~6cm 정도 줄어든다. 척추가 미끄러져 내려앉아 척추후만증이 되기도 한다.

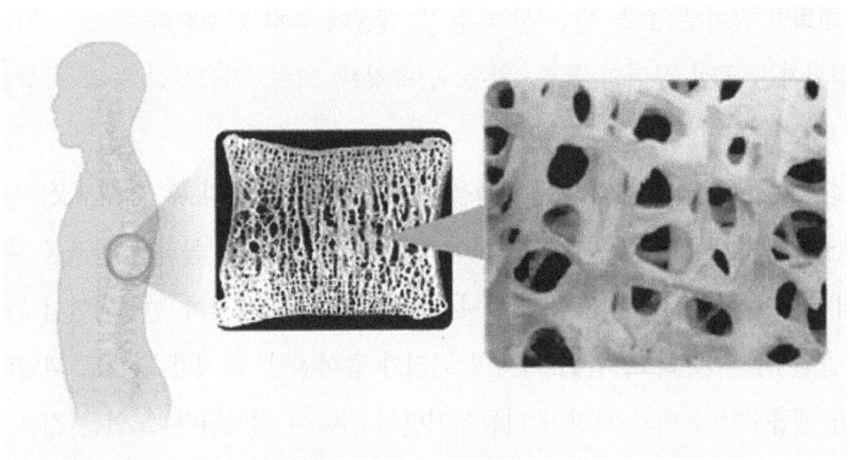

(a) 정상인

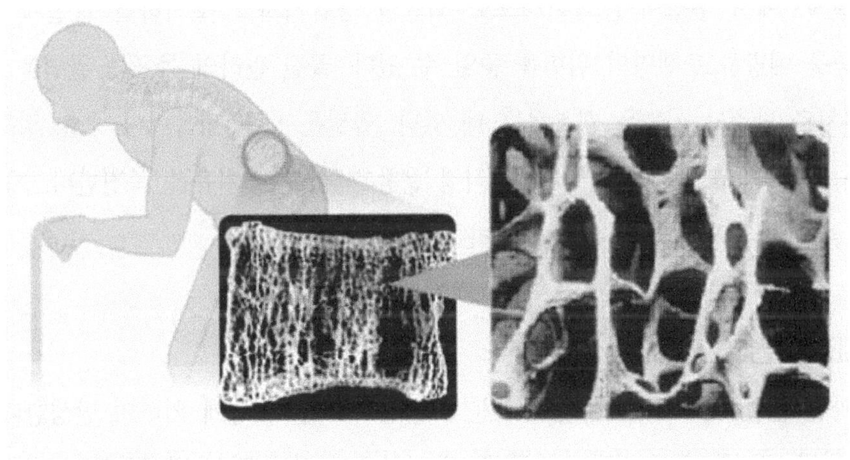

(b) 골다공증환자

그림 3-10 정상인과 골다공증 환자의 뼈(출처: 대한골대사학회 발간물)

(3) 골절(Fracture)

골절은 노인의 기능을 손상시키는 심각한 건강문제이다. 골절은 뼈와 관절의 외상에 의해 발생하며, 골다공증과 같은 병리적 과정에 의해서도 발생한다. 노인은 특히 골절이 발생할 수 있는 위험요인을 많이 안고 있다. 일반적으로 가장 흔한 골절의 원인은 교통사고이나, 노인에게서 가장 흔한 원인은 낙상이다. 노인의 골절은 대퇴골 근위부, 요골 말단부, 척추 및 쇄골에 흔히 발생한다.

골절환자는 골절 부위의 통증, 압통, 근육경련, 기형, 기능상실 등의 증상을 보인다. 때로 출혈이 있을 수도 있다.

골절된 뼈는 여러 단계의 치유과정을 거쳐 유합된다. 골절 후 재생세포, 섬유아세포, 골아세포가 골절 부위로 이동하여 가골이라는 섬유성 콜라겐 골조를 형성한다. 이 과정은 골절 후 7~10일에 걸쳐 진행된다. 치유 과정이 진행되면서 가골이 양측 골절부를 연결하고, 골편 사이의 거리가 좁아진다. 마지막 단계로 과잉의 세포들이 재흡수되어 뼈의 모양이 다듬어지면서 칼슘이 침착된다. 노인은 젊은 사람에 비해 골절치유 과정이 느리게 진행되고, 유합이 일어나지 않기도 한다.

골절치료에서 현장에서 즉각적으로 적절한 응급처치를 실시하면 골절에 의한 합병증을 예방하고 생명의 위험을 줄일 수 있다. 골절 관리의 목표는 골편을 본래의 위치로 맞추고 기능을 회복하는 데 있다. 골절은 도수 정복이나 수술 정복 후 유합될 때까지 고정하여 치료한다. 적정 운동과 식이는 치유를 촉진한다. 치료방법은 골절 부위와 골절의 유형에 따라 달리 적용한다.

가. 고관절 골절

고관절 골절(Hip Fracture)은 대부분 고관절의 직접 외상에 의하여 발생한다. 나이에 따라 발생률이 증가하여 특히 75세 이상 노인에게 많이 발생한다.

낙상이나 기타의 외상으로 고관절이 골절되면 환측 하지가 단축·외전된다. 환자는 골절부위에 압통과 심한 통증을 호소한다.

나. Colle 골절

Colle 골절은 요골 원위부의 골절로, 넘어지지 않기 위해서 팔을 펴고 손바닥으로 땅을 짚으면서 체중이 손목에 부과될 때 발생한다. 이 골절은 골다공증이 있는 여자 노인에게 더 많이 발생한다. 외상 즉시 골절부에 통증이 있고, 부종과 종창이 생기며 원위부 골편의 이탈로 손목 기형이 눈에 띈다. 폐쇄 정복 후 부목이나 팔걸이로 팔을 고정하여 치료한다. 간호사는 신경이나 혈관상태를 사정하여 골절 합병증 유무를 감시하고 환측 사지를 심장 높이로 상승시켜 부종을 예방한다. 정맥귀환을 촉진하여 부종을 감소시키기 위하여 손가락을 움직이고, 능동적 견관절 운동으로 관절 강직을 예방한다.

다. 쇄골 골절

쇄골 골절은 요골 골절과 마찬가지로 팔을 뻗은 채 넘어지거나 어깨가 땅에 닿으면서 넘어질 때 발생한다. 견골 중간부나 1/3 부위에 흔히 발생한다. 환자는 골절 부위의 통증과 압통을 호소하고 마찰음이 들린다. 어깨의 기형이 두드러지고, 하내측으로 전위되고 처진다. 도수정복으로 뼈의 선열을 맞추고, 석고붕대나 팔걸이로 골절부의 관절을 고정하여 치료한다. 간호사는 신경 혈관 상태를 감시하고, 환지를 상승시키며, 능동적인 손가락과 팔목운동을 교육한다.

(4) 골관절염(Osteoarthritis)

퇴행성 관절염인 골관절염은 노인에게 가장 흔한 유행의 관절염이다. 정확한 원인은 아직 잘 성명되어 있지 않으나, 체중을 부하하는 관절의 비염증성 질환으로 알려져 있다. 이 질병은 특징적으로 관절연골이 점차 파괴되고 관절강 내에 새로운 뼈가 형성된다. 노화 자체만으로 관절이 퇴화되지는 않는다. 골관절염 유발요인으로 연령, 외상, 생활양식, 비만, 유전적 소인 들이 거론되고 있다.

관절의 연골이 얇게 닳아서 결국에는 없어지는데, 이 현상은 특히 힘을 많이 받는 관절에 현저히 나타난다. 연골이 파괴되면서 관절 가장 자리에 새로운 뼈가 증식한다. 관절연골이 완전히 상실되면 양단의 뼈가 서로 단단히 융합되고 이로 인하여 통증을 유발한다. 원위부와 근위부의 지골간관절, 슬개관절, 척추관절 및 고관절 등에 자주 발생한다.

통증이 서서히 시작되며, 활동 후에 악화되고 휴식을 취하면 완화된다. 움직이지 않으면 관절이 뻣뻣하다가 활동을 시작하면 부드러워진다. 이환된 관절을 움직일 때 연발음이 들리고 관절이 부딪치는 감각이 있다. 관절구조가 변형되어 관절 가동역이 줄어들고 근육경련을 유발한다. 환자는 이환된 관절을 사용하지 않으며, 보행 자세가 변하게 된다. 원위부 지골간 관절에 뼈가 증식, 비후되어 Herberden's 결절이 형성된다.

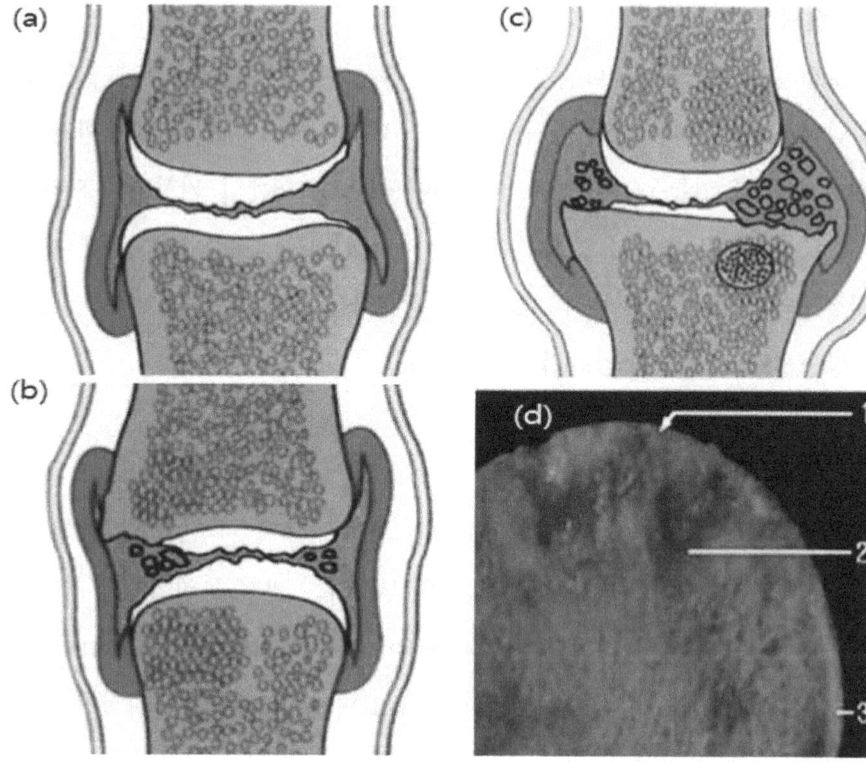

(a) 초기단계 원섬유화(Fibrillation) – 관절연골이 연화되고, 연골세포군 사이가 분열되며 연골이 파괴됨
(b) 중간단계 – 연골파괴가 계속됨 → 연골손상에 대한 보상으로 연골아래의 뼈가 비정상적으로 증식→ 연골아래 뼈가 치밀해짐(경화)
(c) 중증단계 – 연골이심하게 파괴됨 → 관절강이 좁아지고, 활막비대, 연골밑판에 낭종이 생길 수 있음
(d) 골관절염인 대퇴부 관절 두부의 횡단면 : 1. 연골이 모두 파괴되어 연골 밑판 뼈가 드러남 2. 연골밑판낭종, 3. 끝에 약간 남아 있는 연골

그림 3-11 골관절염의 진행

(5) 류마티스성 관절염(Rheumatoid arthritis)

류마티스성 관절염은 관절 파괴와 기형 및 불구를 초래하는 만성, 비염증성 전신 질환이다. 이 질병은 30대나 40대에 발병하여 노년기까지 진행된다.

류마티스성 관절염의 원인은 아직 분명하게 밝혀져 있지 않으나, 자가 면역 이론이 가장 유력하게 받아들여지고 있다. 염증반응은 관절에 가장 두드러지고 주변의 조직에서도 발견된다. 처음 침범되는 관절은 근위부 지골간 관절이며, 차츰 중수지골 관절과 팔목 관절로 진행하고, 후기에는 슬관절과 고관절까지 침범된다.

초기에는 활막의 염증반응으로 관절이 비후되고 활액 생산이 증가한다. 이러한 변화를 판누스(pannus, 막의 혈관증식)라 하며, 판누스 조직이 발달하여 관절낭과 연골 아래 뼈까지 침윤하고 파괴한다. 이 과정이 진행되면서 관절운동 기능이 손상되고, 기형을 초래하며 결국에는 관절이 강직되고 고정된다.

류마티스성 관절염의 진행과정은 다양하다. 일반적으로 점진적으로 발병하여 주기적으로 악화되었다가 완화되는 과정을 거친다. 특징적인 증상은 관절 강직을 동반한 통증, 관절 가동역의 감소, 관절 종창과 기형 등이다. 관절 강직은 이른 아침에 심하고, 30분~6시간 후에 완화된다. 침범된 관절은 열감이 있고 부어 있다. 특징적인 관절 기형으로 팔목의 척골 편위, 근위부와 원위부의 지골간 관절 경축에 의한 boutonniere 기형, 원위부 지골간 관절 경축으로 인한 Swan-neck 기형이 나타난다. 체중감소, 피로, 식욕부진, 빈혈 등의 전신증상도 나타난다. 노인은 이러한 특이한 증상을 보이지 않을 수도 있어, 갑자기 증상이 나타나거나 작은 관절보다는 큰 관절이 먼저 이상을 보이기도 한다.

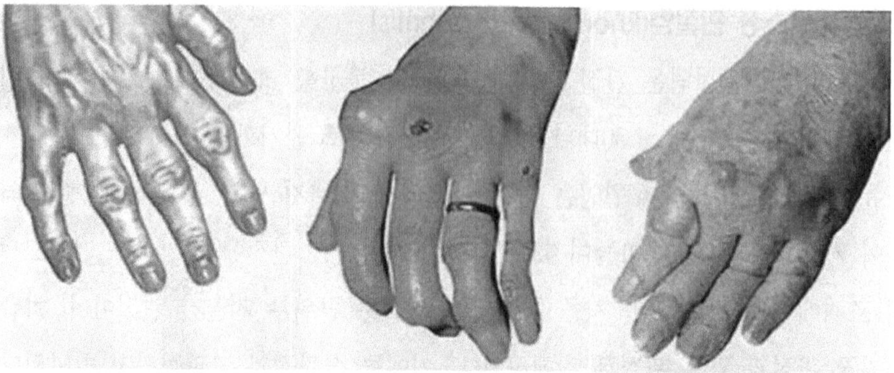

(a) 손가락중간마디에서 관절염발생 (b) 손가락이 새끼손가락쪽으로 구부러짐(편측편위) (c) 손가락이 단추누르는 모양으로 변형(swan neck)

그림 3-12 류마티스 관절염의 특징적인 관절 변형

(6) 발의 건강문제

많은 노인이 발 건강문제를 안고 있다. 노인의 65~75% 이상이 발에 한 가지 이상의 건강문제를 호소한다. 55세 이상의 인구의 80% 이상이 X-선상에서 관절변화를 보인다. 발의 건강문제는 통증과 불편함을 유발하기도 하지만 걸음걸이를 불안정하게 하여 노인들이 자주 넘어지는 요인으로 작용한다.

발은 보행에 필수적인 부위로 26개의 뼈와 33개의 관절, 수많은 인대와 건, 그리고 근육으로 이루어진 복잡한 구조물이다. 발은 서있거나 걷는 동안 인체를 지지하고 충격을 흡수한다. 나이가 들면 발은 소모현상을 보인다. 완충 역할을 하는 발바닥의 지방층이 얇아진다. 오랫동안 걸음을 걸어왔기 때문에 중족골 간격이 벌어지고, 인대가 늘어나 발이 넓어진다.

노인이 가장 많이 호소하는 건강문제는 발의 통증이다. 발의 통증은 발의 노화변화 이외에 선천적 기형, 발의 손상, 당뇨병이나 류마티스성 관절염 및 골관절염 등의 전신 질환에 의해 발생한다. 잘 맞지 않는 신발을 신으면 발가락들이 죄어들어 정상 보행과정에 악영향을 미친다.

노인에게 흔한 발톱의 이상 상태는 조갑비대(onychauxis)이다. 조갑비대는 발톱이 과잉 성장하여 발톱 가장자리가 연조직을 파고들어, 조상에 궤양과 감염을 초래하여 통증을 유발하는 건강문제이다. 노인의 발톱은 두껍고 단단하므로 적절히 관리하지 않으면 심한 불편을 초래한다.

발의 건강문제는 일상생활에서 몇 가지 주의를 기울이면 예방이 가능하고, 일단 발생한 문제는 꾸준히 관리를 해야 하므로 간호 관리에 있어서 교육은 매우 중요한 부분을 차지한다. 간호사는 발 간호와 적절한 양말과 신발에 대하여 교육 한다. 발 건강문제의 예방에 있어서 가장 기초적인 조치는 잘 맞는 신발을 신는 것이다. 신발로 인하여 발가락이 구부러지지 않아야하고, 길이와 넓이가 적절하고 중족궁을 지지할 수 있어야 한다. 너무 작고 좁은 신발은 엄지발가락에 압박을 가하여 모지활액낭을 유발한다. 여성은 지나치게 높은 신발은 신지 않도록 한다. 노인은 매일 발을 씻고 양말을 갈아 신어야 한다. 양말은 욕창을 유발하지 않을 정도로 넉넉해야 한다. 시력이 저하되고 움직임이나 자가 간호 기능이 저하되어 발톱을 자를 때 도움이 필요한 노인도 있다. 발톱이 주변 조직을 파고늘어 궤양과 감염을 유발하지 않도록 손톱깍기를 이용하여 일자로 자른다. 발의 건강문제가 장기간 개선되지 않으면 발 전문의에게 의뢰한다.

(7) 노인 하지의 근골격계 변화와 보행과의 관계

노인들은 보행 시 연령이 증가함에 따라 한 걸음 길이와 분당 발짝 수가 감소되고, 보폭이 증가되며, 단하지 지지의 비율이 줄어드는 반면 양하지 지지기의 시간이 길어진다. 또한 입각기 시간이 길어지나, 전체적인 보행 주기 시간은 단축되며, 발이 외축으로 편향되는 특징이 있다. 특히 근육의 단축이나 관절 질환들에 의하여 족관절의 최대 배측 굴곡과 슬관절과 고관절 신전을 포함한 관절 운동이 제한을 받게 된다.

노인과 젊은 성인 대상을 비교한 보행 분석에서 관절 가동 범위 특히, 고관절과 족관절 등의 관절 가동 범위 감소와 같은 노인 보행의 운동 형상학적 특징과 시간적 변수 등에 관한 연구는 많이 이루어지고 있다. 그러나 이러한 노인 보행의 특징은 노화의 과정으로서 보편적인 변화이며 기능적 결함은 아니다. 노인 보행의 기능적 제한을 알아보기 위해서는 운동 형상학과 시간적 변수와 더불어 근육과 관련된 분절의 힘(power)에 대한 분석도 요구된다.

건강한 노인들을 대상으로 한 보행 분석의 자료 수집은 노인 인구의 실질적인 재활을 확립하기 위하여 필수적이다. 국내에서는 보행 분석에 대한 운동형상학적 및 운동학적 분석이 체계적으로 이루어진 연구는 극히 드물며 지금까지 시도된 대다수의 보행에 관련된 연구도 비정상인의 보행 패턴이나 정상 성인을 대상으로 한 연구가 대부분이었기 때문에 노인을 대상으로 한 보행 분석 연구와 관련된 부문의 기초 연구 자료가 극히 부족한 실정이다.

노인 보행 관련 생체역학적 연구는 최근의 세계적인 노인 인구의 증가 추세에 따라 이루어지고 있으나, 초기 단계임은 이미 언급하였다. 현재 전 세계적으로 수행된 관련 연구를 살펴보면 노인 보행에 관하여 젊은 대상자와 비교한 연구가 있었고, 보행 시 내전 모멘트에 관한 연구는 골관절염 환자의 수술 후 슬관절 부하의 변화를 조사하기 위한 연구를 시작으로 수술 전, 후의 방사선적 정렬 상태와 내전 모멘트의 관련성을 측정한 보행 분석이 있었다. 그러나 국내·외의 연구 중에서 노인을 대상으로 보행 보조용 Assistive Prosthesis를 개발하기 위하여 필수적인 노화된 하지 골격과 노인 보행과의 관계를 규명하기 위한 생체역학 연구는 거의 없는 실정이다. 국내에서는 65세 이상의 여성 노인을 대상으로 하지의 정렬상태와 슬관절의 생체역학 거동과의 관계에 대한 연구가 수행되었으나, 전체적 노인에 대한 심층적인 연구가 필요하다.

하지 주요 구조에 대한 임상 측정은 보행에 문제를 일으킬 수 있는 비정상적 구조와 인접한 관절의 병리를 이해하기 위해서이며, 노인에 대한 보행분석은 이러한 하지 근골격의 생체 역학적 기능 연구를 위해 유용한 도구로 사용될 수 있다. 노인 하지 정렬에 대한 정적평가는 보행 시 일어나는 생체 역학적 움직임을 완전히 이해하기 위해서 필요하며, 보행 입각기 동안 하지는 폐쇄운동 사슬로 작용하여, 각 분절의 정렬 상태가 인접한 분절의 결정 인자로 작용하므로 하지 정렬과

각 분절의 관련성에 대한 이해가 무엇보다 중요하다.

하지관절에서 발생하는 모멘트는 노인 보행 시 하지관절의 내·외측의 체중 분산의 주된 결정 요인으로, 하지관절에서 발생하는 힘을 나타내며, 하지관절 모멘트와 연관된 보행 분석은 노화로 인한 근골격계 변화에 의하여 변화된 하지와 발의 정렬이 하지관절에서 관찰되는 힘에 어떻게 영향을 미치는가에 대한 정보를 제공하여 준다.

다음에 소개될 내용은 노인보행분석에 대한 연구의 예이며, 슬관절 내전 모멘트와의 노인의 하지 정렬과 상관관계에 관한 연구이다. 이와 관련된 연구는 노인용 첨단보행 보조기기를 개발하기 위해서는 필수적이며, 소개되는 연구는 우리나라 정상 노인 여성의 보행 분석을 실시하여 노인 보행에 관한 기초 자료와 체중부하비율에 따른 슬관절 내전 모멘트의 상관관계 이해를 목적으로 수행되었다. 연구는 노인의 보행에 관한 기초 자료와 체중부하비율에 따른 슬관절 내전 모멘트의 상관관계, 발의 진행방향에 따른 슬관절 내전 모멘트의 상관관계를 조사하기 위하여 하지 관절의 이환된 질환이 없는 건강한 여자 노인 15명을 선정하여 실험하였으며 생체 역학적 특성은 다음과 같았다.

① 보행 선형지표인 분당 발짝 수는 114.8step/min, 보행 속도 1.05m/s, 한 걸음 시간 1.06sec, 한 발짝 시간 0.53sec, 단하지 지지기 0.41sec, 양하지 지지기 0.24sec, 한 걸음 길이 1.04m, 한 발짝 길이는 0.56m이었다.
② 슬관절의 운동 형상학적 지표로 유각기를 통한 최대 굴곡 각도는 왼쪽 46.82°, 40.19°이었고 슬관절 최대 신전 각도는 왼쪽 -1.32°, 오른쪽 2.01°이었다. 슬관절 내반은 왼쪽 26.90°, 오른쪽 30.93°이었다.
③ 슬관절의 운동학적 지표 중 모멘트는 최대 신정 모멘트가 왼쪽 0.389Nm/kg, 오른쪽 0.463Nm/kg로 나타났으며, 최대 내전 모멘트는 왼쪽 0.332Nm/kg, 오른쪽 0.379Nm/kg이었다. 최대 내회전 모멘트는 왼쪽 0.13Nm/kg, 오른쪽0.140Nm/kg이었다.

④ 체중부하선과 내전 모멘트는 입각기 중기에서 높은 음의 상관관계를 보여, 내반정렬을 가진 대상자일수록 높은 슬관절 내전 모멘트를 나타내었다.

⑤ 발의 진행 방향에 따라 슬관절 내전 모멘트가 입각기 말기에서 유의한 높은 양의 상관관계를 나타냄으로써 발이 외측으로 편향되어 걷는 대상자일수록 낮은 슬관절 모멘트를 나타내었다. 결론적으로 본 연구를 통해 건강한 여자 노인의 보행 특성과 하지 정렬 상태가 슬관절 내전 모멘트와 관령성이 있음을 확인하였다.

3. 노화와 인지능력의 변화

1) 치매(Dementia)

노인의 인지기능 장애로는 섬망(delirium), 치매(dementia), 우울 혹은 가성치매(depression or pseudodementia), 편집상태(paranoid states), 건망 증후군(amnestic syndromes), 양성 노쇠성 건망증(benign senescent forgetness) 등이 있다.

이 중에서도 인지기능 전반에 걸쳐 심각한 장애를 보이는 문제는 치매이다(Leuckonett, 1994). 고령화 사회인 일본의 경우 65세 이상 노인의 치매 유병률은 점차 증가하여 1995년 6.5%, 2020년에는 8.9%에 이를 것으로 전망되고 있다. 우리나라에서도 최근 들어 치매 노인이 증가하면서 사회적 문제로 대두되고 있다. 연구마다 측정 도구가 다르고 표본 인구가 차이가 있어 노인성 치매 유병률을 정확히 알 수는 없으나, 1990년대 이후 연구대상 노인의 약 2.0%에서 11.3%로 보고되고 있다(박종환 등, 1991 : 이가옥 등, 1994).

한편 통계청 보고에 의하면 1995년 65세 이상 노인 인구의 5.5%(128,389명)가 치매였고, 2020년에는 5.9%(372,175명)로 증가할 전망이다. 평균수명이 연장되고 인구의 노령화가 급속히 진행되고 있는 추세로 미루어 볼 때 치매는 우리 사회의 심각한 문제로 대두될 것임에 분명하다. 더욱이 치매는 노인 당사자는 물론 가족과 주변사람에게 고통을 안겨 주고, 여러 가지 위험을 동반하는 등 심각한 문제를 초래하며, 치료보다는 돌보고 관리하는 데 중점을 두어야 하는 노인 문제여서 치매 노인 간호는 매우 중요하다.

(1) 치매의 원인과 종류

세계보건기구의 국제질병 분류에서는 치매를 '뇌의 만성, 또는 진행성 질병에 의해 발생하는 증후군으로, 이로 인한 기억력, 사고력, 이해력, 계산력, 학습능력, 언어 및 판단력을 포함한 고도의 대뇌피질 기능의 다발성 장애'로 정의하고 있다.

치매의 원인 질환 중 약 35~50%는 조기에 발견하여 관리하면 증상이 개선되거나 일상생활기능을 어느 정도 유지할 수 있는 것으로 알려져 있다. 가역성 원인은 다음의 약자를 이용하면 쉽게 기억할 수 있다.

D : drug
E : emotional disorder
M : metabolic or endocrine disorders
E : eye and ear dysfunction
N : nutritional deficiencies
T : tumor and trauma
I : infections
A : arteriosclerotic complication(myocardial infarction, heart failure) and alcohol

가역성 원인 질환에 의한 치매를 간단히 살펴보면 다음과 같다.

가. 약물 중독

정신성 약물과 중금속은 신경활동 장애를 유발하여 각종 지적 기능장애를 유발하는데, 이러한 약물들을 중단하면 치매 증상도 개선된다.

나. 정서장애 : 우울성 가성 치매

우울성 가성치매는 우울에 의해 인지기능이 가역적으로 손상된 사람에게 해당된다. 치매 노인의 약 1/3이 우울을 동반한다. 우울과 치매와의 관계는 매우 복잡하여 인지기능 장애가 우울에 의한 것인지, 기질적인 것인지를 감별하기는 매우 어렵다. 노인성 우울은 의욕 감퇴, 집중력 저하, 정신운동 속도의 저하 등이 심하여 치매로 오인하기 쉽다.

다. 대사장애 혹은 내분비장애

당뇨병, 만성 간질환, 신장 질환, 갑상선 기능 저하증 등에 의한 치매는 원인 질환을 치료하거나 합병증을 관리하면 치매 증상도 개선된다.

라. 영양결핍

비타민 B12 및 엽산은 뇌의 신경전달물질을 합성하고 활성화하는 효소로 작용한다. 이러한 물질이 결핍되면 뇌의 기능 장애를 초래하여 치매 증상을 보일 수 있다.

마. 종양과 외상

치매를 유발하는 대표적인 뇌의 외상성 질환으로는 경막하 혈종, 정상압뇌수종이 있다. 두개 외상으로 두개골과 뇌 조직 사이에 혈종이 형성되면 뇌를 압박하여 두통, 마비, 보행장애, 지적기능 장애 및 행동장애 등의 증상이 나타난다. 특히, 노인은 혈관의 탄력성이 저하되고 약하여 기볍게 부딪쳐도 혈종을 형성하고 매우 서서히 진행되므로, 두개 외상과 증상을 쉽게 관련시키지 못하여 종종 치매로 오인한다. 혈종 혹은 수종을 수술로 제거하면 치매 증상이 개선된다.

정상압뇌수종은 흔히 지주막하 출혈 시 조직파편이 지주막하 융모에 붙어 발생한다. 뇌실과 지주막하강을 통한 뇌척수액의 흐름은 원활하나, 지주막 융모에서 흡수가 원활하지 않아 뇌에 뇌척수액이 축척되는 질환으로, 뇌척수압은 증가하지 않으면서 뇌실이 커져 정상압뇌수종이라 한다. 뇌실이 확대되면서 주변 뇌조직을 압박하면 보행장애, 요실금, 지적기능 저하 등의 증상을 보인다. 측로술로 뇌척수액의 흐름을 개선하면 치매 증상은 개선된다.

양성 뇌종양이 커져 뇌 조직을 압박하면 부위에 따라 치매 증상을 보인다. 종양을 수술로 제거하면 증상이 개선된다.

바. 감염 질환

매독이나 에이즈 등의 전신 감염을 관리하지 않으면 병원체가 뇌로 침범하여 감염을 일으켜 치매로 진전된다. 병원체가 뇌로 침범하기 전이나 뇌손상이 진행되기 전에 치유하면 치매를 예방할 수 있다.

사. 알코올 중독과 죽상경화성 심장 질환과 뇌혈관 질환

알코올은 뇌의 신경전달물질을 합성하는 비타민을 파괴한다. 알코올 중독의 경우 대뇌피질이 위축되어 전반적으로 지적 기능이 저하된다.

혈관의 변화에 의한 심장 질환과 뇌혈관 질환 역시 치매 증상을 보인다. 혈관이 죽상경화성 변화를 초래하면 심근경색이나 심부전 등 심장 질환을 유발한다. 이들 질환은 심장의 펌프 기능을 저하시켜 심장에서 폐로 가는 혈류량이 줄어들고, 이로써 뇌로 보내지는 산소의 양이 부족하여 기억력이 감퇴하고 외부 자극에 대한 반응력이 떨어진다는 것이 병의 원인으로 지적되고 있다. 또한 염색소를 정렬시키고, 세포의 이동을 조절하며 신경세포 내에서 신경전달물질을 운반하는 미세소관의 결함도 한 가지 원인으로 제시되고 있다.

아밀로이드나 타우 등의 이상 단백질과 알츠하이머와의 관계는 연구 중에 있다. 알츠하이머 환자는 정상군에 비해 두부외상 병력이 많다. 뚜렷한 기전을 알 수 없으나, 외상에 의해 뇌혈관장벽이 손상되어 발생하는 것으로 추측한다. 알츠하이머 환자는 뇌 혈류와 산소 소모량이 현저히 감소되어 있는데, 이것이 알츠하이머의 원인인지 아니면 결과인지는 아직 분명히 밝혀지지 않은 상태이다.

알츠하이머는 대뇌피질 특정 영역의 신경원의 수, 구조, 기능상의 변화를 초래한다. 초기에는 뇌의 육안적 변화가 뚜렷하지 않으나, 병이 진행되면서 뇌가 전반적으로 위축된다. 특징적인 병리학적 소견은 노인성 반(plaque)과 신경섬유농축체의 발현이다. 노인성 반은 신경망에서 일어나며 아밀로이드라는 단백질로 구성되어 있다.

신경원섬유농축체는 신경세포 내에 있으며, 비정상적인 단백질과 한 쌍의 나형 배치로 압축된 내인성 신경세사로 구성되어 있다. 이들 병변은 해마, 편도, 피질 하측두엽, 후중앙 측두엽, 대상회전, 전전두엽 등에서 발견된다.

알츠하이머가 발생할 위험 요인으로는 노령, 가족력, 부모의 연령, 정신과적 병력, 두부 외상, 흡연과 음주 등이 있는데, 이 중 가장 확실한 위험요인은 연령이다. 45세에서 알츠하이머의 유병률은 0.01%에 불과하나, 65~70세는 2%, 70~80세는 5%, 85세에는 20%로 상승한다.

알츠하이머의 25%가 가족력이 있고, 가족력이 있는 알츠하이머의 10%는 상염색체 우성 유전을 한다. 특히 65세 이전 발병은 가족력과 관련이 있다.

(2) 치매의 증상

치매의 일차적 증상은 뇌신경 손상에 의해 발생하는 기억력 장애를 포함하는 신경인지기능 장애이지만 이차적으로 행동장애, 수면장애, 인격의 변화, 망상, 환각 등의 정신과적 이차 증상도 동반된다. 그 밖에도 신경인지 기능장애와 정신장애로 인하여 독자적으로 일상생활을 관리하지 못한다.

가. 기억장애

기억장애는 치매의 대표적인 증상으로, 특히 대뇌피질의 이상에 의한 치매의 경우 초기부터 나타난다. 새로운 정보를 학습하는 능력이 감소되기 때문에 대부분 최근 기억부터 감퇴한다. 그러나 초기 증상은 건강한 노인에게 발생하는 건망증상과 유사하여 감별하기가 쉽지 않다. 점차 먼 과거의 기억도 감퇴되어, 과거에는 능숙하게 처리하던 일이 서툴러지거나 전혀 하지 못하게 된다. 심지어 자녀의 이름, 자신의 이름이나 생년월일, 주소, 과거직업 등 자신의 인적사항 조차도 기억하기가 힘들다. 또한 기억력이 감퇴되었다는 사실조차도 자각하지 못하게 된다.

나. 지남력 상실

지남력은 기억력과 주의력에 의존하기 때문에 치매노인은 점차 시간, 장소, 사람에 대한 지남력을 상실한다. 환자는 날짜 · 요일 · 시간 등을 제대로 파악하지 못했고, 현재 자신이 어디에 있는지를 잘 모르고, 심지어는 화장실과 자기 방을 찾지 못한다. 대부분 처음에는 시간에 대한 지남력을 상실하고 점차 장소와 사람에 대한 지남력을 상실한다. 혈관성 치매 또한 대사성 질환에 의한 치매는 초기에 지남력을 잃는 반면 알츠하이머와 같은 퇴행성 치매는 질병과정이 진행되면서 점차 지남력도 상실된다. 그러나 아무리 지남력이 심하게 손상되어도 의식장애는 보이지 않는다.

다. 주의력 장애

치매노인은 일정한 정신활동 혹은 외부자극에 초점을 맞추고 유지하면서 새로운 정신활동이나 자극으로 적절히 옮길 수 있는 능력이 떨어진다. 주의력이 산만한 노인은 겉으로 산만하게 보이며, 대화의 흐름이 일정하지 않고 지리멸렬하다. 혈관성 치매와 대사성 질환에 의한 치매는 초기에 주의력 장애가 나타난다.

라. 언어장애

대부분 치매 노인의 언어기능이 손상되는데, 이때 발성기관의 이상으로 인한 구음장애와는 구분해야 한다. 알츠하이머형 치매는 정확한 단어를 찾지 못하는 명칭언어 장애가 초기부터 나타나, 사물 이름 대신 '이것', '저것'으로 칭하거나 단어의 의미나 물건의 용도를 말한다. 착어증도 동반하여 뜻이 유사한 단어나 발음이 비슷한 단어를 대기도 한다. 예를 들어 '말이 안 된다'를 '입이 안 된다'라고 하거나 '사닥다리'를 '파닥다리'라고 말한다. 초기에는 구음장애도 심하지 않고 대화의 흐름은 막히지 않으며 문장의 길이도 크게 단축되지 않는다. 그러나 점차 진행되면서 착어증이 심해져 전혀 의미가 없는 신조어를 만들어 내고, 상대방의 말을 이해하는 능력도 떨어져 엉뚱한 대답을 하거나 혼자서 말을 중얼거린다.

말기에는 다른 사람의 말을 따라하는 능력이 떨어지고, 계속해서 한 던어나 구절을 반복하거나(echolalia), 첫 단어나 구절을 반복하거나(palilalia) 혹은 마지막 단어나 구절만을 반복한다(logoclonia). 심하면 전혀 말을 하지 않으며 구음장애도 발생한다.

혈관성 치매나 중추신경 외상에 의한 치매의 경우는 뇌 손상 부위에 따라 실어증의 양상이 달리 나타난다. 좌측 상부 중대뇌동맥의 장애에 의해 전측 좌반구가 손상되면 문법체계가 손상되거나, 간단한 문법만 구사하며, 문장이 짧아진다. 사물의 명칭을 말하지 못하고 초기부터 구음장애를 동반하기도 한다. 좌측 하부 중대뇌동맥의 장애에 의해 상부 측두엽이 손상되면 대화는 유창하게 이어가나 명칭대기가 곤란하고 착어증을 동반하며, 상대방의 말을 이해하지 못하는 감각 언어장애를 초래한다.

마. 실행증

운동기능과 감각기능에 손상이 없고, 상대방의 명령이나 대화를 잘 이해하고 이에 응할 수 있는 상태임에도 어떤 행동이나 과업을 제대로 수행할 수 없는 상태를 실행증이라 한다. 치매 노인은 관념 실행증(ideation apraxia)과 관념운동성 실행증(ideomotor apraxia)을 모두 보인다. 관념 실행증으로 수저를 사용하여 음식을 먹거나 장에서 옷을 꺼내어 입는 등의 여러 가지 동작이 연속적으로 이루어지는 과업을 수행하지 못한다. 관념운동성 실행증은 스스로는 할 수 있는 동작을 지시에 의해서는 제대로 따라하지 못한다. 예를 들어 머리를 빗거나 칫솔질을 할 수 있음에도, 같은 동작을 흉내내 보도록 하면 이를 따라하지 못한다.

바. 실인증

실인증(agnosia)은 알츠하이머형 치매와 같이 피질성 치매에서 흔히 나타나는 증상으로, 지적기능, 언어기능, 감각기능에 이상이 없음에도 사물을 인지하지 못하고 그 의미를 파악하지 못하는 상태이다. 치매노인은 시각 실인증(visual agnosia), 촉각 실인증(asterognosia), 상모실인증(prosopagnosia), 청각 실인증(auditory agnosia), 서화 실인증(agrapesthesia)을 보인다.

시각 실인증은 지시한 사물의 모양이나 색은 알아 맞히면서도 그 물건의 용도를 인지하지 못하는 상태이며, 시각 실인증이 없음에도 낯익은 사람의 얼굴을 인지하지 못하는 것을 상모 실인증이라 한다. 촉각 실인증이 있는 노인은 촉각이 정상임에도 손바닥에 쥐어준 물건을 알아맞히지 못하고, 청각 실인증이 있는 노인은 소리를 듣고도 무슨 소리인지를 인식하지 못한다. 서화 실인증이 있는 노인은 피부에 쓰인 글이나 숫자를 알아맞히지 못한다.

사. 시공간 기능장애

시공간 기능(visuospatial ability)은 시각적 주의력, 지각(perception), 내부시상(internal visual image), 시공간 기억(visuospatial memory), 구성능력(constructional ability)을 포함하는 복합적인 기능이다. 이 기능은 주로 뇌의 우측 두정엽과 관련이 있다. 치매 노인은 시공간 기능 손상으로 길을 잃어버리고, 어떤 일을 할 때 필요한 물건들을 적절히 배치하지 못한다. 도형이나 그림을 주고 그대로 그려 보게 하면 제대로 그리지 못하고, 집이나 사람, 시계 등 일상적으로 흔히 사용하고 보아왔던 모양을 그리지 못한다.

아. 전두엽의 실행기능장애

인간이 의도적으로 어떤 행동을 하기 위해서는 먼저 감각자극을 받아들여 인지하고, 행동을 수행하는 데 필요한 일련의 전략을 짜고, 프로그램에 따라 필요한 인체의 근육을 움직여 행동을 실천하고, 이 전략이 제대로 시행되고 있는지 평가하여 잘못되면 수정하는 일련의 과정이 필요하다. 대뇌피질 전두엽과 시상, 기저핵, 백질의 상호전두엽이 손상되면 이 일련의 전략이 제대로 이루어지지 않는다. 주의도 산만해지고 보속증을 보이기도 한다. 문제를 해결하지 못하고, 개념을 유추하지도 못하며, 기억력도 손상된다. 예를 들어 악수를 권해도 손을 움직이지 않고, 일단 손을 잡으면 놓으라고 명령을 해도 계속 잡고 있다. 전두엽 실행 기능장애는 피크병이나 피질하 치매의 초기에 나타나고, 주로 측두엽이나 두정엽에 병변이 있는 알츠하이머형 치매에서는 흔하지 않다.

표 3-1 치매와 가성치매의 비교

특성	치매	가성 치매
병력		
발병시기	정확하지 않음	비교적 확실함
증상 지속기간	장기적	단기적
증상의 진행 속도	느림	빠름
인지기능 상실에 대한 자각	자각하지 못함	비교적 자각함
인지기능 상실에 대한 묘사	모호함	구체적임
기능장애와 정도에 대한 가족의 인식	다양(후기에 인식)	다양함
사회적 기술 상실	후기	초기
정신병력	흔하지 않음	흔함
검사 결과		
최근 기억 / 먼 기억력 상실	최근 기억상실이 큼	동일함
특정 기억 상실	흔하지 않음	흔함
주의 집중력	종종 산만함	좋음
‘모른다’ 는 답변	흔하지 않음	흔함
유사한 과업 수행 능력 장애	일관성 있게 보임	다양함
자신의 증상에 대한 정서반응	다양함, 무관심	매우 불편해함
환자의 정서	불안정, 급격한 변화	우울
과업수행 노력	많이 함	적음
기능장애에 대처하려는 노력	많이 함	거의 안함

2) 인지 능력의 변화

노화에 따라 감각·지각 능력 감퇴, 지적 능력 저하, 기억력과 학습 능력 감소. 이러한 변화는 정보에 대한 인식 저하를 초래해 삶의 질에 중요한 영향을 미치게 됨.

(1) 감각 · 지각의 변화

인체의 감각은 노화로 인한 감퇴의 속도가 각기 다르다. 근접 감각은 촉각이나 미각처럼 감각 수용기 가까이 있는 자극에 반응하는 감각이고, 가장 단순하고 초기에 발달한 감각 양식으로 노화로 인한 손상이 비교적 덜하다. 원근 감각은 시각이나 청각처럼 수용기에서 멀리 떨어진 자극에 반응하는 감각이고, 가장 늦게까지 발달한 복잡한 감각 양식으로 노화로 인해 손상될 가능성이 훨씬 크다.

가. 원근 감각

시각은 세상 지식을 받아들이는 주된 통로이지만 나이가 들면 가장 먼저 퇴화된다.

표 3-2 시각의 변화

<table>
<tr><th colspan="2">구조적 변화</th><th colspan="2">망막상의 변화</th></tr>
<tr><td>동공의 크기와 조절 능력 감퇴</td><td>동공을 통과하는 빛의 양 감소(축동증)</td><td rowspan="3">망막에 산소 공급 비원활화</td><td>간상체의 로돕신(rodopsin) 양과 질 감소</td></tr>
<tr><td>수정체의 투명도와 조절 능력이 감퇴</td><td>물체가 선명하게 보이지 않을 뿐 아니라 가까이 있는 물체나 멀리 있는 물체를 자유자재로 볼 수 없음</td><td>야맹증과 암순응 및 명순응 장애 발생</td></tr>
<tr><td>원시 발생</td><td>가까이 있는 대상은 잘 보이지 않고 멀리 있는 대상이 더 잘 보임</td><td>붉은 색 계통은 잘 보이나 청색 계통은 잘 보이지 않는 황화 현상(yellowing) 발생</td></tr>
</table>

청각은 음에 대한 민감성이 떨어지고, 고음을 잘 듣지 못하며, 복잡한 소음 속에서는 소리를 잘 구별하지 못하는 노인성 난청이 발생한다. 특히 고음을 듣는 능력은 50대부터 급격히 감퇴하여 전화벨이나 호루라기 소리만 들어도 귀에 통증을 느낄 정도가 되면, 이를 타이니터스(tinnitus) 질환이라 한다. 또한 소리음을 실제보다 더 강렬하게 지각하는 보청 현상이 나타나는데, 흔히 노인들이 복잡한 장소에서 젊은이보다 시끄러움을 더 느끼고 혼란스러워하는 것은 이런 이유 때문이다.

또한 청력 감퇴는 시력 감퇴보다 더욱 대인 관계에 문제를 야기한다. 노인들이 자신이 듣지 못한다는 것을 깨닫지 못하거나, 그 사실을 인정하려 들지 않을 때 편집증적인 반응이 나타날 수 있다.

나. 근접 감각

노화로 인해 모세 혈관의 혈액 순환이 원활하지 못하면, 촉각 수용기의 수가 감소하여 촉각 역치(threshold)가 증가하여 촉각이 감퇴한다. 또한 나이가 들면 맛과 냄새를 맡는 기능이 감퇴하여 식욕 감소. 후각에 대한 기존의 연구들에서 일관성을 찾기 힘드나 대체로 나이가 들면 향기를 구별하는 능력이 감퇴하고. 또한 미각 역치가 높아져 단맛, 쓴맛, 짠맛, 신맛을 구별하는 능력이 감퇴한다.

노화로 인한 내이강(內耳腔) 문제 발생으로 노인들의 낙상 위험 증가, 어지럼증을 호소하고, 특히 65세 이후 노인이 잠시 몸의 균형을 잃고 비틀거리는 어지럼증은 내이강 자체의 노화 때문이라기보다는 자세가 변할 때 생기는 일시적인 혈액 장애에 기인한다.

다. 지 각

지각은 감각 기관을 통해서 들어온 정보를 선별해 형태를 파악하고 의미를 붙이는 과정이다.

표 3-3 노화로 인한 지각의 문제

<table>
<tr><td>자극에 대한 지각 속도 감소</td><td>일단 자극이 지각되면 흔적이 오래도록 남아있어 다음에 들어오는 정보를 처리하는데 방해</td></tr>
<tr><td>집중력 감퇴</td><td>복잡한 자극들 속에서 하나의 형태를 찾아내기 어려움(예 : 신호등 찾기)</td></tr>
<tr><td>공간 통합 능력 감퇴</td><td>애매모호한 그림에서 어떤 형태를 찾아내거나, 여러 개의 그림 조각을 모아 하나의 형태로 지각하기 어려움</td></tr>
</table>

(2) 지적 능력의 변화

초기의 연구에서는 연령 증가에 따른 지적 능력의 감퇴설이 지배적이었지만, 최근 지능의 종류에 따라 감퇴의 정도가 다르다는 사실이 밝혀지고 있으며, 성인기 이후 지능의 신축성과 후(後)형식적 사고, 지혜와 같은 질적인 면에 관심이 쏠리면서 인생 후반의 지적 성숙성이 시사되고 있다.

가. 유동성 지능과 결정화된 지능

표 3-4 유동성 지능과 결정화된 지능

<table>
<tr><td>Wechsler, 1955</td><td>- 처음 지능의 종류에 따라 감퇴의 정도가 다르다는 사실 밝힘
- 나이가 들면 동작성 지능은 감퇴하나 언어성 지능은 비교적 안정적이라 주장</td></tr>
<tr><td>Cattell & Horn, 1967</td><td>- 지능을 유동성(fluid) 지능과 결정화된(crystallized) 지능으로구분
- 연령 증가에 따라 유동성 지능은 감소하나 결정화된 지능은 증가한다고 주장
<table>
<tr><th>유동성 지능</th><th>결정화된 지능</th></tr>
<tr><td>정신의 유동성 상징

귀납적추리, 공간 지각능력 포함

신경 조직 손상의 축적, 신경원의 감소와 상관</td><td>경험에 의해 축적된 지식의 결정체

어휘력, 수리력, 언어 유창성이 포함 〈그림 3-13〉</td></tr>
</table></td></tr>
<tr><td>Horn, 1982</td><td>- 나이가 들면서 유동성 지능이 감퇴하는 것은 기민함, 주의 집중력, 정보 조직력의 상실에 기인한다고 주장</td></tr>
</table>

그러나 결정화된 지능은 물론 유동성 지능도 신축성이 있다는 사실이 밝혀지면서, 교육이나 훈련에 의해 성인기 이후 지능을 향상시키기 위한 노력이 계속 진행 중이다.

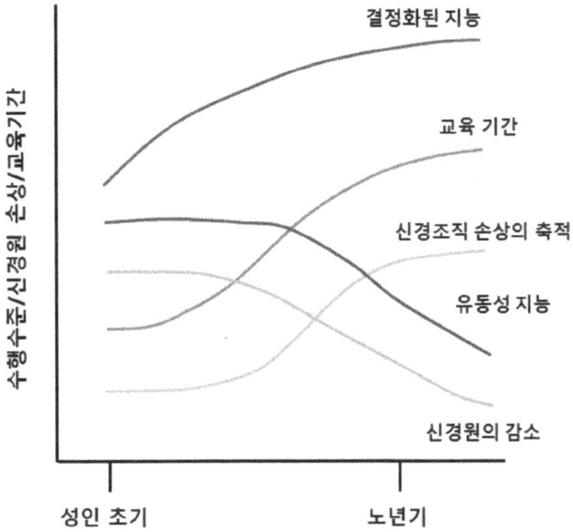

그림 3-13 유동성 지능과 결정화된 지능

나. 후형식적 사고와 지혜

노화의 진행과 함께 주의력, 조직력의 감퇴로 인해 차츰 정보 처리의 양이 감소하고 비효율적인 방식으로 정보를 처리한다. 그러나 이러한 감퇴는 직업과 관련된 전문적 지식의 축적과 후형식적 사고, 지혜의 발달로 보상 가능하다.

후형식적 사고는 상대적 사고, 변증법적인 사고를 포함한다. 일단 개인이 자신의 전문 영역에서의 지식을 상대적이고 변증법적으로 발달시키면 좀 더 창조적이고 세련된 작업 수행 가능하다. 실제 생활에서도 정서를 논리적으로 통합해서 일상의 문제들을 새로운 조망으로 성숙하게 해결할 수 있는 지혜가 생긴다.

(3) 학습과 기억 능력의 변화

연령 증가에 따른 학습-기억의 감퇴는 주로 부호화(coding)와 인출 과정에서 발생한다.

표 3-5 학습과 기억 능력의 변화

부호화 과정	- 나이가 들면 정보처리 속도가 느려서 1초 미만의 짧은 순간에 주어진 정보를 부호화해 저장하기 어려움 - 따라서 노인들은 속도를 요하는 과제에 매우 취약 - 정보를 영구히 저장하기 위해서는 구성력이 필요하지만 노인들은 학습 자료를 체계적으로 분류하는 조직력 저하 - 정보 처리의 깊이가 얕아서 의미 수준(단어의 뜻)보다는 감각 수 준(단어의 형태)에서 처리하며, 기계적인 학습을 하기 때문에 쉽게 망각
인출 과정	- 노인들은 정보를 체계적으로 저장하지 못할 뿐 아니라 살아오면서 축적되어온 수많은 정보들이 서로 뒤엉켜서 간섭하기 때문에 저장된 정보를 잘 꺼내어 사용하지 못함 - 노인들에게는 역행 간섭보다는 순행 간섭이 더 많아 최근 사건보다는 먼 과거의 사건을 더 잘 기억 - 그러나 나이가 들어도 철저하게 학습한 자료나 자신이 관심을 기울이고 정서적 투자를 많이 한 문제는 쉽사리 망각하지 않음 - 노인들이 인생 회고 과정에서 사소한 것 까지 생생하게 기억해내는 이유

노인들에게 새로운 것을 학습시킬 때는 시간제한을 하지 않고 천천히 하도록 해야 한다. 그리고 추상적이고 무의미한 것보다는 구체적이고 의미 있는 학습 자료를 사용하거나 시·청각 매개물을 사용할 때 더욱 효율적인 학습이 가능하다. 특히 노인들은 자신이 관심이 없는 과제는 얕은 수준에서 정보 처리를 하기 때문에 관심과 동기를 유발시킬 수 있는 학습 자료가 필요. 또한 자존심과 의욕을 북돋아 사기를 고무시킬 때는 젊은 사람 못지않게 능률이 올라갈 수도 있다.

4. 심리적/사회적 노화

나이가 들면서 건망증은 점점 심해지고 바보가 되는 게 아닌가 싶을 정도로 답답할 때도 많지만 인생을 바라보고 음미하면서 포용할 줄 아는 지혜는 흰머리의 숫자와 비례하여 느는 것 같다. 나이가 들고 경험이 많아짐에 따라 다른 사람의 처지를 이해하거나 말귀를 알아듣는 이해의 폭은 넓어진다. 남의 입장이 되어보는 것도 훨씬 쉽고 전 같으면 성질대로 그냥 한방 날려버렸을 것도 참고 눈감아 줄 수 있기도 하다. 더 잘 참아지고 이해되고 너그러워진다. 그럴 수 있겠다 싶은 일도 점점 많아진다. 나이가 들면서 우리 자신에게 나타나는 이런 변화를 가리켜 '지혜'라고 부른다. 그렇다고 누구나 나이가 든다고 지혜로워지는 것은 아니다. 노년에 지혜를 터득하는 것은 일생 동안의 피나는 노력의 결과이다. 그래서 인생은 그렇게 행복한 것만도 그렇게까지 불행한 것만도 아닌, 잃는 게 있으면 얻는 게 있는 그리 밑지는 장사는 아니라고, 공평하게 살아볼만한 가치가 있는 것이라고 또 한 번 생각하게 된다.

지능은 새로운 것을 학습하고 합리적으로 사고하고 환경을 효율적으로 다루는 개인의 종합적인 인지능력이다. 지적인 능력은 아동기까지 급속히 증가하여 청년기에 정점에 도달하고 노년기에 접어들면서 서서히 감퇴하지만 어떤 능력은 일정하게 유지되거나 오히려 증가하기도 한다. 지능의 쇠퇴는 대부분 자연적이고 정상적인 노화의 증상이 아닌 병리적인 노화 때문이다. 병리학적인 손상은 소수의 노인들에게만 영향을 끼치며 기능상의 손상은 매우 미약하며 노인의 삶의 질에 결정적인 영향을 끼치지는 않는 것으로 밝혀졌다. 노년기에는 자신의 능력을 최대화함으로써 지적 수준을 유지하는 능력을 갖고 있다는 의미가 된다. 또한 모든 영역에서 똑같이 퇴화되는 것은 아니고 사람에 따라 어떤 능력은 유지되며, 감소하는 차이도 다르다.

지능은 크게 유동적 지능과 결정적 지능으로 나눌 수 있다. 유동적 지능은 선천적으로 결정된 지능으로 뇌신경의 성숙에 의해 발달하며 뇌세포의 감소와 손상에 의해 퇴화된다. 추리능력, 수리능력, 공간지각능력 등이 이에 속한다. 결정적 지능은 후천적 경험과 훈련, 교육에 의해 습득되는 것으로 일반상식, 언어능력, 문제해결능력 등이 해당된다. 유동적 지능은 청소년기에 절정에 도달했다가 나이가 들어감에 따라 서서히 감소하는 경향이 있으나 결정적 지능은 지속적으로 증가하는 경향까지 보이므로 종합적으로 측정되는 지능은 일반적으로 연령증가에 따라 차이가 없다고 한다. 또한 나이가 듦에 따라 기억력이 감소하는 것은 사실이지만 지나친 기억력의 감퇴가 반드시 치매로 연결되는 것은 아니므로 안심해도 좋을 것이다.

노년기의 기억은 다음과 같은 몇 가지 특징을 가지고 있다.

첫째, 최근의 사실보다는 과거의 사실을 더 잘 기억한다. 이는 오랜 인생의 경험으로 축적된 기억들이 새로운 정보를 기억하는 것을 방해하기 때문이다. 노인은 추억으로 살아간다고 한다. 노년의 결실은 이미 이루어 놓은 좋은 것들에 대한 풍부한 기억이다. 어르신들이 습관처럼 과거를 회상하고 추억을 되새김질하는 이유가 여기에 있다.

둘째, 본 것보다 들은 것을 더 오래 기억한다. 그 이유는 노안이 청각감퇴보다 더 빠르게 진행될 뿐만 아니라 청각이 기억에는 더 밀접한 관련이 있기 때문이다.

셋째, 노년기에는 미래계획기억(혹은 조망기억)이 매우 약해져서 미래를 계획하거나 조망하는 일이 점점 불가능해진다. 이는 미래를 조망하는 역할을 담당하고 있는 뇌의 전두엽의 기능이 감퇴하여 기억되어 있는 정보를 활용하는 기능이 퇴화하기 때문이다. 그러나 이러한 기억력의 감퇴는 자연스런 노화의 결과이긴 하지만, 전혀 회복 불가능한 것은 아니다. 정신적·신체적 건강을 유지하고, 꾸준한 지적 활동, 기억술의 활용 등을 통해 인지적 능력의 퇴화를 방지하거나 혹은 회복시킬 수 있다.

5. 노화의 유형과 성공적 노화

노년기는 신체적, 정신적 심리적 기능의 쇠퇴로 인하여 새롭게 생활을 재정비하고 주변관계를 정리해야 하는 시기이다. 화려한 주인공의 자리에서 물러나서 참신하고 풋풋한 주연을 돋보이게 하고 극을 맛깔스럽고 품위 있게 만드는 빛나는 조연으로 옮겨 앉는 때이다. 한국 노인들은 이 시기를 어떻게 맞이하고 적응해나가는가 적응 유형에 대해 알아본다.

1) 금욕주의자형(괘종시계형)

이 유형은 엄격한 자기 관리와 통제로 노화에 적응해나가며 자기 방어적 생활패턴을 시계추처럼 정확하게 반복 유지하며 노년을 비교적 긍정적으로 보낸다. 철저하게 규칙적인 생활로 건강을 관리하고 다른 누구에게도 폐를 끼치지 않도록 금욕주의적 정신으로 무장하여 과도한 욕망을 억제하고 자신이 정한 최소한의 범위 내에서 소비하고 지출한다. 자녀들이 보기에 안타까울 정도로 틀에 박힌 갑갑한 생활패턴을 유지하는 분들이다.

2) 멀티플레이어형

이 유형에 속한 분들은 노화로 인한 쇠퇴를 거부하며 자신이 늙고 있다는 사실 자체를 인정하지 않으려 한다. 자신의 사전에 노화란 있을 수 없다. 단지 노년도 인생의 한 여정일 뿐이며 젊은 시절이나 삶은 다 똑같다고 생각한다. 이제까지 해오던 생활 패턴을 그대로 유지하고 오히려 더 열심히 적극적으로 모든 일을 처리하고 다방면으로 관심과 활동영역을 넓히고 매사에 지나친 열정을 가지고 참여한다. 주인공의 자리를 절대 내놓지 않으며 '니들이 게 맛을 알어?'를 구호로 외치며 젊은이들과 경쟁의식을 가지고 아직도 자신들이 젊은이 못지않은 능력을 가지고 있다고 생각한다. 사실 맞는 말이다. 그러나 물러날 때를 알고 물러날 수 있는 절제와 용기야 말로 경쟁에서 이기는 비법인 것을 이 분들은 미처 알지 못한다.

3) 숨바꼭질형

이 유형은 노화로 인한 기능 저하를 순순히 수용하지만 때론 자신이 늙어 가고 있다는 사실을 부끄럽게 여겨 외부와의 접촉을 의도적으로 피한다. '늙은이가 뭘....' 이라는 핑계로 숨바꼭질의 술래처럼 꼭꼭 숨어 자신을 좀처럼 드러내고 싶어 하지 않는다. 자신의 늙어가는 모습을 다른 사람에게 보이고 싶어 하지 않는다. 이 분들은 노화로 인한 신체적, 정신적 쇠약을 받아들이기 때문에 소극적이기는 하지만 비교적 만족한 노년을 보내고 있다.

4) 공수레 공수거형

공수레 공수거형은 노년에 아무런 희망도 의욕도 없는 분들이다. 이제까지 살아온 날들이 너무나도 힘들고 고통스러웠으므로 지금까지 살아남은 것만으로도 축복이며 밥 세끼 굶지 않고 먹을 수 있는 것만으로도 감사할 뿐이다. 이 분들은 신체적 건강을 유지하기 위한 기본적인 활동 외에는 거의 아무 일도 하지 않고 지낸다. 가져 본적이 없고 누려본 적이 없기 때문에 무엇을 가져야 할지 무엇을 요구해야 할지도 모르는 조용한 분들이다. 무념무상의 현실적인 안정에 안주하고 싶을 뿐이다. 어차피 빈손으로 왔다가 빈손으로 가는 인생 뭐 그리 다르겠으며 아등바등하며 움켜 쥘 건 또 무엇이겠는가 싶다. 막연히 누구나 다 이렇게 살다가 늙고 죽어가려니 생각한다. 언뜻 보면 인생을 달관 한 것 같기도 하고 시간의 흐름에 순응하는 것처럼 보이나 제대로 살아보지도 않고 미리 움츠러들고 포기하는 것도 건강한 노년의 모습은 아니다.

5) 막가파형

이 유형에 속하는 분들은 주변을 가장 힘들게 하는 독불장군들이다. 깃발을 휘날리며 '나를 따르라'를 외치며 당신 마음대로 휘두르려 한다. 늙음이 장끼고 나이가 무기이다. 이분들과는 대화가 통하지 않는다. 당신 기분 내키는 대로 일관성 없이 행동하고 당신의 말이 곧 진리요 법이다. 당신 뜻대로 되지 않으면 화내고 호통을 치며 삐치기 일쑤다. 당신은 다 이해하며 이끌어 주고 있는데 왜 자식들이 자신을 이해하지 못하며 당신 뜻을 받들지 않는가 노여워하면서 또 섭섭해 한다. 돈이면 다 된다는 생각을 가지고 젊은이들을 돈으로 좌지우지하려 한다. '요즘 것들은 말이야... 내가 젊었을 때는...'등은 이분들의 단골 푸념이다. 이런 돈 많은 부모를 가진 젊은이들은 기를 펴지 못하고 부모 눈치 보기에 급급하다.

6) 손해배상 청구형

일본 강점기와 전쟁으로 점철된 질곡의 삶 속에서 역사의 희생물로 살아오신 한국 노인의 대표적 유형이다. 젊은 시절에 대한 회한과 절망으로 점철된 인생을 원망하고 자신의 늙음을 비참해하며 자신의 신세한탄과 타인에 대한 불평을 일삼는다. '늙으면 죽어야지....'를 늘상 되풀이하며 자신의 잃어버린 청춘을 돌려받기를 갈망한다. 늙은 것이 원통하고 이대로 인생이 사그라드는 것 같아 분하다. 풍요롭게 누리며 사는 젊은이들이 못마땅하고 보고 있노라면 분통이 터신나. '내 청춘 돌리도...'를 아무리 외쳐 봐도 지나가 버린 세월을 보상받을 곳은 없다.

7) 안하무인 형

'늙으면 애가 된다.' 고들 한다. 가족이나 타인에게 지나치게 의존하며 한 가지도 스스로는 해결하지 못하는 분들이 많다. 이 분들은 신체적으로 뿐만 아니라 늘 충족되지 못하는 자신의 욕구 때문에 정서적으로 불안정하다. 끊임없이 보호받기를 원하며 부어도 부어도 차지 않는 밑 빠진 독에 물붓기이다. 이런 부모를 가진 자녀들이 형제간에 불목하는 경우가 가장 많다. 해도 해도 끝이 없는 부모님의 욕심과 집착에 휘둘려 자식들이 늘 불안해하며 서로 으르렁댄다. 늘 성에 차지 않고 니들이 얼마나 잘하나 보자는 식으로 늘 자식들의 효심을 저울질하고 계산한다. 자신에 대한 관심을 불러일으키기 위하여 병원도 필요이상으로 자주 가며 '내가 살면 얼마나 산다고... 내가 니들을 어떻게 키웠는데.....'하며 공치사가 입에 붙어있다. 자식들을 다람쥐 쳇바퀴 속에 넣어놓고 계속 굴리기를 시킨다. 다람쥐 쳇바퀴 속에서 자식은 골병들고 당신은 욕망덩어리로 마침내는 피폐되고 만다.

그러나 모든 노인들이 부정적으로 노년을 보내는 것만은 아니다. 실제로는 신체적, 정신적으로 건강하게 노후를 보내는 노인들이 더 많다. 다음은 긍정적이고 바람직한 노년의 적응 유형이다. 이 유형에 속하는 노인들은 대체로 심리적으로 건강하며 정서적으로 안정감과 현실감, 객관화 능력을 가지고 있다.

8) 자선남비형

자선남비형은 절절 끓는 아랫목에서 화롯불에 구운밤을 호호 불어가며 옛날이야기 들려주시고, '자장 자장 우리아기 잘도 잔다...' 하며 밤새 아픈 손자를 등에 업고 밤을 지새우시며 무조건적 사랑을 베풀어주시던, 우리 할머니들의 모습이다. 노년에 덕을 쌓는 것은 남을 도와주는 것이라는 생각을 투철하게 가지고 있으면서 죽을 때 가지고 갈 것 아니니 가진 것을 아낌없이 나눠준다. 자신의 인생을 통해 받은 것이 너무 많다고 생각하며 거져 받았으니 거져 나누어 주어야 한다는 생각을 하시며 어떤 모양으로든 남을 돕는 일에 적극적이시다. 이 분들은 삶 자체가 선물이고 은총이라고 생각하시며 자신이 가지고 있는 자선냄비에서 한없이 많은 행복과 사랑을 주변을 훈훈하게 덥혀주신다.

9) 초원의 집형

이 유형은 조용히 자신의 노후를 긍정적으로 받아들이며 다양한 활동을 추구하기 보다는 진실로 자신이 원하고 죽을 때까지 지속할 수 있는 소수의 관계와 일에 초점을 맞추고 몰두하는 형태를 말한다. 은퇴와 함께 고단하고 복잡한 일상에서 벗어나 저 푸른 초원 위에 그림 같은 전원주택을 짓고 자연을 벗 삼아 자그마한 밭을 갈며 한적한 노후를 지내는 타입이다. 이 분들은 지나치게 활동이 줄어드는 경향을 띠는 것처럼 보이지만 질적으로는 더욱 충실을 기한다. 스스로 물러날 때를 알고 포기하고 물러나신 분들이다. 흔들의자에 앉아서 가벼운 미동과 함께 평화로이 노후의 휴식과 사색을 즐기는 분들이다.

10) 저녁노을형

이 유형은 한 여름의 작열하는 태양 빛처럼 모든 것을 녹여버릴 듯 지글거리지 않으면서 은근하면서도 넓고 옅게 퍼지는 저녁노을처럼 세상을 감싸 안는 푸근한 타입이다. 한 순간에 힘차게 떠오르는 아침 태양처럼 강렬한 역동성을 주지는 않지만, 결코 화려하거나 튀지 않으면서 마지막까지 하늘을 붉게 물들이는 위력을 발휘하는 저녁노을과 같은 노년을 보내고 계시는 분들이다. 이 분들은 자신의 노화를 겸허히 받아들이고 노화에 맞춰 자신의 삶을 재구성하며 자기 내면을 성숙하게 만드는데 집중한다. 인생의 마지막 단계를 보다 의미 있고 깊이 있는 성찰로 채워가며 자신의 자리를 주저함 없이 적절하게 양보하며, 자신에게 주어진 삶에 감사하고 타인을 배려하는 지혜롭고 평화스런 노년기를 보낸다. 아름다운 노년의 향기가 은은하게 배어나오는 분들이다.

참고문헌

김희자(1994). 시설노인의 근력강화운동이 근력, 근 지구력, 일상생활 기능 및 삶의 질에 미치는 효과. 서울대학교 대학원 박사학위논문.

신재신(1993). 근 관절운동이 노인의 무력감 정도에 미치는 영향. 대한간호학회지, 23(1), 107-117

이미라(1996). 근력강화 운동프로그램이 퇴행성 슬관절염 대상자의 근력, 통증, 우울, 자기효능감 및 삶의 질에 미치는 영향. 충남대학교 석사학위 논문.

Atchley, R.C.(2000) Social Forces and Aging, 9th Edition. Belmont, CA: Wadsworth. Thompson Learning.

Kauffman, T.L.(1985). Strength training affect in young and aged women. Archives of Physical Medicine & Rehabilitation, 66, 223-226.

Kart C. S., E. K. Metress and S. P. Metress(1994), Human Aging and Chronic Disease, Jones and Bartllet Pub., Boston

제 4장 노인복지용품과 디자인

1. 노인복지용품을 위한 디자인 접근 방법

고령화 사회가 도래한다는 것은 기존의 건강한 성인을 대상으로 해온 제품들 대부분을 많은 사람들이 사용하기 어렵게 된다는 것을 의미한다. 지금 연령이나 신체적 기능 차이에 관계없이 가능한 많은 사람들이 사용하기 쉬운 제품이나 서비스, 시설을 개발해야하는 관점이 주목받는 이유이다. 이에 대해 디자인의 개념이 강조 받는데, 디자인은 적절한 형태의 물리적인 지원과 행동적 단서를 제공하여 이러한 방향감과 상실감과 취약성을 감소시킬 수 있다.

최근 보청기와 진단용 기기 등의 노인성질환 의료기기의 디자인 출원이 10년전에 비해 2배 이상 늘어나고, 디자인 양식도 기술·미학적으로 진화하고 있는 것은 이러한 추세를 반영한 것이라 할 수 있다. 노인성질환 의료기기의 디자인출원은 1999년 164건에서 2008년 343건으로 연평균 9.8% 증가해 같은 기간 전체 디자인출원의 연평균 증가율(6.5%)을 3%P 넘게 웃돌았다. 기기별 출원건수를 살펴보면 2004년을 기준으로 전후 5년간 보청기는 4건에서 11건으로 175% 증가했고, 전신안마기는 437건에서 461건으로 5.5% 증가, 진단용기기는 134건에서 169건으로 26.1% 증가, 치과용기기는 135건에서 332건으로 146% 증가, 기능회복기기는 194건에서 273건으로 41% 증가해 전체적으로 904건에서 1,246건으로 38% 증가했다. 지난 10년 간 보청기 디자인은 귀 삽입형에서 오픈이어 타입의 귀걸이형으로 변화했고, 허리나 등 부분을 단순히 진동시키던 안마의자는 자동조적이 가능한 리모콘 시스템과 음악 감상 등의 부가기능을 갖춘 전신마사지기 형태로 진화했다. 진단용기기도 단순한 혈당측정 기능에서 센서를 통해 체지방과 근육량, 수분 등 각종 인체 정보를 한 번에 측정할 수 있는 복합기능으로 발전했고, 치과용 유니트기기 역시 사각 형태나 진료위치 고정식에서 색체와 모양이 다양하고 자유롭게 진료위치를 선정할 수 있는 슬림형으로 바뀌었다. 허리보호대와 같은 기능용 회복기기 또한 통기성과 경량성을 강조하는 형태로 개선되는 등 노인성질환의 특수성을 반영해 의료기기의 디자인이 변화하고 있다.

그러나 이와 더불어 주목해야할 것은 노인용 제품이 크게 성공을 거두지 못하는 경우가 많다는 것이다. 그것은 노인 전용 제품이 오히려 노인으로 하여금 차별을 받는 다는 느낌과 소외감을 주는 경우가 많아서 노인들에게 외면을 받기 때문이다. 이러한 대안으로 제임스 퍼클은 노인을 위한 디자인 접근 방향이 세 가지 범주에서 논의될 수 있다고 하였다(그림 4-1). 첫째는 노인을 위한 디자인에 전혀 관심을 보이지 않는 것이다. 노인의 정상적인 신체 변화를 수용하지 않는 제품을 계속해서 생산하게 내버려두어 결과적으로 디자인 차별의 문제를 해결하기보다는 악화시킬 뿐이다. 두 번째의 선택은 노인을 위해 특별히 마련된 제품을 개발하는 것이다. 하지만, 그러한 제품들은 앞에서 언급했듯이 곧 '노인용'으로 낙인찍히게 되며 바로 그 이유 때문에 노인들로부터 외면당하고 거부당하게 된다. 세 번째는 처음부터 노인들의 요구(needs)를 수용하도록 제품을 디자인하는 것이다. 몇 가지 예외를 제외하고 대부분의 제품은 제품 개발의 시작부터 전 과정을 통틀어 초세대적 인구에게 사용되도록 디자인할 수 있는데 그것은 젊은 층에서 노인층까지 어느 연령층에도 구분 없이 공평한 사용을 제공하는 것이다.

그 중 세 번째 선택은 가장 바람직한 것으로, 노인에게 최대한의 혜택을 주는 동시에 나이에 상관없이 모든 사용자에게 더 나은 제품을 제공할 수 있는 방법이다. 게다가 이것은 제조업자나 노인 소비자 모두에게 비용의 부담을 가중시키지 않고도 가능하다. 이처럼 '초세대적 디자인'은 제품을 디자인하는 모든 과정에서 노령화와 관련된 문제를 세심하게 배려하되, 청년층이나 중년층 사용자들을 불편하게 하지 않는다는 인식을 바탕으로 한다.

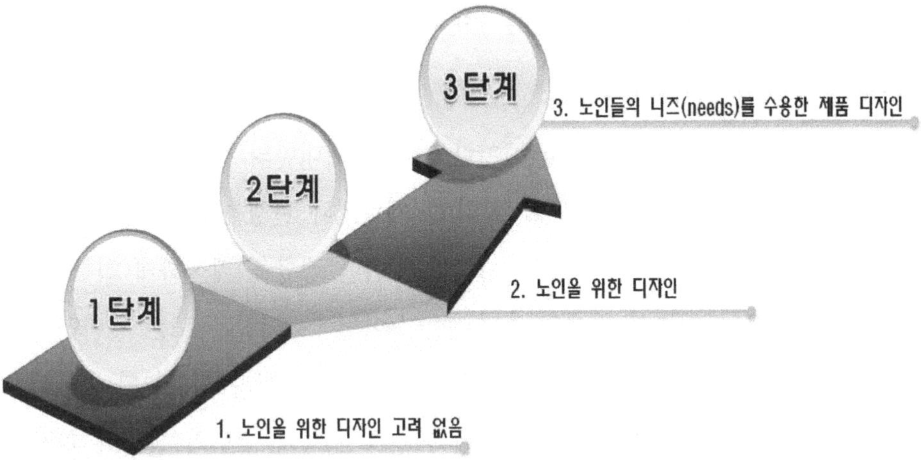

그림 4-1 노인을 위한 3가지 디자인 접근 방향

이 개념은 고령화라는 것이 각기 다르게 진전될 뿐만 아니라, 자신도 모르게 어느 날 갑자기 나타나게 된다는 것을 반영한다. 즉, 아직 자신이 늙지 않았다고 생각하는데 이제까지 잘 사용하던 제품에서 불편함을 느끼게 되는 것이 고령화 현상이라 보고, 그와 같은 현상이 될 수 있는 대로 적게 발생하도록 디자인 하려는 것이다.

2. 유니버설 디자인(Universal Design)

유니버설 디자인(Universal Design)이란 가능한 최대한의 사용자 요구를 만족시키는 환경 디자인이나 제품디자인을 말하며, 제품이나 환경을 보다 많은 사람들이 편리하게 사용하도록 함으로써 모든 사람들을 위한 생활을 쾌적하게 하는 것으로 정의된다. 최근에는 기존의 장애인 측면뿐만이 아닌 그 대상은 모든 일반인이라는 폭넓은 계층으로 유니버설 디자인은 대중을 위한 디자인이라 정의한다.

유니버설 디자인의 개념이 등장하게 된 배경은 20세기 고도의 산업화 과정에서 대량생산으로 경제적 도약을 갈망했던 사회상에 기인한다. 생성된 물품과 건설 환경의 대상은 인간이었으나 대량생산의 효율성을 위해 표준화된 대상만을 선정하였고 이에 속하지 않는 대상들은 인위적 환경에서 차별을 받았으며, 이에 대한 비판과 반성으로 나타난 것이 유니버설 디자인이다. "평생디자인(Life Span Design)" 이라고도 알려진 유니버설 디자인은 넓은 의미에서 "모든 사람들을 위한 디자인(Design For All)"이며 어린이, 젊은 성인, 노인, 장애인 모두가 사용할 수 있는 환경 및 제품을 추구한다. 유니버설 디자인의 진정한 의미는 특정한 계층을 위한 것이 아닌 사용자의 연령이나 능력에 관계없이 누구나 쉽고 편안하게 이용할 수 있도록 제품과 사용 환경을 설계하는데 있다.

그림 4-2 유니버설 디자인의 형성과정

유니버설 디자인이라는 용어를 만든 노스캐롤라이나 주립대학의 로널드 메이스(Ronald Mace)는 자신도 신체에 장애를 가졌으며, 1980년대 장애를 가진 사람들과 고령자만을 위한 배리어 프리의 개념을 대신하고, '가능한 많은 사람이 이용할 수 있는 제품, 건물, 공간을 디자인하는 것'을 유니버설 디자인으로 정의하였다. 또한 유니버설 디자인이라는 용어를 사용함으로써 비롯된 가장 중요한 변화 중의 하나는 독립성을 유지하거나 획득하기 위해 노력하는 사람들로부터 "특별한 요구(special needs)"라는 라벨을 없앤 점이라고 언급했다. 특별한 요구라는 말이 가지고 있는 문제는 그것이 사람보다는 장애에 더 비중이 주어져 있다는 점이다. 유니버설 디자인의 특징들은 거의 모든 사람들에게 유익하며, 이러한 특징들이 일상생활과 결합되면 제품들과 환경에 대한 사람들의 유사한 욕구와 마찬가지로 사람들 간의 유사성이 보다 명확해 질 것이다.

유니버설 디자인의 목표는 사람들의 신체장애 유무에 상관없이 약간의 경비나 혹은 추가 경비의 부담 없이 모든 사람들이 사용할 수 있는 환경이나 제품을 만드는 것이다. 그러나 현실적으로 모든 사람들의 욕구를 100% 만족시키는 것은 불가능하며 하나의 해결책이나 사이즈가 누구에게나 맞기는 어렵다. 따라서 유니버설 디자인은 각기 다른 욕구를 가지고 있는 최대한 많은 사람들을 만족시킬 수 있도록 노력한다. 유니버설 디자인은 소비자의 사용상 불편한 점과 요구를 파악하는 것으로부터 시작된다. 트렌드와 미적인 요소를 강조했던 지금까지의 제품 디자인과는 달리 유니버설 디자인은 소비자의 사용편의성이 중요하기 때문에 소비자들의 제품에 대한 반응을 지속적으로 모니터링하고 이를 디자인에 반영하는 것이 필요하다.

미국 유니버설 디자인에 대해서 유럽에서는 Design for all, 영국에서는 Inclusive Design이라는 유사개념이 있다. 유럽에서는 EU의 지원으로 인크루트 프로젝트를 통해 가정 내 정보기기, 오디오 제품 등에 관한 가이드라인 검토를 하고, 모든 소비자에게 안전하고 쉽게 이용 가능하도록 하는 것을 목표로 하고 있다. 또한 ISO 13407에 의한 인간 중심 설계지침(Human-centered design for interactive systems)에서는 정보기기 등의 인터랙티브 시스템을 설계할 경우에는 그 시스템의 사용자를 명확하게 해서 많은 관계자와 함께 설계할 것을 요청하고 있다. 이렇게 사용자를 중심으로 한 디자인은 인간중심디자인이라고 한다(그림 4-3).

"Design for all people"

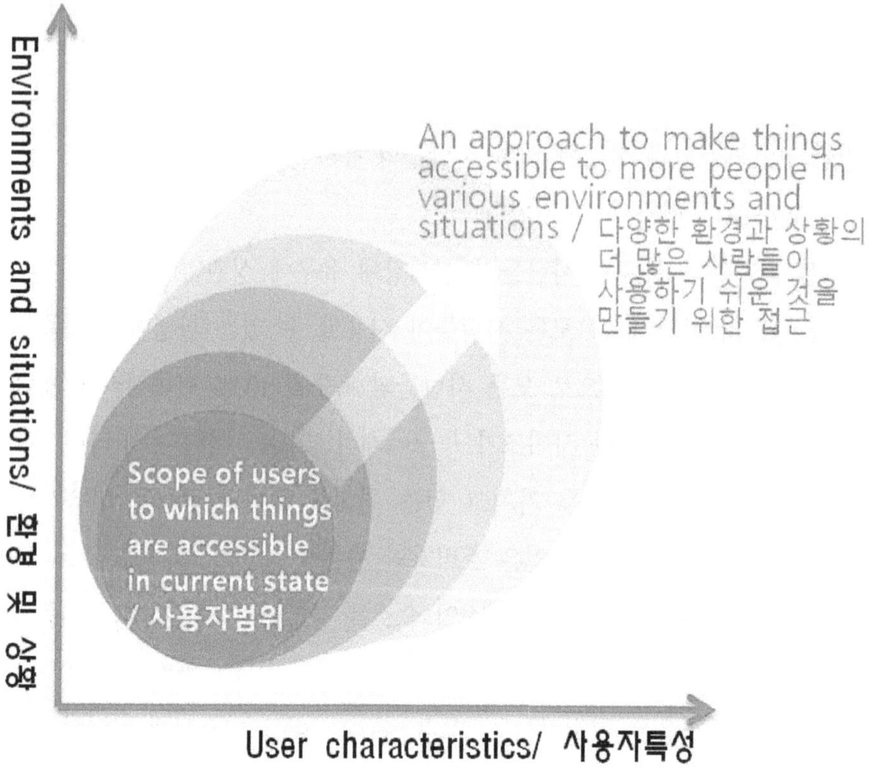

그림 4-3 유니버설 디자인의 사용자 범위

편리해지기 위한 작업이라는 점을 의식할 때 유니버설 디자인은 '인간을 위한다'는 의미를 새롭게 부흥시킨 디자인 개념이라 할 수 있다. 유니버설 디자인이란 가능한 최대한의 사용자 요구를 만족시키는 환경디자인이나 제품디자인을 말하며,

제품이나 환경을 보다 많은 사람들이 편리하게 사용하도록 함으로써 모든 사람들의 생활을 쾌적하게 하는 개념으로 발전되었다. 이러한 개념의 발전은 장애나 자유롭지 못한 신체적 능력을 특수한 상황으로 보는 것이 아니라 사람마다 누구나 가지고 있는 개별적 특성 즉, 개성으로 보는 시각에 기인한다. 모든 사람은 다양한 신체크기와 능력을 가지며 또한 그러한 다양성은 나이에 따라, 상황에 따라 변화하는 것이 자연스러운 현상이기 때문이다. 환경과 제품은 평균적인 인간을 대상으로 디자인하는 것이 아니라 사람의 다양한 개성을 있는 그대로 포용해 주어야 한다는 것이다.

지금까지 장애인을 위한 디자인은 상실된 능력을 보완해주는 상품과 환경을 특별하게 만들거나 혹은 장애물을 제거해 보다 접근이 용이하도록 하는 것이었다. 유니버설 디자인은 이러한 양측면을 통합해 보다 폭넓은 시각으로 사람을 관찰하는 진일보한 디자인이라 할 수 있다. 따라서 유니버설 디자인이란 다양한 사용자의 요구를 만족시킴으로써 인간을 평등하게 포용하는 환경을 창조하는 것으로 그 대상은 나이, 성별, 장애여부, 신체크기, 신체능력 뿐 아니라 경제적 계층, 인종 등이 모든 범위를 포함함으로써 디자인을 통한 사회평등의 실현을 의미한다.

1) 유니버설 디자인의 배경

유니버설 디자인은 다음 5가지 배경 때문에 주목 받고 있다. 이들 배경에서 유니버설 디자인은 일시적인 유행현상이 아니라 기업경쟁력 향상과 국가 경쟁력을 좌우하게 될 중요한 사고이고 기업의 개발담당자와 디자이너는 이를 적극 제품개발에 적용해야 할 시기이기 때문이라고 생각한다.

(1) 노인과 중년의 증가

우리나라는 빠른 속도로 고령화 사회로 진입하고 있다. 고령화 사회는 인구 가운데 65세 이상 노인 비율이 7%인 경우를 말하며, 고령사회는 인구 가운데 65세 이상 노인 비율이 14%를 넘어서는 것으로 국제연합(UN)은 규정하고 있다.

통계청 자료에 의하면 특히 한국의 고령화 속도는 세계최고로 한국의 65세 이상 노인인구 비율이 지난해 기준 8.7%정도이다.

2000년 7%를 넘어서면서 고령화 사회에 접어들었다. 한국은 2018년 고령사회(노인인구 14%)에 접어드는데 이어 2026년 초고령사회(20%)로 진입할 전망이다. 그 때문에 노인들이 스스로 자립을 하고 사회참여를 하도록 할 필요가 있다. 따라서 노인이 알기 쉽고 사용하기 쉬운 제품개발이 요구되고 있다.

지금까지 디자이너나 서비스 제공자와 그 사용자는 비교적 가까운 젊은 연령층이었기 때문에 '자신들에게 편리한 것'과 '자신이 사용하기 쉬운' 것을 사용자와 동일시하는 것으로 설계와 디자인을 하였다. 앞으로는 그런 방법이 통용되지 않으며 개발담당자와 디자이너들은 자신들과 전혀 다른 사용자가 원하는 디자인을 제공해야 한다.

(2) 소비자 욕구의 다양화

소비자 욕구가 다양해짐에 따라 소비대상자를 예측하기 어렵다. 예전과 같이 특정 사용자를 대상으로 한 개발방법은 소비자 욕구를 더 이상 만족시킬 수 없기 때문에, 소비자 욕구를 찾기 위한 새로운 방법이 필요하다.

사용자의 의견을 적극적으로 반영해서 더 많은 사람이 사용하기 편리한 제품이 도리 수 있도록 개선해 나갈 필요가 있다.

(3) IT의 발전과 보급

다양한 정보통신 기술이 발달하면서 정보처리속도가 빠른 컴퓨터와 브로드밴드(broad band)로 인하여 최적인 네트워크 환경을 구축하기가 쉽게 되었고 가격도 저렴해지면서 현대인의 생활에 밀접한 관계를 갖게 되었다.

최근 네트워크를 통하여 수많은 서비스가 제공되기 때문에 IT기기의 사용 여부에 따라 생활의 편리성이 크게 달라지는 정보기기의 사용 장애 문제가 발생하고 있다. 그래서 사용 장애를 극복하도록 하는 것은 기업이나 디자이너에게 커다란 과제이고, IT기기를 누구라도 사용할 수 있도록(accessible & usable) 하는 것이 중요한 과제이다. 또한 이것은 단순히 노인과 장애인만의 문제가 아니라 IT 기기를 처음 사용하는 사람에게도 마찬가지로 겪는 문제이다.

(4)국제적인 규격화의 물결

정보격차나 사용 장애문제는 한국뿐만 아니라 대부분 선진국에서도 중요한 공통 과제이다. 그 때문에 해외에서는 규격화나 법령화를 적극 추진하여 노인이나 장애인은 물론이고 일시적인 장애와 숙련도 차이에 따른 대처방안을 중요시하는 경향이 커지고 있다.

한국 산업은 수출 비중이 높기 때문에 제품의 규격화여부에 따라 세계시장 진출에 영향을 미칠 수 있기 때문에 한국 산업계로서도 적극적으로 모색해 갈 필요가 있다.

(5)기업의 사회적 책임

오늘날 CSR(corporate social responsibility)이라는 말을 자주 듣는다. 이것은 '기업 활동이 경제적인 측면만이 아니라 환경적인 측면과 사회적인 측면에 대한 배려도 함께 중요하며, 이것들을 종합적으로 높여가지 않으면 안 된다'는 생각이다. 브랜드 이미지를 향상시키는 효과를 얻을 수 있기 때문에 많은 기업이 시도하고 있다. 예를 들면 지구환경을 위한 에콜로지 상품에 대한 대처와 이산화탄소의 배출을 줄일 수 있는 그린 에너지 등도 지구라는 이해 당사자를 위한 사회적인 책임을 다하는 CSR에 대응하는 사례의 한 가지이다.

기업이 CSR을 대응해야 하는 이유로서 '브랜드 가치의 향상', '우수한 인재의 확보' 그리고 '시장에서의 평가' 등이 있다. 특히 '시장의 평가'와 관계가 깊은 것으로서 'SRI(social responsible investment)=사회적인 책임 투자'가 있다. SRI는 기업의 경제상황 이외의 사회적인 가치관을 바탕으로 해서 투자하는 방법이다. 그 외에도 상품이나 서비스의 공평한 제공을 통해 '소비자로부터의 신뢰'를 획득하려는 기업도 증가하고 있다. 그래서 최근 유니버설 디자인도 CSR의 일환으로 적극 추진하고 있다.

2) 유니버설 디자인의 원리

유니버설 디자인의 개념은 실제 제품과 환경을 디자인할 때 적용하고, 이후 환경 평가의 기준으로 사용하기 위해 그 디자인 원리들이 점차 발전, 분화되어 오고 있다. 지난 몇 년 동안에 거쳐서 많은 원리들이 정리되어 소개되고 있는데, 유니버설 디자인이란 용어가 처음 등장하였을 때에는 단지 "훌륭한" 디자인, 그리고 폭 넓은 의미에서 "모든 사람들을 위한 디자인"이라고 하였다. 그러나 이 한마디 말로는 유니버설 디자인의 숨겨진 아주 훌륭하고 혁신적인 개념을 이해하고 사용하기에는 충분하지가 않다는 판단 하에 이를 설명할 수 있는 하위 디자인 원리들이 제시되고 있다.

이와 같이 20세기 디자인보다 나은 디자인 그리고 더 많은 사람에게 혜택이 가는 디자인이라는 포괄적 이미지의 표현 이후 이 분야 선구자들에 의해 좀 더 이해하기 쉽도록 풀어내는 작업이 소위 '원리'라는 이름하에 이루어졌다. 초기의 4가지 원리는 기능적 지원성(supportive design), 수용성(adaptable design), 접근성(accepssible design), 안전성(safety oriented design)이었다.

(1) 기능적 지원성이 높은 디자인(supportive design)

디자인의 기능적 요소는 기능상의 필요한 도움을 사용자에게 줄 수 있어야 하고 그러한 도움을 주는 데에 있어서 사용자에게 불필요한 어떠한 거부감도 주어서는 안 된다는 것에 관점을 두고 있다. 이러한 기능적인 디자인을 실현 가능하게 하기 위해서는 제반 환경 안에 인텔리전트한 요소로 인한 사용자 중심의 기술이 필연적으로 적용되어야 한다. 조명의 경우 밝기가 적절치 않으면 시각의 정확성이 떨어지며 노인들에게도 매우 불편해 진다. 부엌의 싱크대 밑이나 계단의 하단 부위에 조명을 설치하는 것도 이러한 사례이다.

(2) 수용 가능한 디자인(adaptable design)

수용 가능성은 획일적이고 경직된 접근성의 제도적 기준들을 여러 사람이 사용하는 환경에 적용할 경우에 발생할 수 있는 사용자 요구의 다양함과 변화를 수용하기 위한 디자인 요소이다. 일반인과 장애인, 혹은 성인 사용자와 어린이, 노인 계층을 사이에 두고 제반 환경의 이용에 있어서 동등한 혜택을 누려야 한다는 사고와 신체적인 조건에 따른 사용상의 어려움, 지역적인 문화의 차이, 교육 정도에 따른 정보의 이해능력의 차이 그리고 점차 그 중요성이 더해가고 있는 개인 감성에 따른 기호가 앞으로 디자인의 고려 대상이 되어야 할 것이다. 상품이나 환경이 상황에 따라 조절 가능함으로써 다양한 요구를 충족시킬 수 있는 융통성을 지녀야 한다. 특히 오랜 시간 다양한 형태로 작업하는 사무 환경에서는 인간공학적인 방법으로 이러한 특성의 디자인이 연구되어야 한다. 변화 가능한 형태의 작업대나 높이 조절이 가능한 책상과 스탠드, 다양한 서체와 글자의 크기조절이 가능한 컴퓨터 프로그램들이 이러한 사례이다.

(3) 접근 가능한 디자인(accessible design)

장애가 없는 환경을 만들기 위한 기본적 항목으로 모색된 것이라 할 수 있다. 장애물과 접근가능성은 상호보완적 관계에 있으며, 장애 없는 디자인의 일환으로 기존 환경에 오랫동안 유지되어온 장애물에 대한 인식과 그 제거에서 출발하여 사용자의 부족한 능력을 보충해 줄 수 있는 요소에 주목한다. 접근 가능성이란 장애물이 제거된 상태를 말한다. 일반적으로 많은 사람들에게 방해가 되거나 위협적인 물리적 환경을 변화시킬 수 있도록 해준다. 보도를 휠체어 사용자와 자전거를 타는 사람, 환자들이 편리하게 다닐 수 있도록 고려하고 아울러 시각장애인들에게도 도움이 되도록 색채와 패턴, 적절한 배치와 질감 있는 재료를 사용해 시각장애로 인한 사고를 가능한 줄이는 것 등이 이러한 것들이다.

(4) 안전한 디자인(safety-oriental design)

안전한 디자인은 건강과 복지를 증진시키며, 미래를 개선함과 동시에 예방하는 것이다. 이러한 안전성에는 물리적인 위협을 극복하는 것 이상이 내포되어 있는데, 심리적인 복지와 소속감, 자기 평가와 자기가치 등의 의미를 수반하고 있다. 어떤 환경은 물리적인 것과 심리적인 두 측면에서 모두 영향을 줌으로써 디자인은 이 두 가지에 대한 안전성을 추구해야 한다. 대조적인 색채와 패턴으로 레벨차를 표시하거나 모서리를 둥글게 처리한 것 등 안전한 디자인은 보다 개성적이며 예방적이다. 또한 안전성은 심리적인 건강함, 소속감, 자기 가치 등을 포함한다. 장애인이 정상적인 활동을 유지할 수 있도록 고려된 공간은 개인에게 자립심을 부여함으로써 심리적인 건강을 유지시켜 준다.

3) 유니버설 디자인의 원칙

로널드 메이스는 1995년에 다른 유니버설 디자인 리더들과 함께 유니버설 디자인 7원칙(The Principals of Universal Design)을 완성했다(그림 4-4). 그 뒤 몇 번 개정되어 산업 제품이나 인테리어 디자인, 그리고 건축환경 디자인 등 사람들의 일상생활에 밀착한 물건 디자인에 유효한 척도지표로 활용되고 있다.

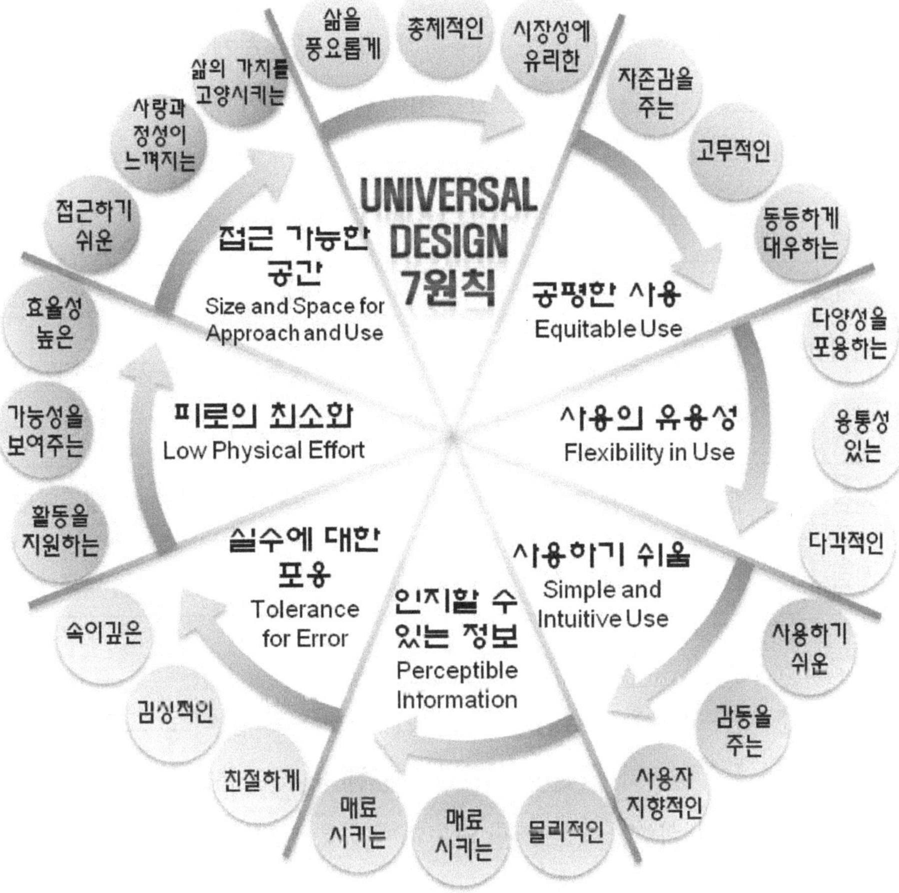

그림 4-4 유니버설 디자인 7원칙

(1) 공평한 사용(Equitable Use)

공평한 사용은 어떠한 사람이라도 사용하기 쉽고, 공평하게 사용할 수 있는 것으로서 대상이 모든 사람을 포함하고 있는가에 관한 개념이다.

표 4-1 공평한 사용에 대한 디자인 지침

지침	내용
지침 1a	모든 사용자에게 동등한 사용방법을 제공하라 가능한 동등하게, 가능하지 않을 때는 동등한 수단을 제공하라
지침 1b	어떤 사용자도 차별하거나 불쾌한 생각을 갖지 않도록 하라
지침 1c	프라이버시, 보안성, 안정성이 모든 사용자에게 공평하게 제공되도록 하라
지침 1d	디자인이 모든 사용자의 마음에 들게 하라

발판을 낮춘 낮은 바닥형 저상버스와 발판이 없는 논 스텝 버스, 그리고 보도의 높이와 버스 바닥의 높이가 완전히 일치하도록 한 버스 정류장은 휠체어 이용자나 다리, 허리가 약한 사람들이 버스를 타는데 도움을 준다.

그림 4-5 벡셀 쿼바이스

그림 4-6 저상버스

(2) 사용상의 융통성(Flexibility in Use)

사용상의 융통성은 개인의 다양한 기호와 능력을 넓게 수용하고, 선택가능성, 변경가능성, 조절가능성 등의 특성을 가지며, 시간의 경과에 따른 사용자 능력의 변화에 대한 수용이 가능한가에 관한 내용을 포함하는 개념이다. 이는 제품이 다양한 사용자와 사용 환경에 대응 가능하고, 사용상 자유로움이 용이하도록 해야 한다는 개념이다.

표 4-2 사용성의 융통성에 대한 디자인 지침

지침	내용
지침 2a	사용자에게 사용방법에 있어 선택 가능성을 제공하라
지침 2b	오른손잡이와 왼손잡이 사용자 모두 쉽게 접근하고 사용할 수 있도록 하라
지침 2c	사용자의 정밀도와 정확성을 더욱 용이하게 하라
지침 2d	사용자의 보조에 맞추는 적응성을 제공하라

샴푸와 린스 뚜껑에 요청을 두어 시각장애인이 점자처럼 만져서 샴푸와 린스를 식별해 사용한다. 일반적으로 머리를 감을 때는 눈을 뜨기 힘들다는 점에 착안, 점자표기를 도입해 시각장애인들 뿐 아니라 일반인들도 쉽게 구별할 수 있도록 한 것이다.

그림 4-7 점자표기 린스

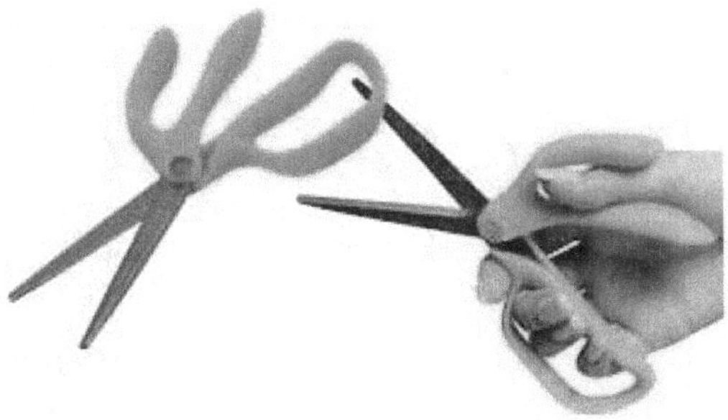

그림 4-8 양손 사용이 가능한 가위

또한 양손 모두 사용할 수 있도록 디자인된 가위는 양손 어느 쪽 손으로 잡아도 쉽게 잡고 동일하게 사용할 수 있으며, 떨어뜨림을 방지할 수 있도록 아래쪽 손잡이를 링 형태로 제공한다.

(3) 간단하고 직관적인 사용(Simple and Information Use)

간단하고 직관적인 사용은 제품의 사용법이 명확하고, 누구든 직감적으로 그 결과물의 본질적인 기능을 한눈에 이해할 수 있어야 한다는 개념이다.

표 4-3 간단하고 직관적인 사용에 대한 디자인 지침

지침	내용
지침 3a	불필요한 복잡성은 제거하라
지침 3b	사용자의 기대와 직관과 일치를 이루어라
지침 3c	광범위한 교육수준과 언어능력의 정도 차이를 수용하라
지침 3d	정보는 그 중요성에 부합되게 배치하라
지침 3e	사용 중과 사용 후에 효과적인 자극과 피드백을 제공하라

명암, 색채, 레이아웃을 명확하게 하여 조작하기 쉽도록 버튼을 디자인한 계산기는 간단하고 직관적인 사용을 도와준다. 제품을 보고 무엇에 쓰는 물건인지 망설임을 가져다주는 것은 안 된다.

그림 4-9 효도 전화기

그림 4-10 카메라의 기능 조작 버튼

(4) 인지하기 쉬운 정보 전달(Perceptible Information)

제품의 필요한 정보가 사용자를 둘러싼 환경이나 인지능력에 관계없이 정확하고 효과적으로 전달되어야 한다는 개념이다.

표 4-4 인지하기 쉬운 정보 전달에 대한 디자인 지침

지침	내용
지침 4a	시각, 청각, 촉각 등이 다양한 수단으로 필요한 정보를 충분히 제공하라
지침 4b	중요한 정보는 명료하게 하여 가능한 한 식별하기 쉽게 하라
지침 4c	내용이나 방법을 정리하고 강약을 덧붙여 방향 지시나 사용 방법이 설명을 알기 쉽게 하라
지침 4d	시각, 청각 등 감각에 어려움을 가진 사람이 보조 기구나 수단을 이용해서 사용할 수 있도록 하라

지하철에서 볼 수 있는 역 표시 전광판은 음성 정보와 함께 노선의 역명, 어느 쪽 문이 열릴지를 시각적으로 표시해 준다.

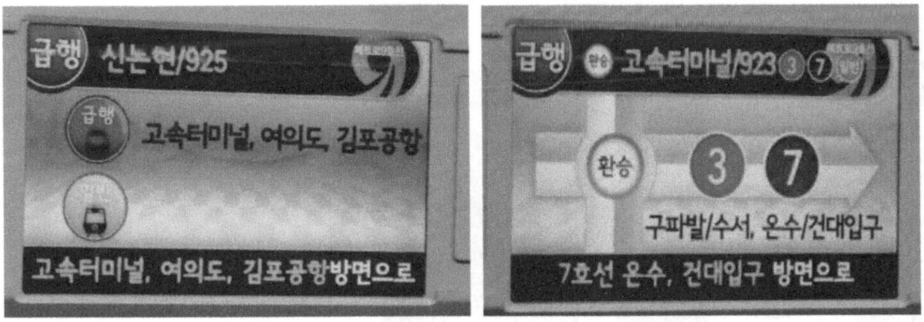

그림 4-11 지하철 9호선의 역표시 전광판

(5) 실수에 대한 방지(Tolerance for Error)

사고나 위험의 가능성이 희박하고, 의도하지 않았던 행동으로 인한 불리한 결과와 장애를 최소화해야 한다는 것이며, 오류와 장애에 대한 대비책이 포함되어 있

는가에 대한 개념이다.

표 4-5 실수에 대한 방지에 대한 디자인 지침

지침	내용
지침 5a	위험과 오류를 최소화 하도록 요소들을 배치하라. 가장 많이 사용되는 요소는 가장 접근성이 높게, 위험을 유발하는 요소들은 제거하거나, 분리하거나, 막아 놓아라
지침 5b	사전에 위험과 오류에 대한 경고를 제공하라
지침 5c	오작동을 방지하는 특징을 제공하라
지침 5d	주의가 필요한 것에 대해 부주의한 조작을 유발하지 않게 하라

전기압력밥솥 패널은 일상적으로 사용할 때에는 표면 패널에 나타난 간단한 스위치만 간편하게 사용하고 세부적인 조작이 필요할 때에는 사용 설명 부분을 보이게 하여 사용 조작 및 실수를 방지한다.

그림 4-12 화장실 남녀 구분 표시

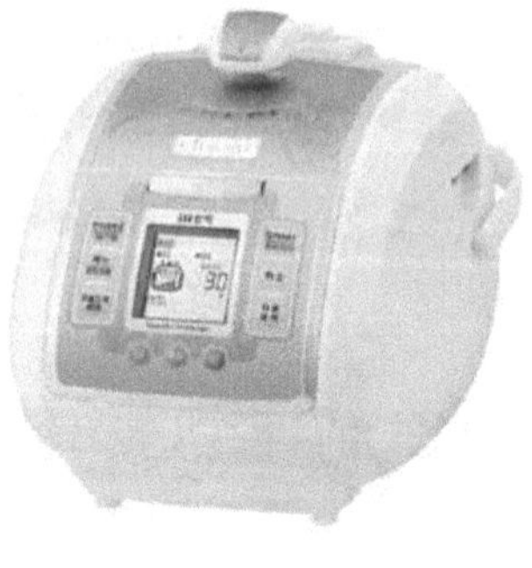

그림 4-13 전기압력밥솥 조작 패널

(6) 적은 신체적 노력(Low Physical Effort)

제품을 신체의 부담을 느끼지 않고 자유롭고 효율적으로 사용할 수 있도록 배려되었는가에 대한 개념이다.

표 4-6 적은 신체적 노력에 대한 디자인 지침

지침	내용
지침 6a	사용자가 자연스러운 신체 자세를 유지하도록 허용하라
지침 6b	이치에 맞게 무리 없이 조작할 수 있도록 하라
지침 6c	반복적인 행위를 최소화하라
지침 6d	물리적 힘을 지속적으로 사용하는 것을 최소화하라

무거운 비닐 쇼핑백 사용을 편리하게 해줄 손잡이 디자인과 손이 작은 사람을 위한 볼펜 등이 있다.

그림 4-14 쇼핑백 손잡이 도움

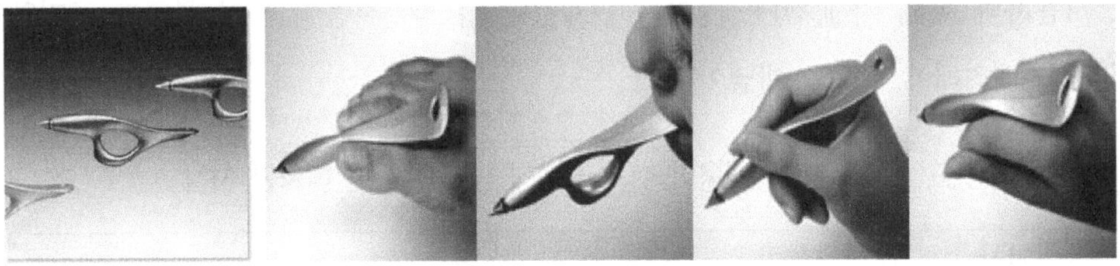

그림 4-15 손이 작은 사람들을 위한 볼펜

터치용 스탠드는 별도의 불필요한 동작이 없이 가볍게 불을 ON/OFF 할 수 있다.

그림 4-16 터치패널로 색 가변이 가능한 조명

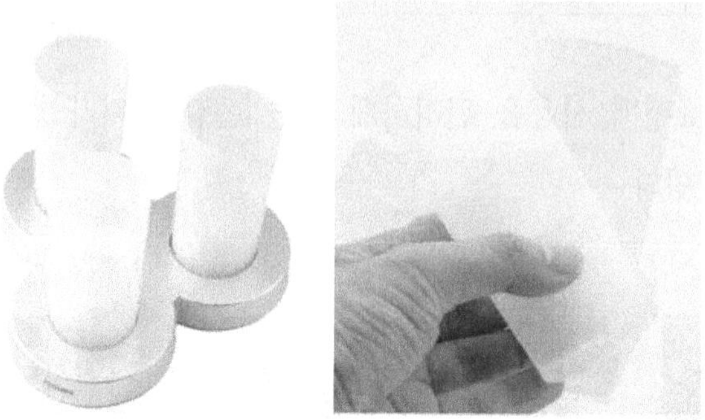

그림 4-17 흔들어서 ON/OFF 조작이 가능한 조명

(7) 접근과 사용이 쉬운 크기와 공간(Size and Space for Approach and Use)

사용자의 체격, 자세, 사용 생활에 관계없이 접근과 사용이 용이 하도록 크기와 공간을 배려해야 한다는 개념이다.

표 4-7 접근과 사용이 쉬운 크기와 공간에 대한 디자인 지침

지침	내용
지침 7a	다양한 사용자(서 있는 사람, 앉아 있는 사람 모두)가 동작하면서 중요한 것을 잘 볼 수 있도록 시선을 확보하라
지침 7b	다양한 사용자(서 있는 사람, 앉아 있는 사람 모두)가 조작하려는 모든 것에 쉽게 손이 닿도록 하라
지침 7c	손이나 쥐는 크기를 다양하게 수용하라
지침 7d	보조 기구 사용이나 인적 도움에 충분한 공간을 제공하라

조작계나 집약된 발매기의 조작에 필요한 구성요소가 다양한 사용자가 잘 볼 수 있는 위치에 보다 알기 쉽게 정리되어 있다. 스포츠 관전용 등으로 개발된 벤치로 휠체어가 없을 경우와 있을 경우 모두 호환 가능하다.

그림 4-18 휠체어 사용자를 위한 지하철 내 공간

3. Product Performance Program 사용 평가

'유니버설 디자인'은 어렵다고 한다. 최대의 이유는 유니버설디자인이 어느 정도, 제품이나 서비스에 적용되어 있는 가를 객관적으로 평가하는 것이 어렵기 때문이다. 따라서 이를 평가하기 위하여 PPP(Product Performance Program) 사용평가를 이용하여 디자인에 대한 판단을 하는 것이 중요하다. PPP는 프로덕트(Product), 퍼포먼스(Performance), 프로그램(Program)의 약자이다. 제품을 손에 들고 관찰하거나, 실제로 사용하면서 유니버설 디자인의 달성도 즉, 사용의 편리성이 어느 정도 충족되는지를 수치화하는 것이 PPP평가법이다. 7가지 원칙과 3가지 부칙들이 가지고 있는 55가지 항목의 가이드라인을 기준으로 제품의 문제점이나 개선점을 도출하여, 제품을 구성하는 여러 요소에 대하여 '어디가 어느 정도 사용하기 편리한지', '어디에 어떤 문제점이 나타나고 있는지'와 구체적이면서 단계적으로 평가・검증을 하는데 기준으로 한다.

PPP 평가방법에서는 유니버설 디자인을 달성하기 위하여 필요한 접근법을 7가지 원칙과 3가지 부칙으로 정리하고 있다. 각 원칙과 부칙은 5~7가지 체크항목을 구성하여 총 55항목의 가이드라인을 구성한다. 이 가이드라인을 기본으로 제품이나 서비스의 유니버설 디자인 달성도를 수치화하여 평가하는 것이다.

PPP 평가를 하기 전에 7가지 원칙과 3가지 부칙을 확실하게 이해할 필요가 있다. 55항목의 가이드라인으로 구성되는 7원칙・3부칙은 유니버설 디자인 개발의 선구적 기업인 트라이포드 디자인의 나카가와 사토루씨가 여러 기업의 디자인 실태를 조사하여 사용자의 관찰을 계속해 온 결과에서 도출한 것이다.

원칙 1 (공평한 사용에 대한 배려) - 누구라도 사용하기 편리한가라는 관점이다. 사용자의 체격, 신체적 특징, 연령, 성별은 천차만별이다. 이러한 각각의 차이점에도 불구하고 가능하다면 폭 넓게 고객에게 사용의 편리함을 제공할 필요가 있다.

원칙 2 (사용상의 유연성 확보) - 사용 방법의 자유로움으로 사용하는데 어려움이 있는가에 대한 관점이다. 어느 특정의 조작을 하지 않으면 사용할 수 없는 불편을 최소한으로 하는 노력이 필요하다.

원칙 3 (간단하고 직관적인 사용) - 사용자의 지식이나 능력에 관계없이 직감적으로 사용법이나 조작법을 알 수 있는가에 대한 관점이다. 가전제품이나 전자제품의 인터페이스 등은 특히 배려가 필요한 곳이다.

원칙 4 (정보전달에 대한 배려) - 중요한 부분이 눈에 띄고, 경우에 따라서는 시각이나 청각 어느 쪽이든 한 쪽에 구애받지 않는 정보전달의 구성을 갖추고 있는가의 관점이다. 윈드 파이오니아의 타이머 '파파'는 그 좋은 사례이나. 소리뿐만 아니라 빛에 의해 설정 시간을 알려주는 구성으로 되어 있어 청각장애인을 배려하고 있다.

원칙 5 (사고와 오조작의 방지) - 위험이나 오동작에 연결되는 요소를 없애고 사용자가 실패하지 않도록 하는 연구가 되어 있는지에 대한 관점이다. 치명적인 사고를 일으키지 않기 위해서라도 이는 반드시 검증해야만 한다.

원칙 6 (육체적 부담의 최소화) - 신체에 무리한 부담을 주지 않고 적당한 힘으로 사용할 수 있는가에 대한 관점이다. 많은 고객들은 가지각색의 불편에 익숙해져 있다 발견하지 못한 고객의 의견을 반영하기 위해서라도 빠뜨려서는 안 된다.

원칙 7 (적당한 크기의 공간 확보) - 상품이나 서비스를 이용할 대에 적절한 크기와 공간을 확보하고 있는가에 대한 관점이다. 많은 물건이 소형화를 추구할 때, 불편하지 않도록 배려해야 한다.

3가지 부칙에 대해서는 경제성이나 심미성, 환경문제 등과 관련한 관점이다. 이것들 7원칙·3부칙이 PPP평가의 기초가 된다. 그러나 절대적인 기준은 아니고 상황에 따라 변화 가능한 유연성도 갖출 필요가 있다. 제품이나 서비스의 특성에 맞추어 중요하다고 생각하는 원칙이나 체크 항목을 취합 선택하거나 추가하여 기업이나 디자이너가 독자의 가이드라인을 작성하여도 된다.

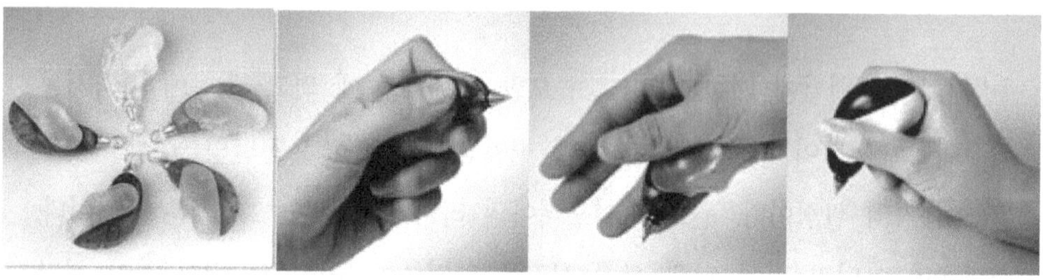

원칙 1 공평한 사용에 대한 배려 예 – 손의 힘이 약해져도 글자를 쓸 수 있는 펜. 펭귄을 모티브로 한 독특한 디자인. 트라이포드 플래닝 사의 'Handy Birdy'

원칙 2 사용상의 유연성 확보 예
소리를 진동으로 전달하는 골전도 시스템을 채용하여 소음이 심한 장소에서도 잘 들리는 헤드셋. 모토로라 '엔데버 HX1'

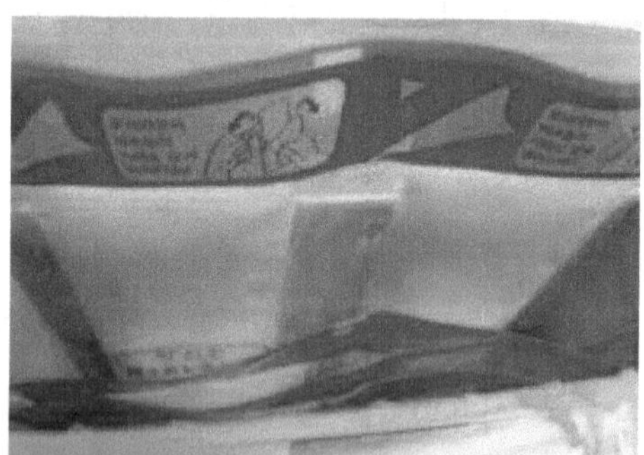

원칙 3 간단하고 직관적인 사용 예
잡는 부분에 색이 칠해져 있어서 시감각적으로 개봉하는 방법을 알 수 있게한 필름 포장 개봉이 간편. 매일 '맛있는 비타치즈'

원칙 4 정보전달에 대한 배려 예
두 종류 이상의 정보전달 수단을 갖춤. 버추얼 키보드를 이용해 입력을 할 때마다 '진동' 피드백을 전달해 제대로 입력이 되는지를 쉽게 알 수 있는 빌립 'S5'

원칙 5 사고와 오조작의 방지 예
어린이가 실수로 세탁기의 드럼 속에 빠지지 않도록 문의 잠금장치를 만든 세탁건조기. 마쯔시타 전기산업 '경사식 드럼세탁기 러브'

원칙 6 육체적 부담의 최소화 예
서랍 손잡이가 옆으로 길게 만들어져 있기 때문에 상반신을 움직이지 않고도 편한 자세로 서랍을 열고 닫을 수 있는 책상. 우찌다요코 '피드데스크'

원칙 7 적당한 크기와 공간의 확보 예
우산을 편채로 차에 탈 수 있게 넓은 문을 만들고, 동반자나 짐의 크기에 따라 좌석의 위치를 자유롭게 바꿀 수 있는 자동차, 도요타 자동차 '포르테'

부칙 1 내구성과 경제성의 배려 예 – 상품을 눌러 필요한 분량만큼 양을 조절할 수 있으며 2배 농축겔이라 오래 쓸 수 있음 농축겔 캡 세탁볼에 짜서 세탁기에 넣고 같이 돌림. 애경 '리큐'

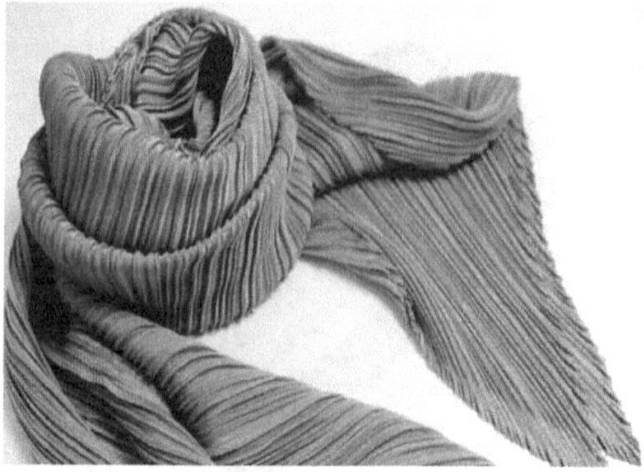

부칙 2 품질과 심미성의 추구 예 – 잔주름의 신축성이 움직임이나 입기 편함만이 아니라 아름다운 패션성도 추구. 작게 말아 수납할 수 도 있음. 잇세이 미야케 '플리츠필리즈 잇세이미야케'

부칙 3 인체와 환경에의 배려 예 – 원자재 사용량 감소로 인해 생산비용 절감은 물론 운송 중량을 감소시키고 신발상자를 따로 담을 비닐백의 필요성도 없애주어 종이소비가 65% 감소. 푸마 'CLB 포장'

그림 4-19 PPP 사용평가 디자인 예

표 4-8 PPP(Product Performance Program)평가 체크시트

원칙	체크포인트			평가	코멘트
원칙 1 공평한 사용에 대한 배려 누구나 사용하기 쉽고, 어떤 사람이라도 공평하게 사용할 수 있을 것	1	**평등한 사용**	체격이나 신체능력의 차이에 관계없이 어떤 사람이라도 사용할 수 있습니까?		
	2	**차별의 배제**	어떤 사람이 사용해도 차별이나 불공평함을 느끼지 않도록 배려되어 있습니까?		
	3	**선택 폭의 제공**	같은 사양의 다른 제품을 사용할 수 없는 사람에 대해서 그것과 같은 선택 폭이 준비되어 있습니까?		
	4	**불안감의 배제**	사용할 때 주목을 끌거나, 불안하게 하거나, 남의 눈을 의식하게 하지는 않습니까?		
	5	**폭넓은 호감**	보아서 저항감은 없습니까? 사고 싶고 사용해 보고 싶은 제품입니까?		

원칙	체크포인트			평가	코멘트
원칙 2 사용상의 유연성 확보 사용자나 사용환경에 관계없이 다양한 사용방법이 가능할 것	6	**사용에 대한 자유도**	다양한 사용법(잡는 법 · 쥐는 법 · 조작방법)이 가능하고, 그것들을 사용자가 자유롭게 선택할 수 있습니까?		
	7	**좌 · 우 손잡이 수용**	왼손잡이든지 오른손잡이든지 저항감 없이 사용할 수 있습니까? 또는 오른손잡이 용 · 왼손잡이 용을 선택할 수 있습니까?		
	8	**정확도에 대한 관용**	사용하기에 정확하고 정밀도를 필요로 하는 동작이나 조작을 강요하고 있지 않습니까? 그것이 심신의 부담이 되지 않습니까?		
	9	**작업하는 속도의 자유도**	어떤 사람이라도 자신에게 적절한 페이스(속도나 능률)로 쉽게 사용할 수 있도록 되어 있습니까?		
	10	**사용환경에 대한 배려**	다양한 생활환경(온도 · 습도 · 누수 · 밝음이나 어두움 · 조용함이나 시끄러움 등)의 속에서 문제를 일으키지 않고 사용할 수 있습니까?		

원칙	체크포인트			평가	코멘트
원칙 3 **간단하고 직관적인 사용** 사용 방법이 명확하고, 사용자가 직감적으로 조작순서를 이해할 수 있을 것	11	**복잡함에 대한 배제**	사용방법, 외관, 구조 등에 사용자를 혼란시키거나, 오해를 불러일으킬 듯한 복잡함은 없습니까?		
	12	**직감과의 일치**	다양한 사용자가 직감적으로 사용법을 이해할 수 있습니까? 일부의 사용자가 사용방법을 실수하지는 않습니까?		
	13	**언어에 관계없는 이해**	사용자가 사용하는 언어나 지식, 이해력에 관계없이 사용법이나 기능을 이해할 수 있습니까?		
	14	**조작순서의 명확함**	조작 순서를 간단하게 알 수 있고, 중요한 부분일수록 알기 쉽게 눈에 띄도록 되어 있습니까?		
	15	**조작방법과 반응**	조작하는 과정에서 순서나 반응은 있습니까? 조작하는 도중에 혼란을 초래하지는 않습니까?		
	16	**오감의 활용**	조작순서나 반응을 얻기 위한 시각, 청각, 감각 등의 오감을 충분하게 활용할 수 있습니까?		

원칙	체크포인트			평가	코멘트
원칙 4 **정보전달에 대한 배려** 사용자의 능력이나 환경에 관계없이 필요한 정보를 확실하게 전달할 수 있을 것	17	**복수 전달 수준의 활용**	정보의 전달에 있어서 그림이나 도표, 영상, 빛, 신호, 음성, 진동 등의 속에서 복수의 수단이 사용되어 있습니까?		
	18	**인지에 대한 선택 폭 확보**	시각이나 청각의 어느 한쪽이 사용하기 어려워도 필요한 정보를 사용자에게 확실하게 전달 할 수 있도록 되어 있습니까?		
	19	**정보의 정리**	사용자에게 필요한 정보가 잘 정리되어 어떤 사용자에게도 알기 쉽게 표현 · 제안되어 있습니까?		
	20	**파악하기 쉬운 구조**	조작부 · 표시부 · 가동부 등, 중요한 부분이 구별 가능하고 사용자뿐만 아니라 제 3자에도 간단하게 설명 가능합니까?		
	21	**보조 수단 · 환경에 대한 배려**	안경, 보청기, 수화, 맹인견 등 시력이나 청력의 장애를 보조하는 수당이나 환경 아래서도 사용하기 쉽게 되어 있습니까?		

<table>
<tr><th>원칙</th><th colspan="3">체크포인트</th><th>평가</th><th>코멘트</th></tr>
<tr><td rowspan="7">원칙 5
사고와 오조작의 방지

사용상에 위험이 없고, 사고를 미연에 방지하는 노력을 할 것</td><td>22</td><td>사고를 방지하는 구조</td><td>제품구조 · 구성 속에서 사용에 필요한 부품이나 스위치 등은 사고에 직결되지 않도록 배치되어 있습니까?</td><td></td><td></td></tr>
<tr><td>23</td><td>위험요소의 격리</td><td>위험이나 중대한 잘못된 조작을 할 요소는 없습니까? 그런 요소는 만지기 어려운 곳에 분리 · 수납되어 있습니까?</td><td></td><td></td></tr>
<tr><td>24</td><td>사고의 예방</td><td>사용자가 실패하지 않도록 배려되어 있습니까? 위험이나 조작실수가 생기지 않도록 설정 · 배려되어 있습니까?</td><td></td><td></td></tr>
<tr><td>25</td><td>경고 시스템의 준비</td><td>생각하지도 못한 사태에 대비해서 경고가 준비되어있습니까? 중대한 경고에는 소리나 빛 등 두 가지 이상 전달 수단을 가지고 있습니까?</td><td></td><td></td></tr>
<tr><td>26</td><td>실수나 사고에 대한 배려</td><td>만일의 실수나 사고가 나더라도 사용자 본인이나 주위의 환경에 그 피해가 미치지 않도록 설정 · 배려는 되어 있습니까?</td><td></td><td></td></tr>
<tr><td>27</td><td>현상 복귀를 위한 방법</td><td>조작에 실수하거나 틀려도 간단하게 원래대로 돌아갈 수 있습니까? 이미 발생한 문제를 해결할 수 있도록 배려되이 있습니까?</td><td></td><td></td></tr>
<tr><td>28</td><td>모든 안정성에 대한 배려</td><td>사용 중에 발생할지도 모르는 다양한 예측할 수 없는 상황을 미리 예측하고 충분하게 안정성을 추구하고 있습니까?</td><td></td><td></td></tr>
</table>

<table>
<tr><th>원칙</th><th colspan="3">체크포인트</th><th>평가</th><th>코멘트</th></tr>
<tr><td rowspan="5">원칙 6
육체적 부담이 최소화

무리하게 사용하거나 불필요한 동작을 강요하지 않고, 쾌적하게 사용할 수 있을 것</td><td>29</td><td>쾌적한 사용자세</td><td>다양한 체격이나 신체능력을 가진 사람이 각각 자신에게 자연스런 자세로 사용할 수 있도록 배려하고 있습니까?</td><td></td><td></td></tr>
<tr><td>30</td><td>적당한 힘으로 제어</td><td>신체에 무리한 부담을 강요하지 않고 적당한 힘으로 사용할 수 있습니까? 예상 밖의 행동이나 괴로운 생각에 고통받지는 않습니까?</td><td></td><td></td></tr>
<tr><td>31</td><td>무의미한 반복 동작의 배제</td><td>사용할 때에 필요 없는 동작이나 그것의 반복 동작이나 작동을 강요하는 듯한 일은 없습니까?</td><td></td><td></td></tr>
<tr><td>32</td><td>신체에 대한 부담의 경감</td><td>신체에 부담을 강요하는 동작을 가능한 한 줄이고 있습니까? 일정한 부담을 필요로 하는 경우, 그 시간은 짧습니까?</td><td></td><td></td></tr>
<tr><td>33</td><td>지각에 대한 부담의 경감</td><td>사용자의 지각기관을 필요이상 혹사하거나 과도한 부담을 주지는 않습니까?</td><td></td><td></td></tr>
</table>

원칙	체크포인트			평가	코멘트
원칙 7 적당한 크기와 공간의 확보 사용자의 체격이나 자세, 사용상황을 고려한 사용공간을 제공할 것	34	**중요한 구성 요소의 인지**	어떤 자세나 몸의 상태라도 제품의 중요한 구성 요소를 확실하게 인지할 수 있습니까?		
	35	**적절한 배치**	어떤 자세나 몸이라도 사용상 필요한 부분에 쉽게 도달할 수 있고 사용할 수 있도록 배려되어 있습니까?		
	36	**다양한 체격에 대응**	형태나 크기, 기능 등이 다양한 체격이나 신체적 특징을 가진 사용자가 사용할 수 있도록 되어 있습니까?		
	37	**보조장치 · 간병인에 대한 배려**	사용자가 보조 장치를 사용하고 있거나 간병인을 데리고 있는 경우, 제품을 사용하기 위한 공간(크기 · 넓이)가 확보되어 있습니까?		
	38	**적당한 형태나 크기**	사용 · 휴대 · 보관하기 위해서 적당한 크기와 형상이 되고 있습니까? 수납의 편리함도 반영되어 있습니까?		

원칙	체크포인트			평가	코멘트
부칙 1 내구성과 경제성에 대한 배려 안심하고 오래 사용할 수 있고 사용자에게 적절한 가격일 것	39	**내구성의 확보**	다양한 조건에서 오래 사용해도 고장이나 문제를 일으키지 않고 안심하고 사용할 수 있습니까?		
	40	**적정한 가격**	제품가격이나 비용은 성능이나 품질에 맞는 적정한 수준입니까?		
	41	**제조 비용 절감**	제조 비용의 적정화와 절감을 추구하고 제품가격을 가능한 한 낮게 줄일 노력을 하고 있습니까?		
	42	**런닝 코스트 절감**	사용 시에 소비 전력이나 소모품 구입 등의 런닝 코스트가 들어가지 않도록 배려되어 있습니까?		
	43	**메인터넌스성**	수리나 수선, 부품교환, 소모품 구입 등을 포함하여, 계속 사용하는 과정에서 보안 · 점검 · 정비를 받기 쉽도록 되어 있습니까?		

원칙	체크포인트			평가	코멘트
부칙 2 품질과 심미성의 추구 품질이 뛰어나고 기능성과 심미성이 조화될 것	44	**친근하고 편안한 아름다움**	제품의 색이나 형태, 인상에 저항감이 없고, 많은 사용자에게 친근하고 편안한 아름다움을 갖고 있습니까?		
	45	**실용성과 기능미의 양립**	실용성과 기능성은 물론 기능미를 가지고 있습니까?		
	46	**높은 품질**	극히 일부의 사용자의 기호나 취미 유행에 구애받지 않고 폭넓게 받아들여질 높은 품질을 가지고 있습니까?		
	47	**소재를 살린 가공 · 제조**	소재의 질감이나 매력이 제품에 충분하게 살려져 있습니까? 소재의 특징을 살린 가공이나 제조가 되어 있습니까?		
	48	**좋은 사용감의 제공**	제품이 사용자의 오감에 작용하여 사용자에게 쾌적한 느낌을 주고 있습니까?		

원칙	체크포인트			평가	코멘트
부칙 3 인체와 환경에 대한 배려 인간의 건강에 피해를 주지 않고, 자연환경을 배려하고 있을 것	49	**청결한 사용**	제품을 사용하고 폐기하기까지 위생상의 문제가 없이 청결하게 사용할 수 있도록 고려되어 있습니까?		
	50	**인체에 안전함**	인체에 유해한 물질이 사용되어 있지 않습니까?		
	51	**자연환경에 안전함**	자연환경에 유해한 물질이 사용되어 있지 않습니까?		
	52	**재생 · 재사용의 추진**	제품의 본체, 부품 등에 재생(리사이클) · 재사용(reuse) 가능한 소재를 가능한 한 많이 사용하고 있습니까?		
	53	**범용에 의한 위험성의 배제**	여러 가지 제품과 함께 사용할 경우, 새로운 위험성이나 환경문제가 발생하지 않도록 고려되어 있습니까?		
	54	**자원 · 에너지 절약**	사용상에서 자원이나 에너지를 낭비하지 않는 제품입니까?		
	55	**환경문제와 공해의 회피**	사용상에서 새로운 환경문제를 발생시키지 않습니까? 또 어떤 환경파괴를 유발할 가능성은 없습니까?		

PPP 평가는 우선 평가하고자 하는 제품을 결정하고 샘플을 준비한다. 평가 제품은 복수라도 관계없으며, 경쟁 관계에 있는 타사 제품도 동시에 평가할 수 있다면 평가 제품의 특징이나 약점 등을 명확하게 알 수 있을 것이다. 평가 제품이 전자기기인 경우 충전을 먼저 해놓으며, 청소기처럼 조작공간을 필요로 하는 경우는 공간을 확보해둔다.

다음으로 평가 일시와 평가 장소를 결정하고, 주택설비 등 평가 장소에 가져올 수 없는 경우 그 장소에 가서 평가할 필요가 있으므로 미리 가보고 설정도 필요하다. 또한 네비게이션 등은 실제로 도로를 달리지 않으면 평가할 수 없으므로 평가 시간에도 여유를 두는 것이 좋다.

다음으로 평가자를 모집한다. 객관적인 데이터를 수집하기 위해서는 될 수 있는 한 많은 사람들을 모집한다. 적어도 3명 이상으로 하고, 연령이나 성별의 폭을 넓게 하고, 다양한 신체적 특징을 가진 사람들로 평가하는 것이 좋다. 또 별도의 일정을 구성하여 몇 번에 걸쳐 평가해도 된다.

PPP 평가 시트는 평가자의 수만큼 준비하여 두고, 평가하는 사람은 제품을 실제로 사용하면서 각 체크 포인트에 대한 어느 정도의 요건을 갖추고 있는지를 5단계로 평가하게 한다. 제품의 특성상 '평가할 수 없다 · 평가할 필요가 없다' 항목이 있는 경우에는 공란으로 비워둔다. 또한 평가 중에 느낀 점 등은 메모하게 한다.

평가 기준에 대해서는 유니버설디자인을 충분히 달성하였으면 'A', 달성하고자 하는 의식이 있지만 달성하지 못한 부분이 있는 경우에는 'B', 달성하고자 하는 의식은 있지만 제품에 그다지 반영되어 있지 않은 경우는 'C', 달성하고자 하는 의식도 없고 제품에 전혀 반영되어 있지 않으면 'D', 달성하고자 하는 의식이 전혀 반영되어 있지 않고 매우 사용하기 불편한 경우에는 'E'로 평가하고, 순서대로 5점, 4점, 3점, 2점, 1점의 포인트로 환산한다. 표 4-8에서는 1점씩 5단계의 평가 방법을 사용하였지만 평가 인원수나 평가방침에 따라 배점 등의 구성을 바꾸어도 된다.

전원이 평가가 끝나면 평가시트를 회수하고 체크 포인트 부문별로 평균점을 계산한다. 예를 들어 원칙 2의 항목 6에 대하여 평가자 A가 5점, 평가자 B가 3점, 평가자 C가 1점을 기입하였다고 보고 이 경우 평균점은 (5+3+1)÷3(평가자 수)로 3점, 평가자 A와 평가자 C만 평가한 경우에는 2로 나눈 숫자로 평균점을 낸다.

이와 같이 55가지 항목 전체의 평균점 계산이 끝나면 다음에는 7원칙 · 3부칙별로 평균점을 계산한다. 예를 들면, 원칙 2의 경우 항목 6에 대한 평균점이 4점, 항목 7이 5점, 항목 8이 1.7점, 항목 9가 5점, 항목 10이 3.3점인 경우 (4+5+1.7+5+3.3)÷5(항목 수)=3.8점이 된다. 7원칙 · 3부칙 별로 평균점 계산이 끝나면 이것을 그래프로 만든다. 그림 4-20과 같이 10개축의 레이더 차트로 만들면 제품이 어떠한 특징과 약점을 갖고 있는지를 한눈에 알 수 있다. 이 결과를 토대로 현행 제품이 가지고 있는 문제점을 인식하고 개량 안을 만들 수 있도록 제안한다. 또한 개량 제품의 시제품이 나온 단계에서 다시 PPP평가를 하는 등 개발 프로세스 전반에 걸쳐 평가와 검증을 반복하는 것이 중요하다.

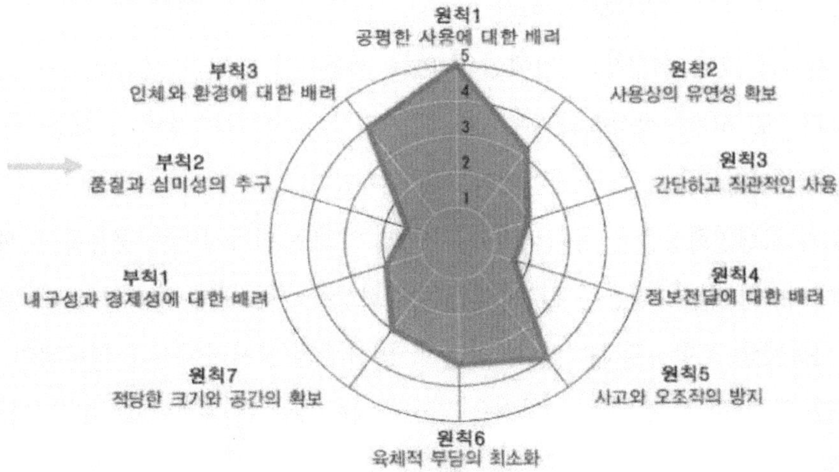

그림 4-20 PPP평가 예

4. 고령친화 용품을 위한 디자인 가이드라인

1) 고령친화상품의 사용자 정의

3장에서 밝혔듯이 노인에 대한 정의는 사회 문화적 상황과 개인의 판단에 따라 가변적이다. 본 절에서는 고령친화상품의 디자인 가이드라인을 제시하기에 앞서 고령친화상품의 사용자로서의 노인의 개념을 정리하고자 한다.

고령화 사회가 되어 가면서 현대의 노인은 과거의 노인과는 크게 다른 가치관과 생활 패턴을 보여주고 있으나 노인이 가장 걱정하는 문제는 과거와 마찬가지로 건강이며 건강의 악화와 신체 기능의 약화로 인해 불편을 겪는 경우가 많다.

한국보건사회연구의 조사 결과에 의하면 노인이 자신이 노인이 되었다고 느끼는 계기는 신체적인 것으로 노인 중 42.7%가 기력이 쇠함을 느꼈을 때라고 하였다. 고령친화상품의 사용자로서의 노인은 노화로 인한 신체적 약화로 일상생활에서 불편함을 느끼는 사람이다. 신체적 약화로 인한 일상생활의 불편은 젊은 사람들도 느낄 수 있는 사소한 애로 사항에서부터 부양자의 도움을 필요로 하는 장애까지 그 정도가 매우 다양하다. 이런 이유로 고령친화상품은 일상생활 행위를 도와주는 간단한 보조 용구부터 장애인을 위한 제품까지 다양한 종류로 구성되어 있다. 그러므로 고령친화상품의 주 사용자는 일상생활에 불편함을 느끼는 노인, 또는 신체적 어려움을 겪는 장애인이라고 할 수 있다.

앞으로의 고령친화상품은 유니버설 디자인의 원칙을 만족시키는 공용품의 개념으로 개발되어야 한다. 공용품으로서의 고령친화상품 개념에서 본다면 보다 넓은 범위의 사용자를 포함시킬 수 있다. 어린이, 임산부와 일시적이거나 영구적인 장애를 겪고 있는 사람, 신체적인 약점을 갖고 있는 사람 등 또한 고령친화상품의 사용자가 될 수 있다는 가능성을 열어 두어야 한다.

2) 디자인 가이드라인의 방향

항목별 디자인 가이드라인에 대해 정리하기에 앞서, 일상생활 전 분야를 아우르는 공통의 디자인 고려 사항은 다음과 같다.

첫째 , 고령친화상품의 디자인은 고령자의 신체적 특성, 인지적 특성을 반영해야한다. 노화할수록 시각, 촉각, 청각, 후각 등의 감각은 후퇴한다. 신체적 능력은 약화되고 몸을 뻗고, 들고, 굽히는 등의 행위가 어렵게 되고 판단의 시간, 반응이 나타나는 시간은 길어진다, 이러한 변화는 종종 사고를 유발하기도 한다, 노인을 위한 디자인은 고령자의 신체적 변화에 대한 고려가 선행되어야 한다.

둘째, 고령친화상품의 디자인은 노인의 생활 행위에 착안한 디자인, 특히 여성 노인의 특성을 반영한 디자인이여야 한다. 노인의 생활 행위의 특징과 패턴을 파악하고 노인이 생활 속에서 느끼는 불편함의 요인에 대한 반영이 이루어져야 한다. 특히 남성 노인보다 각종 질환의 유병율이 높고 생활 속에서 느끼는 불편함의 정도가 큰 여성 노인에 대한 연구와 배려가 필요하다.

셋째, 고령친화상품의 디자인은 직관적으로 이해할 수 있는 단순한 디자인이어야 한다. 이유 없는 복잡성은 모든 계층의 사람들에게 불필요한 요소이다. 단순한 디자인을 위해서는 필요 없는 기능을 만들지 않기, 간단하고 쉬운 작동법, 어려운 용어의 사용을 피하기, 현란하고 복잡한 그래픽의 사용을 피하기, 복잡한 시각 정보의 양을 제한하기 등이 요구 된다. 직관적으로 이해할 수 있는 단순한 디자인은 기존의 것에서 크게 달라지지 않은 디자인을 의미하기도 한다.

넷째, 고령친화상품의 디자인에서는 다양한 감각의 자극 활용이 효과적으로 사용될 수 있다. 다양한 감각의 활용의 방법은 다양하다. 예를 들어 딸깍하는 소리가 나는 스위치, 다양한 질감의 사용, 촉각과 후각 등 공감각의 적용, 신속한 인식을 위한 선명한 색의 사용 등이 있다.

3) '일상'생활과 관련한 디자인 가이드라인

(1)옷 입기' 와 관련된 제품의 디자인 가이드라인

'옷 입기'와 관련된 제품으로는 외출복, 실내복, 내의, 모자, 목도리, 벨트, 양말, 신발 등이 있다. 노인의 의복은 스타일과 편안함의 양면을 동시에 만족시킬 수 있어야 한다. 노인은 쉽게 입고 벗을 수 있고, 편안한 착용감 등의 기능성과 함께 멋스럽고 보기 좋은 의복을 원한다. 설문 조사에서 남성이 느끼는 불편함이 더 크고 섬세한 손동작의 능력이 떨어지는 것으로 나타났으므로 남성의 의복과 관련해서는 편안한 착장 방법에 대한 고려가 더욱 요구된다. 노인이 가장 어렵게 느끼는 요인이 작은 버튼, 지퍼, 스냅 등의 여밈 부분에 대한 것이므로 이에 대한 고려가 필요하다. '옷 입기'와 관련된 기존 제품의 디자인 특성 분석에서는 기능적 지원성과 함께 접근성이 강조되고 있으며 심미성과 공평한 사용 측면은 다소 부족한 것으로 나타났다. '옷 입기' 관련 제품에서는 옷을 편하게 입고 벗을 수 있다는 맥락에서 접근성이 중요하며 심미성과 공평한 사용에서 보완이 필요하다. 특히 의복 관련 제품에서는 심미성이 중요하게 부각되는데 기능성의 강조로 인해 심미성 부분에서 만족스럽지 않은 결과가 나오지 않도록 하는 것이 중요하다. 심리적 차별이나 장애를 느끼지 않는 측면에서의 공평한 사용 또한 심미성과 더불어 고려해야 할 점이다. '옷 입기'와 관련된 제품의 디자인 가이드라인은 다음의 표 4-9와 같다.

항목별 디자인 가이드라인의 내용은 고려사랑, 불편함의 요인, 디자인 가이드라인으로 구성하였다. 고려사항은 디자인 과정에서 고려해야 할 사항에 대한 내용이며, 불편함의 요인은 고려사항과 관련하여 설문 조사 결과로 도출된 불편함의 요인에 대한 내용이다. 디자인 가이드라인은 고려사항과 불편함의 요인을 고려하여 그에 대한 대한을 제시할 수 있는 내용으로 구성하였다 .

표 4-9 '옷 입기' 관련 제품의 디자인 가이드라인(출처: 황정아&박영순, 2007)

고려 사항	불편함의 요인	디자인 가이드라인
다양한 신체 사이즈	- 신체 사이즈의 변화, 축소 - 꽉 조이는 옷은 불편함 - 허리가 두꺼워짐	* 연령에 따른 체형 변화를 반영한 디자인 상의의 뒤품에 여유분이 있도록한다 주름과 다트가 있는 디자인 * 탄성이 있는 허리 밴드의 사용 * 몸을 날씬하게 보이도록 해주는 형태의 디자인 A라인의 스커트 등 되도록 날씬하게 보이도록 해주는 디자인
근력, 골격계	- 근력,골격계의 약화 - 손올리고 내리기 힘듦 - 하지 부분의 약화	* 일상생활동작을 하면서 편안함을 느낄 수 있도록 한다 V네크라인은 목 부분에 편안함을 느끼게 해준다 * 쉽게 입고 벗을 수 있는 디자인 앞쪽으로 오프닝 되어 있는 디자인 위로 쓰는 형태의 디자인은 피한다 * 몸에 긴박감이나 압박감을 주지 않는 디자인 진동 둘FP를 여유 있게 재단한다. 팔, 어깨를 편안하게 해주는 라글란 기모노 소매 * 몸에 부담을 주지 않는 편안하고 가벼운 소재 신축성 있는 소재의 사용
	- 섬세한 손동작 어려움 - 여밈 부분을 채우기 어려움 (단추,지퍼,고리,벨트) (신발끈)	* 쉽게 끼울 수 있도록 단추의 개수, 모양, 크기를 조절한다 * 팔을 크게 돌리는 동작을 줄인다 * 쉽게 매고 풀 수 있는 신발 끈을 사용한다 신발 끈 대신 밸크로를 사용한다 쉽게 착탈 가능하도록 탄성 있는 신발 끈을 사용한다
	- 유연성의 감소 - 팔 돌리기 어려움 - 팔이 잘 안 꺾임 - 허리 구부리기 힘듦	* 신발에는 충격을 완화시켜는 쿠션이 있어야한다 * 신발, 양말을 신을 때 자세와 무릎이 앞으로 굽혀지는 문제에 대한 사용편의성에 유의한다
몸의 평형 밸런스	- 균형을 잃기 쉬움 - 쭉 뻗는 동작 어려움 - 손 뒤로 돌리기 어려움 - 몸 방향을 바꾸기 어려움 - 몸 뒤로 돌리기 어려움	* 쉽게 입고 벗을 수 있는 디자인 단추, 지퍼, 브래지어 고리 등의 여밈 부분은 앞이나 옆면에 위치하도록 한다 * 미끄러움을 방지하는 양말, 신발

감각	- 시력의 약화 - 지퍼 끼우기 어렵고 잘 안 보임 - 벨트 구멍 맞추기 힘듦	* 쉽게 조작이 가능한 단추, 지퍼, 벨트,고리, 구멍이 잘 보이도록 한다. 쉽게 채울 수 있도록 한다. 지퍼나 벨트의 고리를 크게한다 양질의 다루기 쉬운 지퍼를 사용한다 * 단추, 지퍼 대신 밸크로를 사용한다
	- 촉각의 약화 - 피부가 약하고 건조함	* 천연 소재의 사용 * 가볍고 따뜻한 소재를 사용한다 * 피부의 색이 칙칙해지는 점을 반영한다
위생	- 생리적 쾌적성	* 가공 처리된 화학섬유보다는 천연소재 섬유 사용 * 통풍이 도는 소재를 사용한다 * 흡습성, 흡수성이 좋은 소재 * 물세탁이 가능한 소재를 사용한다
기타	- 체온 유지의 어려움 - 온도 변화의 민감함 - 거동이 불편한 사람	* 체온을 유지하는 기능이 있는 소재를 사용한다 * 장시간 앉아있는 사람의 의복은 앉아있는 자세에서의 신체 변화를 고려한다

(2) '식사하기' 와 관련된 제품의 디자인 가이드라인

'식사하기'와 관련된 제품으로는 식기류, 수저류, 각종 보조도구가 있다. '식사하기'는 일상생활을 영위하기 위한 가장 기본적인 행위로 설문조사 결과 노인들이 느끼는 불편함의 정도가 크지 않은 것으로 나타났다. 이는 설문 조사가 주로 '식사를 하는 행위'를 다루었기 때문으로 '식사를 준비하는 행위'와 관련해서는 불편함의 요인이 더욱 다양한 것으로 보인다. 전반적인 불편함의 정도는 낮은 것으로 나타났으나 노인들의 신체적 특성을 반영한 세심한 요구의 제품이 있다면 노인을 포함한 다양한 그룹의 사람들이 편리하게 사용할 수 있을 것이다. '식사하기'와 관련된 기존 제품의 디자인 특성 분석에서는 기능적 지원성, 수용성, 안전성, 접근성이 고루 강조되고 있으며 공평한 사용 측면에서 다소 부족한 것으로 나타났다. '식사하기'에서는 기능성과 함께 다양한 계층의 사용자를 포용할 수 있는 수용성, 안전성, 편하게 손에 쥘 수 있는 접근성이 요구되며 공평한 사용에 대한 고려가 필요하다. 식사하기와 관련된 제품의 디자인 가이드라인은 다음의 표 4-10과 같다.

표 4-10 '식사하기' 관련 제품의 디자인 가이드라인(출처: 황정아&박영순, 2007)

고려 사항	불편함의 요인	디자인 가이드라인
다양한 신체 사이즈	- 신체 사이즈의 변화, 축소	* 손의 크기를 반영한 제품의 크기 너무 작거나, 너무 크지 않은 제품의 사이즈 손의 크기를 반영한 손잡이의 직경 * 잡기 쉽고, 편한 형태의 손잡이 제품 사용 시, 또는 손잡이를 잡을 때 손가락, 손, 손목, 팔이 편안한 각도로 놓일 수 있도록 한다 * 신체의 행동반경을 고려 * 사용자에게 적합한 무게감에 대한 고려 * 제품의 도어는 양방향으로 열리도록 한다
근력, 골격계	- 근력, 악력의 약화 - 팔의 힘이 없어 쥐는 동작이 어렵다 - 섬세한 손동작 어려움	* 가벼운 힘으로 조작 가능한 * 손에서 미끄러지지 않는 넌 슬립(Non-slip) 소재 * 쉽게 잡을 수 있도록 하는 질감의 표면, 표면 굴곡 * 쿠션이 느껴지는 편안한 그립감 손의 위치를 지정해 주는 유연한 소프트 스팟 * 쉽게 열리도록 만들어진 뚜껑, 커버 뚜껑을 열 때 잡을 수 있는 손잡이를 둔다 * 돌리는 방식보다는 레버형의 손잡이를 사용한다 * 위에서 넣는 현태보다 앞에서 뻗어서 넣도록 한다
몸의 평형 밸런스	- 균형을 잃기 쉬움	* 쉽게 깨지지 않는 소재의 사용 * 표면의 굴곡을 두어 미끄럽지 않도록 한다 * 무겁지 않은 소재의 사용 * 한 손으로 조작 가능한 * 운반을 용이하게 하는 손잡이의 부착
감각	- 시력의 약화 - 청력의 약화 - 미각, 후각, 촉각의 약화	* 눈금, 버튼의 표시는 크고 선명하게 한다 * 글씨의 가독성을 고려한다 * 제품의 부분별로 색깔을 다르게 한다 가장자리에 무늬가 있는 접시 * 입에 닿는 제품에는 부드럽고 유연성이 있는 소재를 사용한다 * 쉽게 밀폐되는 저장 용기 관련제품: 계량도구, 작동패널 있는 제품, 음식 저장용기
지적 능력	- 기억력, 이해력의 감소	* 식생활, 식문화에 맞는 식기 도구의 제안 * 라벨의 적극적인 사용 약 복용에 관한 정보를 알려주는 약 상자
위생	- 식품 위생	* 청결이 유지되는 소재와 구조 쉽게 세척이 가능하도록 틈새가 이음새가 매끄럽도록한다

(3) '목욕하기' 와 관련된 제품의 디자인 가이드라인

'목욕하기'와 관련된 제품으로는 세면대, 욕조, 수전, 샤워기, 목욕의자, 각종 보조용구 등이 있다. 목욕 등 개인위생과 관련된 행위는 대부분 화장실에서 이루어진다. 화장실은 실내에서 가장 위험의 요소가 많은 장소이기 때문에 안전성, 접근성이 가장 중요하게 고려되어야 하며 기능성과 위생, 프라이버시의 요소 또한 강조되는 측면이다. 화장실이 위험한 이유는 바닥이 미끄러워지기 쉬운 특성 때문이다. 연령이 높아질수록 낙상의 위험이 커지고, 특히 남성보다 여성이 잘 넘어지는 경향이 있으므로 그에 대한 대비가 필요하다. 설문 조사 결과로 나타난 불편 요인으로는 허리를 굽히기 어려운 점 등의 신체적인 요인과 제품의 크기와 높이가 맞지 않는 점 등 제품에서 유발된 어려움이 있었다. '목욕하기'와 관련된 기존 제품의 디자인 특성 분석에서는 기능적 지원성, 접근선, 안전성, 수용성이 고루 강조되고 있으며 공편한 사용 측면에서 다소 부족한 것으로 나타났다. 접근성과 안전성은 낙상의 방지와 연결하여 주의를 기울여야 할 부분이다. 목욕하기와 관련된 제품의 디자인 가이드라인은 다음과 같다.

표 4-11 '목욕하기' 관련 제품의 디자인 가이드라인(출처: 황정아&박영순, 2007)

고려 사항	불편함의 요인	디자인 가이드라인
다양한 신체 사이즈	- 신체 사이즈의 변화, 축소 - 욕조의 폭, 길이에 대한불만 - 샤워기 위치 높음	* 필요에 따라 높이와 크기를 조절 할 수 있는 디자인 높이의 선택에 대한 옵션을 제공한다 위치와 높이, 방향을 조절할 수 있는 샤워기 * 허리를 많이 굽히지 않을 수 있도록 하는 고려
근력, 골격계	- 근력, 악력의 약화 - 손 들고 내리기 힘듦 - 샤워기가 무거움	* 사용 시 무겁거나 힘들지 않도록 한다 * 쉽게 돌릴 수 있는 손잡이 부드럽게 열리고 잠기는 수단
근력, 골격계	- 수도꼭지 돌리기 힘듦 - 물 온도 조절 어려움 - 섬세한 손동작 어려움 - 샤워기 물 조절 힘듦 - 샤워기가 미끈거림 - 허리의 약회 - 오래 앉아있기 힘듦 - 엎드리기 힘듦 - 유연성의 약화 - 욕소에 오래 앉아있기 힘듦	* 윙 타입의 레버 손잡이, 싱글 레버 손잡이 등 돌리는 형태의 손잡이 대신 레버형 손잡이 사용 * 사용자의 손을 감지하는 전자 감응식 수단 * 손바닥, 손등, 팔꿈치로도 조작할 수 있는 손잡이 * 단순한 손동작으로 온냉을 소절할 수 있는 수단 * 작동을 위해 손가락 힘이나 죔, 뒤틀림을 요구하는 하드웨어를 사용 하지 않는다

몸의 평형, 밸런스	- 균형을 잃기 쉬움 - 낙상의 위험 - 욕조가 미끄러움 - 몸의 자세 유지가 힘듦 - 손을 뻗기 어려움 - 샤워 시 손 뒤로 돌리기 힘듦	* 미끄러움을 방지하는 넌 슬립(Non-slip) 소재의 사용 표면의 굴곡, 요철을 두어 미끄럽지 않도록 한다 미끄럼 방지 흡반을 사용한다 제품위로 물이 고이지 않도록 한다 * 부드럽고 탄성이 있는 소재의 사용 * 욕조에 들어가거나 나올 때의 위험 요소의 제거 손잡이 팔 지지대를 부착 한다 손으로 쥘 수 있는 얇은 부분이 있는 욕조 * 이동거리의 최소화 할 수 있도록 한다 목욕, 샤워 시 필요한 물품을 둘 수 있는 선반 * 앉을 수 있는 공간을 배려한 디자인 * 앉을 수 있는 평평한 면이 있는 욕조 * 등 뒤로 손이 닿을 수 있도록 디자인된 보조용구 * 욕조의 밖에서 쉽게 조작할 수 있는 디자인 * 한손으로 쉽게 작동할 수 있는 디자인 * 손으로 들 수 있는 샤워기
지적 능력	- 기억력, 이해력 감소	* 간단하고 쉬운 사용방법 * 냉온의 구별이 쉽고 명확하게 이루어지도록 한다
위생	- 물이 있는 공간으로 오염되거나 녹슬기 쉬움	* 쉽게 세척이 가능하도록 한다 * 청결이 유지되는 소재와 구조 * 항오염, 함곰팡이 소재를 사용한다 * 스테인레스 스틸, 플라스틱 등 녹슬지 않는 소재를 사용한다
안전	- 물건을 떨어뜨리면 깨지기 쉬운 환경 - 전기 안전 문제	* 위험 요소를 최대한 배제한 디자인 * 깨지지 않는 소재, 깨진 조각이 위험하지 않은 소재 * 세면대, 욕조 등 제품의 모서리를 둥글게 처리한다 * 뜨거운 물이 갑자기 나오는 것을 방지하는 수단 * 세면대나 샤워장에서 물이 튀는 것을 방지 한다 * 전기를 사용하는 제품의 사용 위치에 대한 고려
감각	- 시력의 약화 - 청력의 약화 - 미각, 후각, 촉각의 약화	* 다양한 감각의 채널을 통한 정보의 제공 * 표면의 번쩍거림을 최소화 한다 질감이 있는 패턴을 활용으로 물체 표면의 번쩍거림을 막는다. * 체온 유지에 대한 고려

(4) '용변보기' 와 관련된 제품의 디자인 가이드라인

'용변보기'와 관련된 제품으로는 변기, 비데, 세면대. 휴지걸이, 각종 보조용구 등이 있다. '용변보기'는 신체적 장애가 심한 경우를 제외하면 화장실에서 이루어진다. 따라서 '목욕하기'와 마찬가지로 낙상의 위험을 방지하는 것이 필수적으로 요구된다. 또한 프라이버시에 대한 고려가 중요하다. 설문 조사에서는 고령의 여성 노인이 느끼는 불편함이 큰 것으로 나타났으므로 관절염, 요실금 등 여성 노인의 유병률이 높은 질환에 대한 고려가 필요하다. 또한 불편함을 느끼는 이유로 무릎관절과 허리의 불편함에 대한 언급이 많았으므로 이러한 신체적 약점을 보완할 수 있는 기능성을 제품에 부가해야 할 것이다.

'용변보기'와 관련된 기존 제품의 디자인 특성 분석에서는 기능적 지원성과 함께 접근성이 강조되고 있으며 공평한 사용 측면이 특히 부족한 것으로 나타났다. '용변보기'에서 공평한 사용에 대한 평가가 낮은 것은 신체적 장애가 있는 사람을 위한 제품이 심리적 장애를 느끼게 하는 사례가 많았기 때문으로 파악된다. '용변보기'와 관련된 제품의 기능성을 보완하면서 최대한 공평한 사용 측면을 보완하는 것이 주의를 기울여야 할 점으로 생각된다. '용변보기'와 관련된 제품의 디자인 가이드라인은 다음과 같다.

표 4-12 '용변보기' 관련 제품의 디자인 가이드라인(출처: 황정아&박영순, 2007)

고려 사항	불편함의 요인	디자인 가이드라인
다양한 신체 사이즈	- 신체 사이즈의 변화, 축소 - 변기의 높이 맞지 않음 - 변기에 앉기 불편함	* 변기의 높이를 사용자의 요구와 신체적 조건, 상황에 따라 조절 할 수 있도록 한다
근력, 골격계	- 근력, 악력의 약화 - 허리의 통증	* 앉고 일어서기 쉽도록 지원해주는 위치, 크기, 높이에 대한 고려 * 손잡이, 지지대의 부착
	- 하지의 약화 - 무릎이 불편함 - 유연성의 약화 - 오래 앉아있기 힘듦	* 편안한 착석감을 느낄 수 있는 변기 시트에 대한 고려 변기 시트 부분을 크고 넓게 하면 앉아 있기 쉽고 손으로 지지할 수 있는 부분이 된다 * 쿠션감이 있는 변기 시트의 사용
몸의 평형, 밸런스	- 몸의 자세 유지가 힘듦 - 균형을 잃기 쉬움 - 낙상의 위험 - 팔을 뻗기 어려움 - 용변 처리 시 손 뒤로 돌리기 어려움	* 사용자의 접근성을 고려한 디자인 쉽게 닿을 수 있는 거리와 방향 몸을 돌리지 않고 조작할 수 있는 변기손잡이 손에 잘 닿고 한손으로 뜯을 수 있는 휴지 걸이 * 손잡이의 역할을 제품 기능에 부가시킨 디자인 * 조절판은 앞이나 옆 쪽에 위치하도록 한다
감각	- 시력의 약화 - 청력의 약화 - 미각, 후각, 촉각의 약화	* 조작 패널의 버튼은 적절한 색깔의 사용으로 식별성을 높인다 * 촉각(터치)에 의한 식별이 가능한 * 탈취가 잘 되도록 한다
지적능력 정서적 측면	- 기억력, 이해력 감소 - 비데 사용의 어려움 - 자아 존중감	* 간편하고 쉬운 조작 * 최대한 프라이버시를 보호하는 디자인 * 탈취가 잘 되도록 한다
위생	- 용변 처리의 어려움	* 항오염, 항세균 처리 * 쉽게 사용할 수 있는 비데

(5) '이동하기' 와 관련된 제품의 디자인 가이드라인

'이동하기'와 관련된 제품으로는 침대, 의자, 보행보조기, 지팡이, 카트, 핸드레일, 각종 보조 용구 등이 있다. '이동하기'는 노인이 어려움을 느끼는 대표적인 행위라고 할 수 있다. 근력, 골격계의 약화 , 몸의 균형을 유지하는 능력의 감소 등 신체적인 능력의 약화로 인해 걷기, 일어서기, 앉기, 물건 나르기 등의 행위에서 어려움을 느끼게 된다. '이동하기'는 설문 조사 결과 '옷 입기' 다음으로 어려움이 큰 항목으로 나타났다. 전체적으로 여성이 남성보다 불편을 많이 느끼고 있는데 특히 고령의 여성 노인이 느끼는 어려움이 큰 것으로 나타났다.

기존 제품의 디자인 특성 분석에서는 기능적 지원성과 함께 안전성, 접근성, 수용성이 고르게 강조되고 있었으며 타 항목과 비교하여 높은 평가를 받았다. '이동하기'는 낙상을 포함한 안전의 문제와 직결되어 있으므로 안전성이 특히 강조되고 있다. '이동하기'와 관련된 제품의 디자인 가이드라인은 다음과 같다.

표 4-13 '이동하기' 관련 제품의 디자인 가이드라인(출처: 황정아&박영순, 2007)

고려 사항	불편함의 요인	디자인 가이드라인
다양한 신체 사이즈	- 신체 사이즈의 변화, 축소 - 의자 높이가 안 맞음	* 가구의 높이를 사용자의 요구와 신체적 조건, 상황에 따라 조정할 수 있도록 한다 * 탈착이 가능한 바퀴, 나무 블록을 제공하여 높이 조정이 가능하도록 한다
근력, 골격계	- 근력, 악력의 약화 - 허리 굽히고 피기 어려움 - 누웠다 있어나기 힘듦 - 물건을 들기 힘듦 - 하지의 약화 - 다리 관절의 약화	* 일어서는 행위에서 어려움을 느끼지 않도록 표준형보다 높게 설계한다 * 몸을 지지할 수 있도록 단단한 매트리스, 쿠션을 사용한다 * 의자에는 팔걸이가 있도록 한다 * 옮기기 쉽도록 바퀴를 부착한다 * 잦은 이동이 필요한 가구는 가벼운 소재로 만든다 * 물건을 이동할 때 힘들지 않도록 무게를 최소화 한다 * 인출식 선반을 사용한다 * 요구되는 힘이 최소화 되도록 한다
몸의 평형, 밸런스	- 몸의 자세 유지가 힘듦 - 균형을 잃기 쉬움 - 일어설 때 중심잡기가 어려움 - 낙상의 위험 - 팔을 뻗기 어려움	* 사이드 레일, 핸드 레일을 부착한 디자인 침대에는 손잡이의 역할을 할 수 있는 헤드보드나 풋보드, 탈착 가능한 사이드 레일을 부착한다 * 필요 물품을 둘 수 있는 공간에 대한 배려 * 요철이 있는 패턴의 바닥 미끄러움을 유발할 수 있는 요소를 최소화 한다 제품의 밑면에 미끄럼 방지 테이프를 부착한다 미끄럼 방지 매트나 러그의 활용
감각	- 시력의 약화	* 표면에 빛이 반사되는 유광 재질은 시각적으로 혼란을 줄 수 있으므로 되도록 사용을 피한다 * 제품에 부분 조명을 부착한다 * 식별이 필요한 부분에서는 밝고 선명한 컬러를 사용하거나 색의 대비효과를 활용한다 * 물결무늬와 같이 시각적 혼란을 주는 패턴의 사용을 피한다 * 터치 센서티브(Touch Sensitive) 타입의 스위치 * 주요 부분을 야광으로 처리한다
안전	- 낙상의 위험	* 제품으 모서리를 둥글게 처리한다 * 안전을 위한 공간의 확보 * 잠금 장치가 있는 바퀴를 사용한다 * 이동 거리를 최소화 할 수 있도록 하는 디자인 * 깔끔한 전기 배선 처리 * 마감재, 가구류, 침장류의 소재로 미끄럽지 않은 소재를 사용한다 * 항염가공의 섬유를 사용한다
위생	- 오염의 방지 - 화학약품 알레르기	* 오염이 잘 되지 않고 쉽게 세척되는 소재를 사용한다 * 항오염 가공의 섬유를 사용한다 * 통풍이 잘되는 섬유를 사용한다 * 집성목, 합판 등의 소재 대신 천연 목재, 금속 소재를 사용한다 * 화학 접착제의 사용을 최소화한다

5. 제품 개발 시 노화에 따른 고려사항

모든 사람이 제품, 서비스, 사업장 및 환경을 이용할 수 있는 것은 사회 전체를 위한 중요한 목표이다. 제품 및 서비스의 이용 가능성 및 유용성은 전 세계 인구에서 고령자의 비율이 증가하면서 더욱 중요해졌다. 모든 고령자들이 장애를 가지고 있지는 않지만, 장애 또는 능력한계는 이 인구통계 그룹에서 가장 높다.

사람들의 요구와 능력은 그들이 아동기로부터 고령기로 진행하면서 변화하며, 모든 특정 연령 집단의 개인 능력은 실제로 다양하다. 기능 및 인지적 능력한계는 가벼운 청각 상실 또는 독서할 때만 안경을 쓰는 등 비교적 가벼운 것으로부터 실명, 농아 또는 자신의 신체의 일부나 전체를 움직이지 못하는 것에 이르기까지 다양하다는 것을 인지하는 것은 중요하다. 일부 능력한계가 원래는 가벼운 것이지만 고령에서의 경우와 같이 이러한 능력한계들이 조합되면 심각한 문제를 야기할 수 있다는 점에 주목해야 한다.

따라서 노화에 따라 변화하는 신체기능에 대한 데이터를 수집하여 이를 제품 개발에 반영하는 것은 매우 중요하다. 그림 4-21은 제품 개발 시 고려해야 하는 신체기능 데이터에 관한 것이다.

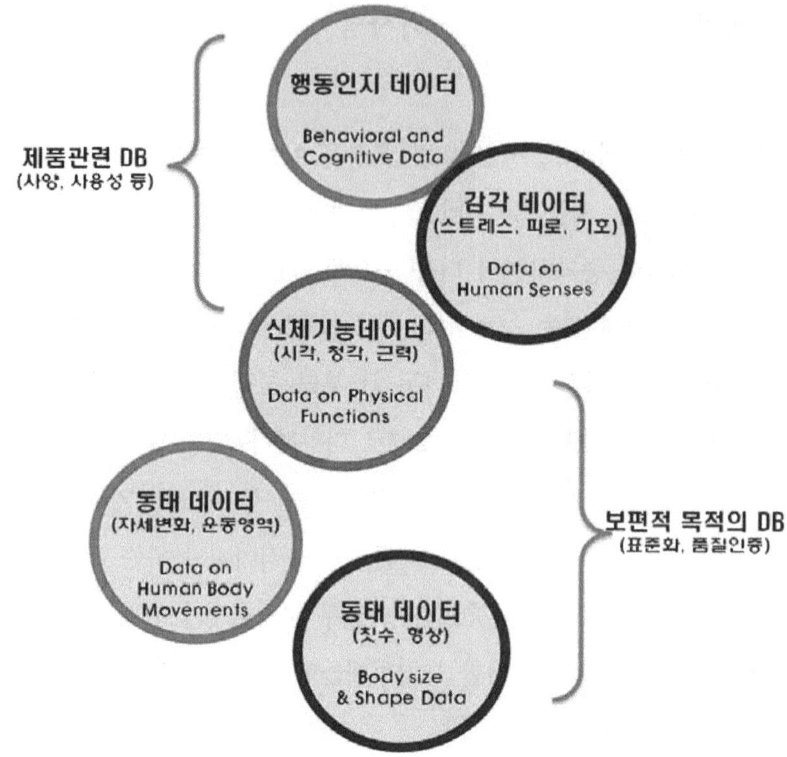

그림 4-21 제품 개발 시 고려해야하는 인체 기능 데이터

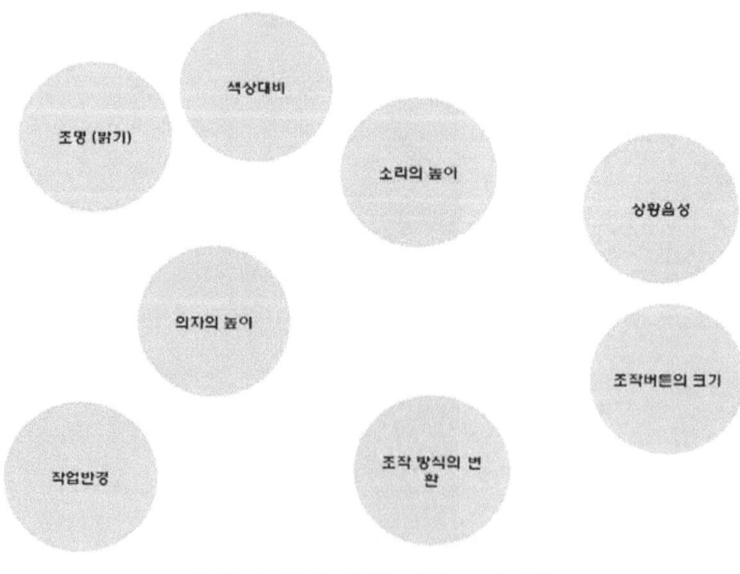

그림 4-22 노화에 따른 고려사항

1) 노인의 신체기능 고려 사항

(1) 조명도 고려 – 조명과 문자 크기는 관계성을 가지며 조명도가 내려가면 시력도 감소한다.

조명도는 어떤 면이 받는 빛의 세기를 그 면적에 비치는 광선속으로 나타낸 양이다. 단위로는 lx를 사용하며, 반사율이 포함되지 않기 때문에 면의 밝기와 정비례하지 않는다. 고령자는 장소의 밝기에 따라서 문자 읽기에 어려움이 발생한다. 따라서 밝은 곳에서 쉽게 읽을 수 있는 문자의 크기라도, 어두운 곳에서는 더 크게 하지 않으면 쉽게 읽을 수 없다. 원거리 시력으로 보이는 란돌트 고리시표(Landolt)의 높이를 실제의 문자 크기로 대신 놓아 보면, 연령이나 조도의 차이로 읽어낼 수 있는 문자 크기가 크게 바뀌는 것을 알 수 있다(그림 4-23, 4-24).

그림 4-23 란돌트 고리시표 – 시력 측정의 기준 지표
(Landolt : 7.5mm의 사각형 안에 굵기 1.5mm의 고리를 그리고, 그 고리의 일부분을 1.5mm 잘라놓은 것)

1000 lx 고령자는 청년의 2.1배 크기로 할 필요가 있다.

청년층 고령자

(1) (2.1)

100 lx 고령자는 청년의 1.9배 크기로 할 필요가 있다.

청년층 고령자

(1.4) (2.7)

10 lx 고령자는 청년의 2.4배 크기로 할 필요가 있다.

청년층 고령자

(1.8) (4.3)

그림 4-24 조명도 변화에 따른 3m 거리에서 읽어 낼 수 있는 문자 크기의 차이
수치는 1000 lx의 청년층을 1의 값으로 했을 경우의 문자 크기의 배율
계측 대상자의 기준 - 청년층 : 25-34세, 고령자 : 75세 이상

(2) 콘트라스트(contrast)와 문자의 독해 고려 - 고령자는 배경과 문자의 콘트라스트가 커질수록 문자를 보는 것이 용이하다.

고령자(75세 이상)는 청년층에 비해, 콘트라스트(대비)가 작으면 독해가 어려워진다. 따라서 검정배경에 흰색 문자를 사용하거나 반대로 흰색 배경일 경우 검정을 진하게 해 콘트라스트를 크게 하면 문자의 가독성을 높일 수 있다(그림 4-25).

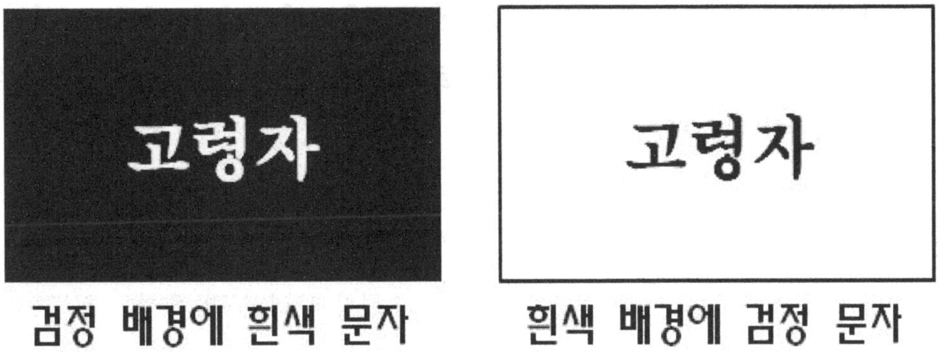

그림 4-25 콘트라스트와 문자의 독해
평균 적용 조건 - 원거리 시력 3m, 근거리 시력 30cm,
흰색배경, 형광등 조명, 조도 1000 lx

(3) 암순응과 문자의 농도 - 어두운 곳에 갑자기 들어갔을 때 읽기 쉽게, 배경과 문자의 콘트라스트를 크게한다.

어두운 곳에 들어갔을 때, 처음에는 인 보이지만, 시간이 경과하면 눈이 어누움에 익숙해져 잘 보이게 되는데 이것을 암순응이라고 한다. 고령자의 경우 밝은 곳에서 갑자기 어두운 장소로 가면 문자를 읽어내기 어렵다. 그림 4-26은 명순응 후 읽어 낼 수 있는 문자의 농도를 나타낸다. 시거리 3m에서 명순응(10,000cd/스크린을 1분간 계속 봄) 후, 흰색 배경에 쓰여진 10단계의 단어를 10초간에 읽어낼 수 있는 문자의 농도를 계측하였을 때 문자의 농도가 옅어 질수록 읽어내는 확률이 낮아졌다.

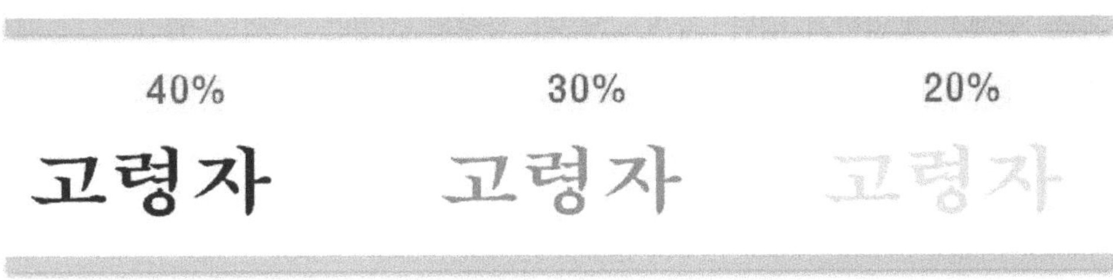

그림 4-26 명순응 후 읽어 낼 수 있는 문자의 농도

(4) 구별하기 쉬운 색 – 밝기의 영향을 받기 쉬운 것은 빨강의 색상, 노랑의 채도, 초록의 색상이며 연령의 영향을 받기 쉬운 것은 노랑의 채도, 초록의 색상, 파랑의 채도이다.

잘못된 색의 조합은 구별에 어려움을 준다. 예를 들어, 고령자는 파랑과 초록의 편성에서 색을 구별하기 매우 힘들다. 따라서 조작반이나 표시, 경고, 싸인 등 야간이나 어두운 장소에서 사용하는 기기에는 고령자의 색 구별 특성을 꼭 고려해야만 한다. 동일 계열 색으로 색의 차이를 알기 쉽게 하려면, 색 명도(밝기)로 차이를 둔다. 또 채도(선명함)나 색상(색조)으로 색 차이를 구별하고 싶은 경우는 밝기의 영향을 덜 받는 색을 사용한다.

구별하기 쉬운 색의 조합　　구별하기 어려운 색의 조합

그림 4-27 색의 조합에 따른 식별성

(5) 어두워지면 분별하기 어려운 색 – 초록이나 파랑은 조도가 올라가도 어두운 곳에서는 구별이 쉽지 않다.

한색 계열(파랑, 초록 등)보다는, 난색 계열(빨강, 노랑 등)을 사용하는 것이, 어두운 곳에서 분별하기 쉽다. 특히, 초록과 파랑의 조합은 구별이 쉽지 않기 때문에 병용하지 않는 것이 좋다.

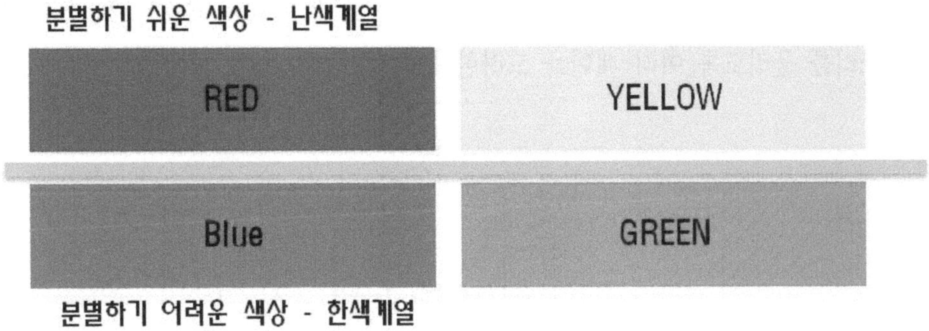

그림 4-28 색의 조합에 따른 어둠 속에서의 인식성

(6) 소리의 높이 - 60대 이후의 평균 청력 레벨은 개인차가 크며 연령이 높아짐에 따라 고음역의 청력 손실이 커진다.

소리의 크기가 같아도 높은 소리인 경우, 고령자는 집중해도 잘 들리지 않는다. 따라서 경보음 등은 고령자도 주목할 수 있는 2000Hz 정도까지의 소리를 사용한다.

(7) 소리의 높이 차이와 알기 쉬움 - 고령자는 청년층과 비교해 혼동하는 주파수의 폭이 넓다.

2가지 종류의 소리를 사용하는 경우, 2옥타브 위 다른 소리를 사용해야 높이 차이 때문에 식별하거나 대화를 나누기 쉽다. 2000Hz나 3150Hz의 높은 소리는 청년층도 구별하기 어렵다. 500Hz나 1000Hz의 경우, 1옥타브(2배의 주파수)정도에서는 같은 소리로 혼동되는 일이 있다.

(8) 소리의 패턴과 알기 쉬움 - 고령자는 청년층과 비교해 닮은(비슷한) 패턴의 소리를 구별하기 어렵다. 하지만 소리의 횟수나 시간이 다른 패턴은 판별하기 쉽다.

높이와 크기가 같은 소리를 사용해도, 소리가 울리는 패턴의 차이로 다른 뜻과 의미를 전할 수 있다. 소리가 울리는 횟수를 바꾸거나 차이를 알기 쉽게 시간 차이로 소리를 울리도록 여러 패턴을 고려한다.

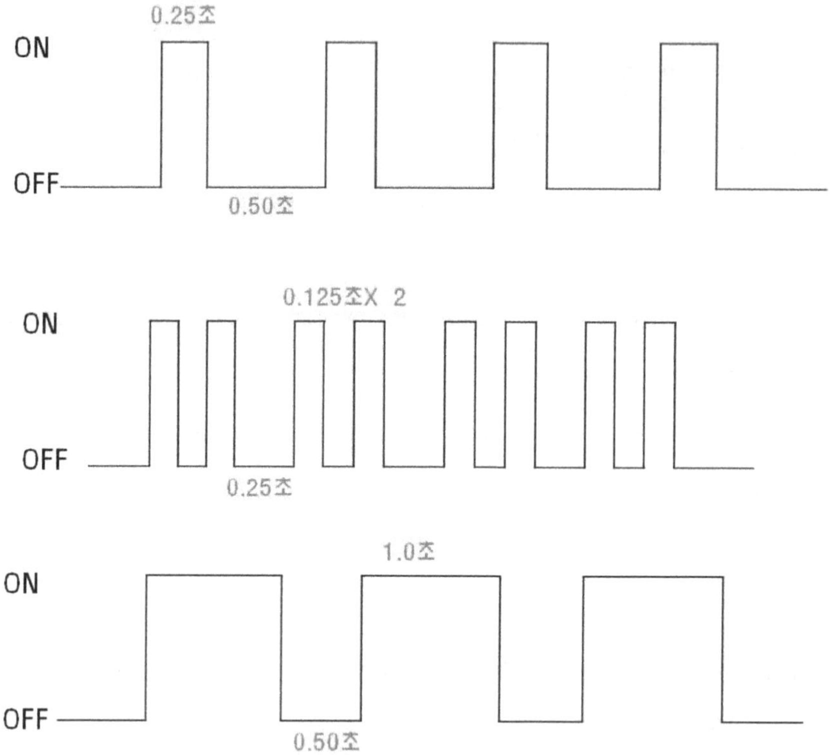

그림 4-29 구별하기 쉬운 소리 울림의 패턴

(9) 작업하기 쉬운 높이

상측 작업 자세에서는 허리를 기준으로 약간 낮은 위치의 작업대가 사용하기 쉽다. 또 앉은 자세에서의 작업은 여성의 경우 팔꿈치 근처가 작업하기 쉬운 높이이다. 적정 높이의 평균치는 연령이 높아짐에 따라 작아진다. 이것은 평균 신장이 작기 때문이다. 청년층 여성의 적정 높이 자세와 70대 여성의 높이를 비교하면 70대 여성이 약 8cm 낮다.

(10) 작업하기 쉬운 범위

70대 남녀는 30대 남녀에 비해, 편하게 손이 닿는 범위로 올 뿐 노력해 닿는 범위의 폭이 작다. 작업대, 조작반이나 조리대 등은, 좌우 방향, 깊이 방향으로 손이 닿는 범위를 고려해 레이아웃을 한다. 자주 사용하는 것은 손이 닿는 범위 내에 배치한다.

의자의 좌면이 낮을 때에는 연령에 관계없이 모두 앉거나 일어설 때 부담감이 크다. 따라서 의자의 앉기 쉬움이나 일어서기 쉬움은 좌면 높이에 의해서 바뀐다.

등받이가 없거나 다리가 바닥에서 뜨게 되면 불안정감이 크다. 또 노인 중에서도 특히 장시간 앉아 있는 노인은 푹신한 의자에 앉으면 안 된다. 이는 골반의 혈액 순환에 영향을 끼쳐서 둔부에 질환을 유발한다.

의자로 사용할 때의 등받이 각도는 평균값으로 110°가 편한 각도로 여러 계측 결과들에서 제시되고 있으며 각도 평균치는 155°이다. 장시간 앉았을 때에 편한 느낌을 갖게 하려면 등받이의 각도가 중요하다.

(11) 누르는 버튼과 조작성

복수의 손가락에 의한 조작과 단독의 손가락에 의한 조작, 어느 경우든 누르는 버튼 피치가 작으면 입력 오류가 증가한다. 지시에 대한 반응 속도는 연령의 증가와 함께 저하된다. 따라서 입력 실수를 줄이려면, 버튼 피치(button pitch: 중심 사이의 거리)를 크게 하는 것이 좋다. 또한 버튼 크기가 작으면 누르기 어렵다.

(12) 조작부의 타입과 조작성

조절(위치 맞춤)에는 누르는 버튼 다이얼식이 조작하기 쉬우며 다이얼 크기가 너무 크면, 큰 회전 조작이 필요해 조작성이 나쁘다. 고령자는 미묘한 조절 조작에 시간이 걸리며 지름 20-25mm가 사용하기 쉽다. 또한 고령이 될수록 미묘한 조정이 어려워지기 때문에 조작 눈금은 가깝게 맞대는 것이 조작을 쉽게 한다.

(13) 누르는 버튼과 조작성

고령자는 청년층에 비해 조작력이 강하고, 격차도 크다. 테두리가 포함되어 있으며, 누르는 스트로크(stroke)에 반응이 큰 스위치가 조작하기 쉽다. 고령자는 누른 반응이 없으면 스위치를 힘껏 눌러버리게 된다. 클릭감 등에 의해 누른 반응이 전해지기 쉬운 스위치나 입력 버튼 등의 사용을 고려해야 한다.

(14) 조작패널의 편리한 사용

누르는 버튼 타입이 반응이 있기 때문에 사용하기 쉽다. 일반적인 제품에서는 청년층과 고령자 모두 '누르기 쉬움'의 차이가 작다. 고령자는 청년층에 비해 조작시의 힘이 강하고 격차가 크다. 터치 패널(touch panel)타입은 고령자의 경우 누를 때 미는 힘이 불규칙하게 작용하며, 조작 패널(control panel)은 누른 반응을 알기 쉬운 타입을 사용한다.

표 4-14 나이에 따른 주요변화와 설계 고려사항

신체기능	나이에 따른 주요변화	설계고려사항
치수/자세	신장이 저하	책상높이
운동기능	관절운동범위의 제한 민첩성의 저하 정교함의 저하 근력저하	조작도구의 배치, 에스컬레이터의 사용 의류, 미세조작 제품의 무게
시각기능	시력저하 초점거리의 증가 색감각의 변화 암순응시간의 증가	조명의 밝기 문자의 크기 표지의 배색 방 사이의 조도격차
청각기능	청력의 저하	소리의 크기 안내방송 주파수
촉각기능	촉감각의 저하	요철문자, 점자
인지기능	판단시간의 증가 기억력의 저하	기기의 응답시간 조작방법

2) 고령자 및 장애인 배려 설계 지침

여러 해 동안 표준기관에서는 보조기술 및 이용하기 쉬운 건물의 설계분야에 대한 국가 및 국제수준의 특정 규격 개발 시 장애인들의 요구를 반영해 왔다. 그러나 고령자 및 장애인들의 요구는 일상의 제품 및 서비스에 대한 그 밖의 관련 규격이 제정 또는 개정될 때 충분히 반영되지 않았다. 표준기관에서는 노화 및 장애 문제를 반영하기 시작하였으며, 더욱 더 그들의 제품과 서비스에 고령자 및 장애인들의 요구를 포함하기 위해 정책 및 프로그램을 실행할 것이다. 이러한 해결책을 개발하는 데 있어서 고령자 및 장애인들의 요구를 반영함을 보장하는 것이 중요하다.

따라서 한국 산업규격에서는 고령자와 장애인의 요구를 반영하기 위한 규격개발자 지침(KS A ISO-IEC Guide 71)을 2007년 개정하여 배포하였다(표 4-15). 이 지침은 관련 국제규격 개발자들에게 고령자 및 장애인들의 요구를 어떻게 고려할 것인가에 대한 지침을 제공한다.

표 4-15 고령자와 장애인의 요구를 반영하기 위한 규격 개발자 지침(KS A ISO-IEC Guide 71)

구분	내용
시각 손상 배려	- 이미지가 희미하게 보임 - 초점변화를 수용하지 못함 - 색상을 구별하지 못함 - 거리를 판단하지 못함 - 보는 것의 측면, 상단 또는 하단을 보지 못함 - 변하는 조명에 대한 적응 속도가 느림 - 조명에 대한 감도가 낮음
촉감 손상 배려	- 피드백을 위해 촉감에 의존할 수 없음 - 터치스크린을 사용하지 못할 수 있음
손재주 손상 배려	- 손가락을 모으거나 벌리기 어려움 - 지속적 압력 및 손목 동작은 배제 - 무의식적으로 제어장치를 활성화 시킬 수 있음 - 위험으로부터 신속히 손을 빼지 못함
청감 손상 배려	- 몸높이, 빈도 및 명확성이 중요함 - 서면 및 구두 언어 이해에 어려움 고려
미각/후각 손상 배려	- 독성 물질에 대한 신체 방어력 약화 - 식품 변질/연기/위험에 대해 경고를 받지 못할 수 있음
지능 저하 배려	- 집중/식별 등 인지력 문제 - 인식/선택/실행/해결에 어려움이 있음 - 언어이해/표현에 문제가 있을 수 있음 - 읽기/쓰기에 어려움이 있을 수 있음 - 불안/외로움/우울/망상/집착/강박관념을 야기 가능성 고려 - 작업에 대한 집중력 저하
언어 손상 배려	- 언어 손상에 의해 의사소통/상호작용 한계 - 언어 사용, 명확한 발음, 음량 고려 - 능변, 속도, 억양, 음조 고려
조작 손상 배려	- 양손, 양발 사용이 어려울 수 있음 - 반응 시간/동작이 느리므로 조작의 속도 배려
힘 및 지구력 손상 배려	- 마찰/회전하는 물체는 작동 어려움 - 체력의 제한으로 오랜 활동은 피로 유발 - 의자에 앉기도 어려울 수 있음
기억 저하 배려	- 기억력 저하로 회상 및 학습능력에 영향 - 작업 완성 전에 해야 할 일을 잊어버릴 수 있음 - 망각에 대비한 시스템 안전장치
움직임 배려	- 휠체어/보조기 등의 접근 배려 - 운송수단 및 비상 대피 등에 대한 고려
균형 손상 배려	- 주의력 결함 및 시각적 손상 - 균형 상실 대응 어려움 - 매우 작은 돌출부라도 발걸림 유발
알레르기 위험	- 접촉알레르기(안구의 15%정도) 경고 - 식품 알레르기 정보 제공 - 호흡 알레르기 경고 - 불필요한 물질의 배제

산업자원부 기술표준원은 국내 처음으로 "고령자와 장애인을 배려하는 소비생활제품에 대한 설계지침과 시험방법"을 KS로 2004년 제정, 운용하여 2009년 개정하였다. 고령자나 장애를 가진 사람이 사용하는 제품은 사용자의 신체 특성상 일반인이 사용하는 제품보다 편의성, 식별성, 알림성 등이 높게 요구되고 있음에도 불구하고 현재까지 이에 대한 지침 및 시험방법 들이 규격화되어 있지 않아 생활의 불편함이 가중되어 왔다. 기술표준원에서는 우선적으로 "고령자 및 장애인배려 설계지침 - 포장 및 용기"등 8종을 한국산업규격으로 제정하고 이를 업계와 관련단체에 보급하여 소비생활제품의 제조에 적극 활용토록 하였다. KS로 제정된 8종의 "고령자와 장애인 배려 설계지침"은 다음과 같다.

○ "고령자 및 장애인배려 설계지침 - 포장 및 용기"는 악력과 시력이 약한 고령자 및 시각장애인 등이 사용하는 소비생활제품의 포장 및 용기에 있어 시각적으로 개구부와 개봉부를 쉽게 식별하도록 기호, 그림 또는 문자를 눈에 잘 띄도록 적당한 서체, 크기, 색채를 주위와 대비되도록 표시하게 하였음. 또한 촉각에 의한 식별이 쉽도록 모양이나 재질로 주변부분을 다르게 하고 촉각기호, 노치, 점자표시, 돌출기호 등을 함께 사용하여 내용식별 및 손쉬운 사용방법에 대한 배려사항들을 규정하였음

○ "고령자 및 장애인배려 설계지침-포장 및 용기-개봉성 시험방법"은 악력과 시력이 약한 고령자 및 시각장애인 등이 사용하는 소비생활제품의 포장 및 용기에 대한 개봉성 시험방법으로 종류별 용기에 대한 시험조건 및 시험방법을 나타내고 있으며, 이 시험을 통하여 포장 및 용기 개봉시 가해지는 힘, 재질의 성분 및 두께 등을 알 수 있음

○ "고령자 및 장애인배려 설계지침-소비생활제품의 조작성"은 전기스위치와 같이 조작부분의 조작 편의성 향상을 목적으로 장애인, 저시력 고령

자 등이 사용하는 소비생활제품의 설계 시 표시의 명확성, 용어 및 그림기호에 대한 이해도, 조작부의 위치, 조작요소의 배열 및 유용성, 촉각의 유용성, 조작실수에 대한 대책 및 방지, 취급용이성 등을 고려하는 지침임

○ "고령자 및 장애인배려 설계지침-소비생활제품의 촉지점 표시"는 장애인·저시력 고령자 등의 조작성 향상을 위하여 사용하는 다양한 생활제품의 조작부에 대한 돌출기호 표시에 대한 지침으로 돌출기호의 위치, 돌출기호의 치수와 형태에 대한 고려사항을 나타냄

○ "고령자 및 장애인배려 설계지침-소비생활제품의 알림신호음"은 장애인, 시력 및 청력이 약한 고령자 등이 제품을 사용할 때 조작에 대한 피드백이나 제품 상태에 대한 정보를 사용자에게 전달하는 수단으로 사용되는 알림신호음에 대하여 규정하는 것으로 시작, 정지, 종료신호음인 조작확인 신호음으로 권장하는 알림신호음, 제품으로부터 멀리 떨어졌을 때와 근처에서 종료신호음을 들었을 때 알림신호음, 주의신호음으로 권장하는 알림신호음 및 알림신호음을 내는 기기의 요건 등에 대한 지침을 보임

○ "고령자 및 장애인배려 설계지침-소비생활제품의 알림신호음-소음상태에서의 고령자를 위한 음압레벨"은 생활제품 사용 시 방해 음이 있는 곳에서도 적절히 들을 수 있도록 배려하는 알림신호음의 음압레벨 범위에 대한 측정방법과 설계지침을 규정함

○ "고령자 및 장애인배려 설계지침-시각 표시물-연령별 상대휘도의 계산방법 및 빛 평가방법"은 빛의 시각적 효율성과 시각적 인식정도를 대상자의 연령을 고려하여 연령별 상대 휘도를 이용하여 평가하는 방법을 규정

하는 것으로 시각표시물의 배경과 문자를 이용하여 각 연령별 상대휘도를 계산하고, 이것을 기초로 시각적 대비를 계산하면 다른 연령대별 관측자의 시각적 대비를 비교할 수 있음

○ "고령자 배려 설계지침-의류"는 노화로 인한 운동기능의 저하 및 체형 변화를 보완하기 위하여 고령자용 의류 설계 시 착용성의 향상과 취급방법의 편리성 확보를 위한 배려사항 등을 규정함

앞으로도 기술표준원에서는 고령자와 장애인이 사용하는 제품이 급증할 것에 대비하여 제품에 대한 품질, 편의성과 안전성을 높이는 방향으로 KS 규격을 지속적으로 확대·제정함으로써 사회적 보호계층의 삶의 질 향상에 기여토록 할 예정이다.

참고문헌

Aniansson A, Hedberg M, Henning G, et al. (1984) Muscle morphology, enzymatic activity and muscle strength in elderly men: a follow up study, Muscle Nerve, Vl. 9, pp.585-591

Buchner DM, DeLateur BJ (1991) The importance of skeletal muscle strength to physical function in older adults, Annals of Behavioral Medicine, Vol.13, pp.1-12

Lewis C, Bottomley J (1990) Musculoskeletal changes with age, In: Lewis C, ed. Aging: health care's challenge. 2nd ed. Philadelphia: FA Davis, pp.145-146.

Median JJ (1996) The clock of ages, New York, Cambridge University

Studenski S, Duncan PW, Chandler J (1991) Posutral responses and effector factors in persons with unexplained falls: results and methodologic issues, J Am Geriatr Soc, Vol.39, pp.229-234

Timiras P (1994) Aging of the skeleton, joints and muscles, In: Timiras PS, ed. Physioogical basis of aging and geriatrics. 2nd ed. Ann Arbor, MI: GRS

Whipple RH, Wolfson LI, Amerman PM (1987) The relationship of knee and ankle weakness to falls in nursing home residents: an isokinetic study, J Am Geriatr Soc Vol. 35, pp.13-20

Young A (1986) Exercise physiology in geriatric practice. Acta Scand, Vol.711, pp.227-232

최대석 (2008), 인간 특성을 배려한 에르고디자인, 안그라픽스

양성용, 홍철순 (2007), 유니버설디자인 사례집 100, 닛케이디자인

황정아, 박영순 (2007) 유니버설 디자인 원리에 기반한 고령친화상품의 디자인 가이드 라인 개발 연구, Vol. 20, No. 4, pp.79-88

이연숙(1999) 인지심리학, 학지사

정원준 (2009) 고령자를 위한 유니버설 디자인, Vol.12, No.4, pp.123-132, 한국일러스트 아트학회지

정선영 (2009) 고령자를 위한 유니버설 측면에서의 제품 디자인 실태 연구, Vol.24, pp.329-340, 한국디자인포럼

정주연 (2010) 고령자 대상 인터페이스에서의 유니버설 디자인, Vol.24, pp.329-340, 한국디자인학회

유니버설디자인연구회 (2006) 유니버설 디자인 연구: 디자인의 사용성과 접근성 향상을 위하여, 유니버설디자인연구센터

나카가와 사토시 (2005) 유니버설디자인 매뉴얼, 디자인로커스

이성미, 이연숙 (2007) 고령친화 혁신 디자인, 연세대학교출판부

야마기와야스유키 (2006) 지속가능한 디자인, 유니버설디자인연구센터

제 5장 노인건강증진을 위한 기기

인간의 생리적 기능은 30세까지는 거의 최고 수준을 유지하지만 그 이후에는 신체 활동이 적을 경우 해마다 0.75~1%씩 감소하게 된다. 이런 생리적인 기능을 체력이라 할 수 있으며 체력은 환경, 연령, 생활 습관, 신체 활동 등의 여러 요인에 영향을 받는다.

나이가 들어감에 따라 노화에 의한 신체적 변화에 의해 체력도 함께 감소된다. 노화로 인해 동작과 체력이 저하되면서 행동반경이 축소되고 다시 더 심한 노화로 발전이 되는 것이다(그림 5-1).

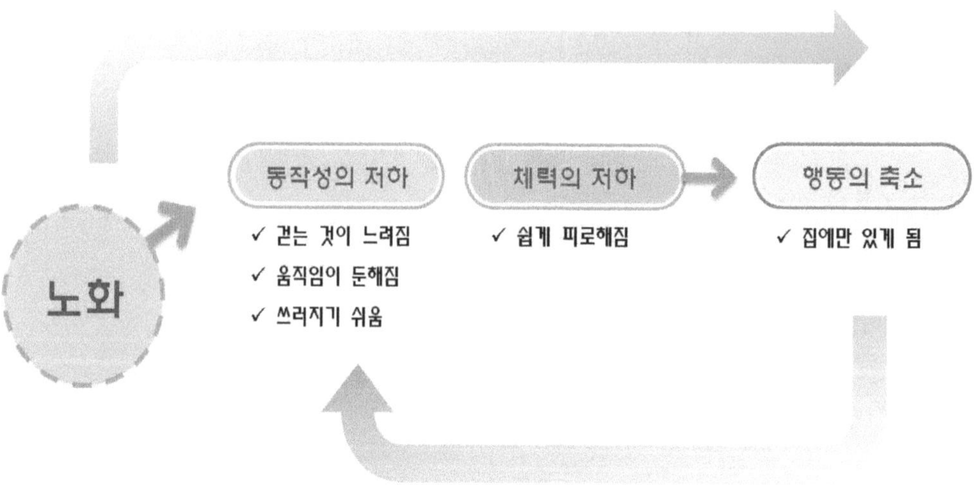

그림 5-1 노화의 악순환

그러나 노화로 인한 노인들의 체력 저하는 완전히 예방할 수는 없지만 적절한 신체 활동과 규칙적인 운동을 통해 체력이 감소되는 속도를 늦출 수 있을 뿐 아니라 체력을 증진시킬 수도 있다. 일차원적으로 노인에게 운동은 호흡기와 순환기계의 기능을 증진하여 심·폐지구력의 향상, 근 기능을 증진시켜 근력 및 근 지구력의 향상과 정상적인 관절 가동 범위를 유지하게 하여 유연성을 향상시킬 수 있어야 한다. 그러므로 노인들의 건강을 유지·증진시키기 위해서는 심·폐지구력, 유연성, 근력을 증진시킬 수 있는 운동을 실시하여야 한다(그림 5-2).

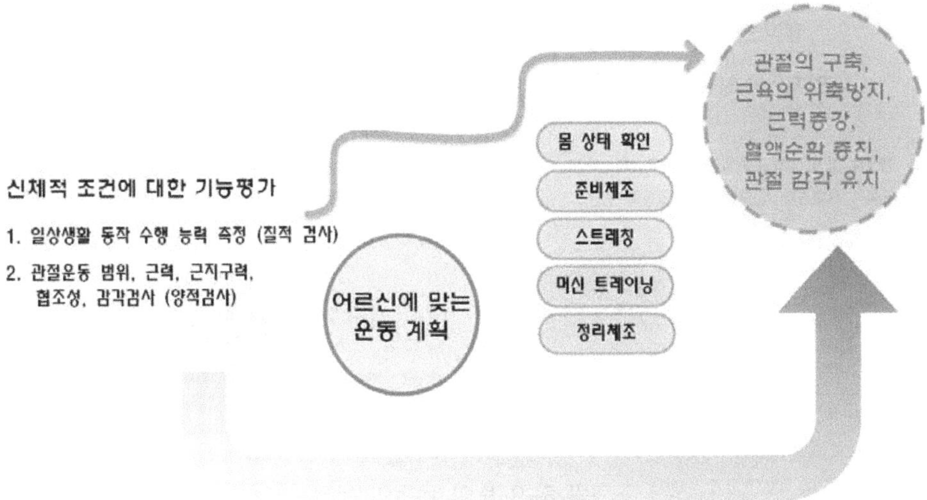

그림 5-2 노인에게 알맞은 운동에 대한 효과

규칙적인 신체 활동을 통해 노화로 인한 신체적 변화를 예방하고 이로 인해 정신적으로 성취감을 통해 우울증과 치매를 개선하여 삶의 질 향상을 꾀하는 노인운동의 목적은 그림 5-3과 같다.

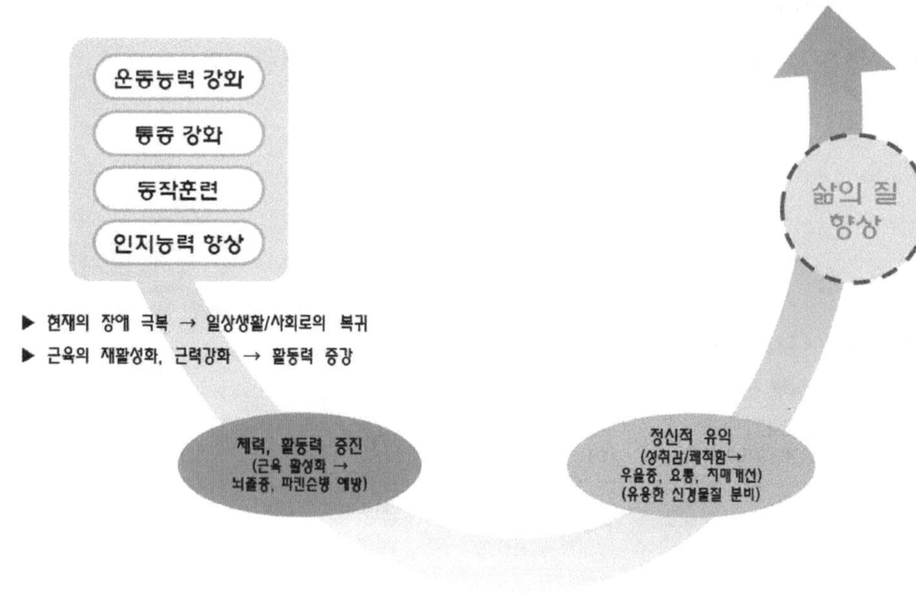

그림 5-3 노인 운동의 목적

이처럼 노인의 일상적인 생활을 정상인과 같이 영위할 수 있도록 보조해주거나 신체 기능을 증진시켜 줄 수 있는 기기에 관한 연구가 필요하다. 본 장에서 설명되는 노인 건강 증진을 위한 기기는 꼭 노인에게 뿐만 아니라 전 연령대를 통틀어서 사용 될 때 그 시장성과 사업성이 확보될 수 있다.

1. 노인의 운동기능 증진 기기

노인의 운동기능 증진 기기 제품은 장비(또는 용품)의 사용 목적에 따라 크게 유산소 운동장비와 무산소 운동장비로 분류할 수 있으며, 특수한 목적을 위한 재활운동장비, 체력측정장비, u-Fitmess 단말기 등이 별도로 분류될 수 있다(표 5-1).

표 5-1 '노인의 운동기능 증진 기기 제품 분류
(출처: '웰니스 융합 신산업 발전전략', 지식경제부&한국생산기술연구원, 2011)

분류	사용목적	주요 제품군
유산소 운동장비	심폐능력 강화	러닝머신, 일립티컬, 바이크, 상체운동, 인클라인트레이너, 필라테스 기구 등
무산소 운동장비	근골격계 능력 강화	웨이트머신, 프리웨이트, 케이블머신, 기능성머신, 다기능장비 등
체력측정 장비	체력검사	건강관련체력측정기(신체조성/심폐지구력/근력/근지구력), 기능체력 측정기, 심박측정기 등
예방 및 재활운동 장비	재활 및 고령자 운동	관절계 등속운동장비, 전자제어식 재활운동장비, 고농도 산소를 이용한 운동능력 향상 시스템, 수력 저항 운동 장비, 운동능력 향상을 위한 보행평가 및 재활운동 장비, 예방 및 재활용 운동 모니터링 장비, 순발력/평형성 훈련장비 등
기타	u-Fitness 응용	기술융합장비, u-스포츠 단말기 등

노인의 운동기능 증진 기기의 첫 번째 핵심기술은 운동과학과 제품공학의 융합이다. 무리가 가지 않으면서 전신운동 또는 고강도 운동 수행이 가능하도록 지원하는 시스템 구조, 고령자/여성 등 특정 계층에 최적화된 운동 시스템, 좁은 공간에서 다양한 목적의 운동을 수행할 수 있도록 지원하는 통합형 시스템에 관한 기술이 그 예 이다(그림 5-4).

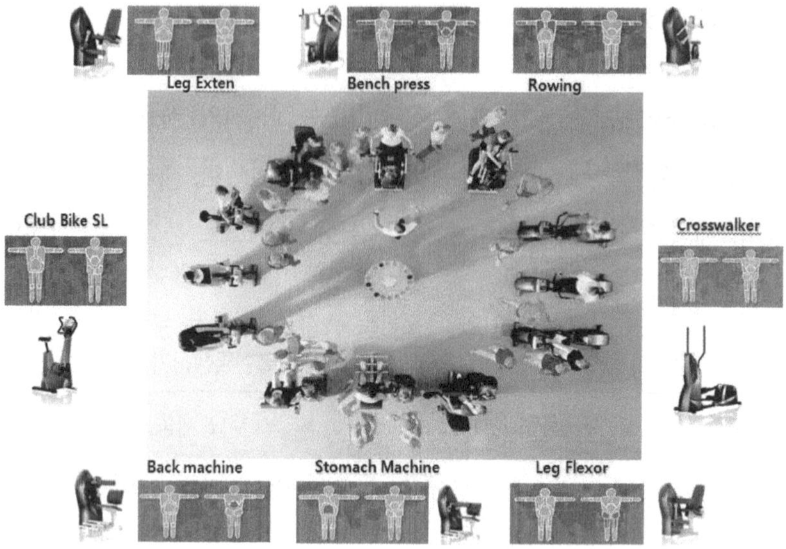

그림 5-4 Milon사의 Circuit training system

두 번째 핵심기술은 IT를 접목한 운동관련 콘텐츠 융합이다. 현재 노인의 운동기능 증진 기기는 심박수, 칼로리 등과 같은 단순 운동 정보를 디스플레이하는 정보단말 기술에서 과학적 지능형 운동 처방 연구를 거쳐 트레이너와 일대일로 운동하는 것과 같은 효과를 제공하기 위한 멀티미디어 기술과 VR(virtual reality)기술을 활용한 '몰입형 운동 시뮬레이터'기술이 기존의 피트니스 장비와 결합하여 새로운 시장을 형성하고 있다(그림 5-5).

그림 5-5 trixter사의 x-dream

세 번째 핵심기술은 체력 및 운동 수행정보 수집을 위한 정보 단말기 기술이다. 대표적인 운동 단말기로는 심박계(HRM), 운동량계(가속도계, 만보계 등) 등이 있으며, 최근에는 사용자 불편을 보다 개선하면서 보다 정확한 측정이 가능한 센서 개발 경쟁이 치열하다. 특히 '웨어러블 IT' 기술이 발달하면서 최소구속형 운동정보 측정 방법론이 다양하게 연구되고 있다(그림 5-6).

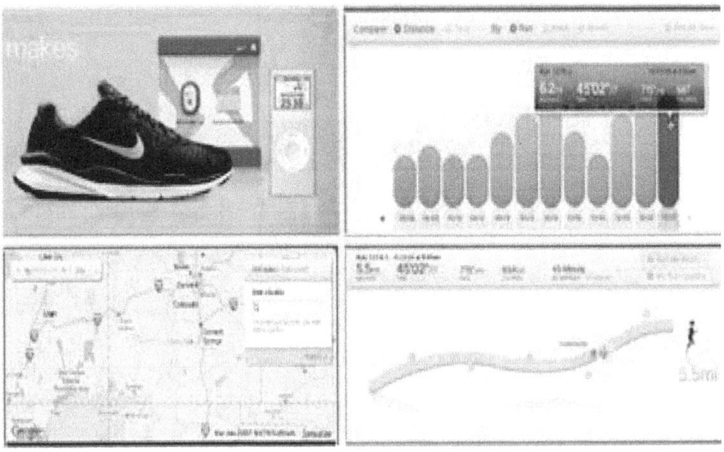

그림 5-6 Nike+iPod 스포츠킷

마지막 핵심기술은 서비스의 네트워크화이다. 장비의 정보화, 운동정보의 콘텐츠화가 진행됨에 따라 과거 운동처방사, personal trainer 등을 통해 전문적인 영역에서 서비스되었던 운동처방 및 관리 서비스가 네트워크를 활용하여 제공되는 모델이 등장하였다. 또한 스마트폰 및 태블릿 PC가 일반화되면서 이에 관련한 어플리케이션도 증가되고 있어 국내에서 서비스 시장 확대를 위해서는 웰니스케어 운동기기, 운동 정보, 서비스 등에 대한 표준화 연구가 반드시 필요하다(그림 5-7, 5-8).

그림 5-7 카디오 트레이너

그림 5-8 모바일 헬스코치

1) 피트니스 관련 운동 증진 기기

운동을 통한 체력증진(Exercise) 관련 노인의 운동기능 증진 기기에 관한 운동 시스템으로 Circuit training 시스템이 대두되고 있다. 서킷(Circuit)이라는 낱말이 뜻하듯이 여러 가지의 체력 부하방식의 운동을 조합하여 하나의 세트로 하고(주로 1주기에 6~20가지 종목의 운동 실시), 이 세팅된 운동의 순회수행시간을 계측하면서 실행한다. 수행시간의 계측은 트레이닝 자체가 체력측정이 되고, 트레이닝의 흥미를 고취하며, 세팅된 운동은 어느 운동부터 시작해도 괜찮으므로 순회의 방향이 지시되면 여러 사람이 동시에 하나의 세트에서 실시한다(그림 5-9). 운동을 실시하는 사람은 하나의 운동종목을 실시한 다음 다른 운동으로 넘어가고 각 운동종목을 실시하기 위해 설치된 지정된 장소에서 주어진 회수의 운동을 실시하거나 주어진 시간(예를 들면, 20초)에 가능한 많은 회수의 운동을 반복한다. 운동부하는 개인의 체력에 맞는 것으로 하는데, 결정방법은 강도가 높은 운동은 최대횟수를, 비교적 높지 않은 운동은 1분 동안의 최대횟수의 각각 1/2로 한다. 관련 업체로 Milon, Technogym 등이 있다.

그림 5-9 Circuit training 시스템 예

근력향상과 관련된 운동기기는 웨이트 운동기기로서 근육 부위와 궤적에 따라 다양한 운동기기가 사용되고 있다. 웨이트 운동기기는 단관절위주의 근력향상 운동이어서 사용자가 각각의 기기가 대상으로 하는 근육, 그 정확한 자세와 방법을 알아야하기 때문에 전문 트레이너의 지도가 필요한 단점이 있고 또한 각 관절별 분리운동이어서 다관절 근육의 작용이 약하고 단관절근육의 근력에 지나치게 의존하기 때문에 일상생활에서 전신 협응 움직임을 도리어 방해하거나 주동근과 안정근 및 길항근의 불균형에 의한 운동 상해를 유발하기 쉬다. 따라서 일반적인 웨이트 운동기구에서의 운동 동작 중에서의 동일 부하는 각 관절의 회전을 통한 운동 궤적에서 특정한 지점에서 과도 부하를 야기할 수 있으므로 특정지점에서 관절의 스트레스를 발생시키고 관절운동범위의 초기와 후기의 근육 경직에 의해 유연성 제한을 일으킬 수 있으므로 요가 등의 관절별 스트레칭 운동을 병행하여야 한다. 노인을 대상으로 하는 재활의료분야에 있어서는 서버모터를 이용한 등속성 운동이 최근 병의원으로 널리 보급되고 있으나 그 운동범위 및 운동 특성이 단관절 근육의 측정 및 운동에 그치며 전신 협응적 운동 능력 측정 및 운동제품은 전무한 실정이다. 또한 근력의 측정에 있어서 단관절의 주동근과 길항근의 근력 편차 측정은 가능하나 다관절의 협응 작용인 인체불균형의 평가 수단으로는 그 이용 가능성이 없다. 따라서 단순한 근력 또는 근지구력과 심폐능력 향상의 기존 운동기기와 달리 인체의 체형, 생체신호 및 운동 목적과 능력을 기반으로 신체의 운동궤적 및 궤적에 따른 운동부하의 조절을 유도할 수 있고 과도한 운동으로 인한 부상 및 상해를 방지하며 나아가 운동에 대한 흥미를 유도할 수 있는 감성적인 기능을 갖춘 운동기기가 필요하다.

이와 관련하여 (주)에스앤에스케어에서는 유압 웨이트 장비를 10종 개발하여 출시하였다(그림 5-10). 이 제품은 저항조절을 세밀하게 13단계로 조절이 가능하고 소음공해가 없으며, 개별적인 운동이 가능하다(그림 5-11). 또한 내구성 또한 탁월하여 유압실린더 1백만회 이상이 사용 가능하다. 또한 휴모닉에서 출시한 재활 및 트레이닝 운동기기는 정밀제어용 전용 모터 및 제어시스템을 통하여 신체 상태를 확인할 수 있는 다양한 측정기능을 갖추고, 첨단 디지털제어에 의한 맞춤형 운동기능이 있으며, 편리하고 섬세한 첨단 디지털 제어가 가능하다(그림 5-12).

숄더프레스/풀다운 (HE-01)

체스트프레스/로잉 (HE-02)

버터플라이 (HE-02)

바이셉/트라이셉 (HE-04)

어덕션/어브덕션
(HE-07))

업도미널/백
(HE-05)

토르소(HE-06)

레그프레스(HE-10)

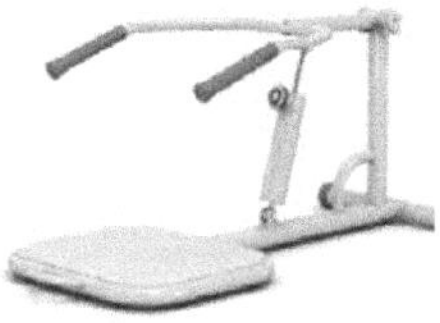

리프트
태스크(HE-08)

레그액스텐션/컬
(HE-09)

그림 5-10 유압웨이트장비, 에스앤에스케어

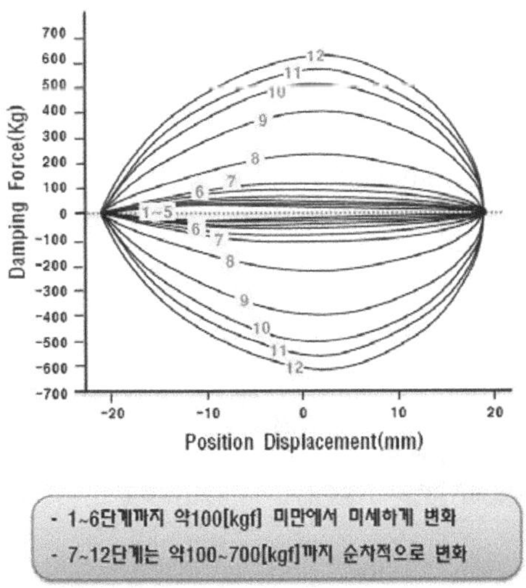

단계	강도	
0단계	기본 부하	
1단계	미세부하조정	최저 부하
2단계		매우 약함
3단계		아주 약함
4단계		약함
5단계		다소 약함
6단계		보통
7단계	다소 강함	
8단계	강 함	
9단계	아주 강함	
10단계	매우 강함	
11단계	최고 강함	
12단계	최대 부하	

장애인 (0단계~6단계), 고령자, 일반 성인

그림 5-11 유압웨이트 저항의 조절 단계

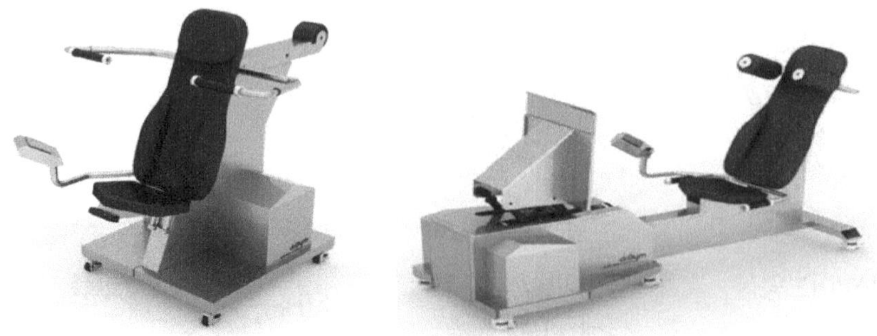

그림 5-12 전자식 제어 모터를 사용한 웨이트 장비(휴모닉, 한국)

2) 지능형 러닝머신

러닝머신은 유산소 운동기구 중 대표적인 것으로 20분 이상은 지속적으로 사용해야 하는 시간성 때문에 이 시간 동안의 지루함을 극복하기 위한 방법에 대해 연구가 활발하며, 노인을 대상으로 일반인보다 속도의 세밀한 조정이나 안정성에 관한 제품이 주를 이룬다.

먼저 지능형 러닝머신은 속도에 맞춰서 바람세기를 자동으로 조절, 사용자의 맥박에 반응하여 다른 맥박 훈련으로 유도하고 사용자 걸음에 맞춰서 쿠션을 자동으로 조절하는 기능이 있다. Frevola-T7A 경우 위치감지센서로 실시간 속도조절하고 네트워크를 통해 타인과 주행가능이 있으며 PlayStation 등과 같은 비디오 게임 콘솔기와 연결하여 사용이 가능하다(그림 5-13).

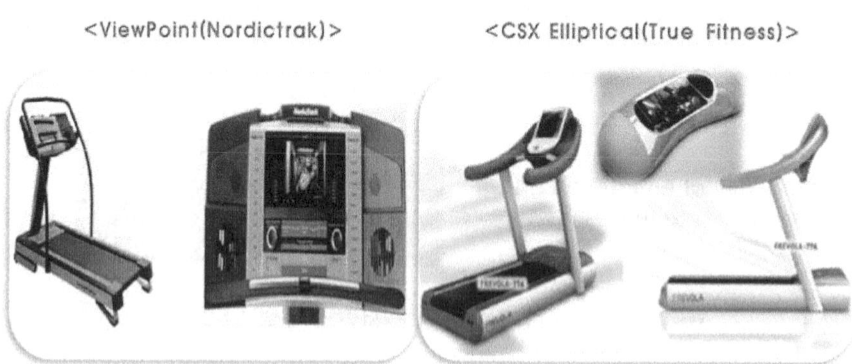

그림 5-13 지능형 러닝머신

고령자용 보행 훈련용 two-belt 러닝머신은 좌, 우 벨트가 분리되어 작동하며, 각기 다른 속도조절이 가능하고, 일반 러닝모드와 낙상예방훈련 보행 모드가 내장되어 있다. 속도 조절은 수동모드와 훈련자의 보행 속도에 따른 자동모드로 나뉘며, 운동 시 신체를 보조하기 위한 보조 기구를 동시에 착용할 수 있기 때문에 환자를 대상으로도 보행 재활 훈련이 가능하다. 본 로봇은 보행 및 근력 재활을 위한 고령자용 통합재활 훈련기기로써 개발된 로봇이다(그림 5-14).

그림 5-14 보행 재활 훈련용 런닝머신 로봇(전북대학교, 한국)

3) 승마기구

일본인구의 10%가 요통으로 고통을 받고 있으며, 이중 절반이 허리부위에 누적된 피로로 인한 근육통인 자세성 요통이다. 따라서, 배근육과 등근육을 중심으로 근력을 키우는 훈련을 할 필요가 높아지고 있는 실정에서 이를 위한 건강증진용 승마로봇이 개발되었다. 승마 운동은 미국과 유럽에서 널리 이용되며, 말의 움직임에 따라 균형을 취할 때 적당한 이완과 긴장감 조성됨으로써 근육의 발달, 혈액순환 보조, 폐활량 증대 등 건강이 촉진된다. 승마 로봇은 건강증진 실험결과 속도가 빠를수록 근력효과가 큰 것을 확인하였고, 23자유도를 가진 4다리 보행 승마

로봇 개발에서는 자유로운 자세제어와 안정된 보행이 과제가 된다. 말의 동체이동 데이터에 기초하여 운동계획을 세우고 자세제어와 보행의 시뮬레이션까지 성공하고 상용화 단계에 접어들고 있다(그림 5-15).

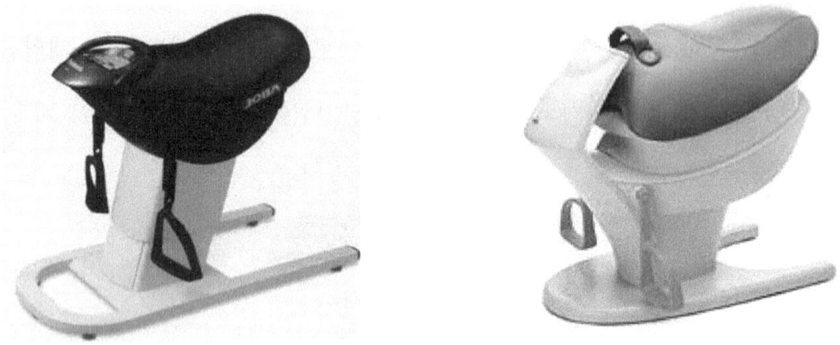

그림 5-15 JOMA(Panasonic Co. Japan)

4) 고령자를 위한 자전거 개발

노인을 위한 자전거는 일반적으로 안정성을 위한 3륜 자전거가 있다. 균형능력이 약한 노인을 위해 넘어지지 않도록 고려한 것이 특징이지만 주행 중 방향을 전환할 때 원심력에 의해 부자연스러운 코너링이 된다. 노인의 평형성을 극복한 자전거도 개발되고 있다. 일본 요코하마에 위치한 게이오대(Keio University)에서는 주행하는 동안 넘어지지 않고 조향될 수 있는 지체안정화 전기자전거(self-stabilizing electric bicycle)를 개발하고 있다. 하지만 이들 사례는 노인 스스로 노력하지 않아도 평형성이 유지됨으로써 평형성 연습에는 도움이 되지 않는다. 자전거를 이용한 운동은 노인의 평형성 향상에 도움이 되기 때문에 안정적인 3륜 구조가 아닌 기울어질 수 있도록 설계 되어야 한다.

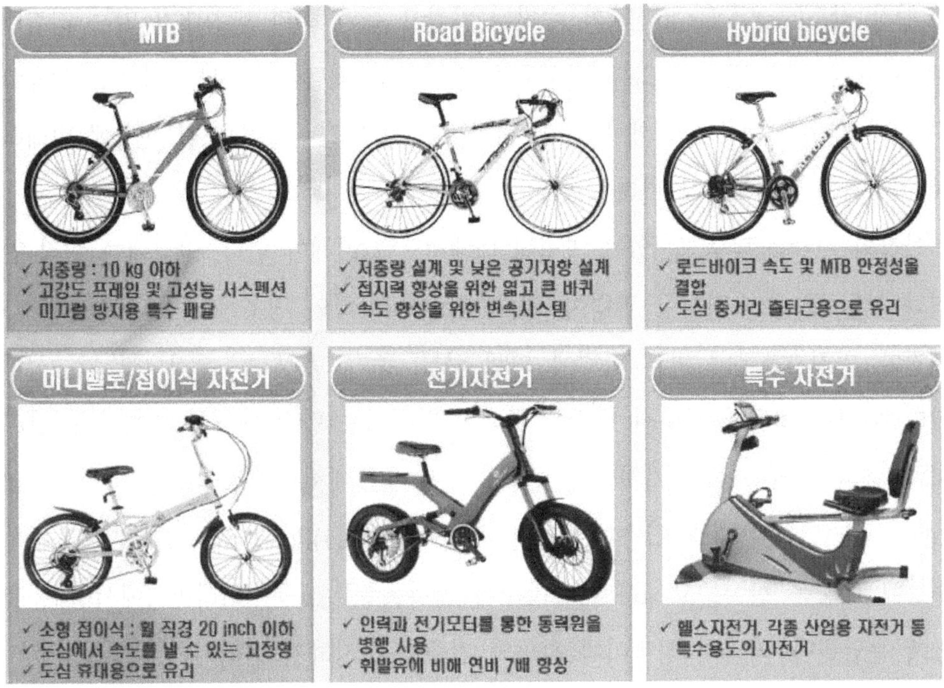

그림 5-16 자전거 종류

또한 고령자는 근력이 저하되기 때문에 효율적인 동력전달이 필요하다. 자전거의 에너지 전달 효율을 높이는 방법으로 동력계를 개선하거나 탑승자의 자세를 변화시키는 두 가지 방법이 있다. 전기자전거는 근력의 부담을 덜어주는 유용한 도구가 될 수 있다. 자력으로 나아가기 위해서는 동력계에서 마찰력 등 에너지 손실을 최소화 시키는 것이 중요하나 현재의 기술 수준은 상향 평준화 된 상태로 차별화가 어렵다. 하지만 생체 역학에 기초한 자전거 탑승 자세는 에너지 효율을 크게 향상시킬 수 있다. 페달에 힘을 가하는 동작인 무릎펴기(knee extension)는 무릎을 굽힌 상태보다는 거의 편 상태에서 더 큰 힘을 낼 수 있는 근력 곡선을 갖는다. 따라서 무릎을 최대한 편 상태에서 페달을 밟을 수 있도록 페달과 안장과의 거리를 조정해야 한다. 무릎 관절의 연골조직은 편 상태에서 생체 역학적으로 더 안정적이기 때문에 무릎관절이 약한 노인들은 더욱 무릎을 편 상태에서 힘을 가할 수 있도록 해야 한다. 한편 페달을 안장보다 앞쪽으로 장착한 형태, 즉 크랭크-안장 각도(seat tube angle)가 수평에 가깝고 등과 허리 받침대가 있는 리컴번트(recumbent)의 경우 허리를 받쳐주는 반발력을 페달에 가하는 힘으로 이용할 수 있기 때문에 더욱 편하게 힘을 낼 수 있다. 크랭크의 길이 또한 신장에 비례하여 적절하게 결정되어야 한다.

안장의 체압을 낮출 수 있는 방법에 대해서도 고려해야 한다. 안장에는 수직 압력과 앞뒤, 좌우 수평방향 압력이 작용하며 수직압력의 경우 체중의 60%까지 가해진다. 안장으로부터 받은 압력에 의해 차상, 종기, 궤양 등 부상당할 가능성이 크다. 따라서 엉덩이 부분의 압력을 줄이기 위해서는 탑승 자세를 변화시켜, 발판이나 핸들로 체중을 전가시켜야 한다. 그림 5-17에서 크랭크-안장의 각도(seat tube angle)변화에 따라 탑승자세가 변화하게 된다. (1)Road race형에 가까울수록 핸들이 체중을 받아주고 (6)Recumbent에 가까울수록 등과 허리받침에서 체중을 크게 분담한다. 따라서 엉덩이에 하중의 집중을 방지하기 위해서는 체중분산효과가 큰 Recumbent에 가까울수록 유리하다.

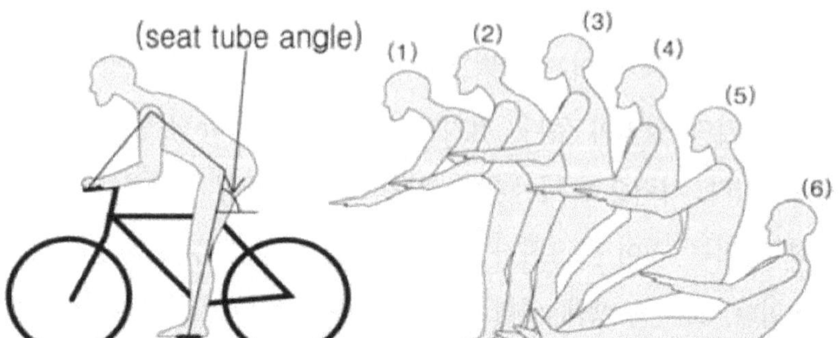

그림 5-17 (1)Road race, (2)MTB, (3)cruiser, (4)dutch, (5)semi-bent, (6)recumbent

표 5-2 노인을 위한 자전거 개발전략

목표	전략
평형성 향상	- 기울어질 수 있는 구조
안정성 향상	- 저속 주행 시 균형 잡기 용이한 구조
무릎관절 부상 방지	- 안장을 높여 무릎을 최대한 펼 수 있는 구조
페달링 파워 향상	- 페달의 반발력을 받쳐줄 수 있는 허리 받침대 장착 - 크랭크의 적정길이
좌골결절의 체압 감소	- 크랭크-안장 각도(seat tube angle)를 작게 하여 리컴번트에 가까운 구조 (허리받침대에서 체중을 분담)

5) 유연성 강화 운동 기기(스트레칭 운동기구)

스트레칭운동기구의 종류는 자동형과 수동형으로 크게 구분될 수 있으며, 자동형의 경우는 자동회전을 위한 모터 및 기어부와 조정스위치가 추가되며, 수동형의 경우 농력장치 없이 사람이 무게중심을 변경함으로써 회전하게 하는 방식이 있다. 국내 제품은 비교적 간단한 구조물인 스트레칭 기구가 주를 이루며, 대부분 척추 스트레칭에 관한 기기가 다수 제작되었고, 급격한 회전이 일어날 수 있어 위험을 초래할 수 있는 단점이 있으며 대부분 중국이나 대만 OEM 제품이 다수를 차지한다(표 5-3).

외국 제품은 간단한 구조의 스트레칭 기구 뿐 아니라 운동범위를 고려한 스트레칭 시스템으로 개발하였다. Technogym 사의 FLEXability™는 스트레칭 기구 2종(전면, 후면)으로 구성되어 하지 및 복직근, 요근에 중점을 두고 운동할 수 있고, 수동모드와 자동모드로 나뉘어 운동 모드 선택과 스트레칭 각도 조절 가능(0°, 20°, 40°)하다(그림 5-18(a)). MedX Health사의 MedX Stretch는 관절을 포함한 7가지 주요 근육군(muscle complex)에 효과가 있으며, 대퇴후방의 슬건, 대퇴내부의 내전근, 활배근, 승모근, 척추의 천극근, 어깨 내전근, 외측 외전근을 훈련시킬 수 있다. 최대각 으로 양 다리를 벌리고, 이동대를 수직 가까이 세우거나 마루바닥

가까이 까지 눕혀 거의 수평이 되도록 조절가능하다(그림 5-18(b)).

표 5-3 유연성 강화 운동기기

제품	특성	
Z-UP 	등받이 자동 회전	- 스위치를 누르면 등받이가 자동으로 내려가고 올라감 - 50~90도까지 회전이 가능하며 스위치를 놓으면 등받이가 멈춤
	자동 발목걸이	- 발걸이 스위치를 누르면 발걸이가 자동으로 열리고 닫힘 - 누른 스위치를 놓으면 놓은 그 위치에서 발걸이가 멈춤
	발목걸이 잠금장치	- 거꾸로 자세에서 운동 중 발걸이 잠금장치로 발걸이 스위치를 눌러도 발걸이가 열리지 않음
젤존의료기 	리모트 컨트롤러	- 사용자의 손동작이 불편한 조작부위의 단점을 보완
	황토내장	- 내장된 온열 황토는 사용자의 찜질효과 가능
	지압 봉	- 64개의 내장된 특수 고무의 봉회전 롤러가 경혈부터 발끝까지 자동 왕복 행정 하므로 지압마사지 효과
BAT-FIVE II 	등받이 자동 회전	- 스위치를 누르면 등받이가 자동으로 내려가고 올라감 - 50~90도까지 회전이 가능하며 스위치를 놓으면 등받이가 멈춤
	자동 발목걸이	- 발걸이 스위치를 누르면 발걸이가 자동으로 열리고 닫힘 - 누른 스위치를 놓으면 놓은 그 위치에서 발걸이가 멈춤
	발목걸이 잠금장치	- 거꾸로 자세에서 운동중 발걸이 잠금장치가 있어 발걸이 스위치를 눌러도 발걸이가 열리지 않음
	IT 패널	- 기구의 사용정보를 눈으로 확인할 수 있게 해 주고, 버튼을 누름으로 작동방식이 가능
Tallplus 	반자동 전원코드	- 사용자가 직접 전원 코드선을 간편하게 처리할 수 있는 전원코드 채택
	리모트 컨트롤러	- 자동 타이머 기능으로 스트레칭 운동이 끝나면 자동으로 처음상태로 돌아감
	허리상승 기능	- 허리상승 운동과 하체스트레칭에 의한 도미노 운동법은 강도 있는 스트레칭 효과
Teeter Hangup F9000 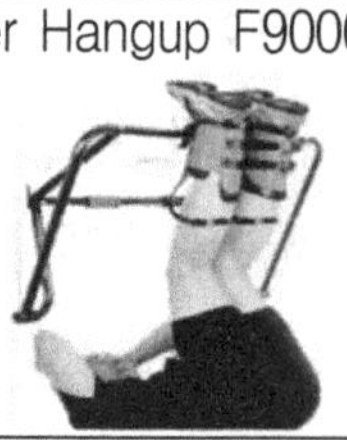	부츠	- 좁은 장소에서 사용이 가능하고 보관이 용이
	프레임	- 철봉의 역할을 할 수 있는 동시에 거꾸로 매달리게 할 수 있음 - 손잡이를 만들어 거꾸로 매달리는데 편리

제품	특성	
Teeter Hangup DEX 	무릎지지대	- 무릎관절은 잡아주고 몸을 지탱
	손잡이	- 몸을 지탱하거나 일으키는 손잡이 역할
	기구 본체	- 몸과 기구의 전체적인 무게를 감당하고 기구적인 기능 - 손잡이가 연결되어 있고 전체적으로 컴팩트
Teeter Hangup DEX 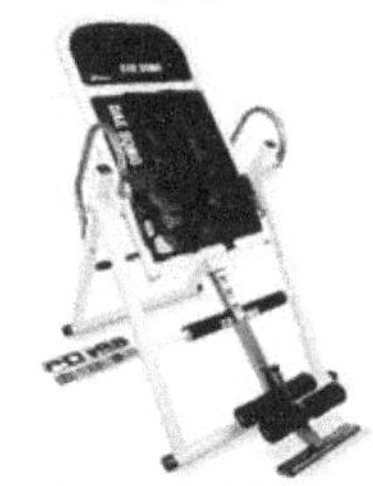	안전벨트	- 사용 중에 낙상의 위험을 줄이기 위해 사용
	키 높이 조절	- 다양한 사용 층이 사용 가능하도록 배려
	접이식	- 접이가 가능하므로 보관 시 용이

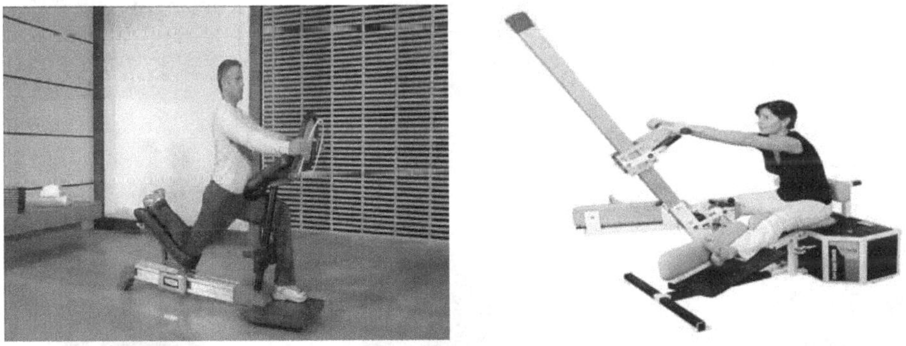

(a) FLEXability™ (Technogym S.P.A., Italy)

(b) MedX Stretch (MedX Health Corp.)

그림 5-18 유연성강화 국외 제품

6) 가상현실을 이용한 운동기기

IT 기술이 발달하면서 운동기기 사용 시 몰입감과 유희성을 부여하기 위하여 가상현실을 응용하기 시작하였다(그림 5-19). 노인에게 있어서 먼 곳으로 여행을 간다는 것은 많은 어려움을 수반 할 것이다. 그러나 인간이 여러 장소로 이동하고, 거기서 여러 가지 경험을 쌓는 것은 인간의 기본적인 욕망이며 보람이기도 하다. 이것이 나이를 먹거나 신체장애로 인해 상실되는 것은 아니다. 인간이 현재의 장소에 있으면서 다른 별도의 장소에 존재하는 것과 같은 실시간의 임장감(presence)을 가지면서 그 환경과의 상호작용도 가능하게 하는 원격 임장감(tele-presence)기술을 이용하여 고령자나 장애가 있는 사람이 자유롭게 자기가 좋아하는 장소로 여행하는 것을 가능하게 하는 것을 목표로 하는 연구가 실시되고 있다. 이 기술이 완성되면 이용자는 원격지에 배치된 로봇과 초고속 정보통신망을 매개로 하여 일체화된 감각을 가지고 그 로봇이 존재하는 장소를 여행하거나, 혹은 컴퓨터가 만들어낸 가상의 공간 내를 여행하는 것이 3차원의 실시간 임장감을 가능하게 한다.

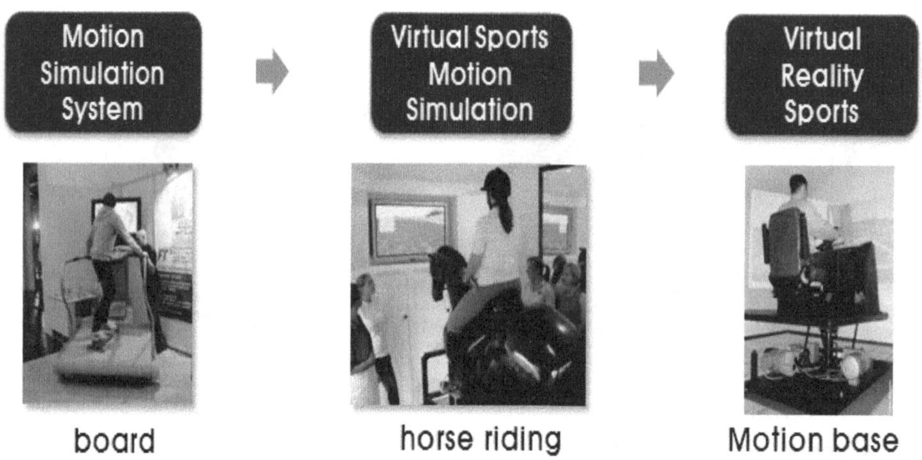

그림 5-19 가상 스포츠 기기 예

Wii Fit(닌텐도, 일본)의 경우, Wii 게임 콘솔에서 독작하는 가정용 운동 프로그램, 밸런스 보드를 사용하는 Wii Fit은 체질량지수(BMI)를 계산/기록하여 사용자가 목표를 달성할 수 있도록 안내하고, EA Sports Active인 Wii 기반의 가상운동 소프트웨어 경우 가정에서 남녀노소 손쉽게 운동을 즐길 수 있는 장점이 있다(그림 5-20).

그림 5-20 Wii Fit

인체동작 감시를 이용한 가상현실 운동기기로 Gypsy6, IGS-190은 potentiometer와 gyroscope를 이용하여 인체의 움직임 감시하고, EyeToy의 경우 USB카메라와 모션센서를 이용하여 화면속의 사용자를 보며 게임이 가능하다. 또한 BodyPad는 관절에 착용하는 무선장치를 이용하여 모션 캡처, 게임콘솔에서 사용할 수 있다(그림 5-21).

그림 5-21 인체동작 감시를 이용한 가상현실 운동기기

2. 노인의 이동 및 일상생활 지원 기기

하지 근력이 저하된 노인 및 환자가 실내 및 실외 환경에서 자유롭고 안정되게 보행, 부축, 앉기/서기 및 용변 동작 등 기본적인 생활 동작을 가능하게 하며 더 나아가 운동 능력 향상 및 치유를 통하여 보다 편안한 생활을 영위할 수 있도록 보조해 주는 기기이다. 노인용 보행 보조 장치는 Walker 사용 전, 후의 노인 낙상 방지 기능, 실내 환경에서 목표지까지의 이동 안내 시스템, 재활용 보행보조기기 (환자와의 거리감지, 보행속도 감지 및 제어), 물건 이동, 물건 잡기/들기 등의 기능을 포함하고 있다(그림 5-22).

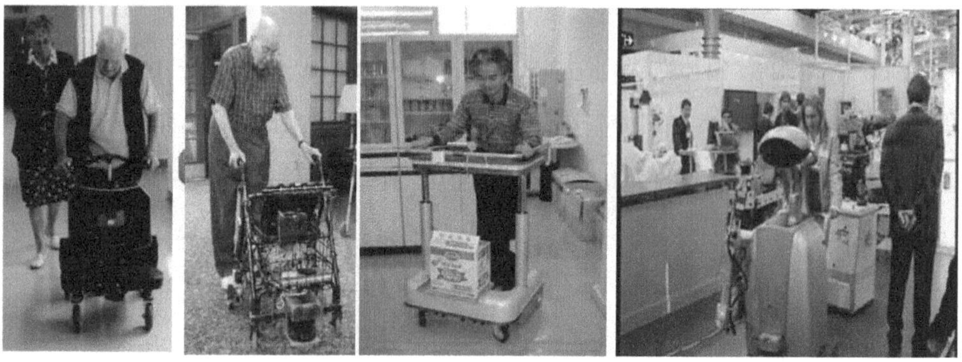

그림 5-22 보행 보조 기기(왼쪽부터 순서 : Guido Robot/Robotic walker/Hitachi/Care-O-bot)

HAL-5(wearable type power assist suit)의 경우 입는 기기를 착용함으로써 팔과 다리의 신체 활동을 도와준다(그림 5-23). 이 기기는 기기 옷에 장착된 제어 박스를 통해 신발 밑창의 균형센서와 허벅지, 팔꿈치 등의 힘조절 센서를 통제하여 작동되며, 피로감 없이 시속 4Km로 보행하고, 40Kg이상의 팔 힘을 더 발휘하고, 각 운동이 행해질 때의 근육 특성을 위상차로 구분하여 발바닥 압력 센서로 구동되는 타입이다. 노인의 일상생활 운동이 보조되고, 노인이나 장애인들의 보행이나 물건의 운반 시 효과적이며 고령화로 인한 부족한 노동력 대체, 건설 현장이나 군사적 목적으로 활용이 가능하다. Honda에서 개발된 보행보조기구는 센서로부터 엉덩이의 각도를 인식하고, 인식된 각도 데이터를 분석하여 최적의 도움을 제공(무게 2.8kg)하고, 체중을 지탱하고 무릎의 스트레스를 감소시키며, 한 번 충전으로 2시간동안 사용(무게 6kg)된다. 그 밖에도 환자들의 이동을 쉽게 하기 위한 간호사를 위한 파워 보조 기기와 계단 등을 쉽게 오를 수 있는 Roboknee 등도 연구되고 있다.

그림 5-23 HAL-5(CYBERDYNE, Japan)

환경 친화적인 수소를 이용한 수소저장합금(Special metal hydride, SMH) 액츄에이터를 개발되었고, 이를 이용한 보행 보조용 실버워커 로봇에 관한 연구가 진행되고 있다(그림 5-24). SMH 액츄에이터는 가열과 냉각 시 수소의 방출/흡입의 메커니즘을 이용하여 구동되는 액츄에이터로써 상하지 운동 보조 기구에 응용이 되고 있다. 이러한 신개념 소형 고출력 SMH 액츄에이터를 적용한 고정형 실버워커에 관한 연구가 진행되고 있다(그림 5-25).

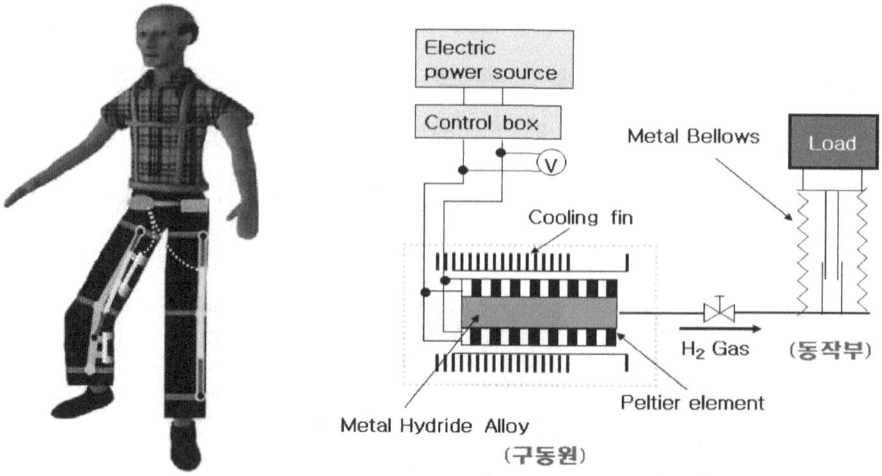

그림 5-24 SMH 액츄에이터를 이용한 실버워커 및 SMH 액츄에이터 구동 원리

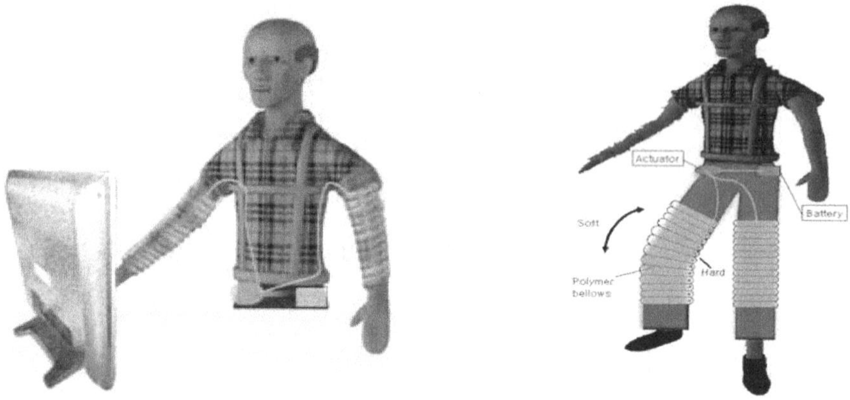

그림 5-25 SMH 액츄에이터를 적용한 상하지 운동 보조 로봇(전북대, 한국)

Honda에서 개발된 보행보조기구는 센서로부터 엉덩이의 각도를 인식하고, 인식된 각도 데이터를 분석하여 최적의 도움을 제공(무게 2.8kg)하고, 체중을 지탱하고 무릎의 스트레스를 감소시키며, 한 번 충전으로 2시간동안 사용(무게 6kg)된다(그림 5-26). 그 밖에도 환자들의 이동을 쉽게 하기 위한 간호사를 위한 파워 보조로봇과 계단 등을 쉽게 오를 수 있는 Robo-knee 등도 연구되고 있다(그림 5-27).

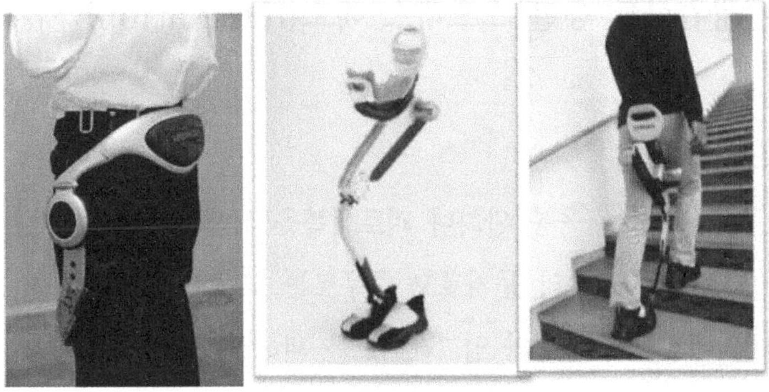

그림 5-26 Honda 보행 보조 로봇

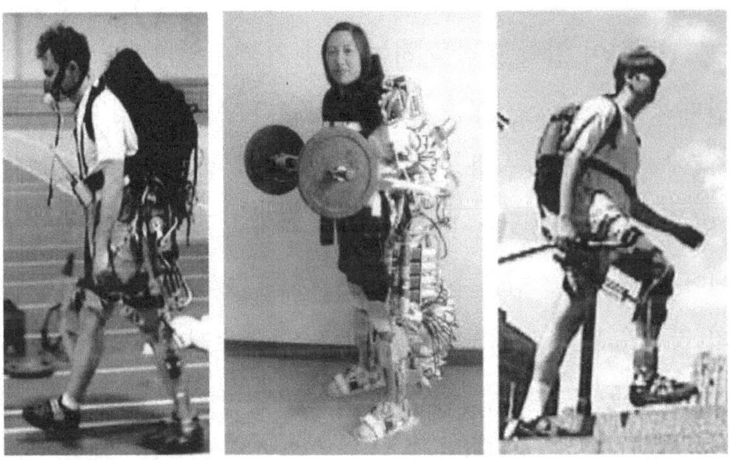

그림 5-27 그 외 보행 보조 로봇(좌부터 순서 : MIT Exoskeleton/Nurse-Assisting Exoskeleton/RoboKnee)

3. 노인의 긴장완화를 통한 스트레스 해소(Relaxation) 기기

1) 마사지 의자 시스템

마사지 의자는 경미한 근육통 완화나 피로회복을 위해 많이 사용되고 있다. 이에 관해 최근 제품들은 기존의 문지르고 주무르는 고유의 안마의지 기능 외에도 스트레칭 기능을 내장하여 품질의 업그레이드를 꾀하였다. 맞춤형 수동 마사지 및 뮤직 싱크로나이즈 마사지 효과, 인체공학적으로 고안된 5가지 무드라이트, 음악 및 마사지 프로그램 구현, 키, 신체 폭등의 체형을 자동으로 인식하여 마사지 효과에서 중요한 경락의 위치를 검출, 압력 감지 센서가 내장된 기계손은 사용자의 근육경직도를 인식하여 압력 조절을 하는 등의 기능이 있다.

훼미리 안마의자 '소노(sogno)'는 일본 INADA FAMILY사의 '디자인경영'의 결과로 나온 독창적이면서도 실내 인테리어 친화적인 마사지 체어이다(그림 5-28). 이 제품은 어깨와 엉덩이, 골반, 다리, 발, 등 외에도 팔 전체를 감싸는 마사지를 적용했고 에어 마시지 시스템을 통해 마사지 해준다. 특히 어깨와 목 부위를 위한 전용 마사지 장치가 별도로 장착돼 있다. 소노의 스트레칭 기능은 요추부와 무릎 관절을 펴 주며, 요동기능은 엉덩이와 대퇴부를 좌우로 흔들어준다. 또한 이 제품에 적용된 에어푸시 입체 롤러마사지 기능은 공기의 힘으로 주무름 볼을 눌러줘 풍부한 주무름의 느낌을 실현했고 입체적으로 강도를 조절할 수 있는 것이 특징이다(그림 5-29).

(a) 소노 제품

(b) 의자 각도를 조절할 수 있는 리크라이닝 기능

(c) 광센서를 통한 어깨위치 검색 기능

그림 5-28 소노(sogno)(출처: http://inadafamily.co.kr)

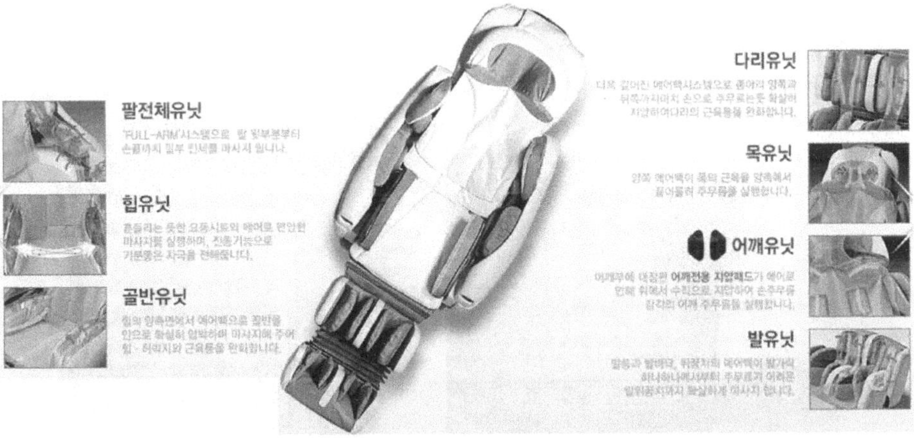

그림 5-29 소노(sogno) 마사지 유닛 기능

또한 기존의 다양한 마사지 기능에 스트레칭 기능을 추가한 신개념 안마의자 '3A'는 피로를 느끼는 부분과 연령에 따라 다양한 마사지 자동프로그램을 지원한다. 여기에 12가지 자동 메디컬 프로그램 코스를 적용해 피로회복과 혈액순환에 도움을 준다(그림 5-30). 먼저 신체 기능회복과 개선을 위한 '메디컬 코스'는 총 5가지 프로그램으로 나뉜다. 전신의 피로감을 없애고 싶을 때 사용하는 '전신마사지', 목에서 어깨까지 결림이 신경 쓰일 때 받으면 좋은 '어깨근육마사지', 허리근육 통증 완화에 도움을 주는 '허리근육마사지' 코스와 전신을 뒤로 젖히거나 비트는 동작으로 스트레칭이 필요한 사람에게 좋은 '스트레칭(강·약)' 코스가 있다. 또한 단시간에 피로를 풀기 위한 '퀵 코스'가 총 3가지 프로그램으로 제공된다. 짧은 시간으로 전신의 피로를 풀고 기분전환을 위한 '전신 퀵', 목과 어깨의 근육을 집중적으로 풀어주는 '어깨집중', 굳어있는 허리를 단시간에 집중적으로 풀어주는 '허리집중' 코스가 있다. 마지막으로 릴렉스한 느낌의 저자극을 위한 '쾌적' 코스 등 총 네 가지의 자동 프로그램이 제공된다. 골반 및 힙 주변의 하반신에 중점을 둔 '골반·힙', 요람에서 흔드는듯한 편안한 휴식을 취하고 싶을 때 권하는 '요동', 가벼운 주무름을 선호하는 여성과 고령자를 위한 '시니어', 청소년들의 스트레스와 피로회복에 도움을 주는 '영' 코스로 구성돼 있다.

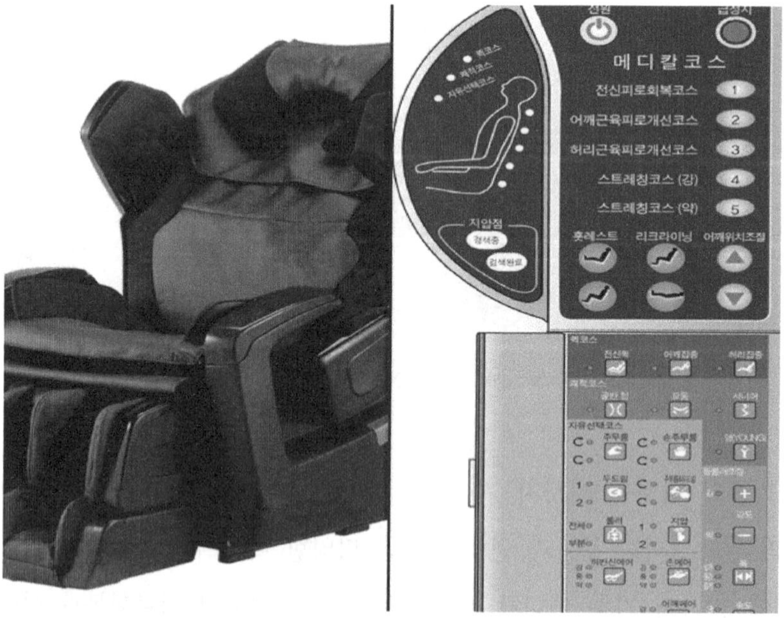

그림 5-30 A3의 마사지 기능

나비 모양을 본떠 디자인한 OSIM uSpace 제품(일본)은 인체공학적으로 고안되었고 5가지 무드라이트(Mood Light), 뮤직(Music) 기능이 추가되어 있다(그림 5-31). 베드형식으로 일본의 다이니찌(Dainich)에서 최첨단 전신 마사지 기구 오토헬씨어(Auto Healther Reiz DZ-270)를 개발하였다. 여러 개의 롤러로 머리에서 발끝까지 전신근육을 동시에 마사지하여 자동으로 신체 각 부위에 맞는 속도와 압력으로 마사지를 진행한다. 따라서 여러 개의 롤러들이 다리 위 아래로 움직이며 마사지 하는 동안 또 다른 롤러들은 어깨를 주무른다. 체온을 높여주는 기능도 있으며, 오디오 시스템과 칼라 디스플레이도 내장되어 있다(그림 5-32).

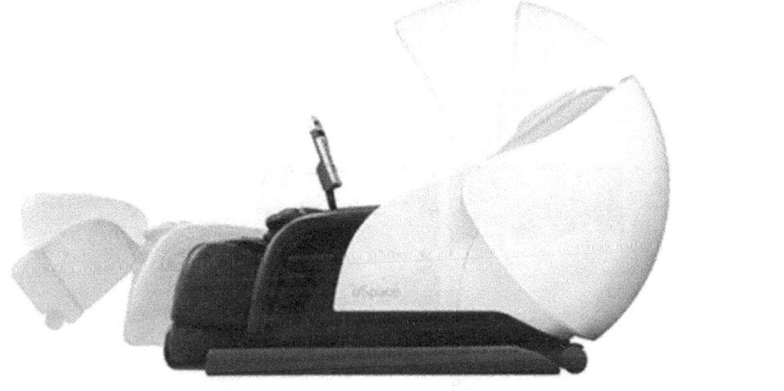

그림 5-31 OSIM uSpace

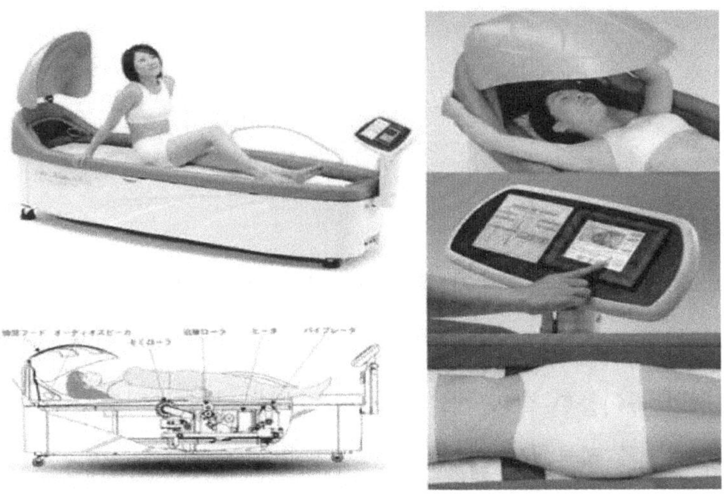

그림 5-32 Auto Healther Reiz DZ-270

롤링 형식의 지압방식의 기존 마사지 장비들은 근육이 뭉친 곳을 풀고 효과를 보기에 즉각적이지만 통증이 따른다는 데에 단점이 있다. 이 단점을 해결하기 위해 수압을 이용하여 개발한 마사지 기기도 있다. 국내 정우메디칼에서 개발한 Aqua Jet Premium은 물에 전신은 침수시켜야 하는 수요법의 번거로움을 덜어주어 탈의를 하지 않고서도 수요법의 장점을 모두 누릴 수 있으며 쓰다듬고 두드리며 문지르는 등의 마사지 기법을 도입시켰다(그림 5-33).

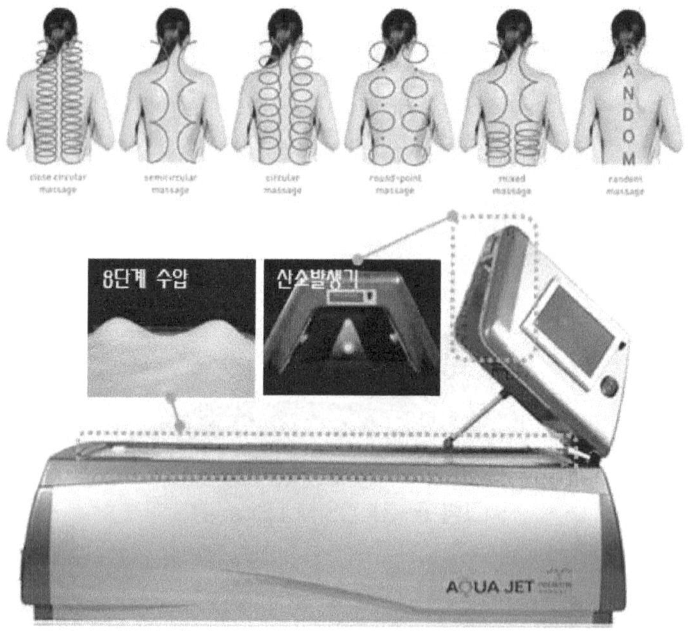

그림 5-33 Aqua Jet Premium

2) 발마사지 시스템

인체의 발에 자극을 주어 건강을 증진시키기 위한 보조기기로 발마사지 보조기기가 많이 개발되고 있다. 이것은 전통 한의학 이론을 응용하여 발바닥 반사구의 건강법 원리를 이용한 발바닥을 지압하는 방식, 다리를 마사지하는 방식, 다리를 침수하여 피로를 회복하는 방식 등으로 나뉜다.

수치료를 이용한 발 마사지기는 족욕기로 분리되기도 한다. 이는 일정 양의 물을 기기 안에 붓고 발을 침수시켜서 42~44℃의 온열 효과를 누리는 것으로 피로 회복, 피부 미용의 효과를 볼 수 있다(그림 5-34).

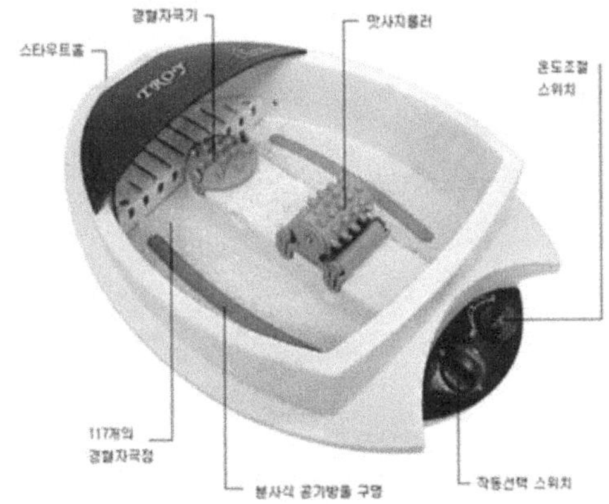

그림 5-34 수치료 응용 발마사지기기

경혈자극 발 마사지기는 발판에 돌기가 있어 발바닥으로 경혈을 자극하는 방식과 발 자체를 문지르는 방식의 두 가지가 있다. 제품에 따라 부가적으로 원적외선, 건강자석 및 진동마사지의 추가적인 기능이 있다(그림 5-35).

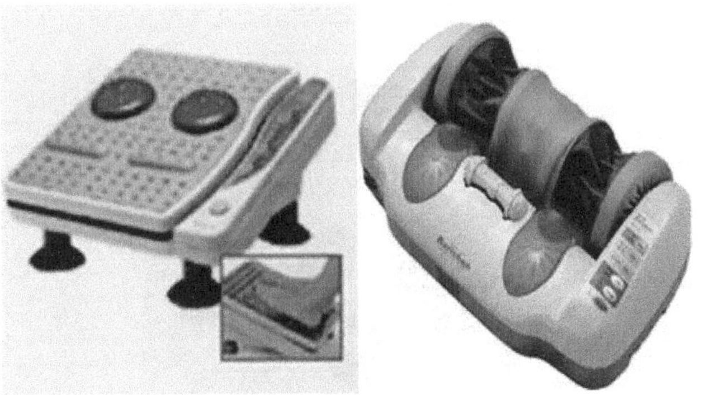

(a) 지압방식 (b)주무름 방식
그림 5-35 경혈자극 응용 발마사지기기

공기압을 응용한 발마사지기는 특수 고안된 커프에 컴프레서를 이용하여 공기를 주입하여 팽창과 수축을 반복하여 신체의 팔과 다리를 마사지한다(그림 5-36).

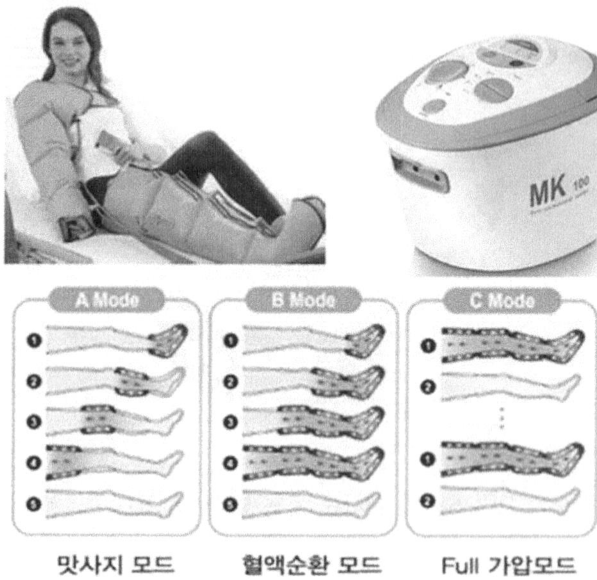

그림 5-36 닥터라이프(대성마리프, 한국)

저주파 자극 발 마사지기는 50Hz 이하의 주파수를 이용하여 인체에 알맞은 주파수와 파형을 적용하여 근육 경직을 풀어서 통증을 완화시키는 기능을 한다(그림 5-37).

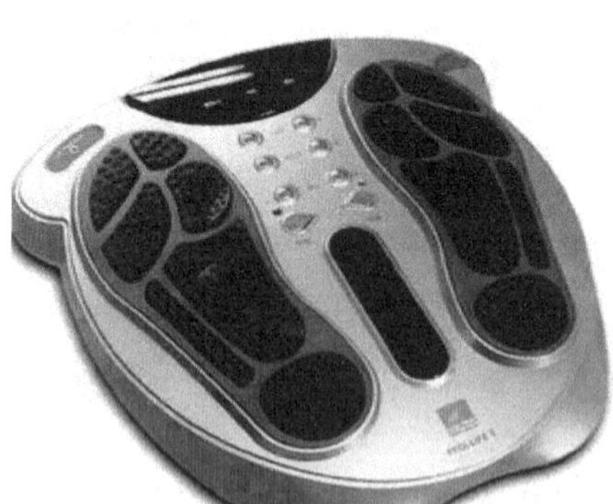

그림 5-37 페디라이프(메디천사, 한국)

파라핀응용 발 마사지기는 초의 원료가 되는 물질인 파라핀을 45~65℃의 온도에서 녹여 이 속으로 마사지 받고자 하는 부위를 침수하는 방식으로 사용된다. 작은 근육과 인대로 구성되어 있어 피로를 느끼기 쉬운 손과 발에 열을 가해 근육과 인대가 이완을 하여 부드럽게 되는 효과 이용한다. 이것은 열에 의해 혈관을 확장 하게하여 피로회복과 상처치유에 효과적이며, 파라핀에 함유된 다량의 유지로 인해 피부가 부드러워지는 미용효과가 있다(그림 5-38).

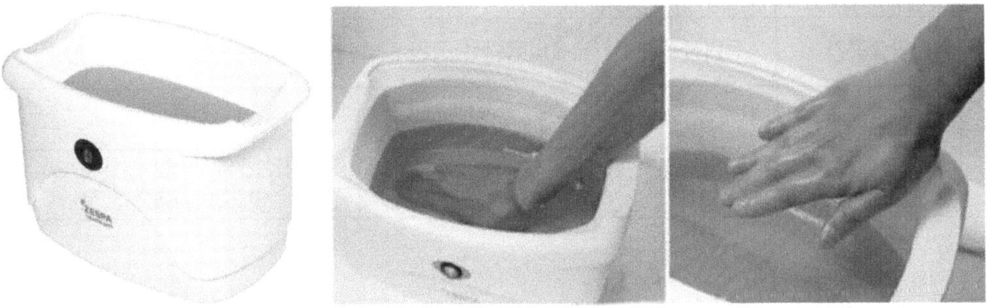

그림 5-38 ZESPA의 파라핀 마사지기

3) 스트레스 경감을 위한 목욕 보조 기기

(1) 지능형 목욕시스템

최근 웰빙 열풍과 더불어 SPA 문화가 확산되면서 이에 관련한 제품들이 출시되고 있다. 휴식과 재충전'이라는 새로운 휴식 공간, 거실 같은 넓은 공간감과 머무르고 싶은 아늑함 넓은 공간에 마룻바닥을 깔고 이동식 욕조와 의자, 샤워부스와 바디샤워기, 수납장등을 설치, 샹들리에와 의자 등 미술품을 설치하고 편안한 조명으로 휴식과 문화를 함께 즐길 수 있는 욕실 환경에 적합한 신개념 욕실 시스템의 개념이 대두되고 있다(표 5-4).

세정의 개념을 탈피하여 복합감각 기능증진 개념의 스트레스 해소 및 웰빙 생활의 시초가 되고 있어 이에 따라서 지능형 목욕 시스템은 심리적인 편안함을 고려한 요소(Music, TV 등)를 추가하여 심리적 안정된 목욕을 할 수 있는 기능을 가진 욕조 설비 외에 디지털 제어를 이용하여 온도 조절, 월풀의 파워 조절 등 욕조의 기능을 제어하는 모델도 개발되고 있다(그림 5-39).

표 5-4 지능형 웰니스케어 목욕시스템 특성

욕조종류 항목	일반욕조	특수욕조	지능형 목욕시스템
대상	전체 가족 대상	장애인 대상	남녀노소 및 범용적인 대상
목적	청결 목적	치료 위생 목적	세정, 스트레스 해소 및 웰빙 생활
필요공간	독립적 공간	비독립적 공간	사용목적에 따라 변함
방식	매립식, 거치식	거치식	거치식
사용처	일반가정	복지시설	일반가정, 복지시설, 스파관련업소 및 숙박관련업소 등

(a) TV-TUB (b) 월풀욕조 (c) 아로마 분사기

그림 5-39 지능형 목욕시스템 예

또한 목욕 중 복합감각을 제시할 수 있는 보조기기에 대한 연구도 시행되고 있는데, 이에 관하여 전북대학교 권대규 교수 연구팀은 아래와 같은 복합감각 제시 보조기기 시스템에 대한 제품 구상을 하였다.

• Type 1 시스템 : Look's Instrument Cluster

- 자동차 계기판을 컨셉으로 다이나믹하고 경쾌한 느낌을 살려 디자인

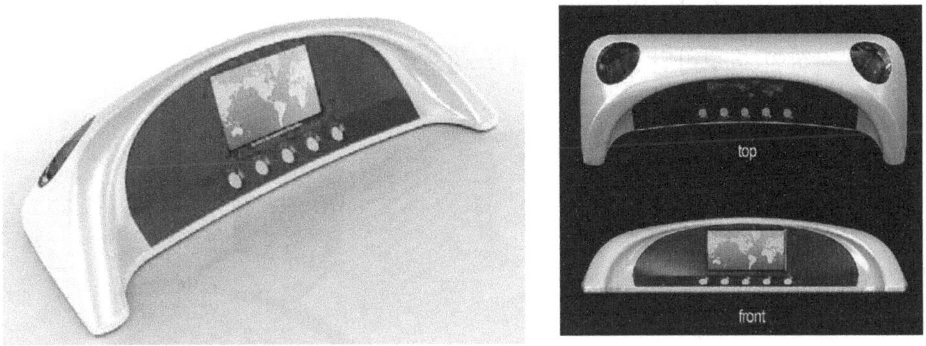

그림 5-40 Type 1 시스템

- Type 2 시스템
  - 팔로 감싸 안을 수 있는 안정적인 형태로 크기는 기존 욕조 보다 가로로 긴 형태로 어느 형태의 욕조나 걸쳐서 팔을 편안하게 올려놓고 영화나 TV를 감상할 수 있도록 디자인
  - 소재는 기존 플라스틱의 딱딱하고 차가운 이미지보다 따뜻하고 부드러운, 피부와의 접촉 시 거부감이 없도록 패브릭 소재 사용

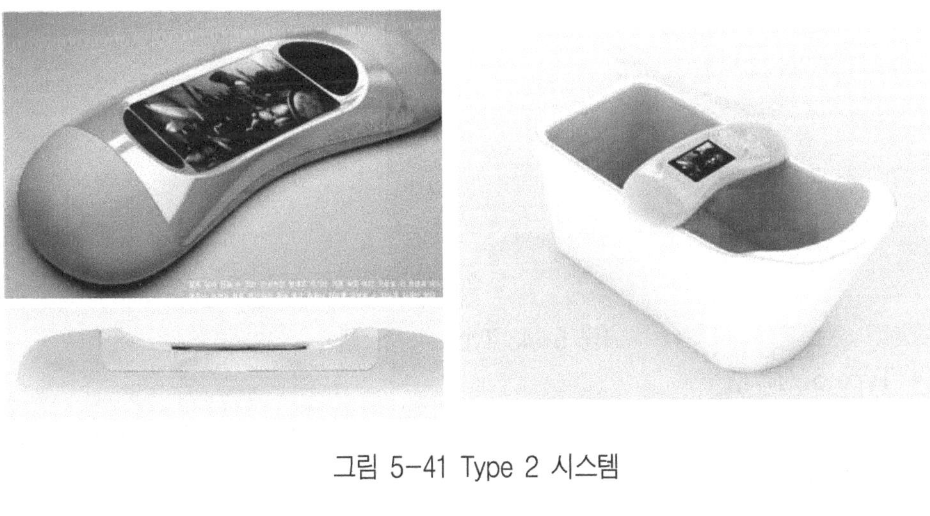

그림 5-41 Type 2 시스템

- Type 3 시스템
  - 기존 제품의 모양이 육중한 사용자로 하여금 거부감을 느낄 수 있다고 생각하여 슬림하면서 노트북의 느낌으로 디자인

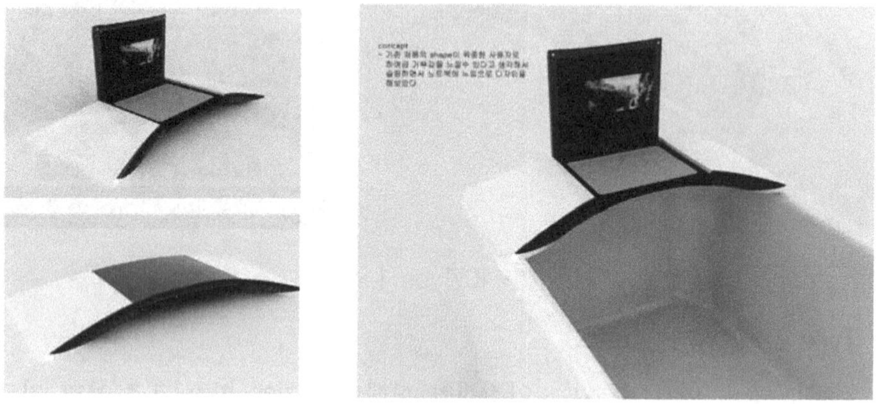

그림 5-42 Type 3 시스템

- Type 4 시스템
  - 한옥 기와의 선을 컨셉으로 한국적인 느낌을 살려 디자인

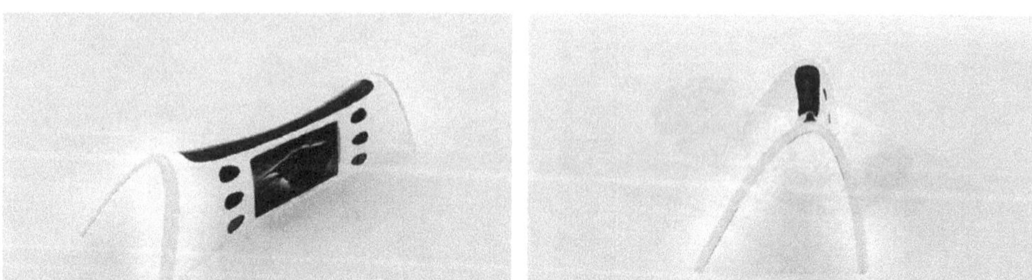

그림 5-43 Type 4 시스템

- Type 5 시스템
  - 홈이 있어 기기를 고정시킬 수 있고 고정되었을 때 스피커를 확장하여 사용가능
  - 실내에서 별도의 멀티미디어 기기로도 사용가능하도록 분리형으로 디자인

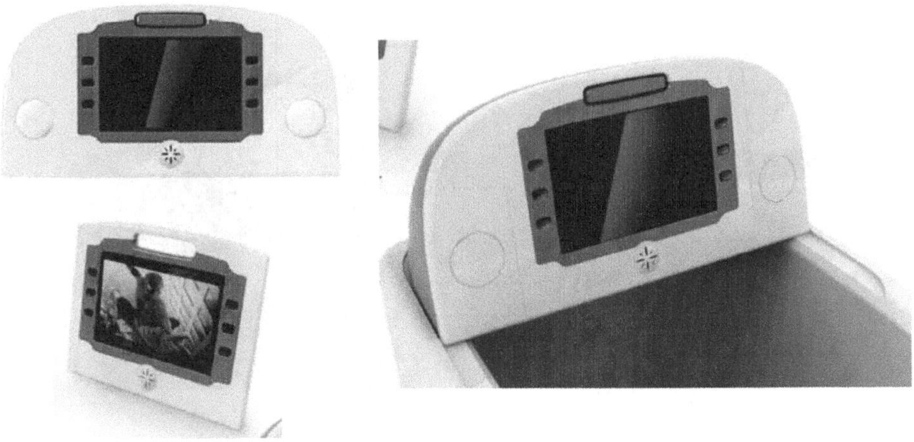

그림 5-44 Type 5 시스템

- Type 6 시스템
  - 단순한 사각 형태를 모티브로 모니터와 스피커 부분을 하나의 조형으로 생각되게 디자인
  - 욕조와 조화되는 느낌을 갖도록 부드러운 감각을 주는 사각형 라운드 느낌을 표현

  ✓ Speaker hole : 소리가 잘 들린다는 생각을 심리적으로 쉽게 인지할 수 있도록 스피커를 넓게 배치하였음

  ✓ Interface button : 모니터 밑에 바로 배치하여 최단거리에 인지하기 쉬운 곳에 버튼을 배치하였고 버튼을 누르는 촉감을 생각하여 엠보싱(볼록한 형태)을 넣었음

  ✓ Rail : 모니터를 가깝게 볼 수 있도록 위치의 조정이 가능하게 생각

  ✓ Parting line : 고장이 있을 시 수리에 용이하도록 스피커, 모니터, 버튼 등 기능을 하나의 파트만 불리하여도 모든 부분을 수리가능하게 하였음

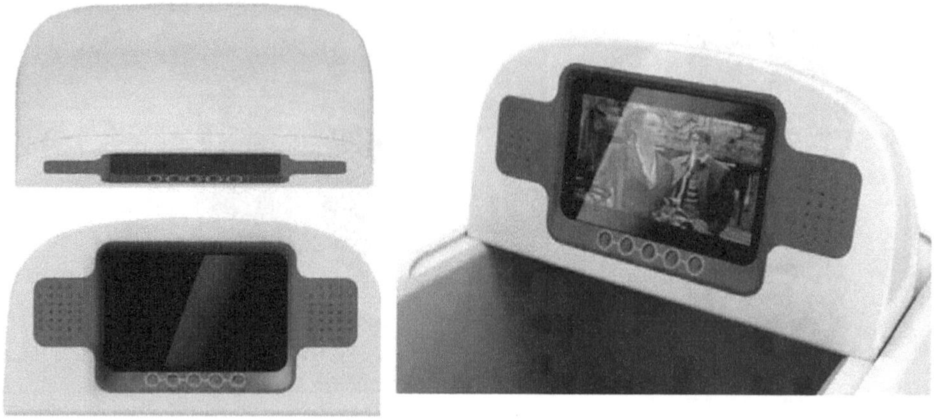

그림 5-45 Type 6 시스템

- Type 7 시스템
  - 감싸는 듯한 형상으로 심리적으로 안정감을 줌
  - 손을 편하게 올려놓은 상태에서 멀티미디어 기기를 조작할 수 있게 컨트롤러 배치

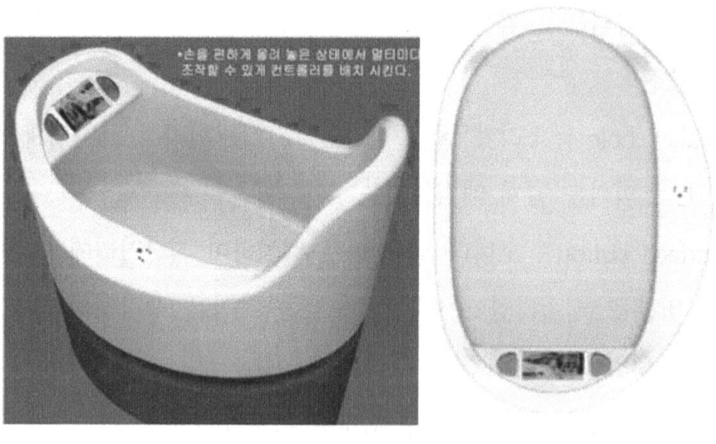

그림 5-46 Type 7 시스템

- Type 8 시스템
  - 최대한 안정되고 편안한 느낌을 주기 위해 유선형의 형태를 유지하였고, 대부분의 기능 조작은 터치스크린 방식을 사용함으로써, 버튼의 사용빈도

가 적으므로 욕조의 가장자리로 빼서 전체적인 분위기를 유지시킴

- 전면패널 아래쪽에 LED창을 넣어 불빛이 물결을 따라 은은하게 퍼지도록 함

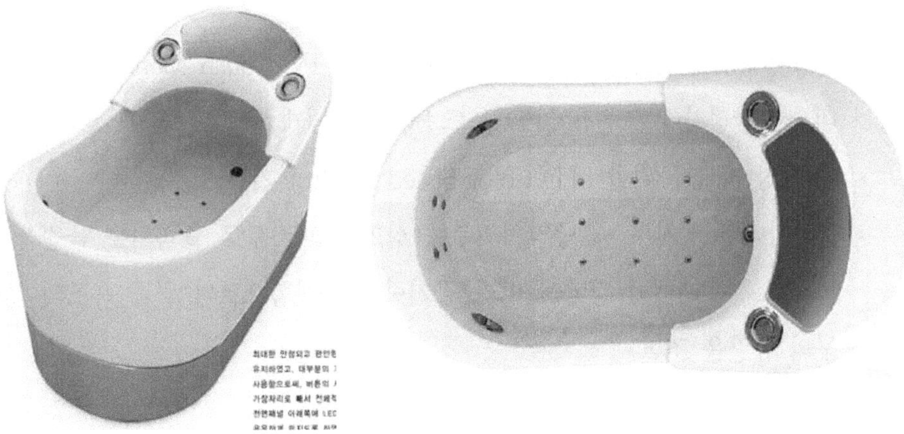

그림 5-47 Type 8 시스템

- Type 9 시스템
  - 아이 요람을 모티브로 하여 부드러운 라인을 욕조에 적용
  - 전체적으로 욕조를 둥근 느낌으로 하여 반신욕에 대한 이미지를 부드럽게 하였고 심신의 안정과 함께 편안함을 줄 수 있게 함

그림 5-48 Type 9 시스템

- Type 10 시스템
  - 물의 흐림이 있듯 그러한 현상의 물결무늬를 패널에 적용하여 둔탁하거나 탁탁함을 좀 더 리듬감 있게 곡선 처리를 하여 모양을 잡았고, 영상이나 버튼 조작 부분의 앞면에 기울기를 주어 디자인
  - 감성자극용 반신욕조 월풀, Main PC, DMB TV, Touch Monitor, 스피커 2대, 시 감성자극 조절용 LED 무드 System, 덮개 등으로 구성
  - 시 감성 자극을 위한 LED Color Speed Control 기능
  - 멀티미디어 장치부 중 중앙처리부는 상기 스피커부로 출력되는 음원을 분석하여 신호레벨의 강약에 따라 공기량을 조절함으로써 월풀 욕조의 분출구의 유량을 조절

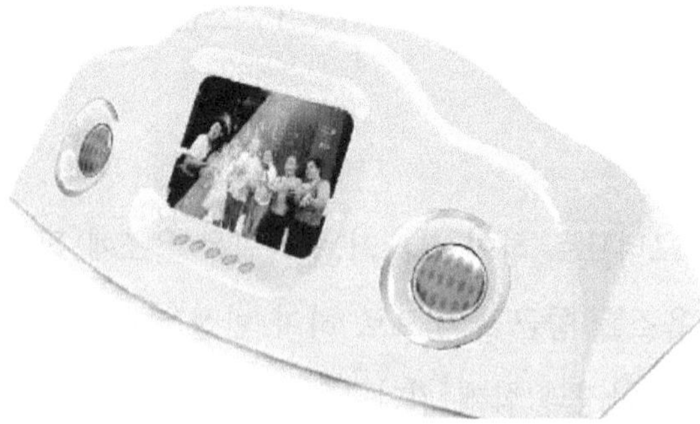

그림 5-49 Type 10 시스템

(2) 마이크로 버블욕

마이크로 버블은 일반 버블의 1/2,000 크기로 피부의 모공 25㎛보다 미세한 5㎛의 공기입자로 초미세 산소기포가 모공에 침투하여 피부 각질 및 찌꺼기를 제거하고 모낭충 등 세균을 없애 피부를 깨끗하게 하는 첨단 기술이다(그림 5-50).

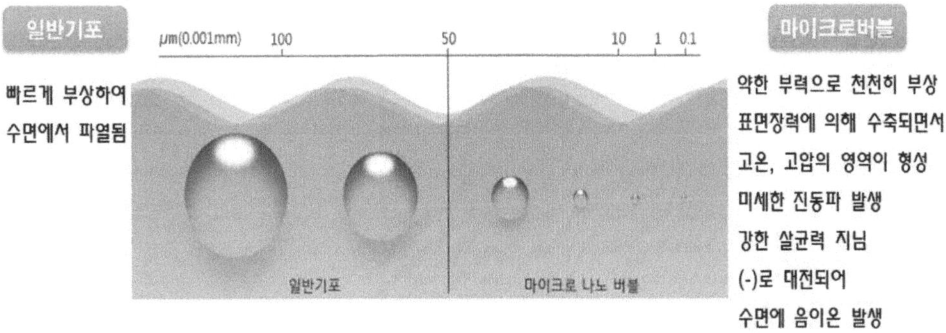

그림 5-50 마이크로버블과 일반기포 비교

초미세 산소기포가 파열할 때 초음파와 고온 온열이 발생하며 이는 지방을 분해하여 체지방을 감소시키는 효과가 있으며, 마이크로버블 기기에서 나온 물은 우윳빛이다. 초미세 기포가 들어있어서 뿌옇게 보인다. 작은 거품이 순간적으로 터지면서 열과 음이온을 발생시킨다. 아토피 등 피부질환에 임상 테스트를 실시한 결과 상당한 효과를 나타냈다. 국내 공인기관의 실험에서도 대장균, 녹농균, 살모넬라균, 비브리오균을 99% 죽이는 높은 살균력을 보인다(그림 5-51).

이 물로 샤워를 하게 되면 무공보다 크기가 작은 기포가 모공 속으로 들어가 노폐물이나 찌꺼기를 씻어낸다. 버블 자체가 미세 진동을 일으키므로 두피와 피부 표면의 오래된 각질도 벗겨낸다. 샴푸나 비누 등 세제가 없어도 깨끗하게 씻을 수 있다. 물 사용량은 30~40% 줄어든다. 피부트러블 개선에 효과가 크다.

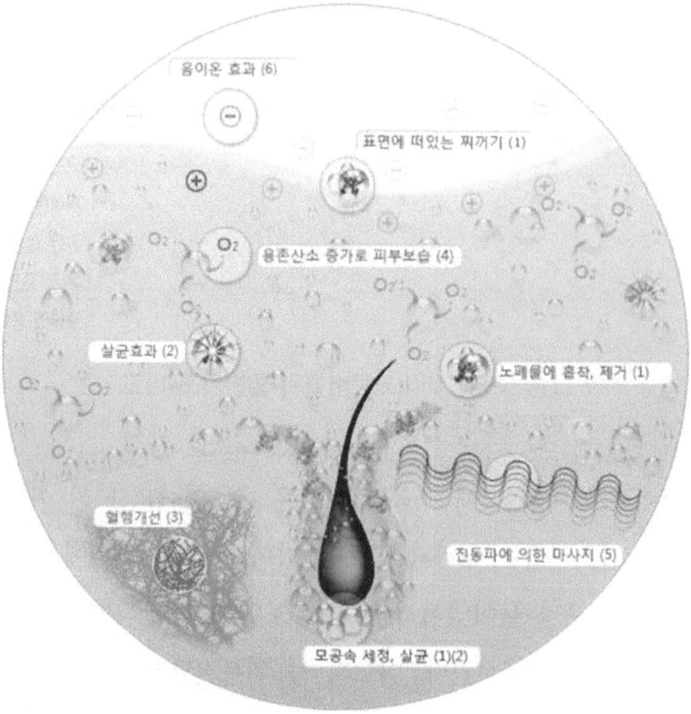

그림 5-51 마이크로버블 효과

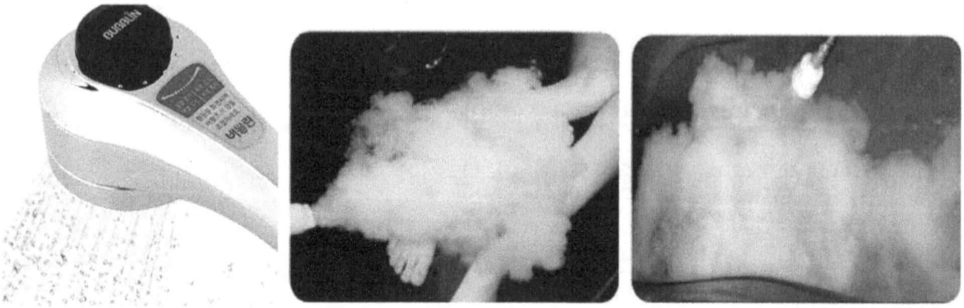

그림 5-52 마이크로버블 샤워기(버블린, 한국)

4) 샤워 시스템

샤워기는 냉온수 조절용 싱글레버 밸브와 헤드 샤워와, 핸드 샤워에 샤워제트에 마사지 샤워를 각각 선택할 수 있는 방향 전환 밸브가 구성된 것으로, 냉온수 제어 밸브와 방향전환 밸브로 구성되어 최근 고령자를 위해 자폐(자동 오프기능), 자동온도조절 밸브 방식 및 전자식 온도 조절 밸브방식을 적용하고, 최근에는 일부 핸드샤워기 모델에 온도표시용 LED등을 적용하고 있다.

표 5-5 일반 샤워 시스템과 고령자용 감성 샤워 시스템의 경향 비교

일반 샤워 시스템 경향 및 분석	고령자를 위한 감성 샤워 시스템 경향
- 욕조의 소재는 인체에 무해하고 색상과 광택이 우수한 크롬과 니켈 소재 주류 - 매립식에서 보수와 교체가 쉬운 거치식으로 변환 - 공간의 효율성을 높이기 위해 Shower box와 결합된 제품들 다수 - 샤워 문화가 다양하게 변화하면서 세정의 개념에서 탈피하는 경향	- 디지털 제어를 이용하여 개인 맞춤형 온도 조절, 물 분사 파워 조절 등 샤워 시스템의 기능을 제어하는 모델 개발 - 심리적인 편안함을 고려한 요소(Music, 색채조명 등)를 추가하여 심리적으로 안정된 샤워를 할 수 있는 샤워 시스템 기술 개발 - 세정의 개념을 탈피하여 복합감각 기능증진 개념의 스트레스 해소 및 웰빙 생활의 시초가 되어야 함

이와 같은 트렌드에 맞춰서 샤워 장치와 프로그램화되어 있는 LED 조명, 블루투스 기술을 이용한 음악 기능을 복합적으로 구현한 헬스케어형 시스템샤워기인 디지털 칼라테라피 샤워기가 개발되고 있다.

그림 5-53에서처럼 주식회사 세비앙과 전북대학교 권대규 교수 연구팀이 공동 연구한 디지털 칼라테라피는 샤워기 프로그램화 되어 있는 LED 조명과, 감성모드에 따른 음악기능은 샤워를 하는 동안 정신 및 육체의 피로회복의 효과가 있으며, 조명 및 음악은 물론샤워기의 작동까지 노약자 및 장애인도 쉽게 작동할 수 있도

록 솔레노이드 벨브 장착형 전자식 시스템으로 구현한다. 또한 써미스터 방식의 온도 센서를 적용하여 온도에 따라 엘이디(LED) 디스플레이의 칼라를 변경하여 냉수, 평온수, 고온수를 시각적으로도 쉽게 감지할 수 있다.

그림 5-53 디지털 칼라테라피 샤워기(세비앙, 한국)

감성 샤워기에 대한 외국 제품의 기술 동향을 보면, 냉온수 제어 밸브는 기계방식의 싱글 레버 밸브, 자동온도조절 밸브가 공전하고 있으며, 고가 모델에서는 절수 및 수온제어를 위하여 자동온도조절 밸브 방식을 적용하고 있으며, 전자식 온도 조절 밸브방식 모델이 시범적으로 서서히 도입되고 있다. 방향 전환 밸브는 기계식으로 세라믹 카트리지 방식을 주로 사용하고, 솔레노이드 밸브 방식의 모델이 도입되고 있다.

그래픽스타일로 DTV, 칼라 조명(Colour shower) 프로그램(Rain sky) 등을 적용하고, 조작플레이의 경우 조그셔틀 방식의 선택기능, 음악선곡, LED 조명 선택, 온도선택(DTV)을 할 수 있으며, 방수 스피커, 음악입력단자(DTV)의 음악기능이 있다(그림 5-54).

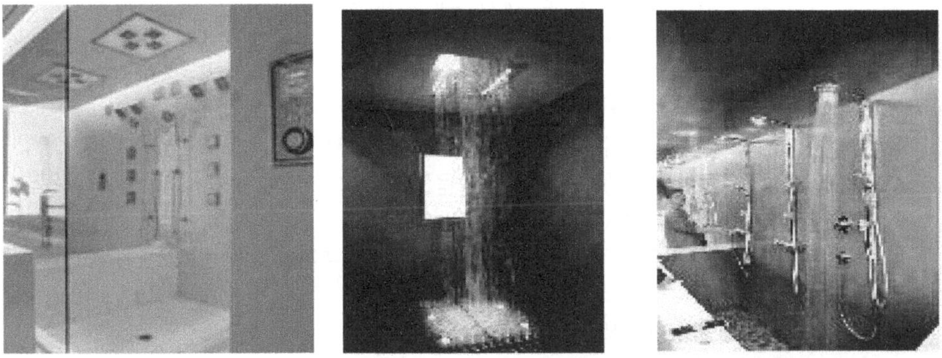

(a)Kohler DTV (b)Donbranckt Rain sky (c)HANSA Colour Shower

그림 5-54 감성샤워기 외국 제품

2) 광융합 헬스케어 기기

(1) 감성조명

인체는 24시간 동안 빛으로 둘러싸여 있으며, 하루 24시간동안 변하는 인체의 특성에 맞추어 변화하는 조명 기술 또한 필요하다(표 5-6). 따라서 인간의 감성과 조명에 대한 다양한 실험을 통하여 얻어낸 데이터를 기반으로 인간의 감성에 적합한 정교한 조명 색상을 재현해내는 조명 시스템 기술 연구가 필요하며, 아파트 거실, 침실, 공부방 등의 주거공간은 물론 병원(입원실 · 치료실 등), 학습공간, 사무공간, 도로공간, 호텔 · 백화점 · 레스토랑 등의 상업공간, 미술관 · 전시관, 자동차 등 응용분야가 다양하다.

표 5-6 24시간의 신체 활동

AM 1:00 – 면역보조 T세포가 가장 활발하게 활동
AM 1:00~3:00 – 혈압, 심박수, 항스트레스 분비량이 최저
AM 2:00 – 성장호르몬의 혈중농도가 가장 높음
AM 300 – 대부분의 신체기능이 저하되고 청각 예민
AM 400 – 천식 발작이 가장 많은 시간, 체온의 저하로 추위를 가장 많이 느낌, 산업재해 빈도 최고
AM 500 – 병적 세포 분열 활동 왕성
AM 600 – 인슐린 혈중농도가 가장 낮음 혈압, 맥박이 올라가기 시작하고, 항스트레스 호르몬의 혈중농도 증가
AM 700 – 부신피질 호르몬 분비가 최고이며, 체온 상승 맥박 증가
AM 800 – 보조 T세포 활동이 가장 낮고 성호르몬 분비가 최고
AM 7:00~9:00 – 부신피질 호르몬 혈중농도가 최고
AM 10:00~11:00 – 의사결정, 문제해결력, 정신집중력이 최고
AM 12:00 – 헤모글로빈 혈중 농도가 가장 높음
PM 1:00~2:00 – 기력, 체력이 일시적으로 저하
PM 2:00 – 식곤증을 느낌
PM 3:00~4:00 – 운동하기 좋은 컨디션
PM 4:00 – 체온, 맥박, 혈압이 가장 높은 시간이고, 신진대사 교체시간
PM 5:00 – 식욕이 가장 왕성
PM 6:00 – 스테미너가 가장 왕성
PM 7:00 – 정신적/신체적으로 가장 불안정한 상태로 혈압이 불안정해짐
PM 8:00 – 소화작용이 가장 활발해지고 체중이 증가
PM 8:00~10:00 – 체온이 강하하고, 신진대사가 저하되고 청각신경이 최고로 예민
PM 10:00 – 혈압이 높고 호흡수가 감소 체온이 하강
PM 12:00 – 세포재생력과 신진대사 최상

출처 : 감성조명의 이해, 필룩스

직접 조명은 빛에 대한 스트레스 때문에 사람을 공격적이고 민감하게 만들기도 하기 때문에 간접조명을 이용한 감성조명 설치로 공간별로 자연 빛과 같은 조도로 심리적인 안정감을 줄 수 있는 기술 필요하다. 표 5-7과 5-8에서 국내의 감성조명 제품을 보이고 있다.

표 5-7 감성조명 제품(국내)

회사명	제품명	제품설명
필룩스 www feelux com	감성조명 시스템 (**형광등 기반**의 감성조명)	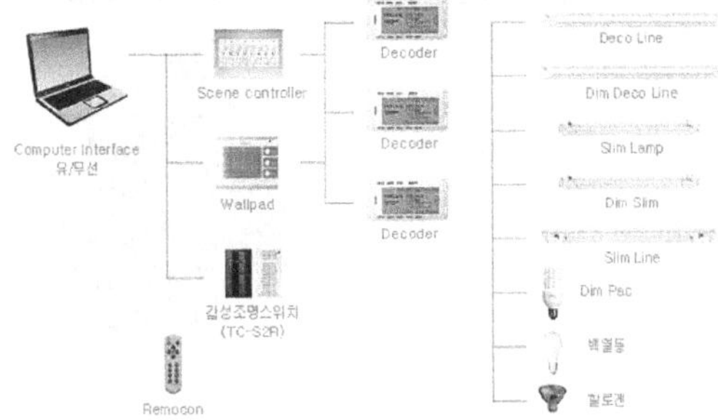 - 홈네트워크의 핵심장비인 WallPad, scene저장/호출가능, Motion 호출/편집가능 - 8채널의 밝기 조절 및 scene 저장/호출을 할 수 있는 Controller 와 Decoder - Warm과 Cool을 이용한 감성조명을 실현시키는 스위치(SIH Wall Switch
룩스노바 www luxnova co kr	엘리베이 터 LED 감성조명	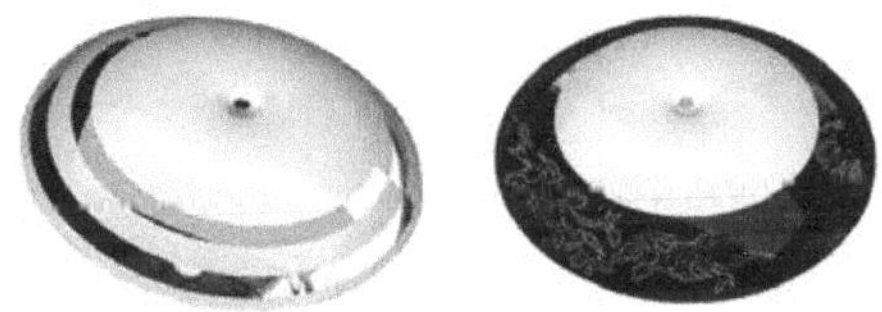 - 계절이나 시간에 따라 실시간으로 태양의 색온도와 LED 조명 제품의 색온도를 일치시키는 제어기술을 통해 인간의 생체리듬을 왜곡시키지 않는 감성적이고 쾌적한 조명 환경 구현 - 정전이나 비상시에는 동일제품에 비상전원으로 구동될 수 있는 LED 점등회로 기능을 구현, 현재 사용하는 별도의 비상조명을 설치하지 않아도 돼 비용절감 효과 있음
오로라 디자인랩 www auroradesi gnlab com/	HARWER LED	 - 사용자 인터랙티브에 따라 본체에 감춰진 보이지 않는 움직임 감지 센서 및 조도 센서로 센서 기반 자동제어 가능 - 확장 가능한 MCU 기반 제어보드를 통해 감성조명에 적합한 색온도 조절 가능

표 5-8 감성조명 제품(국외)

회사명	제품명	제품설명
필립스 www philips co kr	리빙컬러 미니	 - 레드, 그린, 블루 LED를 이용하여 기분에 따라 바꿀 수 있는 256 컬러 발색 - 원형의 터치컬러 버튼을 드래그하거나 태핑해 색상 선택 가능, 해당 위치를 터치하면 나타나는 조명색과 일치 - 작은 크기와 휴대성
필립스 www philips co kr	이매지오 화이트 캔들 라이트	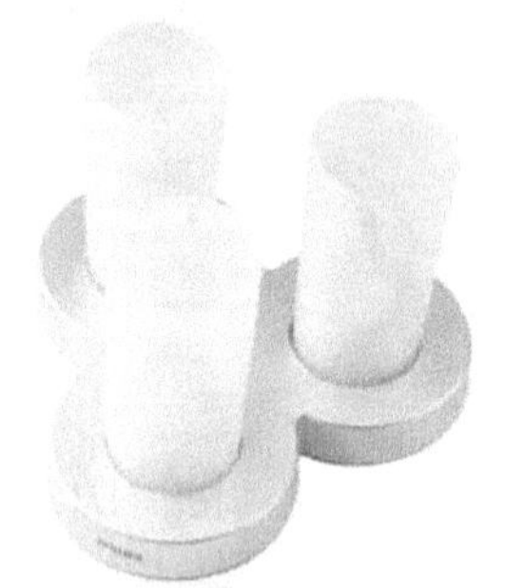 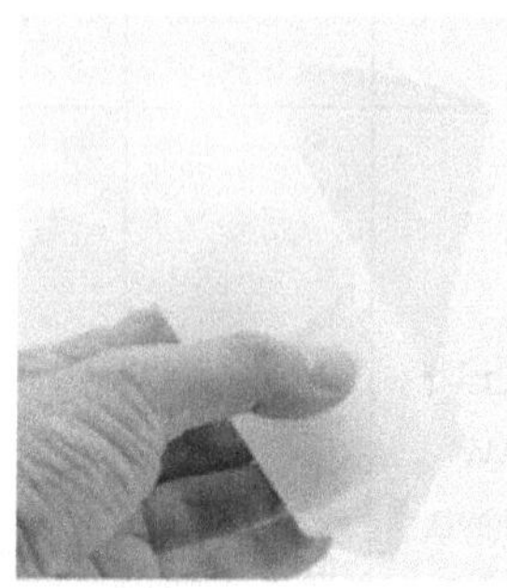 - 충전식의 촛불과 같은 컨셉의 감성조명으로 바람에 흔들리듯 깜빡이는 불빛 덕분에 구현 가능 - 흔들면 조명이 켜지고, 다시 흔들거나 쓰러뜨리면 조명이 꺼지는 아날로그적 동작방식으로 감성 자극
GE	OLED 조명	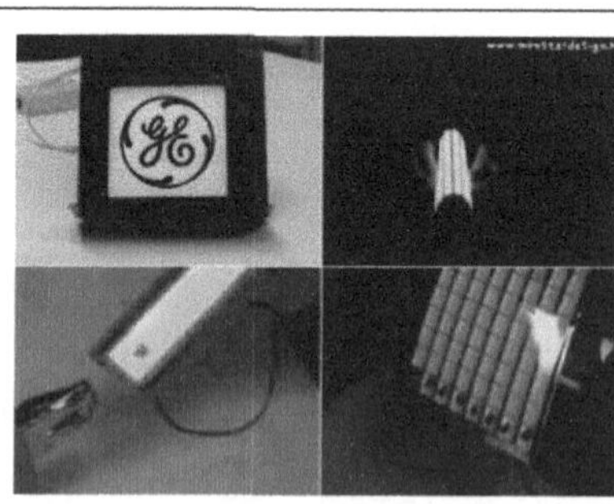 - 다층판막설계기술(Multi-layer design technology)과 혁신적인 광학설계기술(Optical design technology)을 함께 청색인광재료 기술에 적용하여 약 10,000시간의 고효율, 장수명을 갖는 실용 광수준의 OLED

(2) Light therapy 기술

일본 아카다 치매전문 병원에서는 햇빛과 인공 빛을 조합해 노인 불면증 치료에 이용하였다. 즉, 침대 머리에 조명을 달고 조도 조절하여 숙면 유지에 이용, 아침에는 서서히 밝아져 잠을 깨우고 저녁에는 햇빛처럼 자연스럽게 어두워지는 것으로 사람에게 필요한 하루 일조량을 조절하는 것이다(그림 5-55).

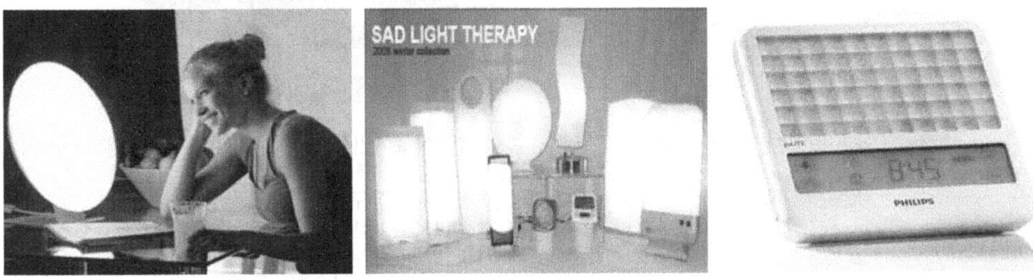

그림 5-55 Light therapy 기기

Color Light therapy 기기로 Color puncture는 간단한 펜 라이트 같은 기구를 사용하여 피부의 한의학적 침점에 컬러광선을 투과시키는 것이나. 이것은 피부에 어떠한 통증이나 부작용이 없는 안전한 방법이며 오히려 피부 속 반사점들의 컬러에 대한 반응성이 활성화되어 자신과 공명하는 컬러를 흡수하고 진동함으로써 원래 정상파장으로 회복하게 한다. 침술 상의 경락들은 각 광선에 내포된 치료정보를 그 정보를 필요로 하는 해당 세포 및 뇌로 채널링하게 되는데, 컬러의 다양한 파장과 정보들은 피부 밑 light receptor들을 경유해서 인체 내부로 전달되어 인체의 면역 시스템, 해독 및 내분비 시스템 등을 자극함으로서 자연치유력을 향상시킨다(그림 5-56).

Perlux, Germany

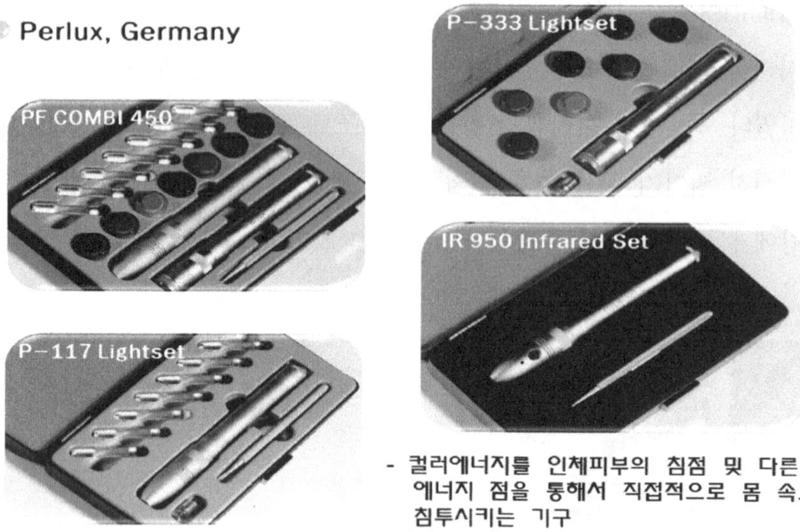

- 컬러에너지를 인체피부의 침점 및 다른 에너지 점을 통해서 직접적으로 몸 속으로 침투시키는 기구
- 간단 사용법: 빛을 활성화시키기 위해 라이트펜의 끝부분에 7개의 다른 컬러 코드를 가진 크리스탈 튜브 장착

(a) Perlux

Bioptron color therapy, BIOPTRON, Switzerland

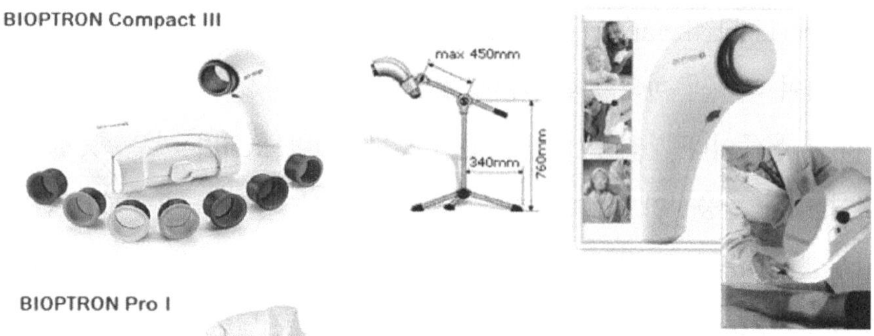

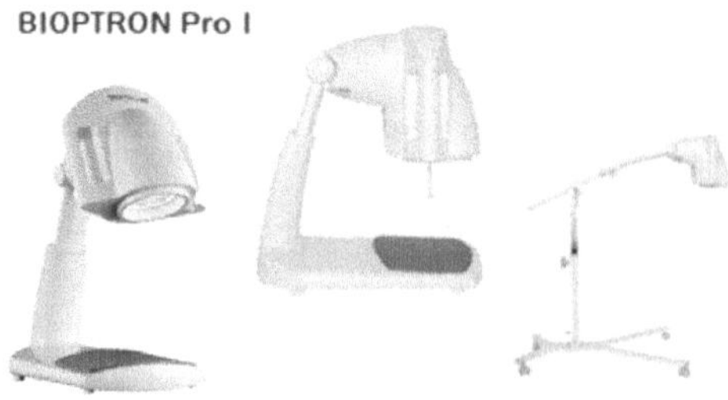

다양한 임상결과
- SAD(계절성정서증후근)
- 피부과 질환
- 상처 치료
- 통증 치료

(b) Bioptron

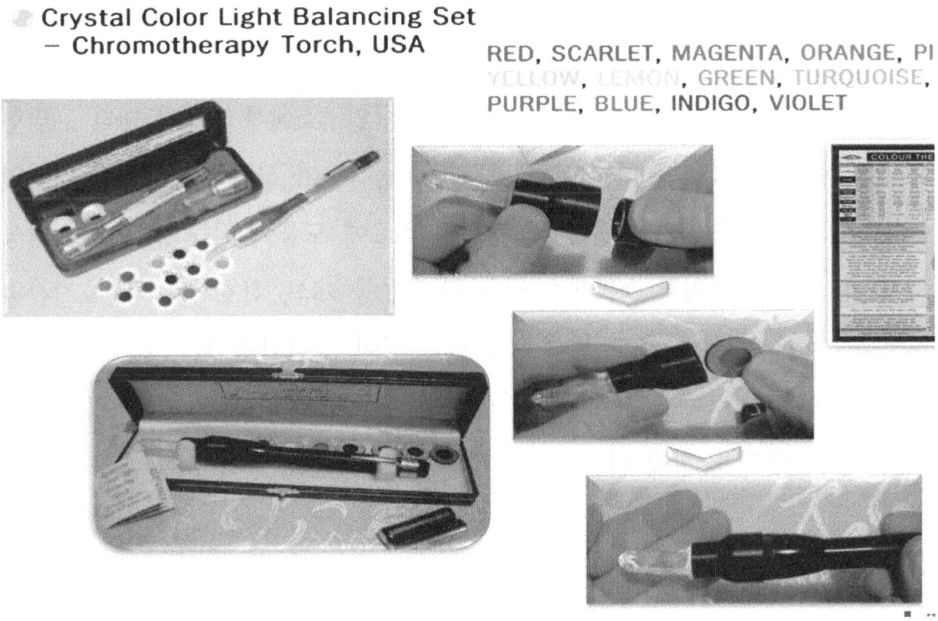

(c) Chromotherapy

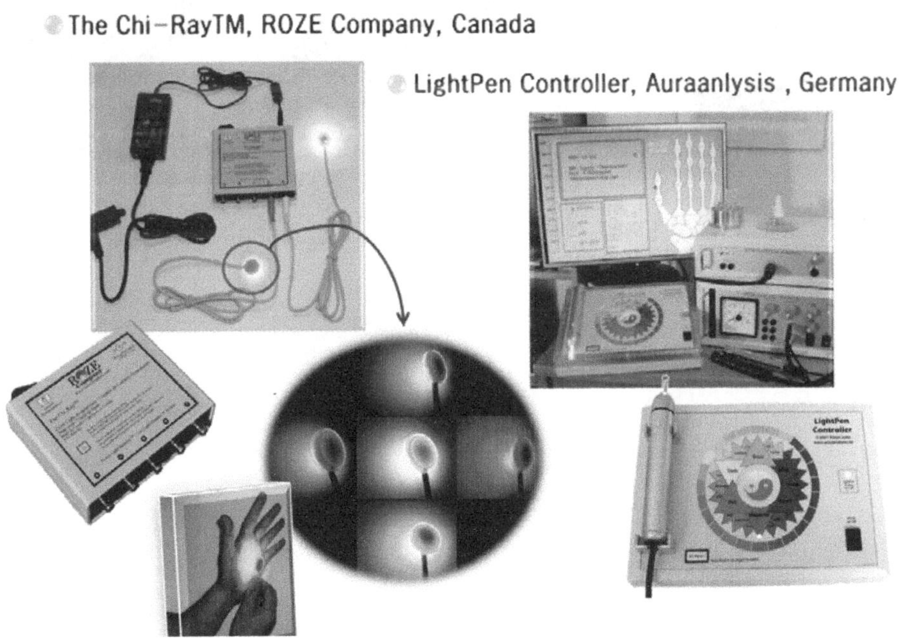

(d) The Chi-Ray(left), LightPen Controller(right)

그림 5-56 Color puncture 기기

(3) 정서 치료 기기

치료용 로봇은 혼자 사는 노인들의 복지를 향상시키며, 정신 치료 효과 증대를 위한 감성적인 치료 로봇이다. 일본 산업기술종합연구소에서 12년간 바다 표범형 치료 로봇을 개발, 2004년 마이크로제닉스사와 합작하여 상품화 모델이 출시되었다. 치료용 로봇은 노인의 우울증 및 정신적 치료에 도움이 되는 로봇이며, 임상 실험 결과, 심리적 생리적 스트레스 해소 및 우울증 개선, 간호자와 피간호자간의 의사소통 개선 및 치료 효과 증대로 간호 부담이 경감되는 효과가 있다. 그림 5-57의 로봇은 기네스북에 '세계에서 가장 테라피(Therapy) 효과가 있는 로봇'으로 선정되기도 하였으며, 장애 아동 시설, 의료, 노인 복지 시설에서 적극 활용될 예정이다.

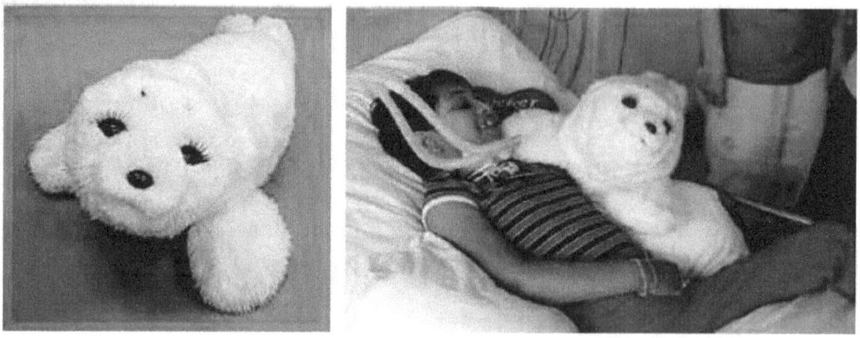

그림 5-57 정신 치료용 로봇(PARO, Japan)

4. 노인의 재활훈련을 위한 기기

1) 뇌병변 재활치료 기기

작업치료와 인지치료와 관련된 전통적인 재활도구 중 대표적인 것은 페그보드와 게임카드이다. 게임 카드의 경우 편마비 환자나 시지각 장애 환자를 위해 별도의 카드 홀더나 받침 도구가 필요하고 특별한 사용가능성이 고려되어야 한다. 시지각 훈련용 게임카드는 단순한 규칙으로 시각적 구별능력과 미세한 집중력을 훈련하기 위한 것이며 모양, 번호, 색상 등의 차이를 이용한 게임으로 개인이나 그룹으로 진행 가능하다(그림5-58). 카드 홀더와 받침 도구는 편마비 환자의 상지 훈련이나 시지각 부족 환자의 집중력 훈련을 위해 필요하다(그림 5-59).

그림 5-58 시지각 훈련용 게임카드

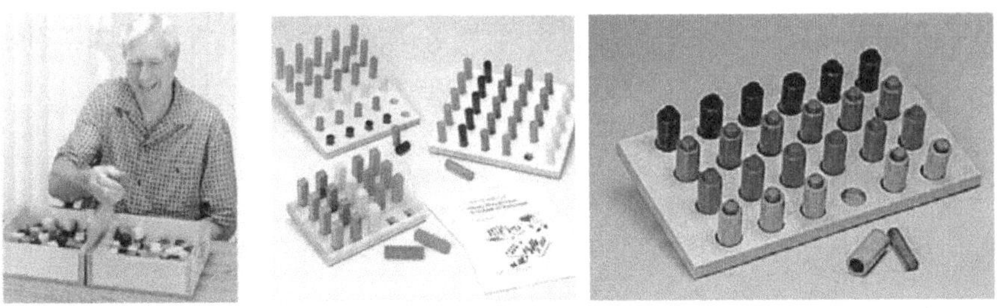

그림 5-59 재활치료용 원통형 페그보드(Peg board)

종래의 재활치료 방법의 자동화를 위해 원격 재활에 관한 연구가 시행되었는데, Taub 그룹의 억제유도 운동치료법 자동화 뇌졸중 환자의 건측 상지 사용을 억제하고 환측 상지 사용을 유도하는 치료법(억제유도 운동치료법)을 자동화하고 원격 재활 적용 가능성을 연구 중 캐비넷 형태의 프레임에 8가지 재활 치료 도구를 설치하고 각각에 센서를 부착하여 자동으로 결과를 측정하였다(그림 5-60).

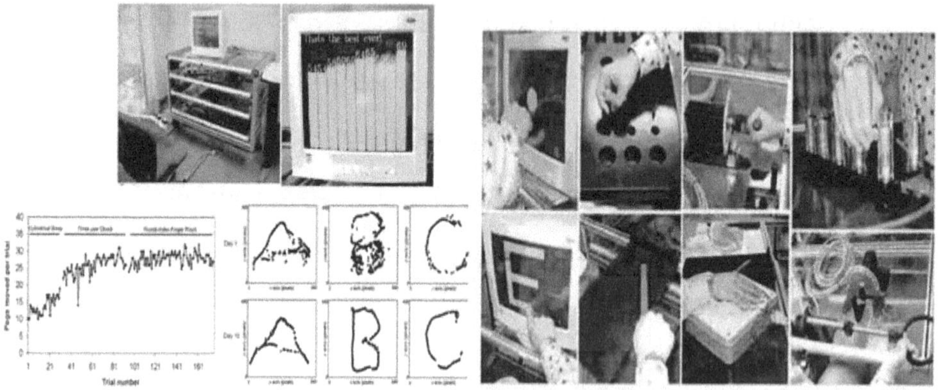

그림 5-60 Taub 그룹의 억제유도 운동치료법 자동화 좌측상단: 캐비넷 형태의 프레임과 재활 진행 상태를 나타내는 화면 좌측하단: 페그보드 재활 결과와 터치스크린으로 글씨 쓰기 우측: 8가지 재활 훈련

또한 원격재활에 가상현실을 적용한 연구도 있다. 이에 관한 Biometrics사의 E-LINK는 상지 및 인지능력 종합훈련 도구이다. 노인성질환 및 소아환자의 ROM(range of motion, 운동범위)을 측정하여 환자의 집중력, 공간감각, 판단력, 색깔구분능력, 시각추적능력, 눈과 손의 협응 능력 등을 비롯한 인지훈련에 사용된다(그림 5-61).

그림 5-61 Biometrics사의 E-LINK

Burdea 그룹의 글로브 기반의 동작 추적 시스템은 Rutgers Master II 글로브와 가상현실을 이용하여 손목터널 증후군 수술환자의 원격재활에 적용한다. 이는 고가이면서 복잡한 인터페이스 장치가 필요하다(그림 5-62). Piron 그룹은 전자기 방식의 동작 추적 시스템을 개발하였다. Polhemus 3차원 동작추적 시스템(3Space Fastrack, Vermont, USA) 실제 물체에 마그네틱 수신기를 부착하여 3차원 동작 추적을 수행한다(그림 5-63).

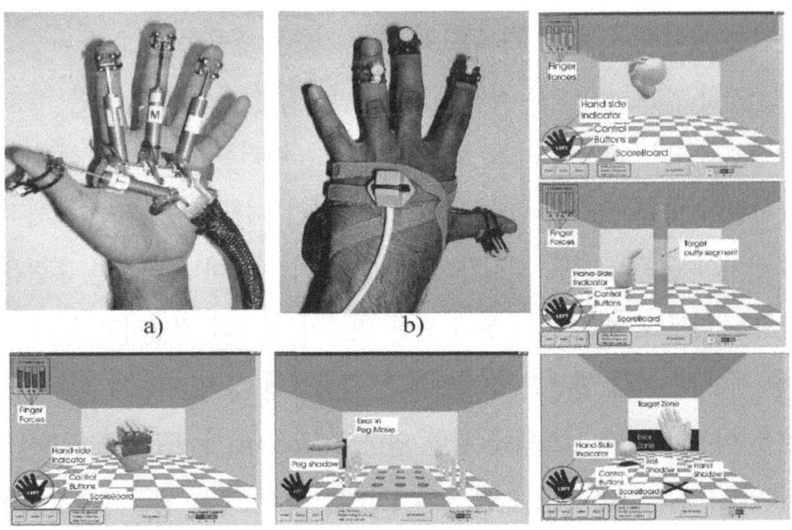

그림 5-62 가상현실 시스템 좌측 상단: Rutgers Mastetr II 글로브 정면 나머지그림: 시계방향으로 고무공 쥐기, 파워 퍼티, 핸드 볼 연습, 페그보드, 디지키]

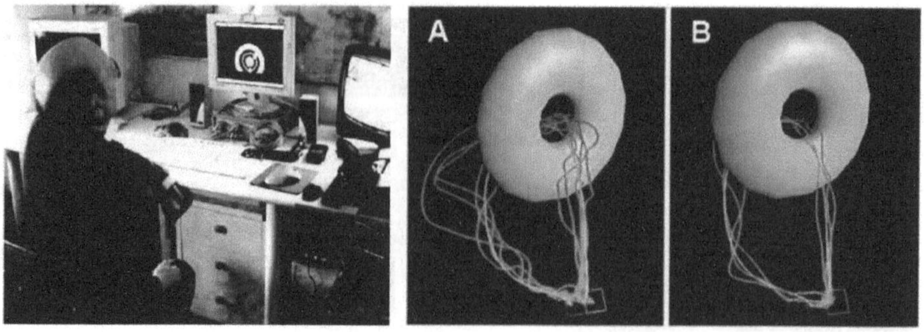

그림 5-63 가상현실 시스템 좌측: 환자, PC, 고화질 화상 시스템으로 구성된 원격 재활 장비 우측: PC 화면에 표시되는 대표적인 운동 수행 치료사와 환자의 궤적이 함께 표시됨

2) 재활로봇

재활 로봇은 몸의 기본적인 기능이 약화된 노인 및 장애인 등의 환자를 대상으로 원래의 기본 기능으로 회복될 수 있도록 도와주는 분야로써, 시청각 및 자세균형 등의 감각 기관의 재활 로봇과 보행 운동 및 상하지 운동 등 운동 기능의 재활 로봇으로 분류된다. 기존에 혼자 움직일 수 없는 독거노인 및 환자의 재활 훈련은 훈련을 도와주는 보조자가 필요하였다. 기존의 훈련은 따로 도와주는 1인 이상의 보조자가 필요하고 기본적인 동작의 반복적인 운동으로 인한 적응 훈련을 통하여 진행되었다. 최근의 재활 로봇의 연구는 이러한 문제점을 해결하고자, 돌봐주는 사람이 아닌 스스로 할 수 있는 지능적인 재활 운동 기구가 제작되고 있으며, 훈련자의 운동 상황을 실시간으로 체크하여 상황마다 적절한 훈련을 제공하는 맞춤형 스마트 재활 보조 로봇에 관한 연구가 활발히 진행되고 있다.

뇌졸중 등으로 인해 발생한 장애로부터 정상적인 상지 기능의 회복/유지를 위해 로봇을 이용한 재활 시스템에 관한 연구로 Hocoma사, ETH Zurich사, MIT 대학 등이 있다(그림 5-64). ARMin I 은 4 DOF(어깨 3 DOF, 팔꿈치 1 DOF)로 로봇의 ROM은 정상인 ROM을 고려하여 개발하였고, 추후 개발된 ARMin은 팔의 움직임을 위해 추가적인 자유도를 더하였다. 매사추세츠공과대학(MIT) 기계공학과

Hermano Igo Krebs박사는 의사와 공동으로 뇌졸중환자를 대상으로 한 로봇 지원 재활요법의 효과를 평가하는 시험을 실시한 결과, 발병한지 몇 년이 지난 환자도 팔 기능이 회복될 수 있었다. Shoulder-elbow type과 Wrist type으로 나뉘며, 정확성과 위치, 속도, 힘의 지속적인 실시간 기록하고 여러 차례에 걸친 환자 움직임을 시각적으로 표현할 수 있다.

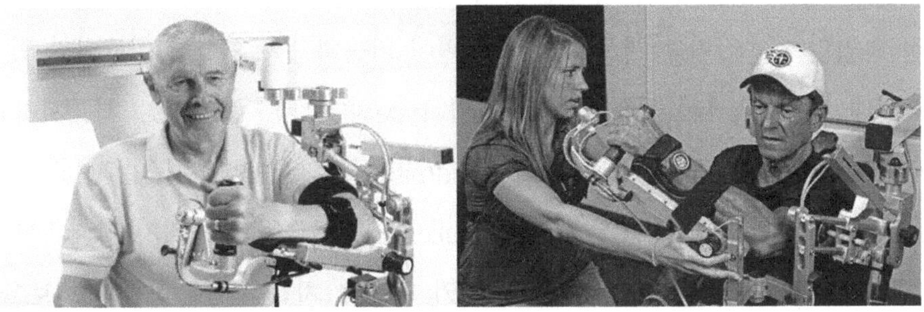

(a) Hocoma

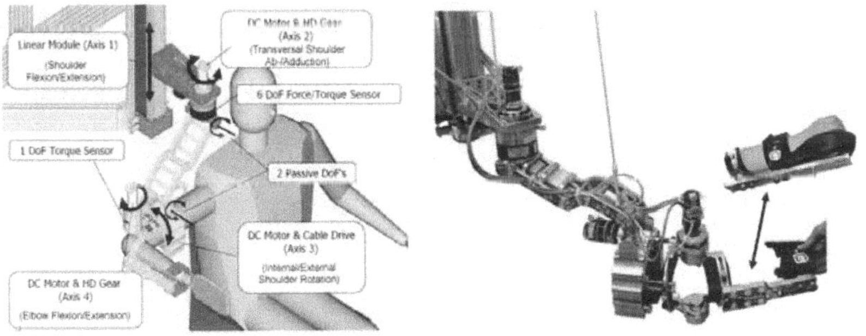

(b) ARMin, ETH Zurich

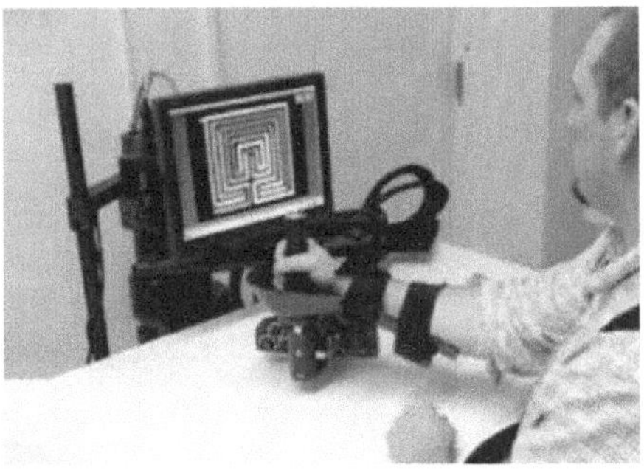

(c) MIT-Manus, MIT

그림 5-64 상지 기능의 회복/유지 로봇

몸의 기본적인 기능이 약화된 노인 및 장애인 등의 환자를 대상으로 원래의 기본기능으로 회복될 수 있도록 돕는 하지기능 재활 로봇 기술에 대한 연구가 활발히 수행되고 있다. 뇌졸중 환자 등 신경 장애를 가진 환자를 대상으로, 보행 훈련을 가능하게 하며 세계 각 나라의 재활 병원에서 환자를 대상으로 보행 훈련과 자세균형 훈련 등을 시행 중이다. 보행 훈련기기는 사용자 중심의 편안한 운전과 실시간으로 보행 패턴을 분석하게 하여 생리학적인 보행 패턴 훈련 및 가능 트레드밀 타입의 효율적이고 개선된 보행 훈련이 가능하도록 활발히 연구되고 있다.

80년대 말에 Barbeau 등은 Treadmill type의 보행훈련기기로 체중지지(body weight support)를 통한 트레드밀(treadmill)에서의 보행훈련을 제안하였다(H Barbeau et al., 1989). 이후 Wering와 Auller는 부분적인 체중지지 상태에서 뇌졸중 환자를 트레드밀 위에서 보행 훈련시켜 임상적 치료효과를 얻었다고 보고하였다(Wering A & Auller S, 1992). 최근 Wilson 등은 STAT(supported treadmill ambulation training)을 수행할 때 modified harness를 착용하고 보행훈련을 실시하여, 실용적이고 임상적으로 유의한 연구를 수행하였다. 또한 Lokomat은 트레드밀 타입의 로보틱 보행 재활 훈련 로봇을 개발 하였으며, 신경 재활 훈련을 위한 기술과 혁신을 통한 자동 로보틱 보행 보조 로봇이다.

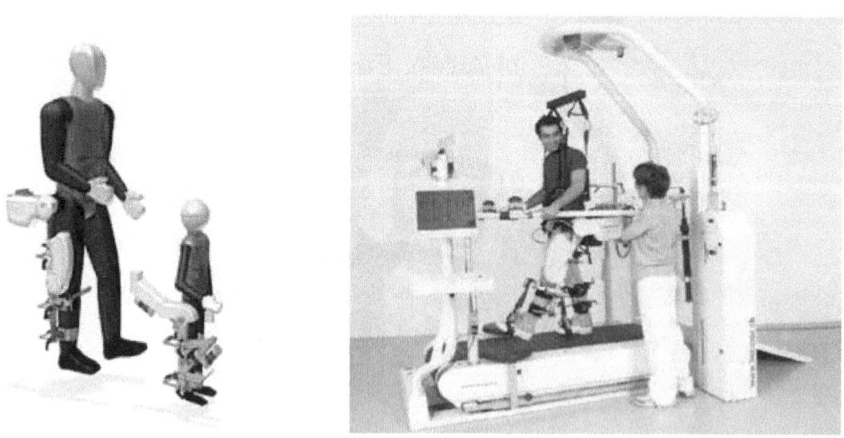

그림 5-65 Lokomat(Lokomat, Swiss)

Trajectory type의 보행훈련기기 관련 연구로 Hesse 등은 독일 Berlin의 Klinik Berlin/Chartit University Hospital에서 뇌졸중 환자들의 재활훈련기기 사용에 대한 10년 동안의 임상연구 결과를 발표함으로써 보행훈련기기가 뇌졸중 환자의 운동신경회복에 좋은 영향을 미친다는 것을 보고하였다(S Hesse & HS Dipi-Ing, 2006).

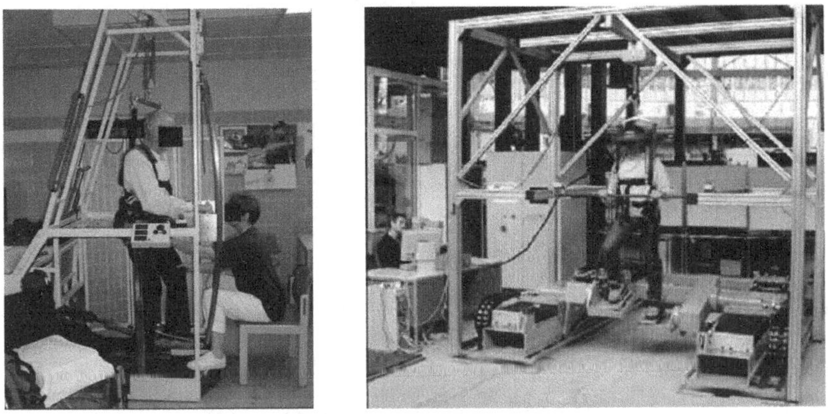

그림 5-66 Trajectory type 보행훈련기기(좌: GT I, 우: Haptic Walker)

Robotic device type의 보행훈련기기 관련 연구로 스위스 Balgrist 병원에서는 마비환자에게 harness를 착용시켜 트레드밀 위에서 체중을 지지해주면서 선형 액츄에이터(actuator)를 이용하여 발목관절과 무릎관절의 굴곡/신전(flexion/extension) 운동을 제어함으로써 보행을 유도하는 로봇 보행훈련기기를 개발하였다(G Colombo et al., 2000). Riener 등은 로봇을 이용한 보행훈련시스템을 개발하고, bio-feedback algorithm을 적용하여, 로봇보행훈련을 실시하였다. 이 보행훈련기기는 자연스럽고, 정확한 제어 및 훈련을 제공하지만 기기의 가격이 비싸고 운전이 복잡하다(R Riener et al., 2006).

외골격 타입의 하지 근력 운동 보조 및 재활치료 시스템 연구도 활발히 진행

중인데, 이 중 Berkeley Lower Extremity Exoskeleton(BLEEX)는 총 7자유도를 가지며, 양방향성의 선형 유압 실린더와 전기모터 액츄에이터의 동력원을 이용하고 엔코더, 가속도계, 힘 부하 센서 등의 제어를 통하여 0.9m/s 보행 동안 75kg의 짐을 운반이 가능하며, 짐 없이는 13m/s의 속도로 이동 가능하다. Sarcos Exoskeleton에서 개발한 "Wearable Energetically Autonomous Robot(WEAR)"은 각 관절에 바로 전달되는 회전형 유압 액츄에이터를 동력원으로 사용하고, 착용자와 로봇 사이의 force sensing을 이용하여 등에 68kg, 팔에 23kg의 하중을 들고 16m/s의 보행가능하다. MIT Exoskeleton은 스프링(hip)과 자기유동댐퍼(knee)을 이용하여 인간 보행의 kinetics과 kinematics 분석하고 1m/s의 보행 시 36kg 운반이 가능하다. 하지 보조기 로봇은 인공근육을 이용한 동력 족관절 보조기(powered Ankle-foot orthosis)로써, 공기압 고무 액츄에이터의 인공근육을 이용한 외골격 타입의 보조 재활 기기이다. 보행 시 발바닥의 push-off 되는 순간의 가자미근 특성을 이용한 제어가 이루어지고, 발바닥의 foot switch를 이용하여 공기압 액츄에이터가 구동되어 보행 시 추진력을 보조해주는 재활 기기이다.

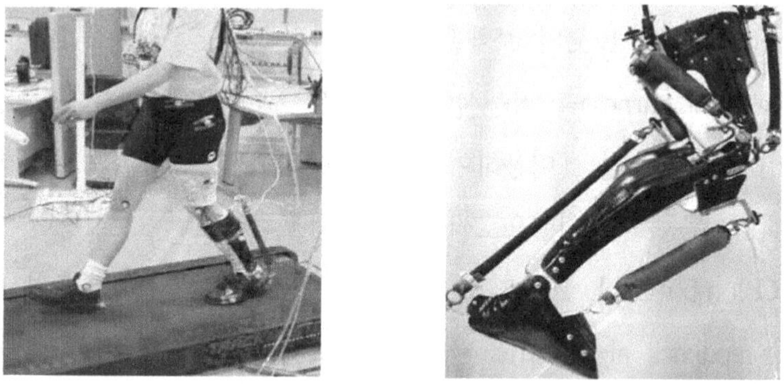

그림 5-67 Powered ankle-foot orthosis(University of Michigan, USA)

조기재활 훈련기기는 경사침대를 이용하여 복합감각 자극이 가능하며, 시·청각 및 자세균형 훈련 등의 다 감각 증진 재활 훈련용 로봇이다. 재활치료 및 자세균형증진 운동 패턴 훈련을 통하여 자세균형능력 훈련, 평가, 분석이 가능한 다기능성 로봇 장치이다. 또한 자세균형능력 및 하지 근력이 약화되어 증진 훈련이 필요한 고령자를 대상으로 실시할 수 있다.

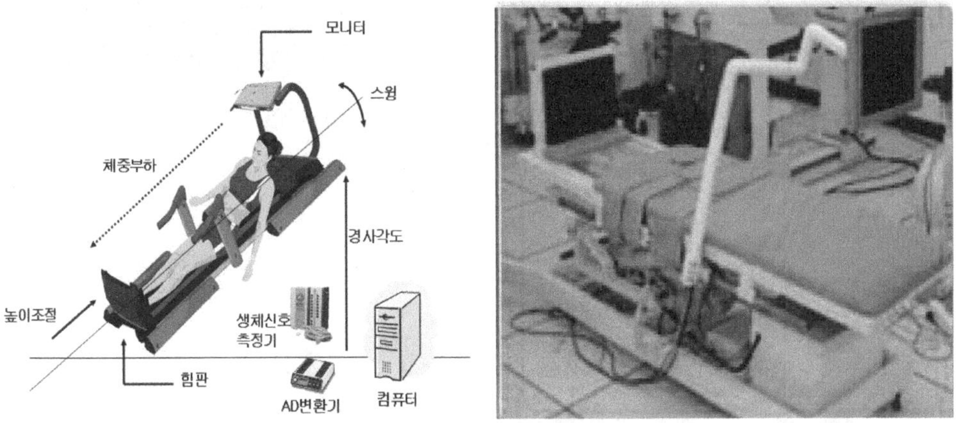

그림 5-68 조기재활훈련 로봇(전북대, 한국)

또한 조기재활 개념으로 개발된 전동형 하지 운동이 가능한 자전거 싸이클이 구비된 운동기기는 환자가 운동의 영상이나 결과를 볼 수 있는 시각제시부, 기울기 센서가 장착된 경사침대와 하지운동을 할 수 있도록 힘판형 하지 운동 보조기기와 싸이클형 하지 운동 보조 기기 두 가지 타입으로 구성되었다. 전동 리모컨으로 침대 플랫폼의 경사 각도가 0~90° 사이의 변환이 가능하며, 구동 컴퓨터에 설치된 A/D 변환기와 소프트웨어에 의해서 운용된다. 또한 사용자의 안정성을 위해 골반지지대, 겨드랑이 지지대, 상체 부착 벨트 및 하지 고정부 제작하여 사용자의 각각의 신체 구조에 따라 위치 변경이 가능하다. 15인치 터치모니터를 사용하여 운동 프로그램 제시를 하게 되는데 이는 사용자의 훈련 강도, 패턴 및 증세에 따라 운동 타입의 선택이 가능하다.

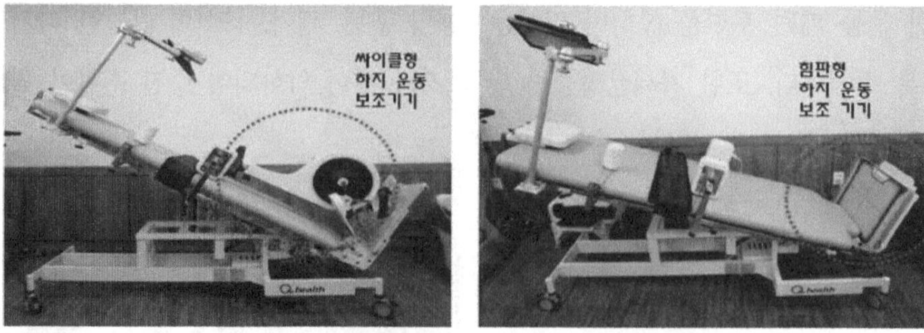

그림 5-69 두 가지 타입의 전동형 하지 운동이 가능한 자전거 싸이클이 구성된 운동 기기 싸이클형(좌), 힘판형(우)

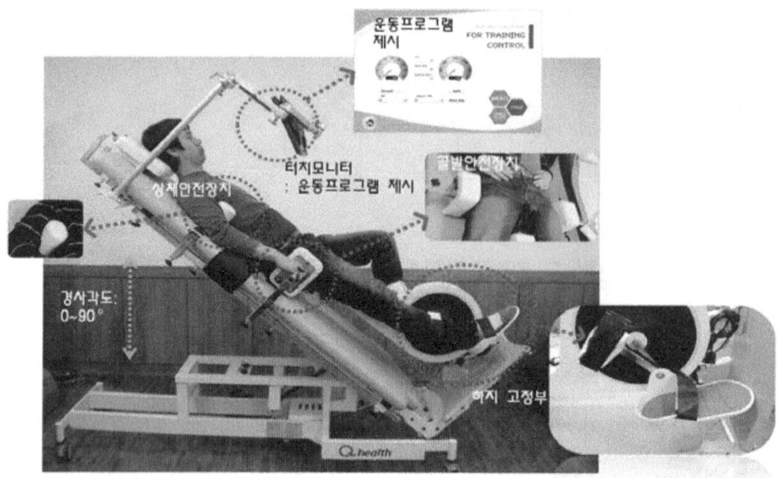

그림 5-70 전동형 하지 운동이 가능한 자전거 싸이클이 구성된 운동 기기

4) 척추안정화 시스템

1990년대 후반부터 정상 성인과 요통 환자를 대상으로 척추 기능의 생체역학적 평가 및 모델 개발에 대한 연구들이 시행되었으나 아직 연구의 결과가 미미하며 최근 이를 위한 의공학적 방법과 장비들이 개발되고 있다.

CENTAUR 운동시스템은 BFMC Co(독일)에서 개발하여 상용화한 능동형 자세 균형 훈련시스템으로 척추 전문 병원에서 가장 보편적으로 이용되는 치료기기이다. 환자가 서있기만 해도 컴퓨터에 의해 자동적으로 3D 공간회전 운동이 이루어진다. 360도 모든 방위에서 근력검사를 해 약화된 부분의 근육들을 찾아 선택적으로 강화, 위치 변환을 유도해 일반적인 환경에서는 경험하지 못하는 중력과 체중 부하를 통해 평소에 사용하지 않았던 척추 주변의 많은 근육들이 무의식중에 사용되어 근육의 고른 발달을 유도할 수 있다. 또한 직접적인 관절의 운동 없이 중력을 이용해 다양하게 부하를 줄 수 있기 때문에 안전한 운동 및 치료가 가능하다.

TONUS사의 THERABLANCE는 수동적인 운동시스템이기 때문에 스포츠로 인한 허리 부위에 상해를 입은 사람에게는 적용이 쉽지 않다.

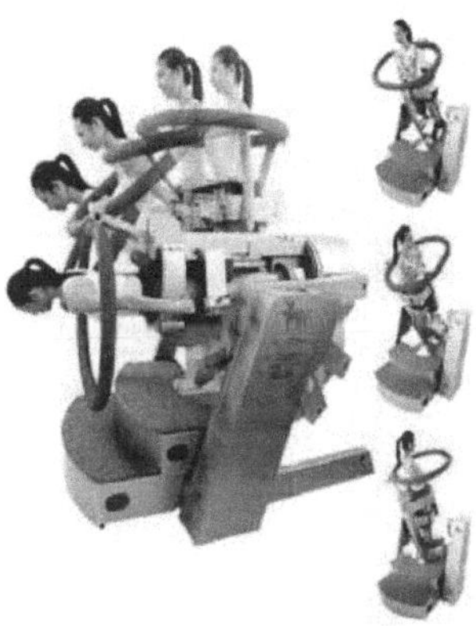

그림 5-71 CENTAUR

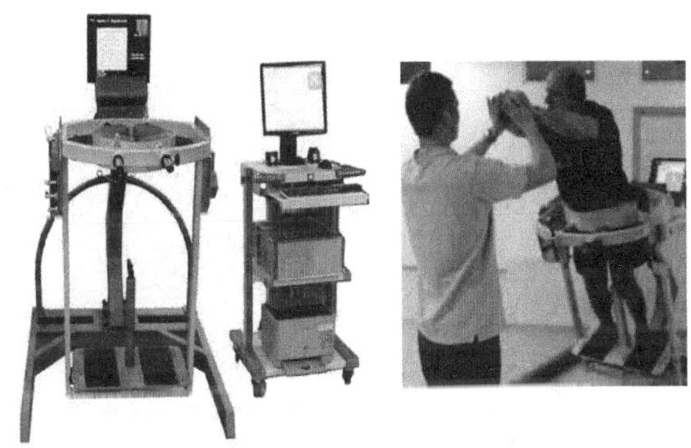

그림 5-72 THERABALANCE

현재 국내 기업의 제품이 생산되고 있으나 선진 기술과의 차이가 있으며, 특히 사용자에게 적용되는 트레이닝 기술에 대한 다양한 임상 평가가 이루어지지 않았으며, 관련 DB가 구축되어 있지 않은 상태이므로 국제적 경쟁력을 보유하기 위하여 관련 기술의 국산화 및 첨단화가 시급한 상황이다. 척추 강화 훈련용 시스템(Huber, 프랑스) Huber는 척추를 직접적으로 강화시키는 치료 메커니즘 헬스운동 기구로써 척추자극을 직접강화 방식으로 하여 척추 속 근육과 척추 주위 근육을 강화시키고 또 관절도 강화시킬 수 있다. 이 시스템으로 근밀도가 증진되고, 신체

조화도도 60%증가하였으며 혈류개선도 또한 매우 양호하였다. 만성요통, 수술 후 관리, 척추측만증, 척추후만증, 신경계재활, 헬스 운동 재활, 노인질환 등에 유용하게 적용되고 있다. 휴버시스템은 근력강화운동, 유연성운동, 균형운동 등에 기반한 복합운동기구이고, 휴버시스템의 효과를 평가한 Couillandre의 연구에서 연구자들은 균형 및 근력과 관련한 측정지표를 선정하였으나, 유연성을 평가하는 항목은 빠져 있어 운동의 효과가 근력강화 및 균형능력에 한정되어 평가되었다는 제한점이 있다. 복합운동기기인 회전 전동 플랫폼방식 운동기기 huber(the Huber/SpineForce device from LPG Systems, Valence, France)는 운동전후 균형과 근력지수의 변화를 측정할 수 있다.

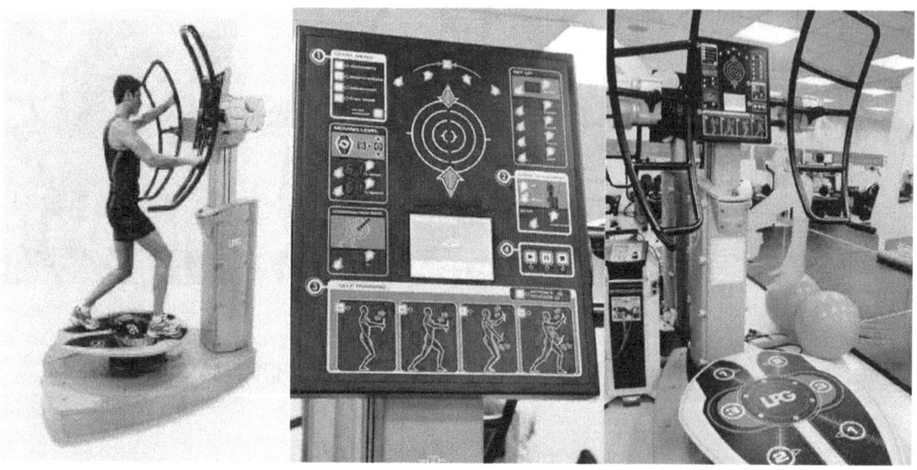

그림 5-73 척추 강화 훈련용 시스템 HUBER

국내 척추 운동 훈련기기는 Dr. Lax가 있으며, 이는 흉부 조임과 골반 조임으로 자세를 바르게 교정하여 허리디스크 예방 및 재활 운동과 교정에 효과적이다. 특히, 허리를 견인한 후 좌우로 회전운동 시킴으로써 허리근육의 재건에 효과적으로 평가받고 있다.

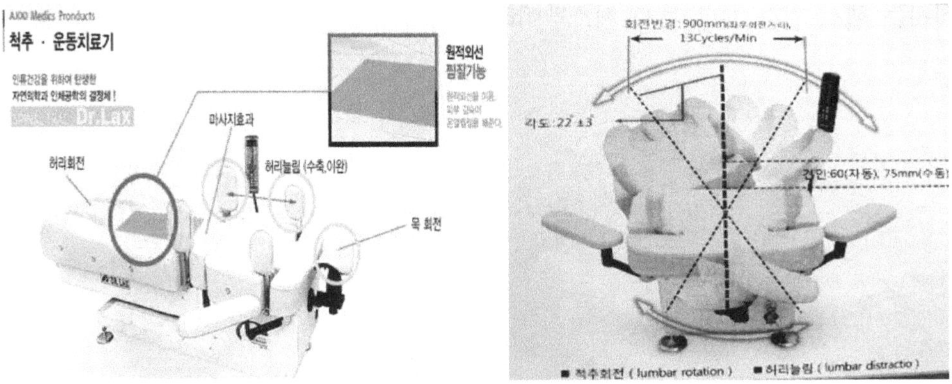

그림 5-74 Dr. Lax

5) 자세균형 재활기기

자세균형측정에 대한 연구는 많이 연구가 진행 되었으며 최근 척추의 자세조절 기능에 대한 연구들이 시행되고 있다(Cholewicki et al, 1996; 2000) 요통환자의 고유수용기 장애는 만성통증과 관절운동범위의 제한, 자세균형조절 능력의 저하를 평가하는 연구를 수행하였다(Radebold et al ,2001). 자세균형 훈련기기는 신경근 조절 능력(coordination), 고유 수용성(proprioception), 안정성(stand stability), 평형력(equilibrium), 체간의 움직임(trunk mobility), 인체 근 장력(body tension refreshing) 개선에 효과가 있다.

국내에서는 자세균형 훈련과 관련된 대부분의 재활운동을 위해 수입기기들이 사용된다. 대개 영세 수입업체에 의존하여 외국 업체와의 기술 및 정보 교류가 미흡하고, 국내의 높은 IT 기술업체와의 접목도 거의 없는 실정이다. 자세균형이나 평형 운동기능 증진을 위한 운동장비로 TONUS Co(독일)와 BFMC Co(독일)이 있고, 이는 밸런스 측정으로 사용자 움직임을 개선하여 신경계질환 환자 운동치료에 획기적인 트레이닝 시스템이다. 또한 신경근 조절 능력(coordination), 고유 수용성(proprioception), 안정성(stand stability), 평형력(equilibrium), 체간의 움직임(trunk mobility), 인체 근 장력(body tension refreshing) 개선에 효과를 나타낸다. 특징으로는 중력의 모든 영역 내에서 신체 위치 변화를 통해 척추 주위 심부근육을 강화하는 헬스 건강 재활 보조 시스템이라는 점이다.

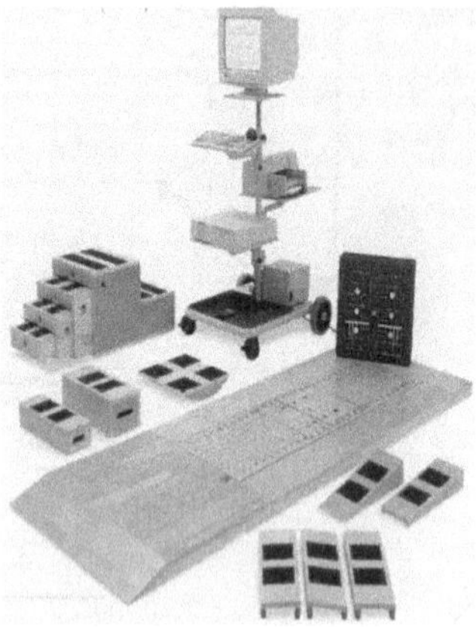

Balance maseter
(NeuroCom International, Inc)

Libra
(Easytech Inc)

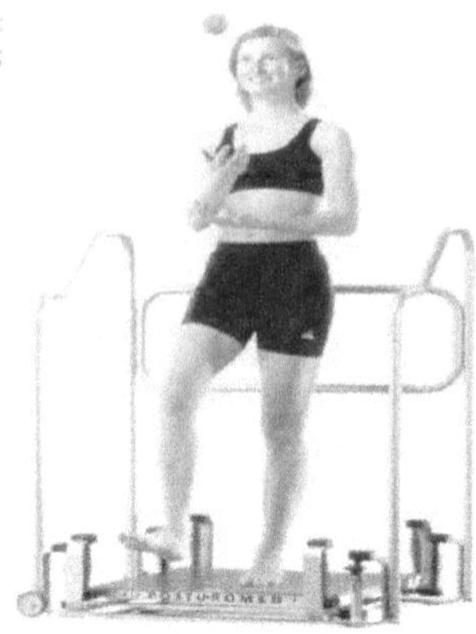

Posturomed 202(HEBRU THERAPIEGERITE GmbH)

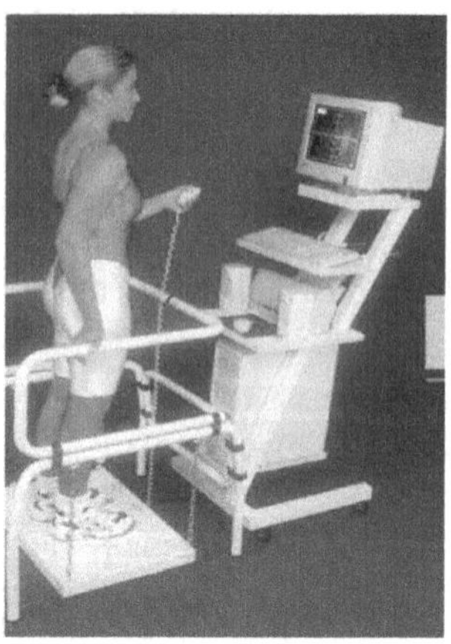

GK-100
(Umedicon)

Balance System SD™
(Biodex Medical System, Inc)

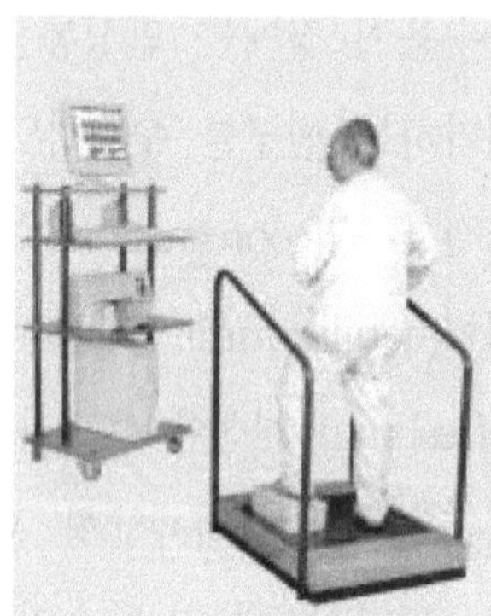

Mtd-balance
(mtd-systems, Inc)

그림 5-75 자세균형 재활기기

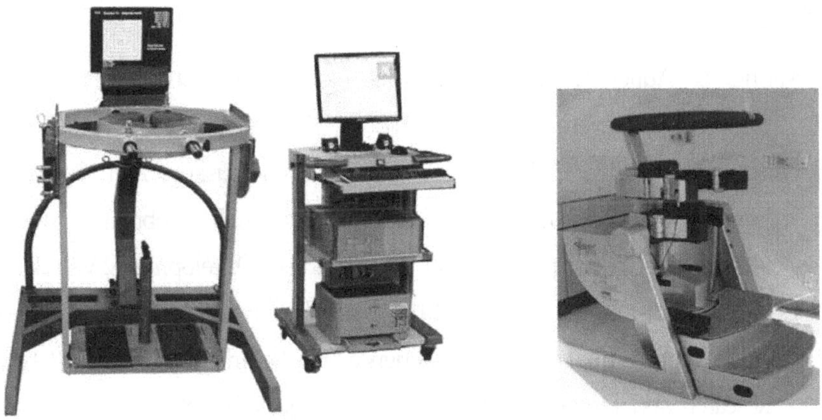

그림 5-76 능동형 자세 균형 시스템 TONUS Co(독일) & BFMC Co(독일)

참고문헌

A. Wering, S. Auller (1992) Treadmill locomotion with body weight support in persons with severe spinal cord injuries, Paraplegia, Vol. 30, pp. 229-238,

MS Wilson, H. Qureshy, EJ Protas, SA Holmes, TA Krouskop, AM Sherwood (2000) Equipment specification for supported treadmill ambulation training: A technical note, Journal of Rehab. Research and Development, Vol. 37, No.4

S. Hesse, HS Dipi-Ing, C. Werner (2006) Machines to support motor rehabilitation after stroke: 10 years of experience in Berlin, Journal of Rehabilitation Research and Development, Vol. 43, No.5, pp, 671-678

G. Colombo, M. Jorg, V. Dirtx (2000) Drive gait orthosis to do locomotor training of paraplegic patients, EMBS int. conf., pp. 3159-3163

R. Riener, L. Lenburger, G. Colombo (2006) Human-centered robotics applied to gait training and assessment, Journal of Rehabilitation Research and Development, Vol. 43, No. 5, pp, 679-694

H. Barbeau, M. Wainberg, L. Finch (1989) Description and application of a system for locomotor pattern of spastic paretic patients, Can J Neurol Aci, Vol. 16, pp. 315-325

S. Hesse, Th. Sarkodie-Gyan, D. Uhlenbrock (1999) Development of an advanced mechanized gait trainer, controlling the movement of the center of mass, for restoring gait in non-ambulant subjects, Biomed. Tech, Vol. 44, pp. 194-201

제 6장 노인건강정보 서비스와 재택진료 시스템

현대 사회가 고령화 사회로 빠르게 접어들면서 노인에 대한 의료 복지 서비스의 필요성은 증가하였다. 그러나 의료비 상승과 관련 인력 부족으로 노인 의료 환경 조성에 대한 대안 시스템의 개발이 요구되었다. 이에 따라 IT 기술을 이용한 u-healthcare 시스템이 발달하고 있으며, 특히 u-silvercare는 u-health 분야 중 노인에게 특화된 서비스로 고령화 사회의 의료 환경에 대한 대안으로 생각되고 있다.

1. u-healthcare 서비스 정의

u-healthcare 서비스란 u-health 환경을 통해 언제, 어디서나 맞춤형 형태의 접근이 가능해진 소비자 중심적 보건의료서비스라고 정의할 수 있다. u-헬스 환경은 보건의료체계에 유비쿼터스 컴퓨팅이 도입됨으로써 보건의료자원(보건의료서비스 체계에 관련된 시설, 인력, 장비, 지식, 정보를 의미함)과 서비스 전달체계의 지능화 및 네트워킹이 구현된 보건의료 환경을 의미하며, 유비쿼터스(ubiquitous)는 라틴어로 "동시에 모든 장소에 존재한다"는 뜻으로, 유비쿼터스 컴퓨팅은 '컴퓨팅 + 무선네트워킹 + 센싱'의 통합으로써 프로세서, 센서, 네트워크가 내장된 사물들이 직접 외부환경으로부터 정보를 수집/공유하여 처리하는 것으로 설명된다.

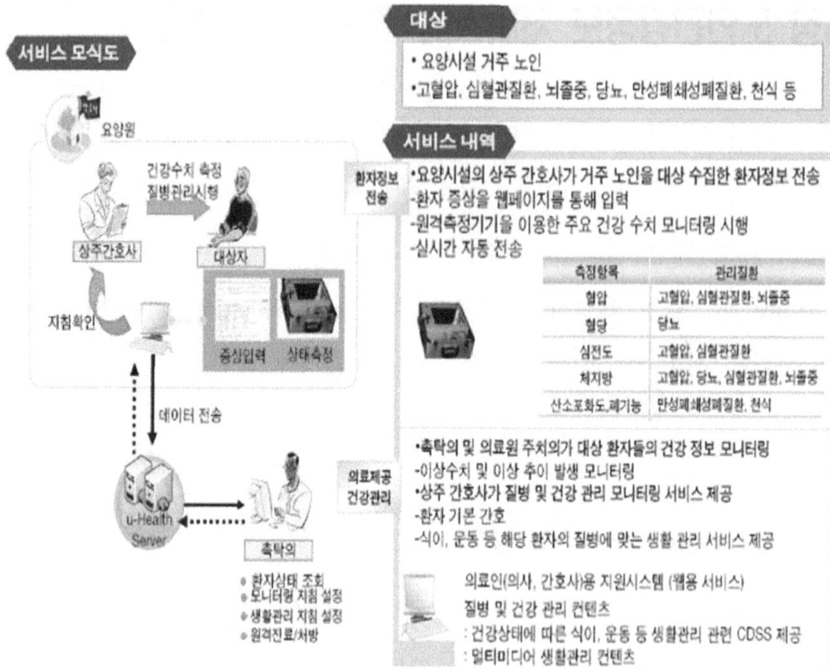

그림 6-1 u-헬스케어 서비스

1) u-healthcare 환경의 기본 구성

u-healthcare 서비스 환경의 기본 구성은 그림 6-2에 나타낸 것처럼 인체에서 발생하는 물리적, 화학적인 현상의 변화를 감지하는 센싱(sensing), 측정된 생체정보를 1차적으로 가공하는 모니터링(monitoring), 장시간에 걸쳐 측정된 데이터로부터 건강상태, 생활패턴 등을 나타내는 새로운 건강지표를 발굴하여 추세 분석하는 분석(analyzing), 건강상태의 변화를 사용자에게 경고(alert)하는 피드백(feedback)으로 구성되어 있다. 즉, 개인의 생체신호 및 의료정보를 바이오센서(biosensor)를 이용하여 측정하여 건강관리회사나 의료기관이 운영•관리하는 건강정보시스템으로 전송한다. 건강정보시스템이 전송된 정보의 패턴을 분석해주면, 건강관리사나 주치의는 대상 고객에 대해 원격으로 건강관리 및 의료서비스를 제공하는 구성으로 되어 있다.

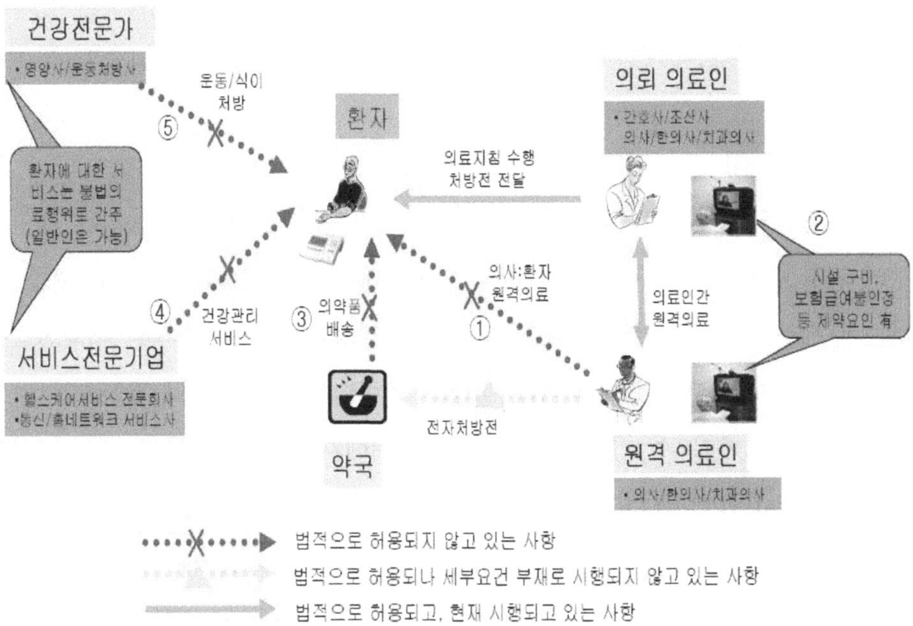

그림 6-2 u-헬스의 환경

• 센싱(sensing)

센싱은 인체에서 발생하는 물리적·화학적인 현상의 변화를 감지하는 역할을 한다. 인체에는 항상성(homeostasis)에 의하여 생명을 유지하려는 많은 물리·화학적 작용이 발생하는데, 개인의 건강이나 질환의 종류, 정도 등의 정보를 측정하기 위해서는 적절한 물리적 현상을 처리 가능한 전기적 신호로 변화해 주어야 한다.

• 모니터링(monitoring)

측정된 생체정보를 1차적으로 가공하는 역할을 하며, 의미 있는 생체 신호 성분만을 선택하기 위한 필터링(filtering) 처리와 의미 있는 정보로 만들기 위한 분석 과정, 그리고 이를 시각화하기 위한 과정으로 구성된다. 이 부분에서 출력된 정보는 전문적인 의학 지식이 있어야만 그 의미에 대한 해석이 가능하며, 일반 사용자들은 그 의미를 파악하기 어려워서, 종래 거의 모든 의료기기들이 센싱 부분과 모니터링 부분을 구성요소로 가지고 있다고 할 수 있으며, 결과에 대한 사용자의 이해도는 극히 낮다고 할 수 있다.

• **분석(analyzing)**

단순히 현재의 상태를 모니터링 할 뿐만 아니라, 장시간에 걸쳐 측정된 데이터로부터 건강상태, 생활패턴 등을 나타내는 새로운 건강자료(wellness index)를 발굴하는 추세분석 과정을 분석이라고 정의한다. 일정한 기간에 축적된 생체신호를 분석하여 개인의 생활패턴, 건강이나 질병과 관련되어 생체신호의 갑작스런 변동은 많은 의미를 가질 수 있으며, 예방의학 관점에서 볼 때 개인의 건강 기저선(base line)은 사람마다 다를 수 있지만, 기저선 으로부터 이상한 전이(transition)는 특정 질병으로 발전할 수 있는 가능성을 가지고 있기 때문에 이와 같은 발견은 매우 중요한 의미를 가질 수 있다. 따라서 웰니스케어 서비스에서는 이와 같은 일상생활 속에서 건강 기저선의 변화 감지를 중요한 요소로 간주해야 한다.

• **피드백(feedback)**

장시간에 걸쳐 파악된 건강 기저선이나 생활의 변화를 사용자의 행동변화(behavior modification), 경고(alert) 등으로 사용자에게 제공하는 과정이며, 이 부분에서는 어떻게 사용자에게 효율적으로 전달할 것인가를 중요하게 고려해야 한다. 의료서비스 분야의 관점에서는 이 부분에서 의료전문가(의사, 간호사 등)의 역할이 강조되며, 특히, 의료전문가의 지적활동 및 전문지식이 필요한 부분이다.

2) u-silver의 등장 배경

최근 세계보건기구(WHO)가 발표한 한국인의 기대 수명은 80세다. 193개 회원국 가운데 17위로 오스트리아, 벨기에, 독일, 아일랜드, 영국 등 고소득 국가군 평균치와 비슷한 것으로 나타났다. 전 세계인의 평균 기대 수명인 68세보다도 훨씬 높은 수치이다. 하지만 기대수명과 건강하게 오래 사는 '건강수명(HALE)'은 다르다. 건강수명은 신체와 활동에 장애 없이 사는 기간을 말한다. '세계보건통계 2010'에 따르면 한국인의 건강수명은 71세로 기대수명과의 격차가 9년이나 됐다. 기대 수명 80세 시대가 되면서 노년의 건강한 삶에 대한 관심이 높아지고 있다. 2000년대 초부터 불었던 '웰빙' 바람이 실버 세대까지 연장되어 최근 노령층의 의료서비스 이용과 의료 분담금은 크게 높아졌다. 표 6-1에서 처럼 지난해 전체건강보험 재정의 30%가 노인의료비였으며 1인당 의료비를 가장 많이 쓴 연령대는 80~84세(304만 3950원)이었으며, 75~79세(292만 467원)가 그 뒤를 이었다.

표 6-1 노인 1인당 연령별 진료비 (단위: 원)

	65~69세	70~74세	75~79세	80~84세	85세 이상
2002년	116만	129만	129만	115만	90만
2006년	173만	200만	215만	205만	170만
2009년	219만	262만	292만	304만	281만
출처: 국민건강보험공단					

건강식과 스트레스 해소로 대표되는 중년의 '웰빙'과는 달리 노년의 웰빙은 관리와 실질적인 치료가 동시에 이뤄져야한다. 실버 세대의 경우 평균적으로 병원 접근이 다른 세대와 비교해 물리적으로 어렵다. 심근경색, 고혈압 등 갑작스런 몸의 이상이 나타날 경우 돌봐주는 사람 없이 혼자서 즉각적인 조치를 취하기가 쉽지 않다. 이 때문에 의료시스템의 지속성 여부가 중요한 문제로 등장한다. 일부 고급형 실버타운에서 제공하고 있는 서비스도 '지속성'에 초점을 맞춰 제공된다. 광진구 스타시티 더 클래스 500 등의 경우 상주 의사 및 간호사, 영양사, 운동 처방사 등 건강관리, 유지, 적극적인 치료 등을 원스톱으로 제공하고 있다. 하지만 높은 비용 때문에 전체 노년층에서 이 같은 혜택을 누릴 수 있는 인구는 1%도 채 되지 않는다. 최고가 아니더라도 관리 및 치료 등의 일반적인 의료 서비스가 필요하다. 따라서 센서, 통신 등 최첨단의 IT기술을 통해 환자를 지속적으로 관리

하는 u헬스 분야가 새롭게 조명 받고 있다. 예를 들어 평소 혈관계 및 심장질환을 앓고 있거나 가능성이 높은 사람의 경우 몸에 부착된 센서 등을 통해 원격으로 의사에게 몸 상태를 보고할 수 있고 상태에 따라 적절한 대응을 할 수 있는 시스템으로 거동이 어려운 고령자에게도 적합하다.

2. 법•제도 변화와 u-헬스케어 서비스 모델

2002년 의료법 개정 이후로 IT의 비약적인 발전으로 다양한 의료서비스 모델이 발굴되었다. 그러나 현재 u-헬스케어 서비스에 있어서 현재 시행이 가능한 사항과 의료관련법 등으로 인해서 서비스가 허용되고 있지 않거나, 요건 불충분으로 시행되지 못하는 사항들이 있다. 국내 u-헬스케어 서비스와 관련한 법제도를 표 6-2에 나타내었다.

u-헬스케어 활성화를 위한 관련 법제도 개선안은 ① 원격 의료인의 자격, ② 원격의료의 허용범위, ③ 원격의료사고의 책임소재, ④ 개인정보보호, ⑤ 원격의료 및 teleconsultation 수가 반영 ⑥ 원격의료의 관할권 및 준거법 ⑦ 전자건강기록(electronic health record: EHR)의 법제화 의 7가지 관점에서 접근되어야 한다.

표 6-2 국내 u-헬스케어 서비스와 관련한 법제도

구 분	현 황
전자 처방전	○ 1997년 7월 1일 : 전자서명법 발효. 이에 따라 전자 서명된 전자처방전이 종이처방전을 대체할 수 있도록 규정을 명확히 할 필요성 대두
전자 의무 기록	○ 의료법 제21조의 2(전자의무기록) ○ 전자의무기록에 전자서명법의 적용을 위한 법 개정 추진 ○ 전자의무기록에 저장된 개인정보의 탐지, 누출, 훼손 방지에 관한 검토 필요 ○ 전자의무기록을 표준화함으로써 전자기록의 수정여부를 쉽게 파악할 수 있는 방안 마련 필요
원격 의료	○ 의료법 제30조의 2(원격진료) ○ 보건소, 지소, 진료소의 시설, 장비, 인력을 보강하여, 지역사회 중심보건기관으로 확대 개편 ○ 특히 대도시 지역에 건강증진센터형 보건지소를 신설하여 지역주민에게 포괄적/시속적인 보건의료서비스 제공 ○ 지방공사의료원, 일부 시/도립병원 및 민간병원 등의 시설 장비를 개선하여 지역 거점 병원화 ○ 분산된 공공병원 관리체계의 통합/조정기능 강화
전자 상거래	○ 사이버공간에서 의약품 거래에 관한 관리규정마련 시급 ○ 약국을 개설한 약사뿐만 아니라 약사 면허가 있으나 약국을 개설하지 않은 약사도 일정기준을 갖추거나 또는 인증을 받아 사이버 약국을 개설하도록 서용하는 방안 검토
의료 정보	○ 한국 내 의료기관, 의료전문가, 의료분야 소프트웨어 공급자 등의 요구를 수렴하는 방식으로 HL7 표준의 개발, 보급 및 구현을 지원 ○ 보안(HIPAA), 세계적 의료, 보안 표준으로써 PKI(공개키) 기반 의료정보 시스템이며 PACS 서비스나 기타 솔루션 제작시에 많은 업체들이 기본적으로 준수하고 있음
원격 건강 관리	○ 초고속 통신망을 이용한 범국가적 의료정보 통신망의 구성을 위한 기반기술에 관한 연구 (1995, 보건복지부) ○ DICOM 3.0 표준안에 의한 초고속 통신 원격의료영상 전송 및 화상회의 시스템 구축 (1996, 정보통신부) ○ 가천 길병원이 백령 길병원과 네트워크를 연결하여 원격진료 실시 (1999) ○ HMRET(High Quality Multimedia Realtime Emergency Telemedicine) 세브란스 병원이 한국통신과 정보통신부에서 지원하여 개발하였으며, 2002년 월드컵 축구대회에서 시험서비스 실시

3. u-헬스케어 서비스 유형

u-헬스케어 서비스 분야는 서비스 유형에 따라 그림 6-3과 표 6-3과 같이 분류한다. 분류 범위는 3가지로 ① 만성질환자 대상의 원격 진료 및 치료 중심의 'u-메디컬(u-Medical), ② 65세 이상 노령자 대상으로 하는 요양 중심의 'u-실버(u-Silver)', ③ 운동지도, 건강정보 제공 등 건강관리 중심의 'u-웰니스(u-Wellness)' 등 이다.

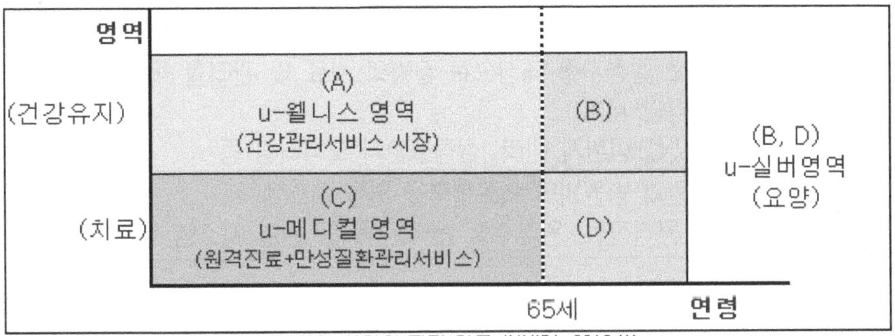

* 출처: u-Health 신사업 창출을 위한 사업화 전략 연구 (KHIDI. 2010/1)

그림 6-3 u-헬스케어 서비스 유형

표 6-3 서비스 유형에 따른 헬스케어 서비스의 사업화 모델

구 분	주 요 내 용
u-메디컬	○ 질병의 예방, 치료 및 관리 등 헬스케어 서비스를 유비쿼터스 기술을 통해 보다 효과적으로 제공 ○ 주로 병원 및 환자와 관련된 영역이 이에 해당
u-실버	○ 고령자 등 특별한 관리가 필요한 사용자를 대상으로 질병 및 생활에 대한 전문적인 관리를 유비쿼터스 기반으로 제공 ○ 주로 요양, 홈케어, 안전관리, 생활지원 등의 영역이 이에 해당
u-웰니스	○ 건강증진, 레저활동, 생활환경 등 삶의 질 개선과 관련된 각종 전문적인 서비스가 유비쿼터스 기반으로 제공 ○ 주로 식생활, 운동, 휴양, 환경 모니터링, 직장 건강관리 등이 해당

u-메디컬 분야는 u-Hospital, u-Disease Management, Telemedicine 등으로 다시 표 6-4와 같이 분류되고, 주로 의료전달체계와 관련하여 의료서비스의 유형으로 제공되며 이로 인해 의료보험 급여 여부가 산업발달에 중요한 이슈가 된다.

표 6-4 u-메디컬의 분류

구 분	주 요 내 용
u-Hospital	○ EMR, PACS, OCS 등 주로 병원 내에서 환자관리 및 업무관리를 위해 사용되는 의료정보 시스템 예) 원내의 환자모니터링, PoC(Point of Care) 관련 시스템
u-Disease Management	○ 주로 질환자를 대상으로 질병의 치료 및 관리를 목적으로 하는 전문적인 서비스 예) 당뇨병환자 관리, 심장질환자 모니터링 등
Telemedicine	○ 병원과 병원과의 의료협력을 위한 시스템 예) 원격진료, 원격수술, 원격판독 등 관련 시스템

u-실버 분야는 u-요양, u-홈케어, u-생활지원, u-안전 등으로 다시 표 6-5와 같이 분류되고, 요양보험(장기요양보험)의 급여 여부가 산업발달에 중요한 이유가 된다.

표 6-5 u-silver의 분류

구 분	주 요 내 용
u-요양	○ 주로 요양원 등 전문기관에서 노인 및 거동불편자를 위한 전문적인 서비스를 효과적으로 지원하는 시스템 및 관련 서비스 예) 원격의료, 간호, 요양 등
u-홈케어	○ 주로 방문간호서비스를 위한 지원시스템, 재택 건강관리 시스템 등이 이에 해당 예) 방문간호시스템
u-생활지원	○ 노약자의 독립적 생활을 지원하는 각종 기기 및 시스템 예) 지능형 휠체어, 요양로봇(인형)
u-안전	○ 노약자의 사고에 대비한 응급 및 안전관련 시스템 및 서비스 예) 안전지팡이, u-안심 존(치매)

u-웰니스 분야는 u-생활관리, u-스포츠/레저, u-오피스케어, u-생활환경관리 등으로 다시 표 6-6과 같이 분류되고, 건강관리서비스 관련 법 제정이 산업발달에 중요한 이유가 된다.

표 6-6 u-wellness의 분류

구 분	주 요 내 용
u-생활관리	○ 식생활, 운동 등 일상생활에서의 건강한 삶을 지원하는 각종 시스템 및 서비스 예) 비만관리, 식이관리, 육아관리
u-스포츠/레저	○ 건강과 엔터테인먼트를 결합한 헬스테인먼트의 개념을 지원하는 시스템 및 서비스 예) 바이오셔츠, u-헬스파크
u-오피스케어	○ 직장 및 산업현장에서의 건강 및 환경을 관리해 주는 시스템 및 서비스 예) 지능형 휠체어, 요양로봇(인형)
u-생활환경 관리	○ 가정 및 일상생활 현장에서의 건강 및 환경을 관리해 주는 시스템 및 서비스 예) 지능형 공기청정기, 방재모니터링 등

이미 관련 시장이 개화한 미국 헬스케어 IT 시장은 u-메디컬(u-Medical)이 418억달러, u-실버(Silver)가 247억달러, u-웰니스(Wellness)가 763억 달러 규모를 형성하고 있다. 미국의 경우 IT기업과 이통사, 의료사업자들이 벤처회사와 공동으로 사업을 발전시켰다. 초고령 사회로 진입한 유럽과 일본도 적극적이다. 유럽은 EU 국가끼리 컨소시엄을 구성해 진행 중이며 일본은 정부 정책과 대기업 중심으로 발전 중이다.

또한 국내 u-헬스케어 서비스 시장은 기존 시장의 보완·대체 시장에 신규 창출 시장의 합으로 추정되며, 기존 시장은 약 45조원 규모의 의료시장, 약 6천억 원 규모의 스포츠시설업, 약 200억 원 규모의 가정용 의료기기 시장 등으로 구성되어 기존 시장의 몇 퍼센트를 웰니스케어 서비스가 대체·보완할 수 있는지가 관건이다. 신규시장은 만성질환관리 등 신 의료기술 기반 서비스, 건강관리서비스업 관련 시장 등의 시장으로 추정된다. 국내 u-헬스케어 시장에 대한 규모는 보건사업진흥원에서는 만성질환관리와 건강관리서비스 시장을 합하여 총 1조원으로 추정하고 있으며, ETRI에서는 만성 질환관리, 건강관리서비스 및 홈케어 시장을 포함하여 총 1.5~2조원 추정하고 있다.

표 6-7 웰니스케어 서비스 각 이해당사자의 역할과 시장점유율

구 분	최종 소비자	재정적 중개자	서비스제공자	솔루션제공자	제조회사
u-메디컬	• 정부 • 기업 • 개인	• 보험자(건보, 신보, 손보) • HMO/민간보험	• 병·의원, 약국 • 보건소	• u-헬스케어 솔루션 회사 • 통신, IPTV, 홈네트워크 사업자	• 바이오센서 등 • 의료기기 생산자
u-실버	• 정부 • 개인	• 보험자(장기요양보험)	• 요양원, 요양병원 • 보건소	• u-헬스케어 솔루션 회사 • 통신, IPTV, 홈네트워크 사업자	• 바이오센서 등 • 의료기기 생산자
u-웰니스	• 기업 • 개인		• 건강관리 서비스 회사 • 스포츠 관련 회사	• u-헬스케어 솔루션 회사 • 통신, IPTV, 홈네트워크 사업자	• 의료기기 회사(센서) • 스포츠기기 회사
시장점유율	-	-	50~80%	5~25%	15~25%

u-헬스케어 서비스의 중요한 요인은 표 6-7에서 보이는 바와 같이 제조자(manufactures), 시스템 통합자(system integrator), 서비스 제공자(service provider), 웰니스케어 제공자(wellness-care provider), 그리고 보험사(insurance companies)간의 연합이다. 센서 제조자는 무구속, 무자극 생체신호 측정이 가능하도록 고품질의 센서를 제조하여 u-헬스케어 의료기기 제조자에게 공급하여야 한

다. 시스템 통합자는 생체정보를 입력, 처리, 해석, 저장, 분류하기 위한 다수의 시스템을 통합하기 위해서 기기제조자와 협업하며, 사용자의 요구를 만족하기 위해 서비스 제공자와 동시에 협업, 또한 웰니스케어 기기를 사용하는 사용자로부터 건강상태 정보와 생체정보(vital sign)를 받는다. 서비스 제공자는 기기 제조자로부터 웰니스케어 기기를 구입하여 웰니스케어 서비스를 이용한 사용자에게 제공하고, 시스템 통합자로부터 수집된 생체정보를 기반으로 사용자의 건강상태를 진단하고 조언하는 웰니스케어 제공자와 협업한 후, 서비스 제공자는 보험사와 정보를 공유하고, 보험사는 서비스를 지속하기 위해 보상차원에서 사용자의 건강상태에 따른 보험료 중단 등을 실시한다. 이때, 무엇보다 중요한 것은 사용자의 요구를 이해하고 있는 서비스 제공자와 함께 의사, 시스템 통합자, 기기 제조자 등은 사용자의 요구를 만족하기 위해서 상호 협력해야 하며, 서비스의 장기간 이용을 위해서 보험사와 협업하는 것이 필수이다.

4. u-silver 서비스 모델

1) 독거노인 u-케어 서비스 모델

(1) 독거노인의 현황 및 서비스의 필요성

2009년 기준 독거노인의 수는 전체 노인인구 519만 3천 명 중 97만 6천명으로 18.8%의 비율을 보이고 있다. 이 추세라면 2011년에는 전체 노인인구 553만 7천 명 중 19.2%인 106만 5천 명으로 증가할 것으로 예상했다.

표 6-8 향후 5년간 독거노인 수 예측추이

연도	2007년	2008년	2009년	2010년	2011년
독거노인 수 (천명)	883	931	976	1,021	1,065
전체 노인수 (천명)	4,810	5,016	1,193	5,357	5,537
전체노인중 독거노인 비율(%)	18.4	18.6	18.8	19.1	19.2

생활수준의 경우 중류층이 전체의 60.7%를 차지했고 하층이 32.7%, 상층이 6.6%이며 생계비는 28.7%가 스스로 일을 해서 해결했으며 45.3%는 자녀의 도움을 받고 있는 것으로 나타났다. 또 15.8%가 수급자로 보호를 받고 있으며 연금에 의존해서 생계비를 충당하고 있는 노인이 6.0%로 조사됐다. 개인저축이나 부동산 등으로 생계를 유지하고 있는 노인 가구는 2.8%에 그쳤다.

독거 어르신은 보통 어르신 부부 세대로 부부만이 함께 살다가 배우자의 죽음으로 인해 어르신 혼자 남게 되는 경우가 대부분을 차지한다. 배우자의 상실은 인생을 통해 경험하는 상실가운데 가장 심각한 위기나 스트레스를 유발하는 사건으로 알려져 있다. 이로 인해 노인은 우울이나 고독감과 더불어 혼란 상태에 빠지기도 하며, 수입의 감소나, 친구나 이웃 등과의 사교 생활 단절 등의 결과를 가져온다. 홀로 사는 독거노인은 부부가 함께 사는 가구에 비해 영양 상태 불량이나 신체 질환에 걸릴 비율이 높고 빈번한 우울이나 외로움 등으로 정신 건강 역시 취약한 것으로 나타났다.

노년기에 있어서 혼자서 생활하는 것은 주변 환경과의 고립을 의미하는데 가족 구성원과 함께 거주하는 노인은 정서적, 도구적 지지를 제공받기 때문에 자신의 생활에 만족을 느낄 수 있으나 경제적·신체적 자립이 어려운 독거노인은 기본적 생존권을 위한 최소한의 자원조차 결핍된 절대 빈곤 상태이기 때문에 75%가 신체 질환이 있고 정신 건강이 저하되어 있다. 또한 고독감, 질병 문제, 가사 서비스의 원조 및 재가 보호와 같은 필요에 대응해 줄 수 있는 인적 자원을 세대 속에 포함하지 못하고 있어 소외감을 느끼는데 이런 소외감이 심리적 건강이나 신체적 건강에 영향을 미치게 된다.

일반적으로 자신의 마음을 맡기고 모든 것을 터놓고 상의할 사람이 대개 가족 구성원이라는 점에서 볼 때, 노년기에 나타나는 역할상실, 능력감퇴, 사회적 접촉의 감소와 고립 등에 대한 완충지대 역할을 분담함으로써 만족할만한 노년기 생활을 유지하고 이를 통하여 정신건강을 지키는 데 기여하는 가족 또는 배우자가 없다는 점에서, 독거노인에게 특별한 서비스가 제공되어야 할 것이다.

(2) 독거노인 u-케어 시스템 구축 사업

가. 2008년도 서비스 모델

2008년도 독거노인 u-케어 시스템 구축사업은 경기도(성남시), 전라북도(순창군), 충청남도(부여군)가 각각 추진했다. 이 사업은 USN 기반의 센서 등을 독거노인 댁내에 설치함으로 독거노인의 24시간 365일 안전 확인 서비스를 제공하는 것이다. 독거노인 u-케어 시스템과 독거노인 생활 관리사 파견사업, 소방재청 u-119 시스템, 주민생활통합정보시스템의 독거노인 DB를 상호 연계 하여 효율적인 독거노인 관리체계 구현하고자 하였다. 이 사업의 주요내용은 표 6-9와 같다.

주민생활통합정보시스템 독거노인 데이터베이스와 연계하고, 소방재청 무선페이징 데이터베이스와 연계 및 현황조사 등을 통하여 서비스 대상자 신상 정보 등을 데이터베이스화 한다. 독거노인 댁내에 활동, 출입, 화재, 가스유출(LPG, LNG, 부탄, 일상화탄소 등) 감지 및 응급 호출·대화 장비를 설치한다. 이때 센서는 일정주기로 활동, 출입, 화재발생, 가스유출 등을 측정하고, 일정주기로 Zigbee, Bluetooth, FM, RF 등 다양한 무선방식으로 게이트웨이에 측정 정보를 전달한다. 게이트웨이에서 취합된 측정 정보는 일정주기로 PSTN, PLC, CDMA, 초고속인터넷을 경유하여 독거노인 u-케어 센터로 전송한다. 독거노인 u-케어 센터에는 측정 정보를 수집, 분석하여 시범시군구별 상담원, 독거노인생활관리사에게 온라인으로 모니터링 정보를 제공한다. 측정 정보에 의한 특이사항 발생 시, 일차적으로 전화로 확인하고, 전화 확인이 불가능한 겨우 직접 방문하여 독거노인이 안전 상태를 확인하고, 응급상황 발생 시에는 소방서에 연락하여 구조·구급 활동을 수행한다. 화재발생, 가스유출 감지센서가 작동하거나, 독거노인이 응급호출(야간)을 요구하는 경우 u-119센터로 직접 자동으로 연계, 1차적으로 소방청에서 구조·구급 활동을 수행한다. 독거노인 생활 관리사는 측정 정보를 참조하여 필요 시 보건소의 방문보건 및 돌보미 등이 서비스 연계하여 지원한다.

표 6-9 2008년도 독거노인 u-Care 시스템 구축사업의 주요내용

구 분	주 요 내 용
독거노인 u-Care 센서 설치 및 운영	○ 독거노인 댁내에는 활동·출입, 응급호출, 화재발생·가스유출 감지, 음성대화 등 독거노인의 주거환경, 활동 상태를 고려한 맞춤형 센서 설치 – 시범시군구에 기 보급된 소방재청의 무선페이징 장비는 독거노인 응급호출에 활용 등을 고려 ○ 센서로부터 측정된 독거노인의 상태 모니터링 정보를 축적하여 게이트웨이를 경유하여 독거노인 u-Care 센터로 전송 – 게이트웨이에서 독거노인 u-Care 센터로의 통신방식은 시범시군구의 통신환경 및 통 신 요금 등을 고려하여 PSTN, CDMA, ADSL, PLC 등 최적의 통신방식을 선정 후 적용 ○ 화재발생, 가스유출 등이 자동 감지되거나 응급호출(야간 限)이 발생하는 경우에는 게이트웨이 에서 소방재청 u-119 세터로 자동 경보 정송 및 대응
독거노인 u-Care 센터 구축 및 상호 연계	○ 3개 시범시군구의 설치된 독거노인 u-Care 센싱정보를 실시간으로 취합, 분석하는 독거노인 u-Care 센터 구축 및 운영 ○ 독거노인 u-Care 센터는 주민생활통합정보시스템 독거노인 DB, 소방재청 u-119센터와 연계 – 기 구축된 주민생활통합정보시스템 독거노인 DB와 연계, 독거노인의 신상정보 및 이력 정보 공유 – 구조, 구급상황 발생 시 소방재청에 독거노인의 주소 등 정보 제공 ○ 3개 시범시군구의 독거노인생활관리사 등에게 시 군구별, 관리대상 독거노인별 독거노인 센싱 정보 모니터링 및 분석 정보의 실시간 제공
독거노인 u-Care 서비스 운영 및 활용도 분석	○ 독거노인 u-Care 시스템의 오프라인 서비스(독거노인 생활 관리사 파견사업, 노인 돌보미, 방문보건 등)등과 서비스 연계방안 및 효율성 분석 ○ 안정적인 독거노인 u-Care 시스템의 안정적 운영 및 발전방안 제시

나. 2009년도 서비스 모델

2009년도 독거노인의 u-케어 시스템 구축사업은 강원도(동해시, 삼척시), 충청남도(서산시), 경상북도(문경시), 전라북도(김제시), 전라남도(평양시)가 각각 추진했

다. 이 사업은 노인 돌봄이, 바우처, 방문보건 사업 등 Off-Line 복지 정책과 연계하여 On/Off-Line 고효율 복지 서비스를 제공한다. 이 사업의 주요내용은 표 6-10과 같다.

이 사업의 서비스 개념도를 그림 6-4에 표시하였다. 주민생활통합정보시스템 독거노인 데이터베이스와 연계하고, 소방재청 u-119 자동신고시스템, 안심콜 데이터베이스와 연계 등을 통하여 서비스를 한다. 독거노인 댁내에 활동, 화재, 가스유출(LPG, LNG, 일산화탄소 등) 감지 및 응급 호출·대화 장비를 설치한다. 센서는 독거노인의 활동량, 화재방생, 가스누출 등을 센싱하여 일정주기로 Zigbee, Bluetooth, FM, RF, 무선기지국 등 다양한 무선방식으로 게이트웨이에 데이터를 전달한다. 게이트웨이에서 취합된 센싱 정보는 일정주기로 PSTN, PLC, CDMA, 초고속인터넷 등을 경유하여 독거노인 u-케어 센터로 전송한다. 독거노인 u-케어 센터에는 센싱 정보를 수집, 분석하여 시범시군구별 상담원, 독거노인생활관리사에게 온라인으로 모니터링 정보를 제공한다. 센싱 정보에 의한 특이사항 발생 시, 일차적으로 전화로 확인하고, 전화확인이 불가능한 경우 직접 방문하여 독거노인의 안전 상태를 확인하고, 응급상황 발생 시에는 소방서에 연락하여 구조· 구급 활동을 수행한다. 화재발생, 가스유출 감지센서가 작동하거나, 독거노인이 응급호출을 요구하는 경우 u-119센터로 자동으로 연계되고 1차적으로 소방재청(119)에서 구조·구급 활동을 수행한다. 독거노인 생활 관리사는 센싱 정보를 참조하여 필요 시 보건소의 방문보건 및 노인 돌봄이 등의 서비스와 연계하여 지원한다. 독거노인 u-케어 센터는 정부 통합전산센터에 위치하고, DB, WAS, WEB, 데이터 수집서버, 네트워크 장비 등이 위치하며, 보건복지부에서 전산망을 경유하여 원격 모니터링 및 관리 업무를 수행한다. 독거노인 u-케어 지역 센터는 6개 지자체에 구축하고, 독거노인 담당공무원 또는 독거노인 상담사 등이 근무하며, 독거노인 u-케어 시스템의 원격모니터링, 신상카드 ·서비스 이력 입력 및 오프라인 독거노인 관련 서비스를 제공한다.

표 6-10 2009년도 독거노인 u-케어 시스템 구축사업의 주요내용

구 분	주 요 내 용
독거노인 u-케어 댁내 시스템 6개 지차체 9,000가구 설치 및 운영	○ 독거노인 댁내에는 활동량감지, 외출버튼, 화재방생감지, 가스 누출 감지 등 독거노인의 주거환경, 활동 상태를 고려한 맞춤형 센서 설치 – 강원 동행, 삼척, 충남 서산, 경북 문경, 전북 김제, 전남 광양 ○ 화재발생, 가스누출 등이 자동 감지되거나 응급호출이 발생하는 경우에는 게이트웨이에서 소방재청u-119센터로 자동 경보 전송 및 음성 대화
독거노인 u-케어 댁내 시스템 보강	○ 독거노인의 댁내 주거 환경에 따라 센서 추가 설치 – 독거노인 댁내 주거환경을 고려하여 활동감지 센서는 추가(2대 이상) 설치 ○ 게이트웨이 기능 개선 – 펌웨어 원격 자동 업데이트 기능 및 노인 친화형 디자인 적용 – 응급호출, 지역센터 등 연결버튼, 단축 다이얼 또는 내장 번호 기능 – 송수화 음량 및 벨 소리 음량 조절 기능 ○ u-119 자동신고시스템과 연계가 가능하도록(역점검 등) 기능 구현
독거노인 u-케어 지역센터 추가 구축 및 독거노인 u-케어 댁내 시스템 센터 시스템 보강	○ 독거노인 활동 센싱 정보를 모니터링하고, 관리하는 독거노인 u-케어 지역 센터 구축(6개 지역) ○ 독거노인 u-케어 센터는 '08년 구축된 시스템을 활용하되, 시스템 안정화 및 성능향상을 위하여 DB서버를 이중화하고, 지자체 추가에 따른 데이터 수집 서비(6식) 증설
지능형 독거노인 u-케어 솔루션 개발	○ 독거노인 개인별 활동 데이터에 기반하여 자동적으로 활동을 분석하여 위험성이 높은 독거노인을 관리할 수 있도록 정보를 제공하는 지능형 독거노인 활동 분석 프로그램 개발
독거노인 통합간리 시스템 구축	○ 노인돌봄이사업과 연계 · 운영에 따라 기존 시스템(주민서비스포탈, 독거노인 u-케어 시스템) 이전 · 통합 ○ 독거노인 지원카드 등록 · 관리 및 독거노인 u-케어 시스템과 연계에의해 독거노인의 통합적인 관리 시스템 개발 ○ RFID/USN 등의 기술을 활용하여 생활관리사가 독거노인 댁내에 방문여부를 확인 및 관리할 수 있는 시스템 개발
독거노인 u-케어 서비스 민감모델 방안 수립	○ 중장기적으로 독거노인 u-케어 서비스 제공 및 활성화를 위하여 독거노인 u-케어 사업 민간모델 방안 수립

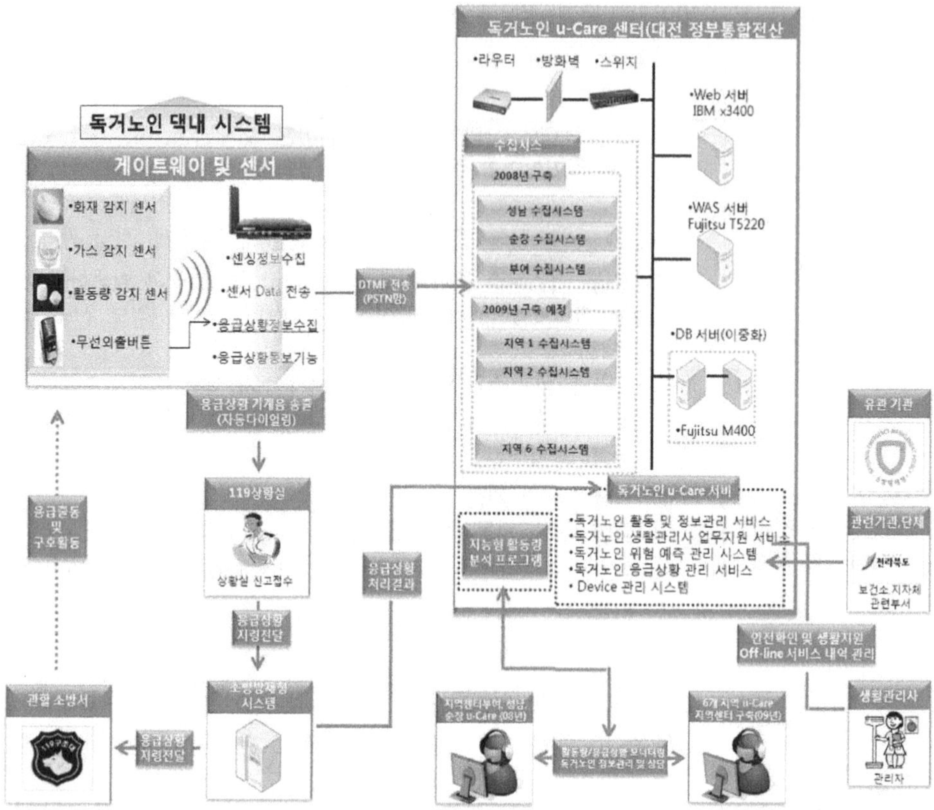

그림 6-4 2009년도 독거노인 u-care 서비스의 개념도

이 사업의 시스템 하드웨어와 소프트웨어 구성도를 그림 6-5, 6-6에 표시하였다.

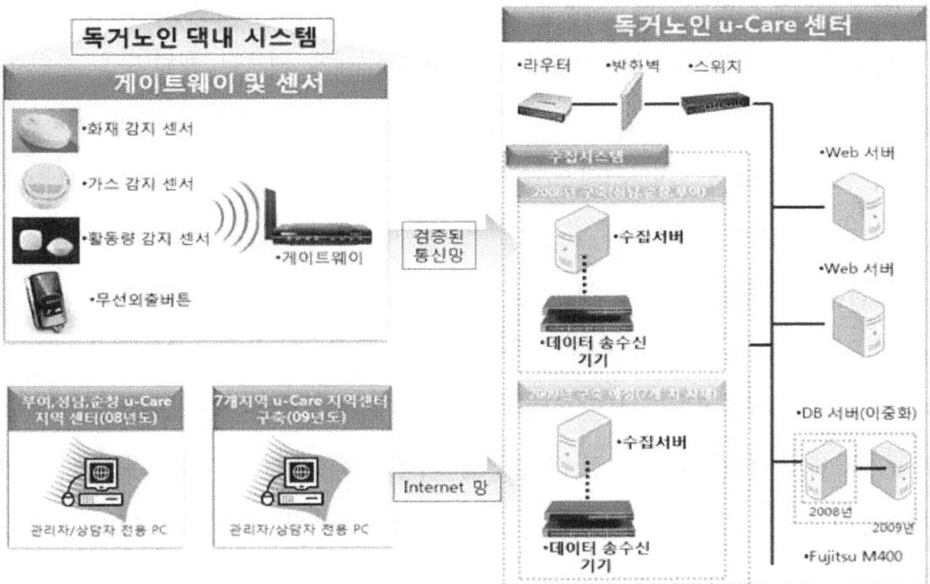

그림 6-5 2009년도 독거노인 u-care 시스템의 하드웨어 구성도

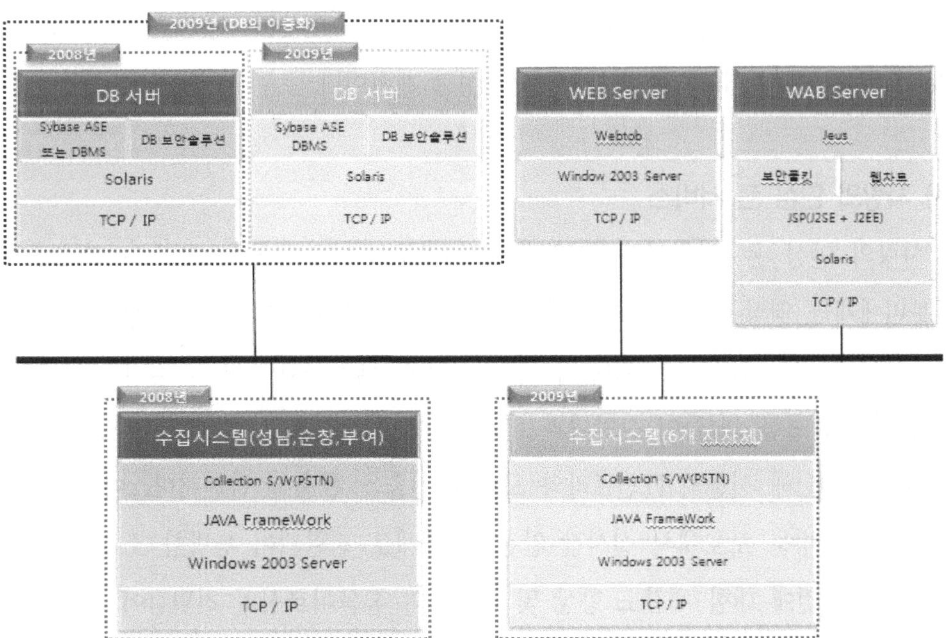

그림 6-6 2009년도 독거노인 u-care 시스템의 소프트웨어 구성도

(3) u-안심 폰 서비스

소방재청은 고객맞춤형 119 안전상품의 하나로 세계 최초로 개발·구축 중인 u-안심폰 시스템이 발명특허를 받아 과학방재의 계기를 마련하였다. 지난 2006년 8월부터 서울지역에서 시범 서비스 중인 u-안심폰은 약 17만 명이 등록해 1만9000여명이 이용(2009년 11월)했다.

u-안심폰 시스템은 질병자, 장애인, 독거노인, 나홀로 어린이, 외국인 등 구호가 필요한 사람들에 대한 정보를 사전에 인터넷을 통해 DB화하여 119 신고 시 119 출동대가 구호자의 질병특성 및 상황특성을 미리 알고 출동해 맞춤형으로 대응하고 관계자에게 통보하는 것으로, 이동전화 이용 시에도 언제 어디서나 위치 파악이 가능해 가장 인접한 119출동대가 신속 출동함으로써 구명률을 높일 수 있는 시스템이다.

소방재청은 앞으로 발명특허 취득시스템에 대해 구현 방안을 체계적으로 강구해 시스템을 조기에 구축하고, 국제특허를 출원하고 해외 수출마케팅을 실시하며, 새로운 안전상품 개발과 특허획득을 추진하는 등 U-119 안전상품을 'Global Standard & World Bes' 국제브랜드로 육성할 계획이다.

(4) 사랑의 안심 폰 서비스

'사랑의 안심 폰' 사업이란 주 2회 직접 방문하는 노인돌봄서비스와 연계하여 돌보미에게는 영상폰, 홀몸노인에게는 긴급 Call 기능과 움직임 감지센서가 부착된 단말기를 보급하는 사업이다. 급격한 고령화, 핵가족화에 따라 점차 증가하고 있는 저소득 홀몸노인들이 불안함과 위기상황에도 안심하고 생활할 수 있는 환경을 제공하기위해 서울의 IT인프라와 모바일 기술을 활용한 안전서비스이다. 이를 통해 주2회 방문 보호에서 실시간 안전보호체계로 전환되어 쌍방향 소통으로 홀몸노인의 안전에 대한 체감도 향상 및 돌보미와 홀몸어르신의 친밀감이 향상되고 있다.

서울특별시는 2009년 12월 3일에 서울시 사회복지 공동모금회, ㈜한국퀄컴과

'사랑의 안심 폰' 확대 협약을 위한 양해각서(MOU)를 체결했다. 이 양해각서는 모바일 기술을 활용하여 2008년 12월부터 5개구 400가구를 대상으로 시범 실시한 홀몸노인에 추가로 보급하기 위한 협약으로, 주요 협약내용은 서울시가 수혜자 선정, 서비스 운영 및 홀몸노인 통신료 지원을 담당하고, 사회복지 공동모금회는 후원재원을 활용 홀몸노인 모바일 단말기 배부 및 돌보미 통신료 지급, 기타경비 일부를 부담하고, 퀄컴사는 10년도 확대되는 4,600명에 대한 기기구입비와 향후 본 사업에 소요되는 재원을 후원하는 내용이다.

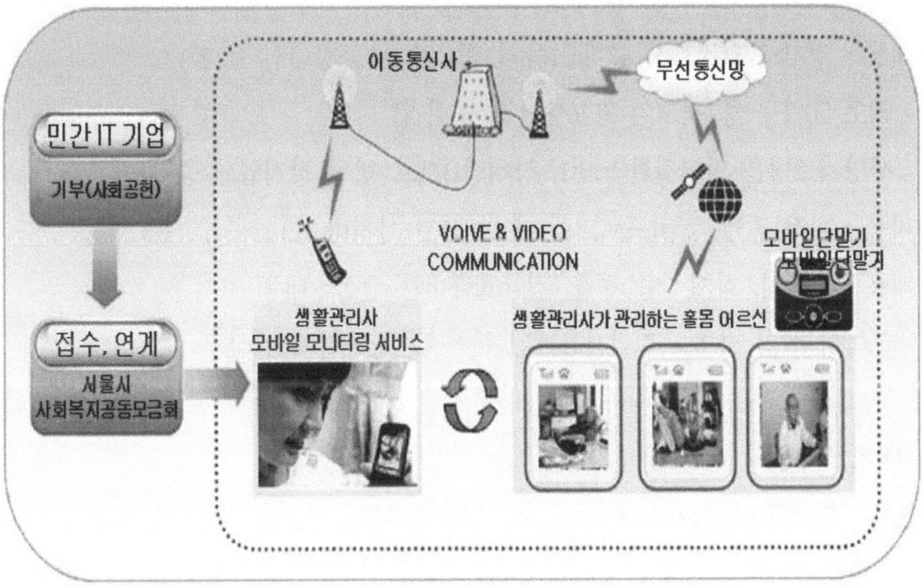

그림 6-7 사랑의 안심폰 단말기와 모바일 단말기

(5) 효심이 119 서비스

소방재청은 2008년 9월 1일부터 7개월간 한국전력공사의 전력통신(PLC, Power Line Communication)망을 활용하여 홀로 사는 노인 등이 집안에서 고독사(孤獨死), 화재, 가스누출 등 위험한 상황에 처한 경우를 자동 감지하는 '전력선통신망 활용 효심이 119서비스' 시스템 개통식을 갖고 시범 서비스를 시행하였다.

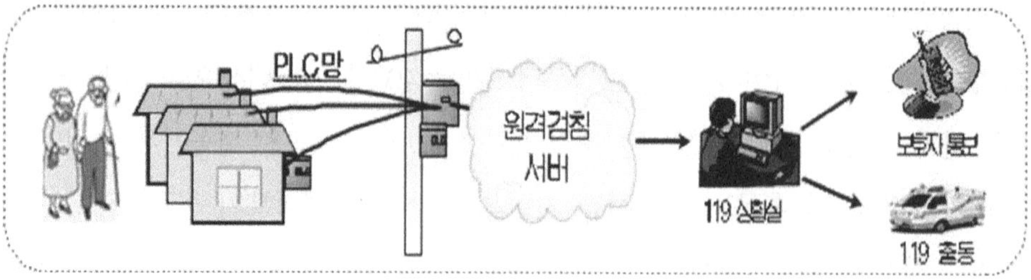

그림 6-8 효심이 119 시스템

가. 시범사업의 운영개요

○ 기간 : 2008년 9월 ~ 2009년 3월(7개월간)

○ 대상 : 경기도 의정보시 47가구(독거노인 20, 중증장애인 등 27)

- 최초 50가구 중 사고자 3명(사망 2, 이사 1)
- 사망자 2명은 만성질환(노인1, 장애인1)으로 병원 장기입원 중 사망

○ 비용 : 한전 전액 부담(프로그램 개발, 센서 설치비 등)

○ 내용 : 고독사, 화재, 가스누출, 긴급호출버튼 센싱 · 대응

- 고독사 센싱 방법 - 전략사용패턴 분석 및 활동감지 센싱

나. 서비스 내용

○ 전력선통신(PLC, Power Line Communication)

전력선으로 데이터 · 음성 등을 전송하는 통신기술로 전기, 가스, 수도 통합검침, 에너지 관리, 홈네트워킹, u-헬스케어, 중저속 인터넷 등에 이용되며, 1999년부터 지식경제부와 한국전력공사 등이 기술을 개발해온 우리나라는 세계최고 PLC 기술 보유국이며, 한전이 원격, 통합검침 등을 목적으로 2007년부터 전국에 단계적으로 구축 중(2007년 말 6천 5백 가구, 2010년 중반까지 전국 1,700만 모든 가구 구축)이다.

전력선통신은 이미 설치된 전력선을 이용할 수 있어 인프라 구축비용이 저렴할 뿐 아니라 통신요금도 거의 들지 않아 지역 간 정보격차 해소와 사회의 네트워크화를 촉진한다. 사용하는 주파수 대역에 따라 크게 협대역 전력선 통신과 광대역 전력선 통신 기술로 구분된다.

- 협대역(Narrowband) 전력선 통신 : 9kHz ~450kHz대역을 사용하여 수 kbps 급의 통신 속도를 실현하며 제어 신호 및 인터폰(음성) 등의 저속 데이터 서비스를 제공하는 기술로써 저속 전력선 통신 또는 저주파 전력선 통신으로 통칭
- 광대역(Broadband) 전력선 통신 : 17MHz ~ 30MHz대역을 사용하여 수 Mbps에서 100Mbps 급의 통신 속도를 가능하게 하며 음성, 데이터, 멀티미디어 신호의 전송 서비스를 제공하는 기술로써, 고속 전력선 통신 또는 고주파 전력선 통신으로 통칭

전력선 통신(PLC)의 이용형태에 따라 옥내(In-Home) 전력선 통신과 옥외(Access)전력선 통신으로 구분된다.

- 옥내 전력선 통신 : 변전소에서 고압 배전 선로를 이용하여 통신망을 구성하는 고압 전력선 통신과 주상 변압기에서 가정용 전력량까지의 저압 인입선을 이용하는 옥외 저압 전력선 통신으로 구분

전력선 통신의 시장 전망은 다음과 같다.

- TSR(Techno System Research)의 2006년 자료에 따르면 2005년 세계고속 전력선 통신 시장규모(PLC 모듈 기준 : 20$)는 500억 원 규모로 추정되며 2010년에는 7,000억 원 이상의 규모로 성장할 것으로 예상함
- 국내 고속 전력선 통신 시장은 크게 전력회사 부가 서비스 시장과 홈-네트워크 시장으로 구분
- 국내(한국전력) 고속 전력선 통신을 이용한 원격검침 전체 시장(디지털 계량기, 집중장치, 고압신호 결합장치 시장 포함)은 2008년도에 1,300억 원 규모에서 2010년에는 7천 8백억 원, 2010년에는 5조원 이상의 시장을 형성할 것

으로 예측함

○ 전력선통신망 활용 효심이 119 서비스의 고독사 대응서비스

한전 중앙 PLC 센터 컴퓨터가 모니터링 대상자(가구)의 PLC단말기(전력량계)를 통해 전기사용 정보를 수집·분석하며, 전기사용 패턴이 비정상적이면 관할 소방관서와 자원봉사자도우미에게 '긴급 상황 발생'을 전송한다. 홀로 사는 노인 등의 안부를 확인하고 보호자·관계기관 통보, 응급환자이송 등 필요한 조치를 할 수 있도록 하는 서비스로, 전력사용패턴 분석프로그램이 높은 신뢰성을 갖는 프로그램으로 진화하기 전까지는 주택 내에서 활동센서를 설치·활용하도록 한다.

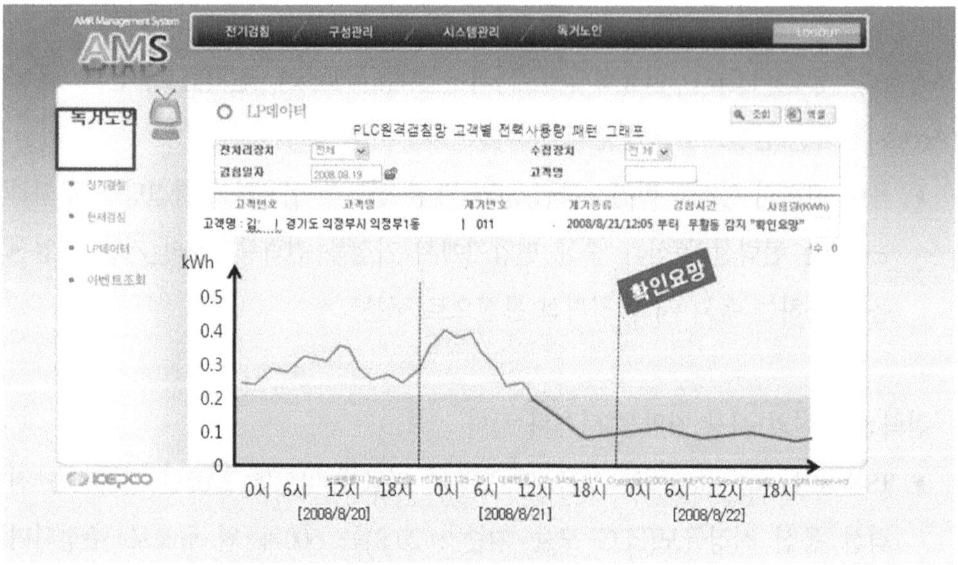

그림 6-9 전력선 사용의 패턴을 나타내는 그래프

○ 화재·가스누출 대응서비스

대상자 가정이 PLC 단말기(전력량계, 게이트웨이)에 유·무선으로 작동신호를 전달할 수 있는 단독형 화재·가스 감지기를 설치하여, 감지기 작동신호를 전달

(PLC단말기→PLC망→PLC센터→관할 소방관서)받아 고객정보를 활용하여 대응하는 서비스이다. 고객사・화재・가스누출 대응서비스 외에도 혈당치 등 생체정보를 측정하여 PLC망을 통해 전송하면 원격지도의사가 건강상태를 확인하고 건강관리를 조언하게 하는 헬스케어 키트를 운용하고, 긴급 상황 발생 시 버튼을 누르면 자동으로 119신고 되는 긴급호출 리모콘도 보급한다.

다. 시범운영 성과분석

시범운영성과를 분석해 보면 시범운영대상의 표본 집단이 적어 긴급 상황별 실제 유효데이터 확보에 한계가 있었으나 긴급 상황 자동신고 및 신속 맞춤형 대응으로 구명률 제고 및 사고피해 감소 시스템으로써 유용성이 매우 크며 기존 PLC망의 활용으로 저비용・고효율 안전 복지망 구축 가능성이 입증되어 국민의 삶의 질 향상에 크게 기여할 것으로 기대된다. 한편, '전력패턴분석 프로그램' 정확도 제고와 센서 오동작율 개선으로 시스템의 신뢰도 향상이 필요한 것으로 나타났다 그러나 119에 PLC 망을 결합한 고품격 융합서비스 제공 가능성이 입증되어 유비쿼터스 사회로의 패러다임 변화에 적극 대처하고 최소한의 사회적 '효' 실현이 기대된다.

시범운영실적을 살펴보면 자동신고 122건 중 긴급대응・조치는 79건(64%)으로 긴급출동 11건(현장안전조치 9, 병원이송 2), 전원교체 18건, 기기시험 50건이며, 감지센서 등의 기계 및 인위적 오동작은 43건(36%)으로 화재센서 4건, 가스센서 16건, 활동 감지 센서 1건, 긴급호출버튼 22건이며 특히, 긴급호출버튼 오작동은 기기사용 미숙으로 나타났다. 시범운영성과를 구체적으로 살펴보면 자동신고 및 고객정보 데이터베이스를 활용한 신속 맞춤형 대응으로 출동시간(1분) 단축 및 맞춤형 서비스 제공으로 구명률 제고 및 사고피해 감소가 가능하다. 특히 실시간・사고신고 처리시간 등 단축(1분)으로 심정지환자의 경우 소생률 25%이상 증가로 시스템의 성공 가능성을 확인하였다.

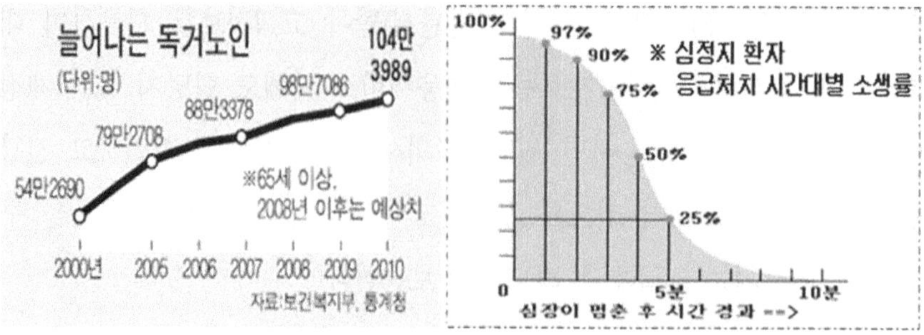

그림 6-10 독거노인 현황과 심정지 환자의 소생률

▶ 기존 PLC망 활용으로 저비용 · 고효율 안전 복지망 구축 가능성 입증

＊ PLC망 활용시 구축비 · 통신요금 없음(전화선 이용 시 통신요금 월 8천원 필요)

＊ '전력패턴분석 프로그램' 정확도 제고 시 활동 감지센서가 불필요

▶ 만족도 조사결과 97 9%의 높은 수준의 고객만족도

＊ 만족도 조사결과 응답자의 97 9%가 독거노인 등에게 필요한 것이라고 응답

⇒ 매우 그렇다(27 7%), 그렇다(70 2%), 필요 없음(2 1%)

＊ 응답자의 100%가 '효심이 119 시스템' 이용 시 안심이 된다고 답변

개선사항으로는 '전력패턴분석 프로그램' 정확도 제고 및 센서의 오작동률 개선 부분으로 시스템의 신뢰도 향상이 필요하며, 센서의 잦은 전원 부족 경보 방지를 위해 전원 공급방식 개선이 요구되었다.

▶ 냉장고 등 주기적 가동기기의 전력사용량 식별 가능한 전력패턴분석 프로그램 개발

▶ 센서의 감도, 위치 조정으로 오작동률 최소화

▶ 배터리 교체방식을 솔라셀 전원 방식으로 개선

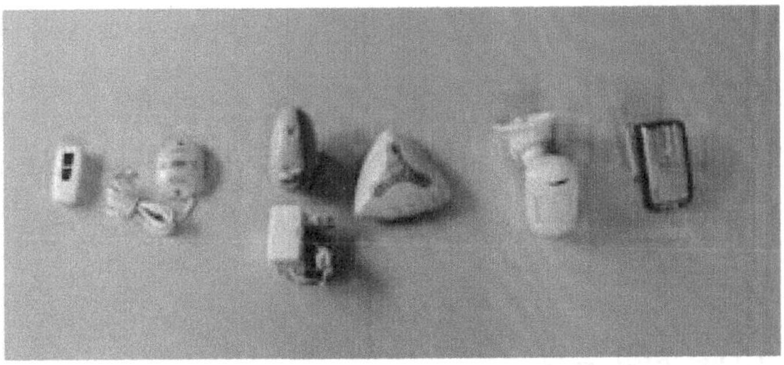

그림 6-11 사용된 각종 센서들

향후 제2소방재난본부는 시스템 오동작율 감소를 위한 한전과 합동점검을 통해 개선대책을 강구하고 감지 센서류의 현 전원공급 방식을 배터리 교환방식에서 solar cell 전원 방식으로 개선해 나가야할 것이다. 주기적 가동기기의 식별이 가능토록 '전력패턴분석 프로그램'을 고도화 하고 PLC망 전국 설치 지역에 전력패턴분석을 통한 '고독사 센싱'을 확대 실시하며, PLC망 확대에 따라 119 자동신고 시스템(소방)과 u-Care 시스템(보건복지가족부) 구축 시 활용하는 방안을 강구하고 있다.

(6) 능동형 u-Care 안전망 서비스

현대사회는 핵가족화 및 고령사회 진입에 따라 노인 대상의 보건복지 서비스를 개선할 필요가 있으며, 특히 소외계층에 대한 사회적 관심 결여에 따른 독거노인 '고독사' 방치로 사회적 문제가 야기되고 있다. 이러한 문제점을 해결하는 방안으로 각 지방자치단체에서는 응급의료시스템을 도입하고 있다. 여기서는 2008년 6월 광주시 동구에 시범 운영된 응급맥박시계를 이용한 독거노인 능동형 u-Care 시스템을 소개한다(그림 6-12).

가. 시스템 개요

○ 능동형 u-Care의 목적

IT와 BT 기술이 접목된 생체신호(맥박) 센서기술이 접목된 u-care 기기 도입으로 실시간으로 응급상황을 감지하여 사전에 조치한다.

○ 능동형 u-Care 사업 범위

첫째, 생체신호(맥박) 센서기기 도입

둘째, 원격 실시간 응급상황 모니터링 시스템 구축

셋째, 여러 계층별 접근 서비스 다양화

넷째, 동일 권역의 동일 u-City 사업추진에 따른 확장성 고려

○ 능동형 u-care 시스템 구성 : u-Care 기기 와 응급상황관제 시스템

능동형 u-Care 응급상황 관제시스템의 주요기능은 다음과 같다.

- 실시간 응급상황 모니터링 체계지원(응급상황 경고음 발생, 응급대상자 긴급연락처 및 주소정보 제공, 대상자 병력정보 제공)
- 대상자 관리
- 일반·중점관리 대상자 정보관리 및 병력관리
- 관제 시스템 통계관리(지역별, 연령별, 병력별, 대상별, 기간별 등)
- u-Care 기기 관리(u-Care 기기 현황, 기기 오류 이력관리 등)
- 관리자 별 접근 권한 권리
- '119 상황실, 병원, 보건소'등 연계된 기관정보 데이터 관리
- 통합 환경 관리자 도구 지원

나. 시스템 구성도 & 서비스 흐름도

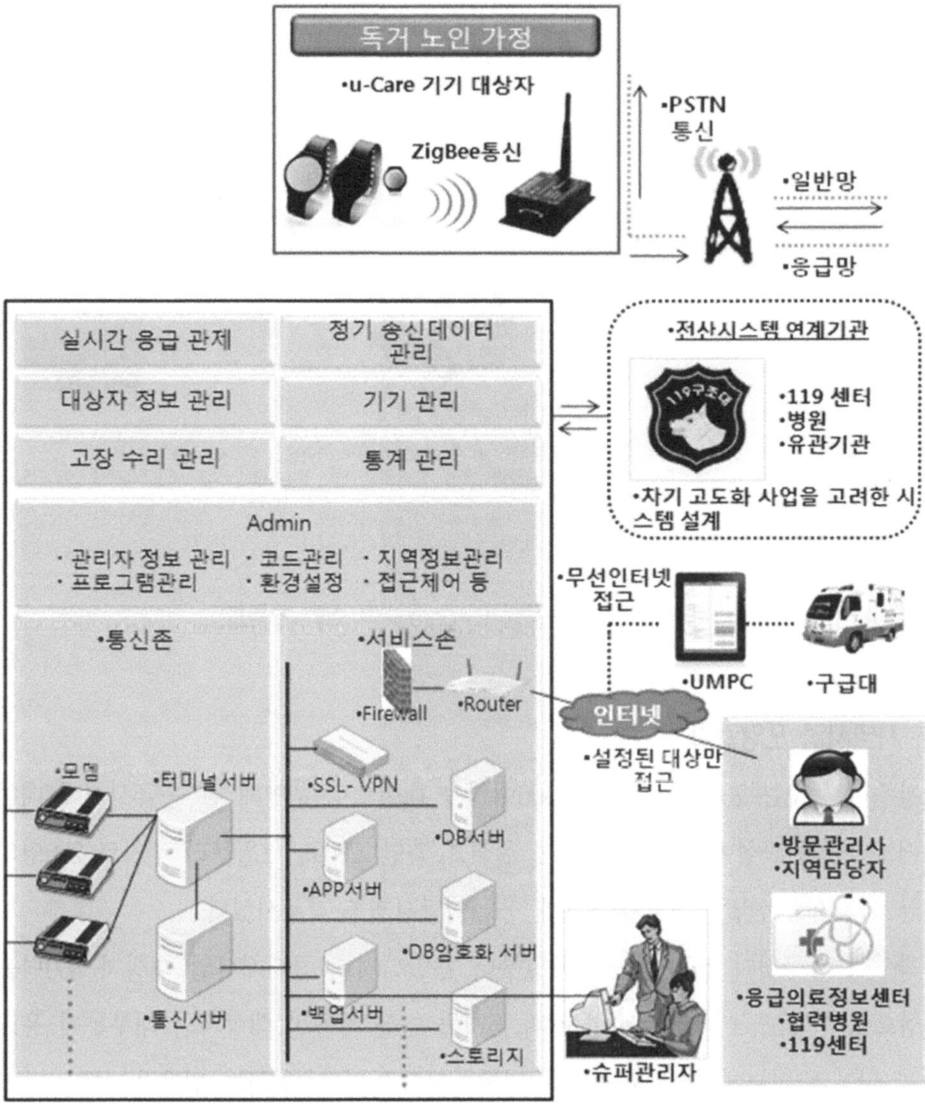

그림 6-12 능동형 u-care 시스템 구성도

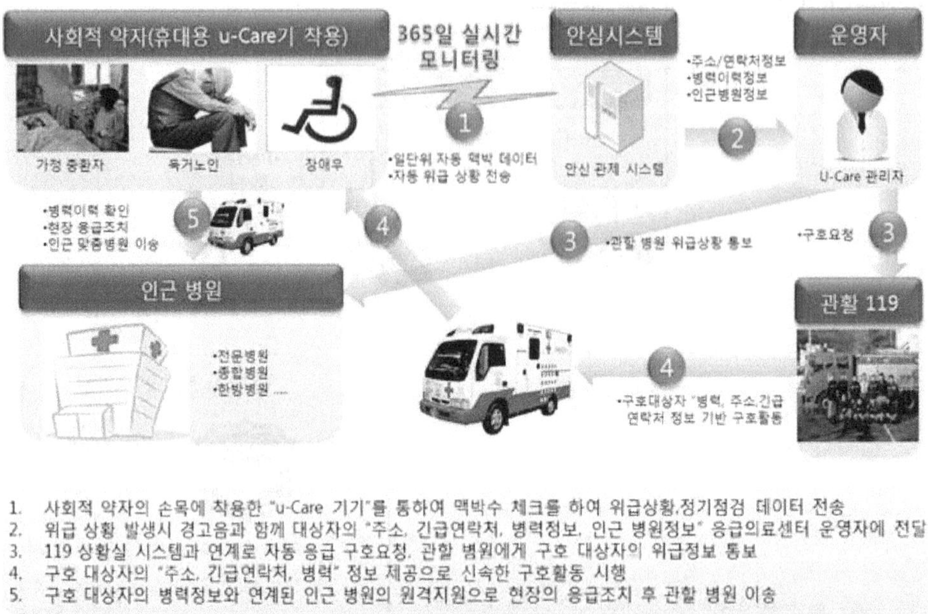

그림 6-13 능동형 u-care 서비스의 흐름도

다. 시범사업 운영결과

광주시 동구는 2008년 6월부터 300여명을 대상으로 운영해 온 응급시계에 대한 독거노인들의 관심이 크게 증가하는 현실을 감안, 2009년 1월부터 추가로 200명의 신규 대상자를 선발해 총 500명에게 응급맥박시계를 착용시켰다.

광주시 동구청이 2009년 11월 2일부터 13일까지 응급시계사업 대상자 300명을 대상으로 만족도 조사를 실시한 결과, 5개월 이상 착용한 대상자의 대부분이 응급시계 기능과 성능에 대해서는 매우 만족한다(55%의 만족도)는 반응을 보였고, 전체의 81%가 착용 시 정서적 안정감을 느낀다는 반응을 보인 것으로 나타났다. 만족도 조사에서는 사용자들이 응급시계에서 제일 우선적으로 개선해야 할 점으로 '작고, 가볍게' 라는 점을 꼽았는데, 동구청은 이를 반영하여 기존의 손목을 조이는 무거운 부분을 보완하여 가볍고 휴대하기 편안 응급시계로 시스템을 업그레이드 하였다.

또한 대상자의 평균연령이 76세인데도 대부분 사용에 익숙하고 만족도를 보인 것은 희망근로프로젝트 사업의 일환인 응급시계 지킴이들의 대상자 집을 매일 순회 방문하여 응급시계의 올바른 착용법과 대상자관리에 심혈을 기울인 점이 큰 효과를 나타낸 것으로 보인다.

2008년 6월 본격 시행한 동구 응급 시계 사업은 전국에서 유일하게 실시하고 있는 동구만의 사업으로 독거노인 및 거동이 불편한 만성질환자의 든든한 지킴이 노릇을 하면서 본격적인 지역 내 안전응급시스템으로 활용되는 등 위기관리 노인 긴급치료의 최고의 시스템으로 자리매김 되고 있다는 평가를 받았다.

독거노인 u-Care 서비스, 사랑의 안심 폰 서비스 그리고 효심이 119 서비스 등이 응급상황에 수동적으로 대체하는 형태인 반면에 능동형 u-Care 안전망 서비스는 사용자의 생체징후를 측정하여 응급상황을 판단하여 조치하므로 사전 대응이 가능한 서비스 형이며, 여러 서비스 형태의 기능별 비교를 표 6-11에 보였다.

표 6-11 독거노인 u-서비스 형태의 비교

구분	독거노인 u-care 시스템	사랑의 안심 폰	효심이 119	생체신호 센서활용
자가 호출기능	선택사항	○	무	○
자동응급호출	위급상황을 인위적 판단	무	무	○
실시간모니터링	○	무	무	○
취침 중 응급대응	무	무	무	○
위급(의식불명) 상황대응	무	무	무	○
응급상황 대응체계	사후 대응 방식	수동적 사전 대응	사후 대응 방식	사전 대응
운영유지보수비용	높다	낮다	낮다	낮다
모니터링	지자체 단위 모니터링	관할 u-119	관할 u-119	1339센터

(7) 낙상폰

위급상황을 자동으로 인식하고 구급하는 낙상 감지 휴대전화를 낙상폰이라고 부른다. 2007년 7월 5일 한국전자통신연구원은 낙상 감지 휴대전화를 이용한 개인 위급상황 경보시스템(PEAS; Personal Emergency Alarming System)을 개발하였다. 이 시스템은 사용자가 특수 센서를 휴대하고 넘어지거나 했을 때에 센서 데이터가 급격하게 변화해 이를 낙상으로 자동 인식하고 경고음을 울리며, 병원 구급시스템과 가족 휴대전화에 위급상황을 통보한다. 구조에 나선 사람은 사용자의 휴대폰에 내장된 위성위치확인시스템(GPS)을 통해 위치를 찾을 수 있다 낙상이 아닐 경우에는 사용자가 경고음을 끄면 된다(그림 6-14).

낙상폰의 동작원리는 낙상등과 같이 독거노인 등 보호자가 없는 고령자가 가속도 센서 기반의 행위 감지모듈을 허리에 착용 후 낙상 등의 위급상황을 자동 감지하여 사용자의 휴대폰을 통해 구급을 요청하는 휴대폰이다. 가속도 센서를 활용한 낙상감시 알고리즘, GPS를 이용한 낙상 위치 추적, 휴대폰을 통한 위급상황 정보 및 응급조치 요청, 다단계 필터링을 통한 낙상감지 정확도 향상이 가능하다. 독거노인의 응급상황 실시간 감시 및 응급조치 서비스, 양로원, 실버타운 등의 개인 위급상황 관리 서비스, 휴대폰 기반 건강간리 플랫폼으로 활용 가능하다.

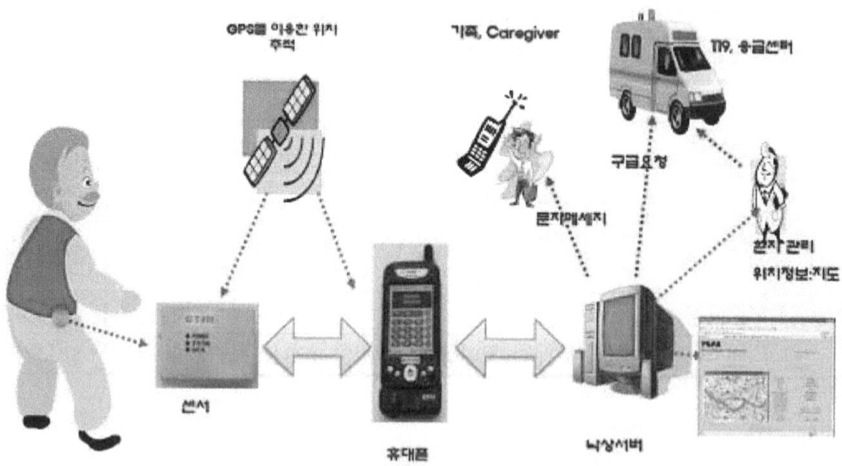

그림 6-14 낙상폰의 개요

제 7장 결 론

이 책을 통해 우리는 인구고령화에 대한 대응 문제를 기존의 논의들과는 상이한 관점에서 접근하였다. 기존 논의들이 인구고령화가 야기할 사회적 부담을 중시하여 경종 울리기에 치중한 것과는 달리 우리는 인구고령화가 한국사회의 미래에 대하여 커다란 도전이자 동시에 기회를 제공하고 있다고 한다면 특별히 인구고령화가 창출하는 노인복지를 위한 기회 부여에 주목할 필요가 있다는 관점을 택하였다.

이러한 관점에서 이 책은 노인복지에 대한 개념을 정의하고 그 의미와 적용대상의 변화에 대한 해석을 통해 고령화가 창출하는 노인복지의 기회로 무엇이 중요한지를 가늠하고자 하였다. 그리고 주요 선진국의 고령화대응 과학기술정책에 대한 사례연구 결과를 토대로 한국이 고령사회에 대비하는 노인복지공학기술의 방향을 제시하였다.

지금까지 서술한 각 장의 내용은 학문적 실천적 시사점을 제공하고 있다. 이제 이러한 시사점의 골자를 간추려 제시하고 책 내용의 한계와 향후 연구 과제를 시적함으로써 책의 내용을 마무리하고자 한다.

1. 학문적 실천적 함의

이 책은 그동안 선진국들에서 전개된 노인복지공학에 관한 논의들을 끌어 모아 복지 공학 기술 개념에 대한 정의를 시도하고 이에 기초하여 노인복지공학의 의미와 적용 대상이 확대되어 온 동향을 분석하였다. 이와 같은 개념의 정립과 분석은 고령화에 대응하는 노인복지공학의 기회를 포착하는 시야를 열어 준다는 점에서 매우 중요하다.

과거 노인복지공학은 보장구와 같이 연령이나 장애로 인하여 저하되거나 손상된 신체기능을 대체 보상하는 보조기술(assistive technology)혹은 건재하고 있는 능력을 향상하는 지원기술(supportive technology) 등이 적용된 개인적 수준의 제품과 서비스를 가리키는 좁은 의미로 사용되어 왔다. 그러나 최근 들어 복지공학 기술의 새로운 접근은 이와 같은 개인적 수준에서의 저하되거나 손상된 신체 기능의 대체 보상뿐만 아니라 통신, 교통, 건축 환경과 같은 공공기술(public technology) 시스템까지 포함하는 개념으로 그 의미가 확대되고 있다. 또한 복지공학기술은 종래 장애인이나 노인 등 특정 집단의 사람들을 위한 제품이나 서비스에 초점을 맞추었으나 연령이나 장애에 관계없이 모든 사람이 사용할 수 있는 '보편적 디자인' 제품이나 서비스를 강조하는 방향으로 중요한 변화가 시작되고 있다.

이와 같은 복지공학기술의 개념에 입각하면 향후 급속하게 진전될 고령화에 대응하기 위한 노인복지공학의 잠재력과 가능성을 새로운 시각에서 접근할 수 있도록 해 준다. 노인복지공학에 대한 새로운 시각은 노인복지공학이 일차적으로 노인복지를 증진하는 잠재력을 주목할 뿐만 아니라 우리 사회의 삶의 질을 전반적으로 높이는 가능성을 직시하고 나아가서 사회경제적 활력을 증진하는 데 기여할 가능성을 포착할 수 있도록 한다.

이러한 시각은 노인들을 단지 사회적 보호나 개호의 대상자 집단으로 간주하는 것이 아니라 나이가 들어 과학기술적 수단을 적절하게 활용하여 독립적으로 살아가고자 하는 정상적 시민으로 바라보는 관점의 전환을 동시에 함축하고 있다.

복지공학기술이 고령화의 진전에 따라 노인 복지를 증진할 수 있는 기회로는 노인들이 지닌 지혜와 능력 등 인적 자원을 고령화와 더불어 은퇴시키는 것이 아니라 사회경제활동 참여를 통해 활용되도록 하고, 노인들이 독립적으로 살아갈 가능성을 증대시키고, 가족과 사회에 대한 개호 부담을 경감시키고, 노인들의 사회참여를 촉진하는 등 여러 가지 가능성이 포함된다. 아마도 성공적 고령화, 건강한 고령화, 활기찬 고령화가 이러한 가능성들을 잘 요약해 주는 말들이다.

이 책에서 인구고령화가 창출할 또 다른 기회로서 우리가 주목한 것은 산업적 기회이다. 실버시장 혹은 실버산업이 이미 성장세를 보이고 있고 향후 가속적으로 성장할 것으로 전망되기 때문이다. 고령화의 진전과 인구구조의 변화는 시장 수요의 구성과 판도에 커다란 변화를 몰고 올 것이다. 고령화 시대에 산업계가 수요 패턴의 변화에 어떻게 적응하고 대응하느냐 여부는 한국경제의 미래 활력에 적지 않는 변수로 작용할 것이다. 실버시장에서 한국 산업이 국세경쟁력을 증강하기 위한 과학기술의 연구개발과 활용이 중요하다.

인구고령화는 장기에 걸쳐 점진적으로 진행되는 변화이다. 이러한 변화에 대비하고 과학기술 기회를 적극적으로 활용하기 위해서는 여러 사회주체들의 노력이 필요하겠으나 특별히 국가의 정책적 개입이 중요하다. 이 책에서는 우리나라보다 먼저 인구고령화를 경험한 주요 선진국들이 고령화에 대응하고 복지를 증진시키기 위해 어떠한 과학기술정책을 전개하여 왔는지, 이들이 어떠한 노인복지공학 기회를 추구하였는지 그 경험과 동향을 고찰하였다. 이러한 사례연구 결과는 한국의 고령사회 대비 노인복지공학 정책의 방향에 관하여 적지 않은 시사점을 던지고 있으며 다음 몇 가지 점들은 특별히 중요하다.

첫째, 무엇보다 중요한 점은 각국이 과학기술의 연구개발과 활용을 통해 고령화에 대응하는 노력을 꾸준히 전개해 오고 있다는 사실이다. 과학기술정책의 구체적인 내용과 스타일에는 차이가 있지만 우리가 살펴본 네 가지 사례에서 과학기술

정책은 고령화 대응 정책에서 중요한 위치를 차지하고 있다. 특히 일본은 고령화에 대응하는 종합대책 추진의 기초적 조건을 형성하는 기본적 시책의 중요한 한 부문으로 과학기술정책의 추진을 중시하고 있다.

둘째, 고령화에 대응하기 위한 과학기술의 잠재력과 가능성을 활용하기 위해 주요 선진국 정부는 고령화의 진전이 야기할 도전과 과학기술의 기회에 대하여 장기적인 전망과 비전을 도출하여 이를 통해 사회주체들이 고령화에 대응하고 대비하는 노력을 하도록 유도하고 있다. 인구고령화는 장기에 걸쳐 점진적으로 진행되는 구조변화라는 점에서 그러한 변화가 제공할 기회에 대한 장기 전망을 명료하게 제시하는 것은 장기적인 대응책 마련에 무엇보다 중요하다. 예컨대, 영국의 통산성 과학기술청이 주관한 인구고령화 장기전망 프로그램은 향후 10~20년 동안 영국이 식면할 위협과 기회를 내다보고 이에 대한 대응방향을 모색하였고, 미국의 백악관 과학기술정책청이 주관한 성공적 고령화를 위한 기술정책 포럼은 10년 미래를 전망하고 대응정책을 논의하였다.

셋째, 선진국들이 과학기술을 통해 성취하고자 하는 목적은 이제 더 이상 단순한 수명의 연장이 아니다. 노인특유의 질병이나 장애의 시발을 지연하고 노약화를 예방하고 대처하기 위한 제품 서비스 시스템 기술을 개발하여 노인의 삶의 질을 향상하고자 하고 있다. 이러한 목적을 일컬어 건강한 고령화로 묘사하고 있다. 아울러 국가별로 중점의 차이가 있고 명시적으로 제시하지 않는 경우도 있으나 노인들이 지역사회에서의 다양한 사회활동과 경제활동을 계속하도록 하도록 하는 활기찬 고령화 또는 성공적인 고령화를 추구하는 데 초점이 맞추어지고 있다.

넷째, 선진국의 고령화 대응 과학기술정책은 노인 복지의 증진이라고 하는 사회정책적 목적뿐만 아니라 노인들의 경제활동 참여 제고를 통해 경제적 활력을 제고한다는 거시경제 정책적 고려가 중요하게 작용하고 있고, 또한 동시에 자국 산업의 경쟁력을 향상한다는 산업·정책적 목적이 중요하게 고려되고 있다. 각국은 이른바 실버산업 이 새로운 성장산업이라는 점을 분명하게 인식하고 있으며 이 분야에서 국내 시장을 확보하는 것은 물론이고 해외 시장에서 자국 산업의 경쟁력을 증강하기 위해 과학기술 연구개발 노력을 다양하게 기울이고 있다.

다섯째, 고령화에 대응하는 과학기술정책이 단순히 노인을 대상으로 하기보다 장애인을 비롯하여 모든 사람을 대상으로 하는 제품과 서비스의 개발로 시야를 확대하고 있다. EU와 영국은 일찍부터 노인과 장애인을 위한 기술정책을 통합하여 운영하여 왔으며, 일본의 경우에도 복지용구에 관한 기술정책은 노인과 장애인을 구별하지 않고 있고, 미국에서도 이러한 경향이 강조되고 있다. 이러한 변화의 이면에 자리 잡고 있는 중요한 개념 가운데 하나는 보편적 디자인 혹은 모두를 위한 디자인이라고 하는 개념이다.

여섯째, 고령화에 대응하는 과학기술정책은 결국 노인들의 필요에 부응해야 한다. 이미 고령사회에 접어든 선진국들은 노인들이 동질적인 집단이 아니고 특히 앞으로 노령인구에 진입할 베이비붐 세대의 경우 기존의 노인층과는 상이한 특성을 지니고 있음을 염두에 두고 이에 부응하는 과학기술을 개발하고 보급하는 데 역점을 두기 시작하고 있다.

일곱째, 선진국 정부는 기본적으로 복지공학기술산업과 시장이 활성화되기 위한 제도를 정비하고 기반을 구축하는 데 역점을 두고 있고 시장의 실패가 예견되는 분야에서 연구개발 정책을 통해 적극적으로 개입하고 있다. 이를테면 노인층의 신체구조와 체형, 심리 등 다양한 특성에 대한 기초 데이터베이스를 구축하여 기업들이 활용하도록 하고 있다.

여덟째, 고령화에 대응하는 과학기술정책은 어느 한 정부부처의 소관 사항으로 되지 않고 여러 부처에서 다각적으로 추구되고 있다. 이는 고령화가 야기하는 사회변화가 다방면의 대책을 필요로 하기 때문이라고 할 수 있다. 때문에 여러 영역에서 추구되고 있는 과학기술정책에 대한 통합 조정 노력이 중요하게 부각되고 있다. 이러한 경향은 각국에서 중복투자를 방지하고 가용한 자원을 효과적으로 활용하기 위해서이다. 그리고 과학기술정책의 입안, 실행, 및 평가 과정에 정부나 기업 혹은 과학 기술전문가만이 아니라 노인층의 권익을 대변하는 시민단체나 노인단체 등의 참여가 이루어지고 있다.

아홉째, 연구개발정책과 관련하여 전통적인 분과 학문적 접근보다 물리과학, 공학, 사회과학, 보건의학 등 다학문적 학제적 연구가 강조되고 있고, 산학연 연계 네트워크의 형성을 통한 추진이 중시되고 있다.

이상은 주요 선진국의 고령화 대응 과학기술정책에서 비교적 공통적으로 발견되는 중요한 시사점이라고 한다면 각국별로 과학기술정책의 스타일과 내용면에서 차이점도 적지 않다. 각국별 대응의 특성은 각국의 인구구조, 경제적 환경, 그리고 법제도 등 과학기술체제의 조건 속에서 각국의 주요한 행위자들이 선택한 산물이라고 보아야 할 것이다. 선진국의 고령화 대응 복지공학기술정책은 각국 과학기술체제의 특유한 조건과 상황 속에서 인구고령화가 제공하는 과학기술 기회를 활용하기 위해 과학기술체제의 약섬을 보완하고 강점을 강화하는 재구조화의 성격을 지니고 있기도 하다.

이를테면 미국의 고령화대응 과학기술정책은 장애인에 대한 차별금지를 규정하고 있는 강력한 인권법에 의거하고 있는 요소들을 포함하고 있다. 영국 등 유럽연합의 과학기술정책은 복지국가의 선진 사회복지제도 전통을 배경으로 이해될 필요가 있다. 유럽연합은 회원 국가를 넘어서 유럽차원의 시장과 산업을 창출하고 육성하고자 하는 목적이 고령화대응 복지공학기술정책에 반영되어 있다. 영국의 경우 복지공학기술정책의 입안과 추진 과정에서 강조된 통합 조정은 영국의 전통적 과학기술체제가 지닌 약점을 보완하고자 하는 노력의 표현이다. 그리고 일본의 경우에는 국가의 강력한 영향력을 반영하여 고령사회대책기본법의 제정 등 고령화 대책에서도 국가차원의 종합 대책이 마련되었고 이러한 종합 대책의 일환으로 과학기술정책이 추진되고 있다.

이상의 조사 결과에 기초하여 한국이 급속하게 직면하게 될 고령사회에 대비하는 복지공학기술정책의 방향을 수립하는 데 중요하게 고려해야 할 사항들을 제시하였으며 그 요지는 다음과 같다.

첫째, 무엇보다 중요한 것은 과학기술정책을 통해 구현하고자 하는 미래 사회와 국민생활상에 관한 기본이념을 정립하는 것이다. 이러한 기본 이념은 우리 국민이 살아갈 미래의 바람직한 사회 모습에 대한 상상력과 기대를 집약함으로써 사회구성원들의 의지와 지혜를 결집한다는 점에서 중요하다. 이와 관련해 일본의 고령사회대책의 기본 이념을 참고할 수 있다. 우리가 특별히 주목해야 할 점은 고령화를 노년기에 한정된 과정이 아니라 생애에 걸친 과정으로 파악하고 고령사회대책의 기본이념을 전국민을 대상으로 설정하고 있는 점이다.

둘째, 바람직한 고령화의 이념 설정도 중요하다. 경제적 측면에서 성공적 고령화, 사회생활측면에서 활기찬 고령화, 그리고 보건복지측면에서 건강한 고령화가 바람직한 고령화의 3가지 중요한 측면으로 제시하였다. 과학기술정책은 이러한 목표들을 추구하는 데 필수적인 지렛대 역할을 할 수 있음을 인식하는 것이 긴요하다.

셋째, 인구고령화는 장기에 걸쳐 점진적으로 진행되는 구조변화라는 점에서 고령화의 진전이 야기할 도전과 과학기술의 기회에 대하여 장기 전망을 도출하여 이를 통해 사회주체들이 고령화에 대응하고 대비하는 노력을 하도록 유도하는 작업이 필요하다. 예컨대, 영국의 DTI- OST(과학기술청)은 정부, 기업, 학계 및 시민단체들이 참여하는 인구고령화 장기전망(Foresight) 패널을 구성해, 장기간에 걸친 연구와 토의를 통해 향후 10- 20년 동안 영국이 직면할 위협과 기회를 내다보고 이에 대한 대응 방향을 모색하도록 하였다.

넷째, 인구고령화에 효과적으로 대비하기 위한 한국과학기술체제의 현재적 잠재적 강점과 약점을 평가하여 혁신시스템의 구성요소와 메커니즘들을 정비하고 미비점을 보완 강화해야 한다. 선진국의 사례를 보면 대체로 다음과 같은 사항에 중점을 두고 있다. ① 고령화에 대응하는 과학기술 인프라의 정비와 확충, ② 연령적합 또는 연령중립 기술, 제품 및 서비스 시장의 창출 촉진, ③ 적절한 규제 및 표준의 개발, ④ 기술 및 최적 훈련의 확산, ⑤ 산학연 연계의 강화.

다섯째, 연구개발의 추진체제와 관련해 노인을 비롯해 사용자 등 이해 관계당사자들이 연구개발과정에 참여토록 해야 한다. 특별히 노인의 참여는 노인의 필요에 부응하는 기술 개발이 중요하다.

여섯째, 연구개발 프로그램의 설계에 다학문 접근 원칙을 강조할 필요가 있다. 학문분야의 기술적 전문성뿐만 아니라 사회적 경제적 교육적 그리고 임상적 전문성을 요구하는 분야에서 전문성의 상호작용이 긴요하다. 이와 관련해 고령화대응 과학기술관련 연구개발을 하나의 독립된 분야로 도입하는 것이 필요하다. 동시에 기존의 각 연구영역들에서도 고령화 대응이 중요한 초점 가운데 하나로 설정되도록 할 필요가 있다.

일곱째, 고령화대응 연구개발은 다음과 같은 목표의 추구가 중요하게 설정되어야 한다.

- ○ 연령적합 및 연령중립 정보통신기술(ICT)
- ○ 고령화에 대한 이해와 질병/ 장애 예방
- ○ 보조기술(AT), 지원기술(ST) 및 개호를 돕는 기술 :
- ○ 연령 중립적 제품 및 과정(생산) 기술의 디자인
- ○ 교통 및 건축 인프라

평생학습 기술 이상의 목표들은 정보통신기술, 생명의료과학, 생산기술, 교통기술, 도시계획 및 건축, 그리고 사회과학 등 여러 연구 분야들에 걸치는 목표들로 장기적으로 추구되어야 할 비교적 중요성이 높은 목표들이다. 그밖에 연구개발 인프라로서 인재육성, 규제 및 표준의 도입, 데이터 베이스 구축과 운영 등은 기본적 중요성을 갖고 있다.

여덟째, 고령사회대비 노인복지공학 정책은 어느 한 부처의 소관사항이 될 수 없을 만큼 광범한 영역에 걸쳐 있다. 따라서 중복을 피하고 효과적으로 정책을 추진하기 위해서는 과학기술정책 추진주체들 간에 다양한 수준과 형식으로 정책협의와 협력 조정이 제도화할 필요가 있다.

끝으로, 고령사회에 대비하는 과학기술의 잠재력과 중요성을 강조한다고 해서 마치 기술이 미래 사회를 구축하는 가장 중요한 요인이나 모든 문제를 해결해 주는 만능 만병통치약으로 간주하는 기술 결정론적 경향으로 흘러서는 안 된다. 하지만 정부가 발표한 고령사회대책위원회의 구성 방침은 고령화에 대한 종합적이고 체계적인 대책을 마련할 계획임을 밝히고 있으나 대책위원회의 구성 등을 고려할 때 과학기술의 역할을 그다지 중시하고 있지 않은 것으로 보인다. 결론적으로 급속하게 도래할 고령사회에 효과적으로 대비하고 건강한 고령화, 활기찬 고령화, 성공적 고령화를 기대하기 위해서는 현재 정부가 구상하고 있는 고령사회대책의 입안, 결정 과정에 과학기술정책이 중요한 차원으로 설정되어야 한다. 결론적으로 이 책의 핵심적 주장은 건강하고 활기차고 성공적인 고령화의 기회가 존재한다는 것이고 과학기술 잠재력을 이 기회를 살리는 데 활용할 수 있다는 점이다.

2. 향후 보완 과제

이 책은 최소한 다음과 같은 점에서 한계를 안고 있다.

첫째, 이 책은 우리나라에서 이 분야의 선행 조사 작업이 거의 전무하다시피 한 상태에서 이루어져 선행연구의 도움을 받지 못했다.

둘째, 이 책은 주요 선진국에 대한 사례연구에 주안점을 두고 출발하였으나 주어진 시간과 예산 등의 제약으로 노인복지공학의 최선진국이라고 할 수 있는 북유럽의 경험을 검토하지 못하였다. 그리고 사례조사에 포함된 국가들의 과학기술정책을 공통점과 차이점을 비교할 수 있는 충분한 분석틀과 자료를 확보하지 못하였다.

셋째, 한국의 노인 복지공학기술체제의 현황에 대한 분석을 깊이 있게 수행하지 못한 채 주로 외국사례에 기초하여 노인 복지공학정책의 방향을 제시하고 있고, 정책 과제를 보다 구체적으로 도출하여 제시하지는 못하고 있다.

이러한 한계로 인한 문제점들은 추후 개정판에서 의한 보완 할 것이다. 향후 보완 과제로는 다음과 같은 주제들이 포함된다.

첫째, 고령사회에 대비하는 노인복지공학의 개발과 활용은 주된 사용자인 노인들의 필요(needs)에 대한 부응을 필수적으로 요청한다. 이를 위해서는 향후 노령인구로 진입할 사람들을 포함해서, 한국 노인들이 필요로 하고 요구하는 것이 무엇인가에 대한 심층적인 조사연구가 필요하다.

둘째, 고령화에 대응하는 과학기술의 가능성(seeds)을 조기에 발견하고 육성하는 조사연구가 필요하다.

셋째, 과학기술 정책결정 과정과 연구개발 과정에 노인 등 이해 관계 당사자들이 참여하는 것이 중요한 것으로 나타났는데 과연 이들이 어떻게 참여하는 것이 바람직한지 새로운 정책결정과정과 연구개발과정의 설계에 관한 연구가 필요하다.

넷째, 보편적 디자인(UD)과 공용품의 연구 개발을 촉진하기 위한 과학기술정책에 관한 연구가 필요하다.

다섯째, 복지공학기술/제론테크놀로지의 확산에 관한 보다 심화된 이론적 연구와 교육 과정 개발에 관한 조사연구가 필요하다.

저자 약력

김 정 자

전남대학교 전산통계학과 이학사
전남대학교 대학원 전산학과 이학석사
전남대학교 대학원 전산학과 이학박사
전남대학교 전자통신 연구소 post-doc
한국 Bio-IT 파운드리 사업단 광주센터 연구교수

현재 전북대학교 공과대학 바이오메디컬 공학부 교수
전북대학교 공과대학 바이오메디컬 공학부 학부장

관심분야 : 데이터 마이닝, 메디컬 인포매틱스, 족부임상정보학
메일주소 : jungjakim@jbnu.ac.kr

권 대 규

전북대학교 공과대학 기계공학과 공학사
전북대학교 대학원 기계공학과 공학석사
일본동북대학 대학원 의용기계전자공학 공학박사
전북대학교 메카트로닉스연구센터 선임연구원

현재 전북대학교 공과대학 바이오메디컬 공학부 교수
전북대학교 헬스케어기술개발사업단 부단장
전북대학교 산학협력단 기술사업화센터 센터장

관심분야 : 재활공학, 생체역학, 스포츠 재활의학
메일주소 : kwon10@jbnu.ac.kr

유 미

전북대학교 공과대학 전자정보공학부 생체공학전공 공학사
전북대학교 대학원 의용생체공학과 공학석사
전북대학교 대학원 의용생체공학과 공학박사

현재 전북대학교자동차부품·금형기술혁신센터 연구개발실 연구기획팀 전임연구원

관심분야 : 재활기기, 감성공학, 웰니스케어기기, 헬스케어 로봇, 보조공학기기
메일주소 : yumi@camtic.or.kr

노인복지공학

초판 1쇄 인쇄 2011년 10월 15일
초판 1쇄 발행 2011년 10월 25일
저　　자 김정자·권대규·유 미
발 행 인 이범만
발 행 처 **21세기사** (제406-00015호)
경기도 파주시 교하읍 산남리 283-10 (413-834)
Tel. 031-942-7861　　Fax. 031-942-7864
E-mail : 21cbook@hanafos.com
ISBN 978-89-8468-419-8

정가 20,000원